国家自然科学基金项目
"西南陆疆边境跨境旅游发展空间格局、机制及模式研究"研究成果

陆疆边境旅游发展战略与政策创新研究

明庆忠 刘宏芳 等／著

科学出版社

北　京

审图号：云 S（2018）045 号

图书在版编目（CIP）数据

陆疆边境旅游发展战略与政策创新研究/明庆忠等著. —北京：科学出版社，2019.10
ISBN 978-7-03-062145-0

Ⅰ. ①陆… Ⅱ. ①明… Ⅲ. ①疆界–旅游业发展–研究–中国 Ⅳ. ①F592.3

中国版本图书馆 CIP 数据核字（2019）第 180984 号

责任编辑：石 卉 吴春花 / 责任校对：王晓茜
责任印制：徐晓晨 / 封面设计：有道文化

斜 学 出 版 社 出版
北京东黄城根北街 16 号
邮政编码：100717
http://www.sciencep.com
北京虎彩文化传播有限公司 印刷
科学出版社发行 各地新华书店经销

*

2019 年 10 月第 一 版　开本：720×1000 B5
2021 年 1 月第二次印刷　印张：25 1/2　插页：12
字数：500 000

定价：198.00 元
（如有印装质量问题，我社负责调换）

本书主要贡献者

明庆忠　刘宏芳　娄思元　朱晓辉　韩剑磊
尚前浪　王　娟　鲁　芬　冯　莹　胡　莹
王丽丽　郭向阳　左文君　吴建丽　蔡瀚赓
陆保一　韩　璐　杨亚萍　王　赫　谢宗运
张红梅　王艳梅　李　婷　陈世超　尹钶莹
史鹏飞

前　言

边疆包括陆疆和海疆。中国在地理跨度上有着长达 2.2 万公里的陆地边界线，陆疆涉及省份包括西南地区的云南省、广西壮族自治区和西藏自治区，东北地区的黑龙江省、吉林省和辽宁省，北部地区的内蒙古自治区、甘肃省和新疆维吾尔自治区等，共有 140 个陆地边境县（旗、市、区）[①]。无论是国外还是国内，陆疆都是开展边境旅游的主战场。

边境旅游是旅游者在国家陆地边境地区进行的旅游活动。旅游者包括本国、邻国及第三国旅游者三类人，是发生在边境口岸一定区域的旅游活动。跨境旅游更多是指超越边境口岸，涉及更大空间尺度的旅游活动。边境旅游是对外开放的直接产物，在我国"一带一路"倡议加速对外开放的背景之下，《国务院关于支持沿边重点地区开发开放若干政策措施的意见》（国发〔2015〕72 号）明确指出，要提升旅游开放水平，促进边境旅游繁荣发展；要研究发展跨境旅游合作区，探索建设边境旅游试验区。2016 年，国家旅游局组织了边境旅游试验区的申报工作[②]，正式启动跨境旅游合作区建设[③]，边境旅游迎来了历史性发展新机遇。

发展边境旅游已成为国家发展战略的重要组成部分。开展边境旅游是双边和多边国家进行合作的重要领域，是国家旅游外交的重要议题，已成为提升国家文化软实力和增强国际话语权的重要渠道。在国家深入推进西部大开发、兴边富民行动、旅游扶贫，建设孟中印缅经济走廊、中国-东盟自由贸

---

① 《兴边富民行动"十三五"规划》。
② 《国家旅游局关于申报设立边境旅游试验区的通知》，2016 年 6 月。
③ 《中华人民共和国国家旅游局关于调查摸底跨境旅游合作区和边境旅游试验区工作进展情况的函》，2016 年 4 月。

易区以及跨境经济合作区、跨境旅游合作区、边境旅游试验区等机遇下，云南积极加强边境旅游产业体系建设，主动服务和对接国家战略体系，是区域性国际旅游合作需要和国家发展战略的重要实践内容。随着"一带一路"倡议的提出，云南作为古代南方丝绸之路和连接北方丝绸之路与海上丝绸之路的关键节点，先后推进沿边开发开放试验区建设、沿边金融改革创新试验区和综合保税区等探索实践，以沿边地区为辐射范围，主动融入"一带一路"，务实参与国家发展战略实践过程。发展云南沿边地区边境旅游，搭建区域旅游合作平台，逐步完善旅游合作机制、旅游支撑政策对接、基础设施建设及信息互联互通等旅游发展结构体系，是积极配合新时期对外开放战略的重要实践；是在云南沿边重点地区以旅游为先导，助力实现全面开发开放整体格局、提升旅游开放水平的重要手段。凭借边境旅游开发建设大力推动云南旅游对外开放和国际旅游合作，主动承担新时期中国旅游外交使命，实现与国家沿边开放战略的协同共振。

开展以云南为典型案例的我国西南陆疆边境旅游发展的空间格局，以及不同地理空间域的发展模式、发展机制及实现途径研究，有以下几个方面的作用。

1）助力沿边开发开放、兴边富民、"一带一路"倡议、打造命运共同体等国家发展研究。陆疆的地理和人文特殊性，与周边国家和地区有着千丝万缕的关系，边境口岸、通道、城镇连接着国内与国外，起到了"承内启外"的桥梁与纽带作用。通过包括旅游在内的合作关系寻找新的经济增长点，谋求共同发展，努力实现互联互通与跨境合作，与沿线国家形成多元利益的"最大公约数"，形成命运共同体。旅游既是国家扩大开放的重要组成部分，也是沿边开放的关键环节；旅游业是边疆发展的重要引擎，也是维护国家核心利益的多样化手段之一。领土边疆与文化边疆叠合、边疆开发与旅游发展过程耦合是中国边疆旅游的最大特色。

2）支持边疆安全稳定和边疆民族地区旅游扶贫研究。由于地理、交通、历史等多种发展条件的限制，边疆发展相对滞后，贫困面大，且多为少数民族地区，急需扶持。"一带一路"倡议、中国-东盟自由贸易区、孟中印缅经济走廊、中巴经济走廊等一系列边疆发展措施,立足本土,放眼世界,同时兼顾邻国与我国的发展。边疆地区得到了前所未有的重视,为我国对外经贸合作、文化交流、旅游发展创造了新条件,同时为边疆地区的安全稳定、和谐发展提供了新机遇。边疆从物流、人流的"末梢"变为"前沿",成为新的区域发展中心、对外交流前沿。旅游业作为服务业的主力军,在促进跨国旅游发展、实现旅游扶贫下的兴边富民方面起着关键作用。

3)突显边境旅游在边境地区社会经济发展中的作用与功能。边境旅游作为边境地区重要的产业支撑,对边境社会、经济、文化具有综合影响效应。发展边境旅游是两国或多国沿边地区经济发展的重要引擎,也是强化区域民族团结、提高边民生活质量、传承与创新民族文化的重要保障,同时对沿边地区相关产业具有高度整合作用,是精准扶贫、改善民生的重要手段。边境旅游的区域空间独特性使其成为沿边省份发展地区经济、提质增效的重要推手,而其高度的产业融合性、联动性特征决定其能与边境地区其他产业体系一道致力于边境经济的稳步增长与结构性调整。在经济转型升级的背景下,明确边境旅游的优势、地位与作用,精准定位,可优化沿边地区旅游供给与消费结构,并以此缓解边境地区经济压力,为其经济发展增添后劲,推动沿边地区旅游经济进入新的发展阶段。

4)推动拓展国内外旅游市场与供给侧改革,为大力发展边境旅游提供科学依据。中国陆疆广阔的地理跨度、多元的文化跨度、漫长的历史跨度、多维的制度跨度是边境旅游发展中不可多得的优势资源条件,异域风情浓郁、民族风情浓厚、生态环境优美,边境旅游产品呈现出业态异质化、产业复合化、产品多元化、合作多边化、圈层叠加化的特征,有助于加强旅游供给和增量供给,改善供给品种和质量;刺激消费,增强吸引力,拓展国内外旅游市场,实现国内市场与国际市场的连接,推动面向国内外的立交桥式发展。开展边境旅游发展研究能为我国陆疆边境地区的旅游发展寻找科学合理的路径。

5)支持发展边疆地理学、丰富完善旅游地理学的研究内容。"边疆"是一个地理概念，以人地关系理论为基础，讨论陆疆有关各种旅游现象的分布、变化和扩散，以及旅游活动的空间结构、发展机制、模式及路径；将一般的地理空间发展理论与边境旅游空间发展的实践相结合，这样能够初步形成系统的边疆旅游空间发展理论。对于边疆区域跨境旅游空间中的边境重点开发开放试验区、沿边国家级口岸、边境城市、跨境旅游合作区、跨境旅游线路和廊道等的空间效应进行研究和测度，主要是为了研究国家边界在边境区域发展中所起的作用，通过定量的手段得出定性的结论，不仅研究国家边界的空间效应，也探查常规的边界效应测度方法在边境区域旅游研究中的应用。

对于云南而言，发展边境旅游主要有以下意义。

1）发展边境旅游是云南"三大定位"[①]的先行者和推动器。习近平总书记在考察云南重要讲话中明确提出，希望云南主动服务和融入国家发展战略，闯出一条跨越式发展的路子来，努力成为民族团结进步示范区、生态文明建设排头兵、面向南亚东南亚辐射中心，谱写好中国梦的云南篇章[②]。云南是一个多民族汇聚的边疆省份，沿边8个州（市）集中分布着壮族、苗族、哈尼族、彝族、傣族、景颇族、傈僳族等23个少数民族，它们是云南乃至全国民族旅游的重要接待地，具有得天独厚的生态优势、民族文化优势与区位优势。通过研究，可统筹沿边民族地区资源开发，将其转化为资本动力，拉动边境民族地区社会发展、增进民族团结，引领沿边民族团结进步示范区建设。生态文明建设是地区经济持续发展的永久性保障，云南沿边地区远离经济中心，开发程度相对较低，也是云南生态环境保持相对较好的地区。《中华人民共和国国民经济和社会发展第十三个五年规划纲要》提出，支持贫困地区加快发展；把革命老区、民族地区、边疆地区、集中连片贫困地区作为脱贫攻坚重点；加快发展中小城市和特色镇；因地制宜发展特色鲜明、产城

---

① "三大定位"是指习近平总书记在考察云南重要讲话中提出的努力成为民族团结进步示范区、生态文明建设排头兵、面向南亚东南亚辐射中心。

② 李涛.深入学习习近平总书记考察云南重要讲话精神，努力把云南建设成为中国"面向南亚东南亚辐射中心"——在云南省社会科学院2015年第二次院党组中心组暨专题教育学习会上的讲话[EB/OL]. http://www.cssn.cn/skyskl/skyskl_yzfc/201503/t20150313_1545085_1.shtml[2017-12-30].

融合、充满魅力的小城镇,提升边境口岸城镇功能;扩大生态产品供给;打造生态体验精品线路,拓展绿色宜人的生态空间。以边境绿色旅游、生态旅游、民族文化旅游等发展理念为引导,转变沿边地区旅游开发方式,强化旅游生态建设,深入推进云南沿边民族地区旅游扶贫工作与新型城镇化建设、特色村寨建设,打造我国西南面向南亚东南亚开发开放前沿,以及低碳旅游试点、全域旅游示范区、绿色经济试验示范区建设工作,重视民族地区发展,倡导绿色、低碳生产方式与生活方式,是助推云南成为全国生态文明建设排头兵的核心环节。从宏观区位背景上看,我国云南与越南、老挝、缅甸三国接壤,邻近泰国、柬埔寨,以及孟加拉国、印度等南亚国家,是我国面向南亚东南亚的辐射中心。云南边境地区作为辐射中心的前沿窗口和重要门户,担负着沿边开发开放、先行先试的重要使命。因此,通过完善边境旅游发展结构、全力推动辐射中心的功能建构,可实现沿边辐射功能"以小见大、以点扩面"的先行效果,为后续战略的深入实施预先造势、奠定基础。

2)边境旅游已是云南旅游的重要组成部分、主要特色和突出亮点之一。云南是我国西南边疆省份,从产业贡献来看,2017年全省累计接待海外旅游者(过夜)667.69万人次,同比增长11.2%;实现旅游外汇收入合计35.50亿美元,同比增长15.5%;累计接待国内游客5.67亿人次,同比增长33.3%;实现国内旅游收入6682.58亿元,同比增长47.3%;全省共实现旅游业总收入6922.23亿元,同比增长46.5%[①]。边境旅游已占据云南服务贸易的一定份额,且增势迅猛,已成为拉动云南旅游消费的重要驱动力和云南旅游产业发展改革创新的着力点。从发展方向来看,为实现旅游产业要素、旅游者在区域内的自由流动,助推云南旅游业新时期转型升级、提质增效,边境旅游率先成为云南旅游业发展的重要抓手和新的增长点。抓住国家沿边旅游开发开放的契机,以云南边境旅游为支点,可丰富中国-东盟自由贸易区、孟中印缅经济走廊、澜沧江-湄公河旅游城市合作联盟的合作内容。在推进与老挝、

---

① 云南省文化和旅游厅发布的 2017 年全省旅游接待情况[EB/OL]. http://www.ynta.gov.cn/Item/36181.aspx[2018-01-30].

柬埔寨、泰国等国家的旅游合作、推进云南旅游业的国际化发展方面，云南边境旅游具有巨大的发展潜力和前景。从产业功能定位来看，沿边各州（市）更趋向于将边境旅游定位为支柱型产业；从云南旅游业态组合来看，云南旅游产业业态丰富，融民族旅游、边境旅游、观光旅游、康体养生、休闲度假、户外探险等多元形式为一体。其中，民族旅游与边境旅游是云南的特色旅游形式，边境旅游以异域文化、边界文化为核心体验对象，富于独特吸引力和品牌标识性。边境旅游以其资源独特性、区位优势明显等优势，可跻身于云南旅游产业体系的关键位置，为云南旅游产业建设成为全省国民经济的战略性支柱产业和人民群众更加满意的现代服务业贡献力量，全力助推云南加快成为国内一流、国际著名旅游目的地和中国面向西南开放的区域性国际旅游集散地的建设步伐。

3）发挥云南边境旅游的先导作用，助推旅游强省建设。通过云南边境旅游的先导作用和龙头作用，探索云南边境旅游发展布局、重点和时序，确定发展的新方向与新目标，在传统边境旅游发展基础上，统筹利用好国际国内旅游资源与市场，促进旅游产业要素在区域内自由流动，形成稳定、有规模、有秩序的沿边旅游发展大局；通过开展边境旅游，积极争取相关扶持性政策，加强旅游跨国合作，完善边境产业支撑政策体系，健全旅游对外合作体制机制，实现国家对外合作长远性计划制定。从云南沿边旅游供给侧结构来看，边境经济发展水平、旅游基础设施与服务设施建设以及旅游支撑政策保障体系稍微滞后于现实旅游需求，旅游供给端与需求端整体呈现疲软状态，供给侧结构失衡。着力推进边境旅游产业结构调整，在招商引资层面优化投资结构和产业结构，完善资源配置，稳步推进边境旅游市场改革，并根据旅游发展需要适当简政放权，优化边境地区通关便利度与相关政策支持力度，做到持续扩大旅游接待地的有效供给，促进区域旅游资源要素的合理配置，实现云南旅游业扩内需、促消费、稳增长的需求，谱写好边境旅游转型升级的大文章，主动融入云南旅游业转型升级新阶段的发展框架，全力服务和融入云南旅游强省的建设进程。

本书为集体成果，云南财经大学首席教授明庆忠为总负责人，撰写了本书提纲，提出撰写意向，组织队伍并进行分工，进行相应的修改、统稿等。在前期工作中，刘宏芳博士做了大量协调以及统稿修改等工作；娄思元博士、蔡瀚赓、郭向阳在图件编制修改和审图、协调等方面做了大量工作。各章具体分工：第一章由娄思元（河南牧业经济学院讲师，博士）、陆保一（云南师范大学硕士研究生）撰写；第二章由刘宏芳（云南财经大学讲师，博士）、明庆忠、张红梅（云南财经大学硕士研究生）撰写；第三章由王娟（广西教育学院讲师）、王艳梅（云南财经大学硕士）撰写；第四章由刘宏芳、明庆忠、张红梅撰写；第五章由韩璐（云南财经大学博士研究生）、王赫（云南财经大学硕士）、王娟、李婷（云南师范大学硕士研究生）撰写；第六章由韩剑磊（云南财经大学讲师）、鲁芬（昆明学院讲师，博士）、胡莹（云南财经大学硕士）撰写；第七章由朱晓辉（云南财经大学教授，博士）、谢宗运（云南财经大学硕士）、冯莹（云南师范大学讲师）、史鹏飞（云南财经大学硕士研究生）撰写；第八章由尚前浪（云南财经大学讲师，博士）、王丽丽（泰山学院助教）撰写；第九章由左文君（云南师范大学硕士）、蔡瀚赓（云南师范大学硕士）撰写；第十章由杨亚萍（云南师范大学硕士）、陈世超（云南师范大学硕士）、吴建丽（凯里学院助教）撰写；第十一章由郭向阳（南京师范大学博士研究生）、王丽丽撰写；第十二章由吴建丽、尹钶莹（云南财经大学硕士研究生）撰写。感谢课题组的辛勤付出！

  本书是以云南财经大学为主承担的国家自然科学基金项目"西南陆疆边境跨境旅游发展空间格局、机制及模式研究"的研究成果之一，也受到了云南省哲学社会科学研究基地重点项目和云南省人民政府下达的、云南省旅游发展委员会委托课题组完成的"云南省边（跨）境旅游专项规划（2018—2030年）""云南省边境旅游试验区建设方案""云南省跨境旅游合作区建设方案"，以及瑞丽市委托的"瑞丽市边境旅游试验区建设实施方案"等项目的支持。在资料收集与整合、实地考察等工作中，得到了云南省文化和旅游厅及相关处室（尤其是云南省旅游规划研究院、边境旅游合作办公室）、云南省人民政府各相关职能单位、云南省八个边境州（市）

和相关县（市、区）旅游发展委员会、云南省相关旅游专家的帮助和支持。科学出版社的石卉、吴春花编辑做了大量校对、修改工作，让本书得以顺利出版，在此一并表示由衷的感谢！

明庆忠

2019 年 3 月 15 日

目 录

前言

第一章 边境旅游研究进展与价值分析 ... 1
第一节 我国边境旅游发展历程与特征 ... 2
第二节 边境旅游研究进展 ... 7
第三节 边境旅游研究价值分析 ... 17

第二章 陆疆边境旅游研究的重点 ... 21
第一节 研究目的、对象与目标 ... 22
第二节 研究重点与框架 ... 25
第三节 研究过程 ... 29

第三章 旅游发展态势分析与经验借鉴 ... 33
第一节 国内外旅游发展态势 ... 34
第二节 发展环境与竞合分析 ... 43
第三节 国内外经验借鉴 ... 51

第四章 边境旅游发展战略、定位与目标 ... 59
第一节 指导思想 ... 60
第二节 基本原则 ... 61
第三节 发展战略 ... 63

第四节　战略定位 ··· 65

第五章　边境旅游发展条件分析 ·· 79

第一节　区位条件 ··· 80

第二节　社会经济环境分析 ··· 83

第三节　旅游资源 ··· 85

第四节　旅游发展现状及其存在的问题 ·· 106

第五节　云南边境旅游发展 SWOT 分析 ·· 115

第六节　云南和广西的比较与竞合关系 ·· 121

第七节　云南边境旅游发展战略对策 ·· 137

第六章　边境旅游总体布局与项目建设 ··· 141

第一节　总体布局 ·· 142

第二节　项目建设 ·· 156

第七章　边境旅游产品体系建设 ·· 211

第一节　旅游产品 ·· 212

第二节　旅游新业态和融合产品发展 ·· 217

第三节　旅游节庆产品 ·· 219

第四节　线路产品体系建设 ·· 225

第八章　边境旅游产业体系建设 ·· 249

第一节　旅游产业要素建设 ·· 250

第二节　旅游产业融合发展 ·· 255

第九章　边境旅游公共设施建设 ·· 275

第一节　旅游交通 ·· 276

第二节　旅游公共服务系统 ·· 282

第三节　智慧旅游发展 ·· 287

第十章　边境旅游市场营销与运营 ……………………………… 293
第一节　品牌塑造与市场整合营销 ……………………………… 294
第二节　近期行动 ………………………………………………… 307

第十一章　边境旅游发展政策保障体系及政策建议 …………… 333
第一节　各项政策及其与边境旅游的相关性分析 ……………… 334
第二节　边境旅游运行的政策集成框架 ………………………… 350
第三节　边境旅游运行的支持政策建议 ………………………… 358

第十二章　体制机制创新与发展建议 …………………………… 365
第一节　合作机制创新 …………………………………………… 366
第二节　管理体制创新 …………………………………………… 369
第三节　协调机制创新 …………………………………………… 372
第四节　监督机制创新 …………………………………………… 373
第五节　激励机制创新 …………………………………………… 374
第六节　运营机制创新 …………………………………………… 375
第七节　服务机制创新 …………………………………………… 378

参考文献 ………………………………………………………… 383

彩图

第一章

边境旅游研究进展与价值分析

第一节　我国边境旅游发展历程与特征

伴随着经济全球化的不断深入及区域经济一体化程度的不断提高，全球旅游业进入快速发展阶段，各国边境地区也逐渐成为旅游业发展的重要区域。边境地区作为地缘政治关注的热点区域，环境条件复杂多变，涉及各国之间的政治碰撞、经贸合作、文化交融等多个方面，发展边境旅游已经成为促进国际合作和繁荣边疆经济的有效途径。作为旅游产业发展的新形式，边境旅游的发展也已经得到旅游学界越来越多学者的关注和研究。

一、我国边境旅游发展历程与特征

我国自改革开放以来，伴随着国民收入的增加和消费观念的转变，旅游和休闲逐渐成为人们日常生活的重要组成部分，旅游业呈现出快速发展的势头，对国民经济发展的促进作用也越加明显。作为推进兴边富民行动的重要途径及我国与周边国家次区域合作的重要内容，边境地区旅游业的发展逐步活跃起来（葛全胜等，2014）。自1987年政府有关部门首次批准辽宁省丹东市至朝鲜新义州的自费一日游活动以来，我国边境旅游发展迅速。回顾我国边境旅游发展历程，大致可以划分为四个阶段：初步探索阶段（1985~1990年）、蓬勃发展阶段（1991~1998年）、快速提升阶段（1999~2010年）、全面发展阶段（2011年至今）。

1. 初步探索阶段（1985~1990年）

我国边境旅游始于20世纪80年代的东北边境地区。1985年中朝两个边境城市丹东和新义州经过协商开展友好互访活动，虽然并不是严格意义上的边境旅游，仅仅是两国边境地区居民在各自政府组织下相互访问的一种形式，但它打破了边境地区各种要素流长期封闭隔绝的状态，为边境地区的开放和边境旅游活动的开展做了有益的尝试和准备（李明，2006）。在该阶段，中朝两国边境友好互访活动具有政府参与性强、非自费、双方互访规模对等的特点，属于政府控制下的外交活动范畴，是中朝两国相互了解、开展友好合作的一种新形式。

伴随着边境贸易的不断发展及人流、物流的与日俱增，发展边境旅游已经成为促进边境合作的重要趋势。1987 年 11 月，国家旅游局和对外经济贸易部联合发文《关于拟同意辽宁省试办丹东至新义州自费旅游事》，拉开了我国边境旅游的序幕，这是我国政府首次以政府文件的形式批准边境地区开展自费一日游活动。1988 年 4 月，首批中国游客经过鸭绿江大桥进入朝鲜新义州，打开了中朝边境旅游的大门，丹东市也由此成为我国第一个被允许开展边境旅游的城市。此时的边境旅游活动在时间、人员规模、参与对象及地域范围方面仍有限制，但其突出的特点是边境旅游活动的组织方由政府部门变为中国国际旅行社总社，边境旅游也由公费旅游变为自费旅游。

1988~1990 年，国务院办公厅和国家旅游局先后下发文件批准黑龙江、辽宁、吉林、内蒙古等省份的边境城市开展边境旅游活动。这时批准开展边境旅游活动的地区主要集中在东北地区的中朝、中苏（俄）边境，边境旅游人数逐年增长，旅游时间和旅游线路逐步延长，出现两日游、三日游等新形式。但总体而言，边境旅游发展规模仍然较小，边境旅游政策不统一，处于初步探索阶段。

2. 蓬勃发展阶段（1991~1998 年）

20 世纪 90 年代，伴随着我国沿海、沿江、沿边的进一步开放，我国经济进入高速发展的时代，边境旅游的经济效益也进一步增强。这一时期，我国所面临的国际环境渐趋稳定，西南地区大湄公河次区域合作开始推进。1992 年国务院下发文件《国务院关于进一步对外开放黑河等四个边境城市的通知》，标志着我国边境旅游和边境贸易迎来大发展时期。此外，全国多个边疆省份也相继出台了规范边境旅游管理和发展的一系列文件，如 1992 年 4 月内蒙古自治区发布《中蒙多日游暂行管理办法》，同年 9 月吉林省发布《吉林省边境旅游暂行管理办法》，广西壮族自治区发布《关于开展中越边境旅游业务的暂行管理办法》，1993 年 2 月云南省发布《关于云南省中越、中老、中缅边境旅游管理有关问题的通知》，这些办法和通知对促进边境旅游发展与完善相关政策具有重要意义。

1993 年，我国经济发展过热引起一系列问题，使得国家开始对经济发展速度进行调整，抑制了边境旅游的发展速度。此外，在边境贸易发展过程中的假货问题也给边境旅游的发展造成极其负面的影响（张广瑞，1997a）。对此，我国积极总结经验教训、整顿边境旅游市场、规范边境旅游经营、调整边境旅游政策，取得了良好的成效。1997 年 10 月，国家旅游局等相关部门联合制定了《边境旅游暂行管理办法》，进一步规范边境旅游管理，标志着我国边境旅游发展基本形成了统一的管理制度。此后，如《中俄边境旅游暂行管理实施细则》等针对其他对象国的管理实施细则相继被制定。这一时期，中俄、中朝、中蒙、中越、中缅、中哈（哈萨克斯坦）、中吉（吉尔吉斯斯坦）和中塔（塔吉克斯坦）等接壤地区边境旅游活动迅速发展，延伸的地域范围不断扩大，时间及人员规模的限制进一步放宽，边境旅游的经济意义更为明显，边境旅游进入蓬勃发展阶段。

3. 快速提升阶段（1999～2010 年）

1999 年，党中央、国务院召开中央民族工作会议，提出要继续推进兴边富民行动，为富民、兴边、强国、睦邻做出贡献。这是我国从国家层面加大对边境地区的帮扶力度，以促进边境地区经济发展，边境旅游由此进入快速提升阶段。2000 年编制的《全国兴边富民行动规划纲要（2001—2010）》强调，积极推进第三产业发展；把旅游业培育成为边境地区发展的重要产业。围绕沿边、沿江以及高原、森林、草原、沙漠等主要旅游线路，加强旅游基础设施建设，重点建设旅游景区的道路，搞好旅游资源的保护与开发（葛全胜和钟林生，2014）。这些政策有效地促进了边境地区的发展，改善了边境地区基础设施条件，为边境旅游及边境贸易的发展提供了强有力的支撑。

2005 年 9 月，为遏制我国公民出境进行赌博等违法活动，公安部出台暂停全国边境异地办证业务的相关政策，使得边境旅游快速发展的势头有所放缓。同年，内蒙古自治区旅游局与蒙古国自然环境保护与绿色发展和旅游部成功建立开展边境旅游协调会议制度的长效机制，有力地拓展了双边旅游业务往来和边境旅游合作。2007 年 6 月，国务院发布的《兴边富民行动"十一五"规划》提出大力发展边境贸易，促进区域经济合作。我国西北、东北、西南等地的边境旅游和边境贸易实现了快速发展，区域合作不断深化。2009 年初，公安部、监察部、国家旅游局等部委重新启动边境异地办证业务，为边境旅游的快速发展提供了有利条件。总体而言，这一阶段，边境旅游政策支持力度不断加大，区域经济合作成效显著，全国各边境口岸城市的边境旅游活动实现了快速发展。

4. 全面发展阶段（2011 年至今）

2011 年，国务院印发的《兴边富民行动规划（2011—2015 年）》明确提出，大力培育开发具有边境特色的重点旅游景区和线路，鼓励发展边境旅游、民族特色村寨旅游、休闲度假旅游、生态旅游、探险旅游、农业旅游等特色旅游。这标志着边境旅游已经成为国家沿边开放战略的重要组成部分以及推进兴边富民行动的有效途径。2012 年以来，国家先后在沿边地区设立了广西东兴、云南瑞丽、内蒙古满洲里和二连浩特、云南勐腊（磨憨）5 个重点开发开放试验区[①]，沿边开放步伐进一步加快，有力地助推了边境旅游的发展。

2013 年以来，随着"一带一路"倡议的提出及逐步推进，实现"政策沟通、道路联通、贸易畅通、货币流通、民心相通"的构想为我国与中亚地区边境旅游的发展提供了前所未有的机遇。2014 年 8 月发布的《国务院关于促进旅游业改革发展的若干意见》提出，围绕丝绸之路经济带和 21 世纪海上丝绸之路建设，在东盟-湄公河流域开发合作、大湄公河次区域经济合作、中亚区域经济合作、图们江地区开发合作以及孟中印缅经济走廊、中巴经济走廊等区域次区域合作机制框架下，采取有利于边境旅游的出入境政策，推动中国与东南亚、南亚、中亚、东北亚、中东欧的区域旅游合作。2016 年 1 月发布的《国务院关于支持沿边重点地区开发开放若干政策措施的意见》指出，提升旅游开放水平，促进边境旅游繁荣发展。同时强调，要改革边境旅游管理制度、研究发展跨境旅游合作区、探索建设边境旅游试验区、加强旅游支撑能力建设。将边境旅游管理权限下放到省（区），放宽非边境地区居民参加边境旅游的条件，允许边境旅游团队灵活选择出入境口岸。鼓励沿边重点地区积极创新管理方式，在游客出入境比较集中的口岸实施"一站式"通关模式，设置团队游客绿色通道。这些措施的出台夯实了边境旅游发展的基础，为边境旅游的发展提供了广阔的平台，边境旅游由此迎来全面发展阶段。

2018 年，国务院同意设立内蒙古满洲里、广西防城港边境旅游试验区，这是我国首批设立的边境旅游试验区。在此基础上，将根据改革举措落实情况和试验任务需要，适时选择不同类型、具有代表性的边境地区开展试验，对试点效果好、风险可控且可复制可推广的成果，及时复制推广，推动建设一批边境旅游目的地。

---

① 重点开发开放试验区正在成为沿边地区开放发展的排头兵[EB/OL]. http://www.ndrc.gov.cn/gzdt/201603/t20160307_792123.html[2019-03-10].

二、边境旅游发展的主要特征

1. 明显的地缘性

地缘政治、经济、文化对边境旅游的发展起着关键的影响作用。例如，我国丹东市赴朝边境旅游就曾因各自利益和价值取向不同、朝方接待能力有限等问题数度停团（郑辽吉，2002；赵爱华，2004）；2005 年我国为了打击游客到境外赌博行为，曾出台政策限制边境旅游；由于周边国家总体经济发展程度不高，在我国西南边境地区以及辽宁和吉林的中朝边境地区的旅游流的单向流动现象也很突出（张广瑞，1997a；刘小蓓，2004a）；2016 年底，因缅甸战事频繁，我国云南德宏傣族景颇族自治州（简称德宏州）也暂停了边境一日游业务，口岸参观也受到影响。但总体来看，我国边境旅游经过长期的探索和努力，已经取得了显著的发展，这也要归因于我国与周边国家不断稳定发展的友好关系。

2. 高度的政策依赖性

通关手续便捷性的提高、边境旅游线路的开通、边境旅游的组织方式等，都依赖于政府相关政策。例如，异地办证业务的开通，就能带来边境旅游的新发展。近年来，国家大力推动的边境旅游试验区建设、边境旅游发展规划工作，都为我国边境旅游发展带来了新的活力。此外，货币兑换、人员车辆流通等相关政策，也会在很大程度上影响边境旅游发展。

3. 与经济发展的高度相关性

对外开放和边境贸易的兴起是边境旅游发展的初始动力（Sofield，2006），伴随着边境地区经济的发展及对外开放程度的不断提高，和平与稳定日益成为我国边境地区发展所追求的目标，经济的不断发展使得各种要素流在区域内不断聚集，推动着边境地区基础设施条件的改善以及信息的对外传播，旅游地的可进入性随之得到提高，为边境旅游的发展创造了有利条件。

4. 范围拓展性

我国各边境省份被批准开通的边境旅游线路不断增加，仅云南就有文化和旅游部批准开通的边境旅游线路 21 条，且旅游线路也从一日游到两日游、三日游、四日游，甚至八日游不等。边境旅游的范围也从边境地区向相邻两国的腹地拓展。例如，云南边境旅游线路中就有普洱市-丰沙里-孟赛-琅勃拉邦八日游（中老）、腾冲市-甘拜迪-昔董-密支那四日游（中缅）、河口瑶族自治县-沙巴两日游（中越）等。边境旅游的深度也在不断增加，已经由原来单纯观光欣赏拓展到文化体验、休闲养生、研学考察等多个领域。

第二节 边境旅游研究进展

一、国外研究进展

边境与旅游关系的研究始于20世纪30年代，但其研究较为零散，且学科之间交流较少，研究基础薄弱，尚未形成针对边境旅游的专门研究。自20世纪70年代国际地理联合会（International Geographical Union，IGU）游憩工作组召开主题为"边境与旅游"的学术会议以来，边境旅游研究在国外旅游学界逐渐兴起，并成为旅游地理学研究的热点问题。此后，伴随着世界范围内经济全球化和区域经济一体化进程的持续加快，各种要素流跨国界流动的壁垒不断减少，为边境地区旅游业的快速发展创造了有利条件，边境旅游由此得到了长远发展。目前，国外学术界关于边境旅游的研究主要集中在边境旅游的影响因素研究、边境旅游需求研究、边境旅游供给研究、边境旅游综合效应研究、边境旅游合作与冲突管理研究等方面。

1. 边境旅游的影响因素研究

Var等（1990）运用一定时间序列的数据对土耳其国际旅游需求进行了预测，并通过分析发现客源国的收入情况和汇率是影响旅游需求的主要因素。Mitchell和Reid（2001）对与美国交界的墨西哥边境地区的边境旅游特征进行了分析研究，指出墨西哥边境城镇地区的旅游不仅展示了一条国际边境线上的景色，而且是在多种因素的综合作用下形成的一种完备的旅游功能，这些因素包括历史优势、殖民地时代、可进入性、鼓励措施实施程度等。Anaman和Ismail（2002）在对从东马来西亚旅游归来的文莱居民进行大量问卷调查的基础上，总结出影响边境旅游者数量的一系列重要因素。Prideaux（2005）针对影响双边旅游流动的因素进行了分析，确定了影响旅游客流整体规模的五大因素，并建立了可能用于分析双边旅游流问题的框架。Masson和Petiot（2009）研究了高速铁路建设对法国佩皮尼昂和西班牙巴塞罗那旅游吸引力的影响，认为交通运输系统在旅游目的地发展中起着重要的作用，高速铁路建设导致的旅游目的地空间竞争加剧可能会促进巴塞罗那旅游业的发展，而佩皮尼昂采用旅游产品差异化策略是面对激烈竞争的有效解决方案。Sener 等（2015）认为美国得克萨斯州埃尔帕索和墨西哥华雷斯之间的跨境交通流量显著下降对埃尔帕索的跨境旅游业务产生了负面影响，并为当地更好地管理跨境旅行、制定改进政策，以及为区域经济和环境的可持续发展提供相关建议。

2. 边境旅游需求研究

（1）旅游感知研究

Enoch（1996）认为旅游起源于位于欧洲边缘的英国、丹麦和亚洲的以色列等国家，他假定旅行者客源国和目的地之间的实际距离及可感知距离与来自某一特定国家的这类旅行者的数目和种类有关，以此为基础讨论了这些国家之间社会结构和文化差异的原因，以及这些国家在未来时期地缘政治发展可能导致的变化。Timothy 和 Tosun（2003）考察了国际边界对旅游者感知障碍的作用，他们从美国-加拿大边界的国际和平花园游客处收集了定性数据，并与行政官员和边境官员进行了面谈，研究发现对大多数游客来说，加拿大和美国的边界并不是跨境旅游的主要障碍。Buzinde 和 Manuel-Navarrete（2013）以墨西哥尤卡坦半岛两个旅游服务城镇及两个主要的旅游服务中心为案例地，采用一种解释性的方法来研究儿童对其社会空间环境的认知。Woosnam 等（2015）认为，墨西哥到美国得克萨斯州最受旅游者欢迎的两个旅游目的地——格兰德河下游河谷和大本德区域的旅游者满意度受当地安全水平因素影响，而旅游者情绪及当地居民的团结程度又会对当地安全水平产生重要影响。

（2）旅游消费行为研究

Livio 和 Rosanna（1996）以与美国接壤的加拿大 7 个边境省份为案例地，以加拿大统计局的相关数据为基础，对加拿大人在美国所进行的跨境购物行为进行了研究，发现影响跨境购物的决定因素存在区域差异：在安大略省、马尼托巴省和萨斯喀彻温省，汇率因素最敏感；在新不伦瑞克省、马尼托巴省和萨斯喀彻温省，人均收入因素最敏感；汽油价格变量在不列颠哥伦比亚省最敏感；而服务税对艾伯塔的影响最大。Garrett 和 Marsh（2002）运用定量研究方法首次对跨境彩票购物进行了分析,估算一个州及其相邻州之间的彩票收入的收益和损失,并使用模型解释了横断面单位之间的空间依赖关系,发现跨境彩票购物可以显著减少彩票收入。

（3）旅游市场分析研究

Sevil（1998）研究了政治动荡、恐怖主义对旅游目的地形象的影响,同时论述了这些影响因素与被影响因素之间的相互作用,并针对旅游目的地危机管理及恢复性市场营销提出了建议。Greenidge（2001）运用时间序列模型解释和预测了主要客源市场到巴巴多斯岛的游客数量,并从中对旅游者行为因素研究提出了有价值的视角。Jakosuo（2011）发现俄罗斯是芬兰旅游的最大客源国,他重点关注了芬兰边境卡累利阿的俄罗斯游客对芬兰旅游政策的反应,并给出了开发俄罗斯市场和提高俄罗斯游客购买力的策略,强调旅游地基础设施建设、服务品质提升,以及各部门间协作的重要性。Timothy 和 Kim（2015）通过对比中韩两国在同一时期跨境旅游人数的变化,以政治、经济、国家安全因素以及文化合作为变量,对影响两国旅游合作及促进两国经济发展的因素进行了深入研究。

3. 边境旅游供给研究

Timothy（1995）认为边境旅游吸引力包括国界线、界碑、篱笆、城墙及瞭望塔等旅游吸引物和购物、美食及饮酒等边境旅游活动两个方面。不仅如此,边境地区的"差异性"也是边境旅游的重要吸引物。Banfi 等（2005）运用瑞士边界地区的面板数据模型,探讨了瑞士燃料旅游的问题,认为边境旅游需求会随着边境地区汽油供给的增加而上升。Jadhav 等（2014）对 20 世纪 90 年代发达地区的旅游者前往欠发达地区进行保健旅游的逆向流动现象进行了研究,发现在过去的十年里,东南亚国家全球医疗保健市场呈指数级增长,其主要原因是人力成本下降及技术条件改善降低了医疗保健基础设施建设成本和治疗费用。Hanefeld 等（2014）通过对 13 个国家的文献资料及英国国民健康情况进行分析发现,医疗旅游是目前边境旅游的一种重要形式,医疗旅游的动机复杂多样,其中一部分是出于牙科诊疗、美容、生育等方面的需求。

4. 边境旅游综合效应研究

Timothy 和 Bulter（1995）发现加拿大边境地区居民跨境购物发展造成国内

旅游业赤字显著增加，进而导致政治、经济、法律和社会等方面一系列问题的出现。Schernewski 和 Jülich（2001）关注了在夏季旅游高峰背景下，德国及荷兰边境地区因城市污水的大量排放而带来的病毒传播风险，以及对游客健康和当地旅游业发展的影响。Kim 等（2007）认为发展旅游业是争取国际和平环境的一种有效途径，通过考察韩国游客参观朝鲜新开发旅游地的反应，发现旅游业可以促进两国政府间关系的改善。Lord 等（2008）以 635 名在北美洲西部的纽约-安大略南部地区和中国香港-深圳地区的度假旅游者为调查对象，探讨了文化变量对两个地区跨界度假旅游者的影响，发现经济、质量、服务和愉悦程度是影响旅游者的感知、行为以及满意度的重要因素。Hampton（2010）研究发现，边境旅游在印度尼西亚-马来西亚-新加坡三角区的经济发展中扮演着重要角色，为当地居民提供了更多的就业就会，增加了居民收入，有效地促进了地区经济发展。Gupta 和 Dada（2011）以克什米尔地区为例，通过建立跨境旅游参与理论架构，探讨了边境旅游在防止跨国冲突和缓和矛盾中的作用，并强调应将边境旅游地作为政治紧张关系的缓冲区，促进边境旅游的乘数效应。Tugcu（2014）运用 1998～2011 年的面板数据，调查了地中海沿岸的欧洲、亚洲和非洲国家旅游业与经济增长之间的因果关系，并以此为基础评估旅游业对各个国家经济增长的贡献。

5. 边境旅游合作与冲突管理研究

Timothy（1999）以美国和加拿大边境的国际和平花园（International Peace Garden）、罗斯福-坎伯贝罗国际公园（Roosevelt-Campobello International Park）、沃特顿-冰川国际和平公园（Waterton Glacier International Peace Park）为案例，对这三个公园之间不同的跨界管理合作模式进行研究，并以此为基础构建管理框架，强调在基础设施建设投入、人力资源、资源保护、促销以及跨境合作之间的国际协调。Greer（2002）通过考察爱尔兰旅游局及北爱尔兰旅游局两个旅游局之间的关系，概述了跨国家、区域和地方行政边界发展旅游伙伴关系的重要经验，认为通过制定包容性和综合性的旅游战略，建立伙伴关系，理解政治敏感性，并在地方层面发展参与性伙伴关系，可以维持跨境旅游合作。Tosun 等（2005）对希腊-土耳其旅游营销增长策略方面的跨境合作进行了探索性研究，指出了旅游营销中跨界合作的若干挑战，并确定了提高两国合作旅游营销策略效率和有效性的几种策略。Gelbman（2008）剖析了以色列和埃及、约旦、叙利亚、巴勒斯坦边境旅游的冲突机制和解决途径。Bradbury

(2012)对"9·11"恐怖袭击事件后美国和加拿大边境增强的安保措施对跨境旅游的影响进行研究,发现安保措施的实施对驾驶机动车的跨境旅游人数具有明显负面效应。

二、国内研究进展

改革开放以来,伴随着我国经济实力的不断增强、人民生活水平的逐步提高,旅游业实现了快速发展。边境旅游的相关研究也在逐步加深,其研究内容不断丰富,研究视角渐趋增多,研究方法也逐渐由定性描述转向模型构建(葛全胜和钟林生,2014)。我国边境旅游起步较晚,基础薄弱,且边境地区多为少数民族聚居区,环境条件复杂,从而使我国边境旅游的实践发展及理论研究均滞后于国外(杨效忠和彭敏,2012)。目前,我国有关边境旅游的研究主要集中在边境旅游的概念界定、边境旅游发展现状研究、边境旅游产品的开发与规划、边境旅游市场研究、边境旅游购物研究、边境旅游发展模式研究、边境旅游的管理与合作研究等方面。在以往研究的基础上,我国边境旅游最近几年又出现了新格局、新视角、新业态、新内容、新理论等研究新趋势。

1. 边境旅游的概念界定

伴随着边境地区旅游业的不断发展,人们对边境旅游的认识不断加深,政府层面及众多学者从多个角度对边境旅游概念进行界定,但至今未形成统一认识,边境旅游的内涵和外延仍在不断拓展。根据1997年国家旅游局颁布的《边境旅游暂行管理办法》,我国目前较为通行的定义如下:边境旅游是指经批准和指定的旅游部门组织和接待我国及毗邻国家的公民,集体从指定的边境口岸的出入境,在双方政府商定的区域和期限内进行旅游的活动。众多学者也围绕边境旅游的概念进行了深入的探讨,其中较具有代表性的包括:张广瑞(1997a)指出边境旅游是人们通过边境口岸所进行的跨越国境的旅游活动;罗明义(2002)认为边境旅游是相邻国家之间相互开放水陆边境口岸,按照一定的协议和约定,允许相邻国家的居民相互出入边境所进行的旅游活动;田欣(2003)将边境旅游定义为在我国边境地区的州(市)、县(市、区)经中央政府批准,与相邻国家的边境地区之间开展的本方居民有组织地前往对方旅游的业务;李明(2006)从广义的范围对边境旅游进行界定,认为边境旅游是指旅游者在双方国家边境地区进行的旅游活动;姜晓娜(2010)从边境旅游所必须具备的 3

个要素出发,认为边境旅游是指人们通过边境口岸在指定区域和时限内所进行的跨境旅游活动,该定义提出了边境旅游所具备的方式、地点、时间3个要素,方式是指要经过边境地区相邻国家所开放的口岸,地点和时间一般需要双方政府共同商议和确定。

综上所述,边境旅游是指在边境地区进行的旅游活动,从空间视角来看,它包含了相邻国家边境地区的境内旅游、跨境旅游。

2. 边境旅游发展现状研究

一般的研究遵循"现状—问题—对策"的研究范式。从边境旅游人次、营业收入、旅游企业规模、从业人员规模与结构、日接待能力、设施、产品、线路等方面探讨边境旅游的发展现状,问题研究则主要集中在边境旅游市场管理、通关环境、接待条件、旅游产品等方面(郑辽吉,2002;邓鹏和门冬,2002;赵爱华,2004;蒋满元,2008)。

刘小蓓(2004b)在对广西旅游资源进行综合评价的基础上,从旅游人数、收入、从业人员、旅行社、旅游空间格局、产品、线路、管理方法、宣传促销等多个方面分析广西边境旅游现状,分析其优势、劣势、机遇、挑战。同时,结合客源市场数据,分析游客流动规律,再将广西中越边境旅游与黑龙江中俄边境旅游、辽宁中朝边境旅游、云南中缅边境旅游进行比较分析,最终得出发展思路。李明(2006)以边境旅游定义、性质内涵、空间范围、特点、意义等基本理论议题入手,回顾中俄边境旅游发展渊源与历程,从接待俄罗斯游客规模、对俄边境口岸分布状况、中俄边境旅游产品项目与旅游线路开发状况、交通条件、旅游客流空间分布、旅游客流时间分布、旅游市场需求等多个方面来论述发展现状,探讨了中俄边境旅游发展模式,包括产品开发模式与旅游空间布局模式。

3. 边境旅游产品的开发与规划

对开发条件的探讨是边境旅游开发研究的必要内容。从区位条件、资源条件、政策条件、与邻国关系、客源条件等方面对开发条件进行探讨(简王华,2000;孙永刚,2001;杨洪等,2001;谢莉,2005;王晓军和罗显克,2006;李世玲等,2007;覃萍,2007;彭万臣,2007)。彭万臣(2007)在对黑龙江边境旅游发展现状进行分析的基础上,探讨了开发边境旅游的优势条件——与俄罗斯良好的睦邻关系、口岸边贸活跃与振兴东北的机遇、与俄罗斯的旅游感知形象差异明显、优越的自然环境、独特的旅游资源、便捷的交通条件，最后提出黑龙江开发边境旅游的战略构想，包括总体思路、产品线路、空间布局以及开发模式。

除了一般意义上旅游资源开发外，旅游开发模式及产品开发研究也进入了学界视野。李明等（2006）以黑龙江为例，提出了两种中俄边境旅游开发模式——资源导向开发模式和需求导向开发模式。谢婷等（2006）则从空间竞争关系角度对中越边境旅游产品开发进行了研究。刘滨谊和刘琴（2006）以新疆克孜勒苏柯尔克孜自治州、喀什地区、阿克苏地区以及和田地区的边境旅游规划为例，探讨了西部边境旅游规划的特性、原则和程序。值得注意的是，郑辽吉（2009）在对丹东市边境旅游产品创新与联合开发研究中，引入了行动者-网络理论，提出了边境旅游的行动者-网络体系，并以此展开研究。

4. 边境旅游市场研究

调查问卷法与深度访谈法是旅游市场研究常用的方法。刘小蓓（2004a）在对广西边境旅游发展的客源市场开拓研究中，对客源市场进行了地域上的细分，其中国内市场主要分析了广西本土市场、其他西南省份、东南沿海地区，国际市场主要分析了越南市场。李明和何雨（2008）在中俄边境旅游客源市场需求特征研究中分析了俄罗斯来华游客属性结构、俄罗斯游客边境旅游需求主要特点、中国游客属性特征、中国边境旅游者旅游需求特征，在此基础上展望了中国游客出境游的趋势和俄罗斯游客入境游的趋势。谢婷和钟林生（2009）以崇左市为例研究了边境旅游目的地的国内游客特征及感知，以游客调查问卷为基础，运用统计分析方法，探讨了选择边境旅游产品游客的人口统计学特征、出游特征、对边境旅游产品的满意程度、对边境旅游目的地的态度和感知等方面的问题。

5. 边境旅游购物研究

在边境旅游发展中，对于旅游购物的关注程度还很低。李靖（2000）主要从管理角度探讨了新疆边境贸易中旅游购物存在的问题，并提出了建议。王碧英（2008）对新疆边境旅游购物区域品牌形象塑造进行研究，在确定以边境旅游购物者及其国内消费者为目标群体的基础上，对新疆旅游购物的政策环境、自身环境、竞争对手情况和公众的接受程度进行分析后，对新疆边境旅游购物区域品牌进行了定位，并提出了品牌理念，设计了视觉标识系统。Wang（2004）针对中国香港游客到深圳市的购物和消费现象进行了研究，发现香港游客在深圳市的消费和购物活动兼具功能性和娱乐性。Yeung和 Yee（2012）以194名受访者的访谈记录为基础，探讨了从中国内地到香港购物的因素，界定了跨境购物者类型，并提出了细分跨境购物市场的方法。

6. 边境旅游发展模式研究

杨兆萍和张小雷（2001）认为我国大多数边境地区地处偏远，交通不便，经济落后，脱贫与发展面临着市场、技术、人力资源等方面的阻力，但许多边境地区都拥有文化丰富独特的旅游资源和原始优美的生态环境，特殊的地缘关系促成了文化交流和边境贸易的发展，开发旅游业具有带动地区经济发展的作用，边境地区可实施旅游边贸互动式的发展模式。闫永春（2001）分析了德宏州边境口岸边贸与旅游的互动发展。王丽琴（2006）分析了云南边境旅游的发展优势，认为可以采用内联外拓模式、旅游边贸模式、国别推进模式、精品带动模式来推动云南边境旅游发展。

7. 边境旅游的管理与合作研究

尹明（2000）从旅游企业管理角度着眼，并以旅游市场现状分析入手，提出应组建区域性的旅游集团企业，实行行业性集约化经营；熊礼明（2005）从系统的角度分析了中越边境旅游系统管理中的制度要素、人的要素、旅游市场管理要素、旅游资源要素等，并提出了相关建议。在边境旅游合作研究方面，赵明（2004）在对黑龙江中俄边境段旅游合作开发的探讨中，首先分析了黑龙江旅游资源现状及中俄旅游合作的有利因素，认为把黑龙江发展成为国际旅游热点线路具有可行性，并提出了黑龙江中俄旅游合作开发的对策；赵明和郑喜珅（2004）研究了黑龙江跨境旅游资源国际合作开发的组织模式、开发模式。普拉提·莫合塔尔和海米提·依米提（2009）以中国新疆与中亚五国（哈萨克斯坦、吉尔吉斯斯坦、塔吉克斯坦、乌兹别克斯坦、土库曼斯坦）旅游合作为例，把中国新疆与中亚国家区域旅游合作的基本模式概括为互为市场模式、市场-产品共享模式、要素协同模式，并提出了合作对策。

8. 边境旅游研究的新趋势

此外，边境旅游研究中呈现出了新格局、新视角、新业态、新内容与新理论。

新格局体现在对边境旅游的研究站在了新的区域背景空间与国家战略的高度，主要有图们江区域（曹爽，2010；董琦，2013）、中俄朝跨境旅游合作区（夏友照，2011）、中越边境跨民族文化旅游带（李伟山和孙大英，2012）、中俄界江（周彬等，2013，2015）、跨境旅游合作区（李飞，2013；张燕茹，2016）、中缅边境经济合作区（张梦瑶，2014）、边境国际旅游合作区（陈俊安，2014）、中俄战略协作伙伴关系（孙杨，2014）、中哈边境旅游廊道（邱海莲和由亚男，2015）、丝绸之路经济带（杨芳，2015）、自由旅游区（罗奎等，2016）等。

边境旅游研究的新视角主要包括边境负责任旅游（图登克珠和刘雅静，2010）、旅游扶贫（李燕琴，2011）、高速交通旅游（羊绍全，2014）等。

新业态相关研究主要有生态农业旅游（王燕华，2010）、自驾车旅游（孔璎红和廖蓓，2010）、体育旅游（黄华敏，2010）等。

新内容主要有边境旅游安全（杨芳和方旭红，2010；王丹彤等，2012）、旅游空间（姜太芹，2011）、旅游企业发展（张娜，2014）、政府行为（赵阅，2014）、旅游环境与旅游体验质量（罗云艳，2015）、客流演化（赵多平等，2012）等。

边境旅游研究中出现的新理论有文化权利理论（刘建民，2012）、博弈论（黄丽霞，2013）、旅游本底趋势线理论（陈永涛和肖洪磊，2013）、协同学理论（吕红艳等，2014）、新城市主义理论（潘航，2014）、旅游人类学理论（徐佳，2015）、实验人文地理学理论（唐承财等，2016）等。

这些研究新趋势在原有研究成果的基础上又有了新的发展，同时也为边境旅游研究注入了新鲜血液，使得边境旅游研究更具活力。

三、国际国内边境旅游研究的主要特征

1. 国际边境旅游研究的主要特征

（1）致力于发现边境旅游相关事项之间的联系

在边境旅游的影响因素研究、边境旅游需求研究、边境旅游供给研究以及边境旅游综合效应、边境旅游合作与冲突管理的研究中，以发现事物之间的清晰联系为目的的研究都很引人注目。

此类研究以明晰的结论为标志，很适合作为边境旅游管理、政策制定与调

整的参考。例如，Timothy 和 Tosun（2003）研究发现，对大多数游客来说，加拿大和美国的边境并不是旅游的主要障碍等。

（2）空间范围上的国际视野

Timothy（2001）在研究中就把眼光放在了全球范围，涉及众多国家众多类型的边境关系。在其他研究中，欧洲各国边境旅游，以及美国-加拿大、美国-墨西哥、印度尼西亚-马来西亚-新加坡等边境旅游屡见不鲜。这也是由边境旅游特殊的空间属性决定的。

2. 国内边境旅游研究的主要特征

（1）立足国情，致力于我国边境旅游的顺利开展

国内边境旅游研究中绝大部分研究都立足于我国边境，致力于边境旅游的发展条件、模式、策略等，为我国边境旅游发展及研究做出了积极贡献。

（2）边境旅游研究对象与实践的空间范围大体一致

边境旅游研究中常常出现的区域，也是我国边境旅游活动较活跃的区域。黑龙江、吉林、辽宁、内蒙古、云南、新疆、广西等地区的边境旅游活动开展较多，也是研究热门地区；西藏开展边境旅游条件受限，以西藏边境为研究对象的研究相对较弱。

（3）每一类研究对象都已有基本的研究范式可遵循

虽然不断有新理论、新内容、新业态、新视角出现，但每一类研究都有基本的研究范式可以遵循，如通过条件分析寻找发展模式或战略等。这一方面说明国内边境旅游研究已经达到一定水平的成熟程度，另一方面说明国内边境在研究范式上存在创新需求。

（4）研究内容丰富广泛，研究方法还有待创新

我国边境旅游研究内容涉及边境旅游资源、开发模式、合作模式、客源市场分析、边境旅游安全等方面，但研究方法还有较大的提升空间。目前的研究方法主要基于旅游市场数据的定量研究、定性描述以及对比分析等，方法上还有一定的创新空间。

第三节　边境旅游研究价值分析

一、理论价值

发展边境旅游已经成为双边和多边国家进行合作的重要领域以及国家旅游外交的重要议题，作为旅游产业发展的新形式，边境旅游也已经成为提升国家文化软实力和增强国际话语权的重要渠道。现有关于国内外边境旅游发展的研究成果已经非常丰硕，这些研究成果主要集中于边境旅游的影响因素研究、旅游需求及供给研究、综合效应研究、合作与冲突管理研究、旅游购物研究、旅游市场研究、发展模式研究等方面。这些成果对于研究陆疆边境旅游发展及战略规划具有重要的参考价值和理论意义，但就现有研究成果而言，针对以云南为代表的边疆山区边境旅游发展及战略规划创新的研究却鲜有涉及。云南作为我国西南陆疆旅游产业发展大省，一直以来就是国内外旅游者重要的旅游目的地。近年来，随着云南旅游业的快速发展，有关云南旅游产业发展及边境旅游发展的相关研究也随之增多。对以往的研究成果进行系统地梳理，发现前人研究更多的是针对省域单元或部分区域进行宏观的整体性研究，其系统性、指导性及可操作性仍然欠佳，尤其是针对云南边境地区旅游产业发展战略规划及功能分区的研究却并不多见，边境旅游理论研究落后于边境旅游实践发展的矛盾日益凸显。在国内经济转型升级和消费升级带来旅游消费市场新需求以及急需加强边境旅游相关研究的大背景下，研究云南边境旅游发展态势、合理进行战略规划及功能分区是适应这种大背景的必然要求，对于丰富我国旅游地理学研究内容及促进我国边境旅游发展的相关研究也具有较强的理论意义。

本书通过总结国内外有关边境旅游发展的研究成果，细致分析了云南边境旅游发展态势及发展条件，在资料收集和整合及多次实地调研的基础上，确立云南边境旅游发展战略、定位与目标，对云南边境旅游发展总体布局与项目建设、旅游产品体系、旅游产业体系、旅游公共设施、旅游公共服务系统、旅游市场营销与运营等进行合理规划，并以此为基础提出促进边境旅游发展体制机制创新、政策保障体系及近期行动计划的相关建议，以期为促进云南未来边境旅游及同类型地区的相关研究提供参考和借鉴，同时也可以为边境旅游发展提供理论支撑。

二、实践价值

边境旅游是对外开放的直接产物，是促进边境地区社会经济发展的重要产业支撑。在"一带一路"倡议提出加速对外开放的背景之下，国务院高度重视"两区"建设，国家旅游局也先后组织"两区"申报工作，边境旅游迎来了历史性发展的新机遇，发展边境旅游已成为国家发展战略的重要组成部分。在国家深入推进西部大开发、兴边富民行动、旅游扶贫、孟中印缅经济走廊、边境旅游试验区等发展机遇下，云南积极加强边境旅游产业体系建设，主动服务和对接国家战略体系，是区域性国际旅游合作的需要，也是国家发展战略的重要实践内容。随着"一带一路"倡议提出后，云南作为古代南方丝绸之路和连接北方丝绸之路与海上丝绸之路关键节点，先后推进沿边开发开放试验区建设、沿边金融改革创新试验区和综合保税区等探索实践，以沿边地区为辐射范围，主动融入"一带一路"，务实参与国家发展战略的实践过程。本书通过对云南边境地区旅游产业发展进行专项规划，以边境绿色旅游、生态旅游、民族文化旅游等发展理念为引导，转变沿边地区旅游开发方式，强化旅游环境建设，深入推进云南沿边民族地区旅游扶贫工作与新型城镇化建设、特色村寨建设的结合，打造我国面向南亚东南亚开发开放前沿窗口，推动低碳旅游试点、全域旅游示范区、绿色经济试验示范区建设工作，有助于解决云南边境旅游发展所面临的现实问题，这既是反映"十三五"规划中国家对民族地区发展的重视，对绿色、低碳生产方式与生活方式的倡导，也是助推云南成为全国生态文明建设排头兵的核心环节，对促进云南边境旅游发展及旅游强省建设具有较强的实践意义。

发展边境旅游是两国或多国沿边地区经济发展的重要引擎，也是强化区域民族团结、提高边民生活质量、传承与创新民族文化的重要保障，同时对沿边地区相关产业具有高度整合作用，是精准扶贫、改善民生的重要手段。在云南旅游经济转型升级的背景下，明确边境旅游的优势、地位与作用，精准定位，可优化沿边地区的旅游供给与消费结构，并以此降低边境地区经济压力，为云南经济发展增添后劲，推动云南沿边地区旅游经济进入新的发展阶段。本书通过对云南沿边地区边境旅游进行专项规划，搭建区域旅游合作平台，逐步完善旅游合作机制、旅游支撑政策对接、基础设施建设及信息互联互通等旅游发展结构体系，这是积极配合新的对外开放战略的重要实践，对于促进云南边境旅游发展具有较强的实践指导意义。

第二章

陆疆边境旅游研究的重点

第一节 研究目的、对象与目标

一、陆疆边境旅游研究的目的

习近平总书记强调,我国周边外交的基本方针,就是坚持与邻为善、以邻为伴,坚持睦邻、安邻、富邻,突出体现亲、诚、惠、容的理念[①]。我国与周边国家分别建立和巩固了全面战略协作伙伴关系和更加紧密的发展伙伴关系,维护了陆疆环境的稳定与健康。2013年以来我国提出的"一带一路"倡议得到越来越多国家的理解和支持。此外,我国还推出了中国-东盟自由贸易协定"升级版"、孟中印缅经济走廊、中巴经济走廊等,加快与周边国家和地区基础设施互联互通,为区域旅游合作提供了极好的机遇和条件。旅游作为改革开放的排头兵、创新发展的先行者和国际合作的友好使者,在边疆社会经济发展、安全稳定、睦邻友好、民族团结等方面将发挥重大作用。

在此背景下,开展我国西南陆疆跨境旅游发展的空间格局、不同地理空间域的发展模式、发展机制及实现途径研究,主要目的在于以下几点。

1) 服务于沿边开发开放和"一带一路"、打造命运共同体的国家发展需求。因陆疆的地理和人文特殊性,其与周边国家和地区具有千丝万缕的关系,以边境口岸、通道、城镇为中心,一头连接的是国内、一头连接的是国外,边境地区可起到桥梁与纽带作用。邻国之间可通过旅游合作关系寻找新的经济增长点,谋求共同发展,互联互通,跨境合作,与沿线国家形成利益"最大公约数",形成命运共同体。旅游既是国家扩大开放的重要组成部分,也是沿边开放的关键环节;旅游业是边疆发展的重要引擎,也是维护国家核心利益的多样化手段之一,领土边疆与文化边疆叠合、边疆开发与旅游发展过程耦合是中国边境旅游的最大特色。

2) 服务于实现边疆安全稳定和共同富裕、拓宽边疆地区扶贫的产业选择。由于历史等多种因素,边疆发展相对滞后,贫困面大,且多为少数民族地区,急需扶持。"一带一路"倡议、中国-东盟自由贸易协定"升级版"、孟中印缅

---

① 习近平在周边外交工作座谈会上发表重要讲话[EB/OL]. http://www.xinhuanet.com/politics/2013-10/25/c_117878897.htm[2019-03-10].

经济走廊、中巴经济走廊等一系列边疆发展措施，不但着重于国家的外部空间，更是着眼于我国边疆地区发展新的战略部署，促进边疆发展，使边疆地区得到了前所未有的重视，是边疆地区千载难逢的发展机遇，使边疆从物流、人流的"末梢"变为"前沿"，使边疆成为新的区域发展中心。旅游业作为服务业的主力军，可促进跨国旅游发展，兴边富民，且往往是边疆的优势所在和带动产业。

3）服务于拓展国内外旅游市场和加强旅游供给，并为大力发展边境游提供科学依据。中国陆疆广阔的地理跨度、多元的文化跨度、漫长的历史跨度、多维的制度跨度是边境旅游发展中不可多得的优势资源条件。边境地区异域风情浓郁、民族风情浓厚、生态环境优美，使得边境旅游产品呈现出业态异质化、产业复合化、合作多边化、圈层叠加化的特征。良好的资源条件可极大地丰富旅游产品，加强旅游供给和增量供给，改善供给品种和质量，从而刺激消费，增强吸引力，拓展国内外旅游市场，实现国内市场与国际市场的连接，推动面向国内外的立交桥式发展。开展边境旅游发展的研究可为我国西南陆疆合理有效地发展寻找科学合理的路径。

4）服务于支持和发展边疆地理学，丰富和完善旅游地理学的研究内容。边疆是一个地理概念，以人地关系理论为基础，讨论陆疆有关各种旅游现象的分布、变化和扩散，以及旅游活动的空间结构、发展机制、模式及路径；将一般的地理空间发展理论与边境旅游空间发展的实践相结合，这样能够初步形成系统的边疆旅游空间发展理论。对于边疆区域跨境旅游空间中的边境重点开发开放试验区、沿边国家级口岸、边境城市、跨境旅游合作区、跨境旅游线路和廊道等的空间效应进行研究和测度，主要是为了研究国家边界在边境区域发展中所起到的作用，通过定量的手段得出定性的结论，不仅研究国家边界的空间效应，也探查常规的边界效应测度方法在边境区域旅游研究中的应用。这一研究将有助于丰富和完善、发展边疆地理学和旅游地理学的研究内容。

二、研究对象与目标

1. 研究对象

本书主要以云南省 25 个边境县（市）为研究对象，包括隶属怒江傈僳族自治州（简称怒江州）的泸水市、福贡县、贡山独龙族怒族自治县（简称贡山县）、隶属德宏州的芒市、盈江县、陇川县、瑞丽市，隶属保山市的腾冲市、龙陵县，隶属临沧市的镇康县、耿马傣族佤族自治县（简称耿马县）、沧源佤族自治县（简称沧源县），隶属普洱市的孟连傣族拉祜族佤族自治县（简称孟连县）、澜沧拉祜族自治县（简称澜沧县）、西盟佤族自治县（简称西盟县）、江城哈尼族彝族自治县（简称江城县），隶属西双版纳傣族自治州（简称西双版纳州）的景洪市、勐海县、勐腊县，隶属红河哈尼族彝族自治州（简称红河州）的金平苗族瑶族傣族自治县（简称金平县）、绿春县、河口瑶族自治县（简称河口县），隶属文山壮族苗族自治州（简称文山州）的马关县、富宁县、麻栗坡县。统筹兼顾八个边境州（市）。

2. 研究目标

通过国内外经验分析与借鉴、背景条件分析与战略定位、空间布局与项目规划、产品及线路规划、产业体系规划、公共设施规划、品牌塑造与市场运营规划等内容来探索陆疆边境旅游发展的战略、路径及方式，并提出近期行动计划、政策保障体系、体制机制创新等为云南边境旅游发展保驾护航。

边境旅游发展重在依法合规、开拓创新要求下的敢为人先和先行先试。边境旅游研究要贯彻落实十八届三中全会所提到的扩大内陆沿边开放、构建开放型经济新体制的改革措施，落实《中共中央关于全面深化改革若干重大问题的决定》《国务院关于支持沿边重点地区开发开放若干政策措施的意见》《国务院办公厅关于进一步促进旅游投资和消费的若干意见》精神、紧紧抓住国家实施"一带一路"倡议、长江经济带、孟中印缅经济走廊建设等发展机遇，同时积极探索新形势下旅游业改革创新发展的新途径，全面推进陆疆边境旅游发展。

发展边境旅游，要深入推进兴边富民行动，实现稳边安边兴边要求下的旅游产业要素健全和融合带动性强的旅游扶贫示范区、边境旅游新政与体制机制改革创新的先行区和探索区，以及边境旅游业态及产品创新的试验区，形成以旅游产业为引领的边疆沿边开发开放的经济增长环带和旅游热点。同时，以边境风情、绿色生态、健康养生、精彩购物为依托，逐步发展低空跨境旅游、水上跨境旅游、研学旅游等新业态旅游活动及项目，打造中国边疆开发开放的内陆前沿和新兴边境旅游胜地，形成一批集民族文化展示、生态环境保护和经济辐射带动等复合功能于一体的新兴旅游区、边疆少数民族风情深度体验区、绿色生态旅游示范区以及边境旅游辐射中心和集散地（刘宏芳等，2017）。

在边境旅游发展战略背景下，全面推进云南跨境旅游合作区试点省和边境旅游试验区建设，进行新一轮云南边境旅游发展战略方针与行动纲领的制定，优选一批特色突出、优势明显、前景广阔的地区，将其打造为中国边境旅游示范地，构建中国西南边境旅游长廊与新兴旅游经济增长带；通过开发设计中国、老挝、缅甸、印度、越南、泰国、柬埔寨各国之间经典跨境旅游线路，建设中国-东盟、大湄公河次区域跨境旅游合作示范区；紧密围绕云南边境、跨境自然风光、民族文化等资源特色进行旅游产品体系组合提升，力图将云南边境旅游地区打造为集边关文化与民族文化体验、自然观光、生态休闲、生态旅游、康体度假于一体的综合性旅游目的地；基于边境旅游发展要素的综合考量，推进云南边境口岸城市从以往旅游过境地向主要旅游目的地转变，打造成功能齐全、开放度高、自由度大、管理有序、繁荣发展的"无国界旅游示范区"和国际旅游目的地，使之成为中国连接南亚东南亚的西南地区国际旅游集散地和旅游目的地，有效促进云南社会经济持续健康发展，为国内其他沿边省份旅游开发开放和地区经济发展提供示范，为国际双边和多边旅游合作提供可借鉴的经验。

第二节　研究重点与框架

一、研究重点

政策与制度创新、产品与业态更新以及不同空间层次（如边境城市、特色村镇）对发展边境旅游有着重要意义，是边境旅游发展、建设过程中应当重视的问题。同时，边境地区也存在政策敏感性、区位特殊性、区域不均衡性，以及管理体制不畅、发展条件薄弱、涉及多国多方利益、需要联合营销等问题。因此，在研究重点上，发展边境旅游要综合考虑以上问题并寻求突破。

1. 考虑政策敏感性，注重政策研究与设计

《国家旅游局关于申报设立边境旅游试验区的通知》明确指出，边境旅游试验区旨在通过强化政策集成和制度创新，推进全域旅游发展，实现边境地区旅游目的地竞争力的提升。云南各口岸边境旅游发展，也与公安机关、外交部门的政策密切相关。例如，腾冲市猴桥口岸就先后经历了开通边境线路（2008年）—关闭边境线路（2010年）—重新开放边境线路（2013年）的过程。边境旅游政策敏感性较强，本书将着重从管理政策、财税政策、金融政策、投融资政策、土地政策、人才政策、旅游规制及监管政策等角度，研究既有的和需要请求支持的国家级及省级政策，努力提高政策便利水平，充分释放发展活力。尤其是在人员往来、通关通行及物质运输、线路设计与产品开发方面寻求突破口。

2. 摸清区位优势，理清发展条件

重新认识和评价云南作为西南陆疆边境旅游发展的地理区位和发展条件。通过对边界、边境、边疆的辨识，应用地缘区位理论、新经济地理学、新文化地理学等的空间分析和社会文化认同等方法，以及对新常态下陆桥经济、陆疆桥头堡、边境辐射与发展中心等的研究，获得从传统到新国界、新边疆的区位再认识。建立边疆区位价值评价新观念，更准确地认识云南边境地区作为西南陆疆开发开放前沿及我国西南边境旅游发展重要区域的价值，据此认清云南作为陆疆边境的区位优势、战略优势及旅游优势。

3. 考虑区域发展不平衡问题，注重协调发展

云南边境旅游发展存在区域不均衡的问题。例如，德宏州瑞丽口岸、红河州河口口岸、西双版纳州磨憨口岸边境旅游发展较强，怒江州、保山市、临沧市、普洱市则较弱；又如，中方与邻国睦邻友好关系程度不同，在对外磋商、友好往来、通关通行等方面也存在差异。再如，边境地区城市与乡村也存在区域发展不平衡的问题，这就要求在研究过程中，第一要有所侧重、有所突出地重视部分优势区域的先行先试与重大项目的安排，同时兼顾边境旅游非优势地区战略机遇的创造与后期发展空间的预留；第二要在战略规划的项目安排上按照"边境旅游试验区—边境旅游城市—边境旅游小镇—边境特色村寨"的次序分级梯度推进，实现云南陆疆边境地区城乡同步协调发展，尤其是通过旅游扶贫、线路整合串联等，实现城镇与部分少数民族村寨的齐头并进，逐步改善边境地区内部互通以及与国外联通、国内衔接的交通状况，为边境旅游发展的冷门地区逐步创造条件，分层推进发展空间。

4. 理顺管理体制，营造良好环境

云南边境地区涉及 25 个边境县（市），也关乎多方邻国。在边（跨）境线路上甚至会涉及多国多地，这就要求边（跨）境旅游的发展需要统领性的管理机构与健全的管理体制来保驾护航。考虑到领导机构和管理部门庞杂、涉及少数民族地区较多，在管理体制机制研究方面，应注重统一管理、各方利益的共建共享以及各方权益的保护和协调。同时，营造良好的旅游发展环境，鼓励民族地区居民的积极参与，通过产业结构调整、提供就业岗位，实现资源的资本化转化，在保障边境旅游顺利开展的同时让少数民族居民从边境旅游发展中获得实际收益。

5. 针对发展条件薄弱，着力改善基础设施与提升产品及服务

边境地区经济基础薄弱、发展资金欠缺，除争取各级政策支持及资金扶持外，还应尝试多元化的融资模式以及通过灵活的资金渠道来获得发展资金，实现投资主体、项目、融资渠道的多元化模式，探索运用政府和社会资本合作（public-private partnership，PPP）模式、众筹模式、微贷模式等。针对边境旅游产品较为陈旧、基础服务设施较为落后的现状，应逐步完善旅游产业体系，围绕"吃、住、行、游、购、娱"传统要素及"商、养、学、闲、情、奇"等新型旅游要素，以产业化发展为方向、以品牌打造和业态创新为重点，开发新产品，构筑现代旅游产业体系，夯实旅游公共服务设施。

6. 借鉴发展经验，注重联合营销

总结国内外开展边境旅游较为成熟的地区，如欧盟地区、黑龙江中俄边境地区、广西中越边境地区、云南中老边境地区等的先进经验，通过新思路、新渠道来促进边境旅游的发展革新，整合边境地区旅游资源特色，塑造鲜明的边境旅游形象，升级营销方式，创建新营销途径，建立丰富有效的营销体系（刘宏芳等，2017）。尤其注重边境地区的联合营销，串联起边境地区的旅游线路，形成无障碍旅游环线及纵深式跨境线路，打造统一的云南陆疆边境旅游形象。

二、研究框架

基于国内外边境旅游发展历程与特征，回顾了边境旅游发展研究的进展与价值，并以云南为例，提出陆疆边境旅游发展研究的研究对象、重点、框架与过程；在分析国内外旅游发展态势、国内外经典案例、陆疆边境旅游发展环境与竞合关系后，认为陆疆边境旅游发展有取得突破性进展的可能、有发展品牌的实力、有良好的发展基础、有发展的"政策东风"，提出陆疆边境旅游发展的指导思想，以及坚持深化改革扩大开放、突破障碍大胆创新、政府主导多方参与、旅游扶贫融合发展、睦邻友好互惠共赢、跨越推进持续发展、坚持出入结合内外联动、坚持科学发展和开发与保护并重等基本原则，积极实行"内外互动+全域共进""旅游融合+空间整合""精品拉动+业态创新""政策集成+制度创新"等策略，提出云南陆疆边境旅游发展总体战略定位与分区定位、目标与愿景。

以云南作为案例，分析了边境旅游发展的地理、交通、文化、经济等区位条件、社会经济环境，以及旅游资源的形成基础、类型、功能等；对核心旅游资源进行了遴选与评价，对其发展潜力与开发方向、旅游发展现状及其存在的问题进行了研究；采用态势分析法[①]来分析云南边境旅游发展的优势、劣势、机遇与威胁，并在云南与广西竞合关系等基础上，提出了云南边境旅游发展战略对策。

对云南边境旅游发展进行了系统研究，包括云南边境旅游发展的总体布局、项目建设、产品体系、旅游新业态和融合产品发展等；边境旅游产业体系、旅游产业要素、旅游基本要素、旅游拓展要素等的建设；旅游公共设施、公共服务系统、智慧旅游规划等的构建。同时，对云南边境旅游市场营销与运营、近期行动工作重点、行动目标、主要任务等提出了建议。

进一步在分析区域合作政策、沿边经济发展政策、出入境管理政策、城镇建设政策、乡村建设政策、文化产业政策、旅游产业政策以及其他各类相关政策与边境旅游的相关性基础上，提出边境旅游发展政策保障体系及政策建议；并构建了基础层、核心层、拓展层三层边境旅游运行的政策集成框架，提出包括管理政策、财税政策、金融政策、投融资政策、土地政策、人才政策、旅游规制和监管政策等边境旅游运行的支持政策建议。

尝试创新与发展边境旅游的体制机制。强化与南亚东南亚国家的跨国性旅游合作、强化境内区域性旅游发展合作等的合作机制创新；建立旅游发展管理机构、创新旅游市场管理体制、搭建旅游智慧化管理平台、建立旅游联合执法

---

① 即 SWOT 分析法，strengths（优势）、weaknesses（劣势）、opportunities（机遇）、threats（威胁）。

机制等的管理体制创新；建立旅游发展协调机构、构建利益补偿机制等整合多方关系的协调机制创新；建立旅游评估考核机制、旅游督办问责机制、完善的信息披露机制等的监督机制创新；建立旅游考评激励机制、健全优惠激励机制、建立旅游容错纠错机制等的激励机制创新；优化投资环境、拓宽融资渠道、积极推进旅游项目建设、打造旅游名片、丰富旅游产品体系、创新旅游宣传与营销体系、拓展旅游市场等的运营机制创新；开辟专用通道以改善通关条件、完善基础设施、构建立体通道体系、创造便捷的金融服务条件、健全人才培养机制、提升人才服务水平、构建多元化的旅游安全治理机制等的服务机制创新。

第三节 研究过程

本书主要采用了多学科的综合分析法进行基础分析，通过实地调研与资料收集进行实证研究，采用比较研究法进行横向经验借鉴与纵向趋势分析，并采用统计研究法进行趋势分析与研判等。

一、采用多学科的综合分析法进行基础分析

边境地区是涉及边境、民族、国际关系、跨文化交流的特殊区域。边境旅游发展关乎边疆地区国计民生、边境形象塑造与传播，涉及地理学、民族学、政治学、区域经济学、市场营销学、传播学等众多学科。例如，在边境旅游发展条件分析中，区位条件分析运用到地理学、市场学等学科的理论知识；在社会经济环境分析中运用到经济学、统计学、地理学等学科的知识体系；在旅游资源分析及旅游发展现状分析中应用到历史学、地理学、文化学、民族学等学科知识。陆疆边境旅游发展研究是建立于众多学科交叉基础之上的发展战略和规划创新研究，多种学科介入为边境旅游研究提供了成熟的学科理论和方法，在此基础上提出陆疆边境旅游发展战略、目标和定位使其更加科学合理且系统严谨。

二、通过实地调研与资料收集进行实证研究

2016年10月～2017年5月，"云南省边（跨）境旅游专项规划（2018—2030

年)"课题组与云南省旅游发展委员会边境旅游合作办公室积极协同配合,制定云南边境旅游研究所需资料清单与相关数据需求,向 8 个边境州(市)发函,请地方上给予支持和配合;走访了涉及的相关部门,尽可能在资料收集与整合上做到全面细致;10 多次赴 8 个边境州(市)所辖的 20 多个县(市)及跨境区做实地调研;还配合国家旅游局相关工作人员对德宏州和西双版纳州的边境旅游试验区、跨境旅游合作区进行调研,并参加了座谈会;5 次赴广西等边境省份做资料收集和考察,以资对比分析。此外,在宏观的政策文件部分,一是收集整理了国家层面、省级层面关于促进边境地区发展的相关政策文件、规划、指导意见,如民族地区建设、兴边富民行动规划、对外开放战略等相关资料;二是专门针对边境旅游这一核心内容涉及的边境区域、民族区域、旅游产业发展进行资料收集;三是收集了近年来其他类型试验区的相关政策资料以及与边境旅游发展可能相关的资料,如关于出入境的规定、全域旅游、生态旅游、特色小镇、特色民族村寨建设、旅游扶贫等方面的相关资料,基于收集到的资料,预测未来云南边境旅游的发展态势,揭示建设构想与政策创新、基础设施、公共服务体系与项目建设的方向与内容,进行适宜的线路与产品设计,并提出与各地相匹配的发展方向。

三、采用比较研究法进行横向经验借鉴与纵向趋势分析

在比较研究方法方面,一是用于对边境具有相似性的同类型旅游目的地进行经验借鉴与比较分析。例如,对欧盟国家边境旅游、美国与加拿大边境旅游等国际旅游经典案例和内蒙古满洲里边境旅游、辽宁丹东边境旅游、新疆霍尔果斯边境旅游、广西东兴边境旅游等国内边境旅游经典案例进行研究,分析国内外边境旅游发展态势,对云南边境旅游发展的环境和竞合条件进行研判,并制定云南边境旅游的发展战略和对策,提出云南边境旅游产业体系规划和相关政策建议,为作为陆疆重要省份的云南边境旅游发展的相关内容提供了较好的经验借鉴。二是采用纵向比较法对历史数据进行整理,并进行趋势预测,主要运用在客源市场预测、近期行动计划等方面。

四、采用统计研究法进行趋势分析与研判

一是统计边境旅游各州(市)、县(市)的出入境旅游相关数据,如出入境

旅游者人次、口岸一日游游客、旅游总收入、旅游外汇收入等，基于此进行云南边境旅游发展的预测；二是基于市场调研与游客行为特征，以目的地系统中的核心要素，如旅游景区景点、旅游交通、旅游者、旅游住宿、当地居民等为关注点，兼顾各方发展需求与体验需求，进行系统研究。依据市场调查资料和其他相关资料，采用地理学和统计学的分析方法，分析文脉、地脉，从时间和空间角度分析边境旅游客流流动规律及其特征，提出科学的市场整合营销规划和分期建设规划。

第三章

旅游发展态势分析与经验借鉴

旅游逐渐成为现代生活的一部分，其不仅可以满足人们日常休闲的需求，还可以在政治、文化、生态、社会等多个领域产生积极的作用。尤其在全球化进程日益显著、全球经济发展缓慢等多种不确定因素下，旅游业在平衡全球经济、加快产业融合、加强生态文明建设、促进旅游外交等方面显现出不可替代的作用。了解旅游业的发展趋势，掌握国内外旅游业发展的特征，在此基础上分析云南边境旅游的发展环境，结合国内外典型区域的发展经验，才能准确把握云南边境旅游发展形势和走向，抓住历史机遇，促进云南边境旅游快速健康发展。

第一节　国内外旅游发展态势

旅游业在世界经济格局中的作用和影响力越来越大，涉及的领域越来越多。我国旅游业正在经历前所未有的历史性转变，呈现出多样化的态势。《世界旅游经济趋势报告（2017）》[1]提出全球旅游经济呈现出八大趋势，而我国旅游业发展也有诸多新态势。综合分析国内外旅游业发展态势，把握行业最新动态，才能为云南边境旅游业的发展路径指出正确方向。

一、世界旅游发展态势

2017年1月9日，中国社会科学院旅游研究中心在中国出境游论坛暨世界旅游城市联合会研究成果发布会上发布了《世界旅游经济趋势报告（2017）》。该报告提出全球旅游经济呈现出如下八大趋势。

1. 全球旅游经济增速高于全球经济

2016年全球经济复苏乏力，部分发达国家经济景气有所改善，但各国之间颇不均衡；新兴经济体增速放缓，其中中国经济进入新常态；英国"脱欧"公投、各国大选后的政策骤转、资本市场的剧烈波动、信用紧缩与扩张的快速交替以及安全隐患和突发事件的发酵，都给世界经济带来不确定性。

然而，受各主要经济体旅游需求快速增长、跨国旅游基础设施不断完善、国际油价下降带来旅行成本降低、各国签证便利化程度持续提高等因素的共同

---

[1] 世界旅游经济趋势报告（2017）[EB/OL]. http://cn.wtcf.org.cn/xsyj/lhhbg/201710031148901.html [2017-10-03].

推动，全球旅游总人次和旅游总收入依然保持较高增速，成为全球经济复苏的重要动力。

2. 世界经济再平衡过程中旅游发挥重大作用

（1）全球旅游形成三足鼎立格局

在全球旅游发展格局中，欧洲板块份额相对缩小，美洲板块基本保持稳定，亚太板块份额不断扩张，三足鼎立的格局正在形成。

（2）新兴经济体国家是驱动全球旅游增长的主要动力

其一，新兴经济体国家旅游总人次和旅游总收入增速均显著超过发达经济体国家。其二，新兴经济体国家在全球旅游总人次和全球旅游总收入中比例显著上升。其三，未来新兴经济体国家旅游总人次和旅游总收入增速均将显著快于发达经济体国家。

（3）旅游在推动全球化进程中发挥重要作用

首先，在旅游接待人次方面，国际旅游人次的波动性小于国内旅游人次，且国际旅游增速与国内旅游增速逐步趋近，甚至在个别年份超过后者。

其次，在旅游收入方面，全球国际旅游收入增速快于国内旅游收入。从近十余年的发展趋势来看：国内旅游收入从2005年的2.4万亿美元增长到2016年的3.6万亿美元，增长了50%；而国际旅游收入则从2005年的0.8万亿美元增长到2016年的1.6万亿美元，翻了一番①。此外，在大部分年份中，国际旅游收入的增速均领先于国内旅游。

最后，旅游贸易保持稳步增长，成为国际贸易中重要的稳定器，也成为服务贸易的最大组成部分。

3. 基础设施建设勾画旅游"超级版图"

在新的全球化背景下，世界各地正在着力修建互联互通的基础设施，构建连通全球的供应链网络。2014年，亚洲太平洋经济合作组织（Asia-Pacific Economic Cooperation，APEC）峰会上批准了《亚太经合组织互联互通蓝图（2015—2025）》；二十国集团（G20）财政部长和中央银行行长会议布里斯班峰

---

① 世界旅游经济趋势报告（2017）[EB/OL]. http://cn.wtcf.org.cn/xsyj/lhhbg/201710031148901.html[2017-10-03].

会决定成立为期 4 年的全球基础设施中心；G20 杭州峰会首次将基础设施互联互通引入 G20 议程，通过"全球基础设施互联互通联盟"的倡议，推动跨境基础设施网络建设，促进物流、人流、信息流等要素的流动。更加完善的基础设施网络推进全球旅游业资源、数据、服务和消费的连接，互联互通的旅游"超级版图"正在逐步形成。

4. 旅游业掀起并购热潮

（1）旅游并购成为产业并购的重要组成部分

2017 年，全球旅游业掀起新一轮的并购热潮，旅游产业巨头间的并购重组不断。旅游并购占据全球产业并购的较大份额。

（2）旅游跨国并购重新进入增长通道

目前，大量旅游并购已越出国界。尤其是 2012 年以后，旅游业的跨国并购走出低迷阶段，在交易数量和交易金额方面均进入增长通道。

（3）跨国并购整合改变着国际旅游产业链

当前的跨国旅游业并购，涉及传统线下旅行社、航空服务、酒店业、免税店、机场服务、旅游演艺服务以及新兴的在线旅游、酒店预订、餐厅预订、票务查询等全产业链范围。活跃的跨国并购正在革新国际旅游产业链，推动旅游业国际化和产业化程度不断提升。

5. 共享经济正在重塑旅游产业

（1）旅游业与共享经济的融合度不断提高

其一，共享经济作为一种新兴的经济模式发展迅速。目前全球已经有上万家共享经济企业，涉及交通、餐饮、空间、物品、资源、知识、服务、医疗及金融等多个领域。

其二，旅游业与共享经济天然契合，是共享经济最重要的应用领域。目前，以共享经济为特征的企业已经广泛地介入或者渗透到旅游产业的吃、住、行、游、购、娱等方方面面，基本实现了与交通出行、住宿地产、导游陪同、旅游咨询、餐饮服务、健康娱乐、物流与购物等领域的深度融合。

其三，旅游共享型企业发展迅猛。以优步（Uber）和爱彼迎（Airbnb）为例可以看出，这些企业在近年内得到迅猛发展。2014年优步仅在旧金山的业务收入就高达5亿美元，是整个旧金山出租车市场的3倍以上。截至2016年7月，爱彼迎在欧洲主要城市拥有的床位数已经占据当地总接待能力的绝对比重[①]。

（2）共享经济引领旅游业开拓新的发展空间

其一，扩大旅游供给范围，创新旅游供给形式。共享经济涉及人们生活的各个方面，可为旅游者提供更加便捷的服务。以优步为例，它将线下闲置车辆资源聚合到平台上，将平台上需要用车的乘客和距离最近的司机进行匹配，从而有效整合了线下车辆和用户需求。同时，优步不断拓展其业务边界，从2015年开始设计和推出包含众多旅游元素的旅游搜索平台并获得专利。优步还与希尔顿（Hilton）酒店建立战略合作伙伴关系，为其会员提供乘车提醒服务。

其二，为游客提供更好的旅游体验，提升出行品质。与传统旅游企业相比，价格是旅游共享企业的优势之一。在美国，除新奥尔良外，酒店的平均房价高出爱彼迎网购房价43美元。这并不意味着质量的降低，而是有可能为住客提供更为丰富的旅游体验。

其三，世界旅游城市联合会积极推动共享经济在旅游领域的健康发展。2016年9月19～20日，在世界旅游城市联合会重庆香山旅游峰会上，来自世界各旅游城市、旅游组织和旅游企业的代表围绕"共享经济与世界旅游城市发展"进行了深入讨论，并发布《开启共享经济时代世界旅游城市发展新航程——世界旅游城市联合会重庆宣言》。

其四，各国纷纷采取行动，引导旅游共享经济规范有序发展。

其五，手机终端和互联网的普及将助推旅游共享经济生活化。

（3）共享经济给旅游业带来新的挑战

其一，旅游共享经济不可避免地与汽车租赁、出租车、酒店等传统旅游行业产生冲突。

其二，共享经济企业也给传统管理体系带来挑战。同时，一些暗箱操作和刷分行为导致共享经济企业的实际识别程度很低。另外，初始投入资金巨大、交易诚信和交易安全隐患、模式跨区域复制困难、盈利空间小等，也都是共享

---

① 世界旅游经济趋势报告（2017）[EB/OL]. http://cn.wtcf.org.cn/xsyj/lhhbg/201710031148901.html[2017-10-03].

经济企业所面临的挑战。

未来，随着科技的发展和社会的进步，旅游共享经济企业的国际化程度将不断提高，资源和产品将会实现高度全球化配置，旅游共享经济企业的经营管理也会越加成熟和规范。

6. 全球旅游便利化程度持续提升

旅游便利化对旅游发展的重要性不言而喻。近年来，世界旅游组织、世界旅游业理事会等机构大力推动、鼓励各国不断出台以签证为代表的各项旅游便利化措施。两大组织曾于 2012 年 G20 墨西哥峰会上提交报告，呼吁各国部长积极推动旅游便利化，以便更好地促进就业、经济增长和发展、消除贫困。

（1）全球签证开放程度持续提升

根据世界旅游组织 2018 年发布的《签证开放度报告》，在旅行前需要获取签证的游客比例持续下降，降至历史最低点。东南亚地区、东非地区、加勒比海地区和大洋洲地区是全球签证最为开放的地区，中非地区、北非地区、北美洲地区相对最为严格。

（2）各国围绕签证展开旅游竞争

其一，旅游发达国家"免签入境"逐步常态化；其二，各国实施不同形式的签证便利化政策。在众多便利化政策中，比较具代表性的有：①增派签证官员，提升签证办理效率。②增加签证名额，积极应对市场扩大化。③降低签证申请门槛，扩大市场覆盖面。④延长签证有效期，为促进旅游消费预留市场空间。⑤实行电子签证。

7. 人口结构变化深刻影响旅游发展格局

人口结构是影响旅游发展格局的重要因素。世界银行数据显示，2017 年世界人口总数为 75.3 亿人，且人口增长率呈下降趋势[①]。就人口结构变化而言：各国不同阶段的婴儿潮形成不同的市场结构；人口老龄化趋势加强，养老和隔代旅游需求潜力增大；各国中产阶层规模不断扩大，亚太地区尤为明显，品质旅游需求迫切；女性出游规模不断增长；单身群体的增多使得旅游形式更加多样化。

---

① https://data.worldbank.org.cn/indicator/SP.POP.TOTL?end=2017&start=1960&view=chart[2019-03-17].

8. 城市成为世界旅游经济的中枢

（1）城市是世界旅游经济的核心承载地和发源地

其一，城市是世界旅游的主要接待地。

其二，城市是世界旅游的主要客源地。

其三，核心旅游城市在全球旅游发展中发挥重要支撑作用。

（2）城市是世界旅游创新的策源地

其一，世界各大城市政府都在大力投资进行创新型智慧城市和智慧旅游工程的建设。

其二，大量创新型的技术率先在城市涉旅产业中推广应用。城市的创新精神驱动其革新旅游业中的技术和管理模式，物联网技术、机器人技术、虚拟现实（virtual reality，VR）技术、信标（Beacon）技术、可穿戴设备及其科技均在城市酒店、主题公园、景区景点中率先得到推广和应用。旅游业的互联网巨头，基本上孕育在城市之中，城市是世界旅游创新的核心策源地。

其三，城市孕育了新的商业模式、营销模式、管理模式和旅游产品。城市的原有性质令其用于推动创新。

（3）城市是探索旅游与现代生活融合模式的范例地

其一，旅游成为城市有机更新、经济复兴的主要依托。

其二，城市成为旅居共享、跨文化交流的重要承载地。

其三，城市与旅游的交互是健康、和谐与可持续的现代生活方式的最佳呈现。2017年在全球各大都市流行开来的"慢食""慢生活""慢城"文化，既是对新的乐活生活方式（lifestyles of health and sustainability，LOHAS）的倡导和生动体现，同时也是休闲旅游、绿色旅游、生态旅游的重要组成部分，创造了新的旅游形式和产业价值。

二、国内旅游发展态势

1. 全域化态势

全域旅游是指在一定区域内，以旅游业为优势产业，通过对区域内经济社会资源，尤其是旅游资源、相关产业、生态环境、公共服务、体制机制、政策法规、文明素质等进行全方位、系统化的优化提升，实现区域资源有机整合、产业融合发展、社会共建共享，以旅游业带动和促进经济社会协调发展的一种新的区域协调发展理念和模式。

2016 年，习近平总书记在宁夏视察时指出，发展全域旅游，路子是对的，要坚持走下去[①]。2017 年，李克强总理在政府工作报告中明确提出，要完善旅游设施和服务，大力发展乡村、休闲、全域旅游[②]。全域旅游已经逐渐由旅游系统内的工作上升为一项国家战略，由原来的众说不一到行业改革的主要抓手。

以抓点为特征的景点旅游发展模式向区域资源整合、产业融合、共建共享的全域旅游发展模式加速转变，旅游业与农业、林业、水利、工业、科技、文化、体育、医疗等产业深度融合。

2. 战略化态势

基于在经济、社会、生态效益等方面的优良表现，旅游业在我国经济社会建设过程中被赋予更多期望，有望在多个国家战略中开路造桥、添砖加瓦，担负重要使命。

（1）"一带一路"倡议

2013 年 9 月和 10 月，习近平主席在出访中亚和东南亚期间，先后提出共建"丝绸之路经济带"和"21 世纪海上丝绸之路"的重大倡议，得到国际社会高度关注[③]。2015 年 3 月 28 日，国家发展和改革委员会、外交部、商务部联合发布《推动共建丝绸之路经济带和 21 世纪海上丝绸之路的愿景与行动》，对各省份在"一带一路"发展规划中的定位予以明确。其中，云南的定位是"面向南亚、东南亚的辐射中心"，广西的定位是"21 世纪海上丝绸之路与丝绸之路经济带有机衔接的重要门户"，新疆被定位为"丝绸之路经济带核心区"，内蒙古、黑龙江、吉林、辽宁与北京一起被定位为"向北开放的重要窗口"。各省份的旅游定位与发展紧密围绕"一带一路"倡议，推出主题旅游产品与旅游线路，

---

① 宁夏：发展全域旅游正当其时[EB/OL]. http://travel.people.com.cn/n1/2017/0315/c41570-29147125. html[2019-01-29].

② "大力发展全域旅游"写入 2017 政府工作报告[EB/OL]. http://travel.people.com.cn/n1/2017/0306/c41570-29126242. html[2019-01-29].

③ 李琰. 2016-09-07. "一带一路"通往世界的美丽之路[N]. 人民日报海外版，第 12 版.

构建旅游业发展的"一带一路"格局。

（2）旅游外交战略

2016 年，国务院发布的《"十三五"旅游业发展规划》提出，要实施旅游外交战略，开展"一带一路"国际旅游合作，拓展与重点国家旅游交流，创新完善旅游合作机制。对此，业界专家表示，"旅游外交"第一次出现在国务院发布的"十三五"专项规划中，标志着其由部门推动上升为国家战略，将进一步提升旅游产业的地位和作用，推进旅游对外交流与合作。

（3）沿边开放战略

旅游是沿边地区开发开放的重要举措之一，被赋予稳边安边兴边的重要使命。2017 年，商务部、国家发展和改革委员会、中国人民银行、海关总署、国家质量监督检验检疫总局联合发布的《关于进一步推进开放型经济新体制综合试点试验的若干意见》明确提出，要支持沿边试点地区建设边境旅游试验区和跨境旅游合作区，积极培育沿边旅游开放新支点。

3. 法制化态势

2013 年 4 月 25 日，十二届全国人大常委会第二次会议表决通过了《中华人民共和国旅游法》(简称《旅游法》)。这既是十二届全国人大常委会通过的第一部法律，又是我国第一部与旅游相关的法律。

《旅游法》的出台和实施，有利于中国旅游业在未来的发展过程中依法转变旅游发展模式，合理调整产业结构，促进产业转型和升级。《旅游法》为规范旅游市场秩序，保护旅游者、旅游投资商、旅游社区和旅游经营者的合法权益提供了坚强有力的法律保障；为协调旅游业所涉及各行业之间的关系，促进旅游业与相关产业和部门融合发展提供了法律保障和规范。

4. 国际化态势

从空间格局来看，国际旅游发展的区域重心正向亚太地区转移。随着旅游重心由传统市场向新兴市场转移速度的加快，欧美地区国际旅游市场份额不断缩小，亚太地区成为国际旅游的热点区域。

中国是亚太地区的新兴旅游大国，中国旅游业发展的国际化趋势越来越显著，已成为世界主要旅游目的地。中国已成为日本、韩国和部分东南亚国家居民出境旅游的首选目的地,也是俄罗斯国民出境旅游的第三大目的地。中国接待美国游客数量占美国赴亚太地区游客总数的20%左右[①]。

同时,各国各地区普遍将发展旅游业作为参与国际市场分工、提升国际竞争力的重要手段,纷纷出台促进旅游业发展的政策措施,推动旅游市场全球化、旅游竞争国际化,竞争领域从争夺客源市场扩大到旅游业发展的各个方面。

5. 智慧化态势

由于网络信息技术的飞速发展及对旅游业的不断渗透,加上政府大力推进旅游业与信息产业的融合发展,智慧旅游成为当前中国旅游业界和学术界最为关注的话题之一,并成为各级政府推动旅游产业转型升级的重要抓手。

智慧旅游让中国旅游服务更加人性化,以满足游客的需求为根本出发点,通过信息技术提升游客的旅游体验和旅游品质,使游客在旅游信息获取、旅游计划决策、旅游产品预订支付、享受旅游和回顾评价旅游的整个过程中都能感受到智慧旅游带来的全新服务体验。

智慧旅游会进一步提升中国旅游业管理水平,将实现传统旅游管理方式向现代管理方式转变。通过信息技术,及时准确地掌握游客的旅游活动信息和旅游企业的经营信息,实现旅游行业监管从传统的被动处理、事后管理向过程管理和实时管理转变。

智慧旅游使中国旅游业营销效果更加明显,通过旅游舆情监控和数据分析,挖掘旅游热点和游客兴趣点,引导旅游企业策划对应的旅游产品,制定对应的营销主题,从而推动旅游行业的产品创新和营销创新。

6. 低碳化态势

低碳旅游作为一种新型的可持续旅游发展形式,强调尽量减少旅游活动产生的碳排放量。发展低碳旅游有助于促进我国旅游业节能减排和带动其关联产业低碳化发展,推动社会经济体系的低碳化建设,提升我国应对全球气候变化与能源环境等问题的综合国力。

7. 品牌化态势

品牌在当代旅游目的地形象的传播推广活动中扮演着重要角色,旅游目的

---

① 中国入境旅游发展年度报告(2012)[EB/OL]. http://www.ctaweb.org/html/2012-7/2012-7-17-9-44-73561.html[2012-07-17].

地品牌认知可以帮助游客减少所花费的时间和精力。知名的旅游目的地品牌很容易将该旅游地与其他同类目的地相区别,可以减少游客搜寻信息花费的时间,降低其搜寻成本和购买风险。

8. 复合化态势

面对旅游消费多样化的趋势,旅游业正在改变传统的标准化、规模化和流水线式的经营模式,根据自身掌握的不同资源、信息,结合经验、团队、管理模式等,针对不同消费群设计、生产或采购不同的产品组成个性化产品,如设立高端客户部、建设指挥旅游设施,来应对创意旅游和休闲时代的来临。

9. 文旅融合态势

《国务院关于加快发展旅游业的意见》明确提出,大力推进旅游与文化等相关产业和行业的融合发展。国务院制定的《文化产业振兴规划》也提出,要扩大文化消费,开发与文化结合的教育培训、健身、旅游、休闲等服务性消费,带动相关产业发展。《文化部、国家旅游局关于促进文化与旅游结合发展的指导意见》指出,文化是旅游的灵魂,旅游是文化的重要载体;加强文化和旅游的深度结合,有助于推进文化体制改革,加快文化产业发展。2018年3月,文化和旅游部的批准设立,更是对文化与旅游的深层融合关系的肯定。

旅游产业与文化产业的融合使之更具创造力和生命力,使旅游产品更具文化底蕴和内涵。在当前的中国旅游业发展过程中,单一的旅游产品很难满足游客日益增长的个性化文化消费需求,只有不断地进行创新,才能与时俱进地推进中国旅游业向前发展(赵磊,2012)。

文化旅游产业作为文化产业与旅游产业的融合,在物质经济效益价值实现的同时,促进旅游业的进一步发展,又继续弘扬传统文化,创造着新的旅游文化。

第二节 发展环境与竞合分析

产业的发展不仅受到自身内部要素的影响,同时也会因外部环境(包括宏观和微观两方面)的变化而发生改变。分析云南边境旅游业发展的外部环境与内部基础有利于全面了解其旅游行业的发展条件、竞合情况与运行状况,继而为云南边境旅游的发展定位与目标、项目及产品建设、政策需求等提供参考。

一、有取得突破性进展的可能

随着我国对外开放中心从沿海走向内陆，陆疆边境日益成为对外开发开放的主战场。云南作为我国西南边疆的大后方，其对外开发开放受到高度重视。2016 年发布的《国务院关于支持沿边重点地区开发开放若干政策措施的意见》（国发〔2015〕72 号）中提到的沿边重点地区中，云南有 2 个重点开发开放试验区（占全国的 40%，全国共 5 个，广西 1 个），4 个边境经济合作区（占全国的 24% 左右，全国共 17 个，广西 2 个）。可见，云南为我国西南边疆对外开放的"排头兵"和"先手棋"。此外，云南和周边国家缅甸、老挝、越南有着设施连通、民心相通、贸易畅通的悠久历史，民族友谊深厚，发展基础牢固，在"一带一路"倡议的新时代背景下，其发展合力将会得到更强有力的释放，旅游业特殊的产业属性，有推动跨境合作取得突破性进展的可能，主要表现在以下三个方面。

第一，旅游业是敏感性产业，环境安全对旅游业发展至关重要。相对稳定的国际政治环境为云南边境旅游的发展提供了良好的机遇。而国家的外交战略也很可能成为云南边境旅游繁荣发展的推动力。

第二，旅游是完全意义上的和平外交产业，对外交往是其核心和灵魂。我国旅游外交具有柔性和灵活性，是助推和改善国家关系的重要手段，其巨大能量主要体现在：有效输出经济利益、加大国际政治筹码、输出我国文化软实力、树立我国的良好形象。云南边境旅游的发展应该被作为促进外交发展的路径加以重视。

第三，旅游业具有明显的带动区域发展的优势。在促进基础设施建设、完善和带动相关产业发展、促进就业、促进产业融合、深化社会经济文化交流等方面具有天然优势，边境旅游可担负起云南与相邻国家边境区域合作的"先行者"和"排头兵"。

二、有发展品牌实力

从 2017 年边境各省份的国内生产总值（gross domestic product，GDP）来看（图 3-1），云南的经济实力并不雄厚。在经济实力相对薄弱的情况下，云南旅游产业仍能够取得不菲成绩，充分体现了云南旅游业的发展能力。

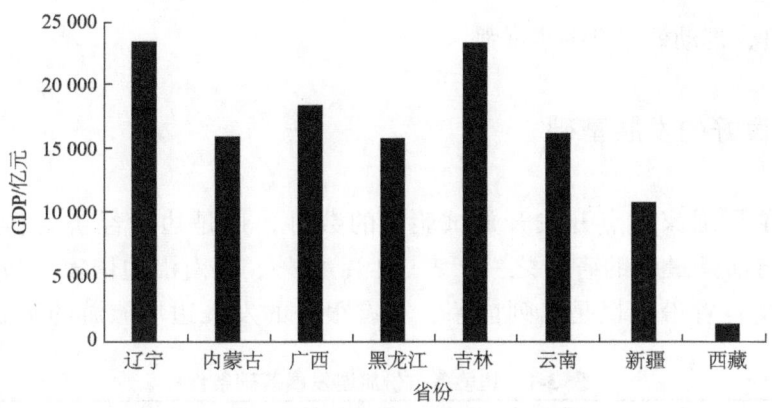

图 3-1 2017 年边境各省份 GDP
资料来源：国家统计局官网数据整理得出

如图 3-2 所示，2017 年云南累计共接待国内外游客 5.67 亿人次，同比增长 33.29%[①]；全省累计接待海外旅游者（过夜）667.69 万人次，同比增长 11.2%；实现旅游外汇收入合计 35.50 亿美元，同比增长 15.5%；累计接待国内游客 5.67 亿人次，同比增长 33.3%；实现国内旅游收入 6682.58 亿元，同比增长 47.3%；全省共实现旅游业总收入 6922.23 亿元，同比增长 46.5%[②]。

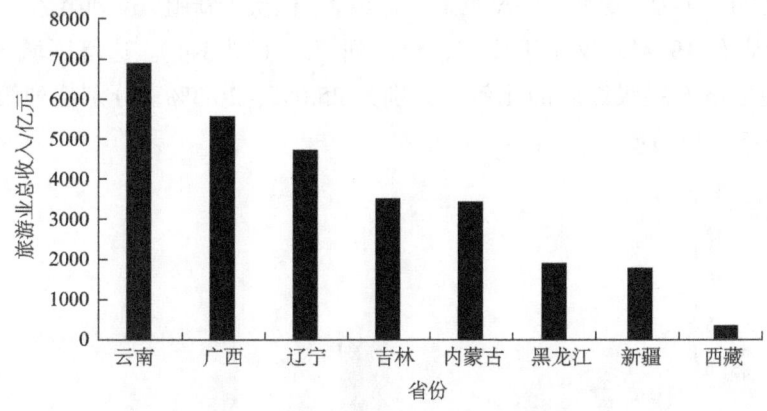

图 3-2 2017 年边境各省份旅游业总收入
资料来源：各省份 2017 年国民经济和社会发展统计公报整理得出

云南旅游发展速度将会进一步加快，产品结构进一步优化，国际化程度进

[①] 商务部.2017 年云南省实现旅游业总收入 6922.23 亿元[EB/OL]. http://www.mofcom.gov.cn/article/resume/dybg/201802/20180202715563.shtml[2018-10-02].

[②] 2017 年全省旅游接待情况[EB/OL]. http://www.ynta.gov.cn/Item/36181.aspx[2018-10-02].

一步提升，带动效应进一步增强。

三、有良好的发展基础

不论是国家重点开发开放试验区的数量，还是边境经济合作区的数量，云南都是最多的省份之一（表 3-1）；此外，云南沿边国家级口岸的数量在边境各省份中也是名列前茅，具有很好的发展边境旅游的基础条件。

表 3-1 边境各省份旅游发展基础条件

省份	辽宁	吉林	黑龙江	内蒙古	新疆	西藏	云南	广西	甘肃
国家重点开发开放试验区/个	0	0	0	2	0	0	2	1	0
边境经济合作区/个	1	2	2	2	4	0	4	2	0
沿边国家级口岸/个	2	13	5	13	16	3	12	7	1

资料来源：《国务院关于支持沿边重点地区开发开放若干政策措施的意见》

注：辽宁丹东，吉林珲春、集安，内蒙古二连浩特、满洲里，新疆霍尔果斯，云南河口，广西东兴同时为铁路口岸和公路口岸，计数各为 2

截至 2017 年底，云南的 5A 级景区有 8 个，仅次于新疆，位列第二（图 3-3）；5 星级饭店有 19 家，仅次于辽宁，也位列第二（图 3-4）。边境区域 5A 级景区和边境区域 5 星级饭店的比例，分别为 25.0%、26.3%，分别位列第四、第三（图 3-5 和图 3-6）。

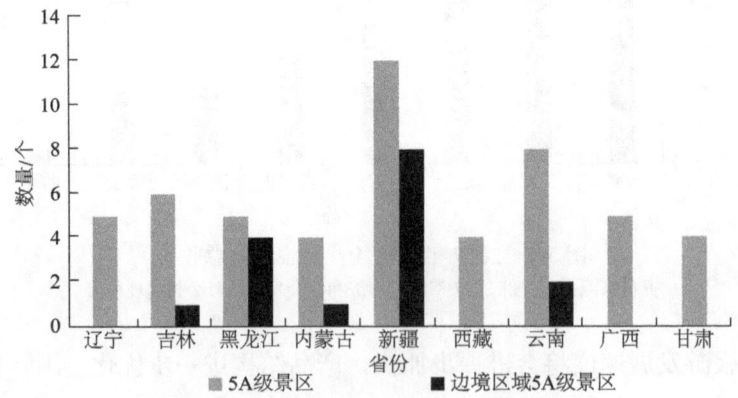

图 3-3 边境各省份 5A 级景区状况对比

资料来源：各省份旅游部门官网数据整理得出

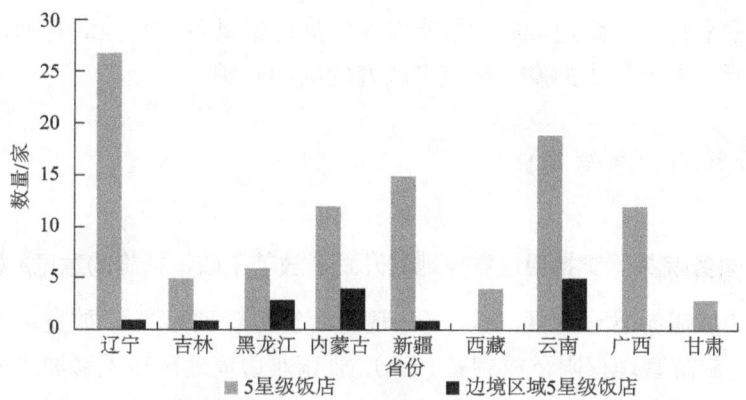

图 3-4　边境各省份 5 星级饭店状况对比
资料来源:《中国旅游统计年鉴 2016》

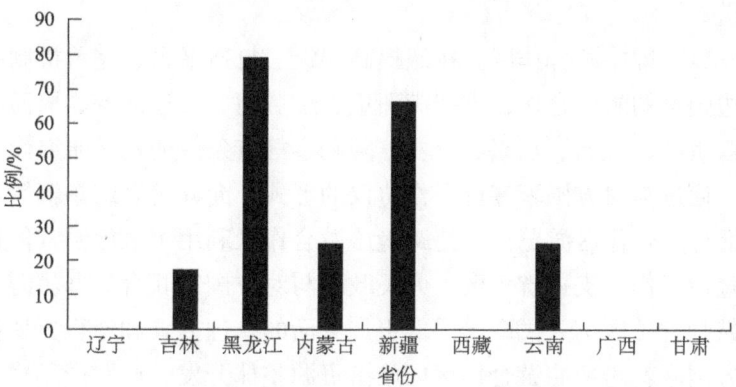

图 3-5　边境区域 5A 级景区所占比例
资料来源:各省份旅游部门官网数据整理得出

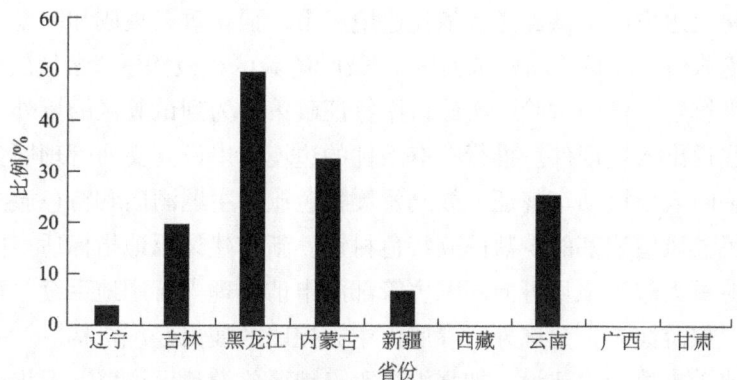

图 3-6　边境区域 5 星级饭店所占比例
资料来源:《中国旅游统计年鉴 2016》

从数据来看，云南边境区域的旅游业发展已经具备了相当的基础，而且发展比较协调，为下一步的发展奠定了较好的前期基础。

四、有发展的"政策东风"

1.《国务院关于支持沿边重点地区开发开放若干政策措施的意见》相关内容

改革边境旅游管理制度。修订《边境旅游暂行管理办法》，放宽边境旅游管制。将边境旅游管理权限下放到省（区），放宽非边境地区居民参加边境旅游的条件，允许边境旅游团队灵活选择出入境口岸。鼓励沿边重点地区积极创新管理方式，在游客出入境比较集中的口岸实施"一站式"通关模式，设置团队游客绿色通道。

研究发展跨境旅游合作区。按照提高层级、打造平台、完善机制的原则，深化与周边国家的旅游合作，支持满洲里、绥芬河、二连浩特、黑河、延边、丹东、西双版纳、瑞丽、东兴、崇左、阿勒泰等有条件的地区研究设立跨境旅游合作区。通过与对方国家签订合作协议的形式，允许游客或车辆凭双方认可的证件灵活进入合作区游览。支持跨境旅游合作区利用国家旅游宣传推广平台开展旅游宣传工作，支持省（区）人民政府与对方国家联合举办旅游推广和节庆活动。鼓励省（区）人民政府采取更加灵活的管理方式和施行更加特殊的政策，与对方国家就跨境旅游合作区内旅游资源整体开发、旅游产品建设、旅游服务标准推广、旅游市场监管、旅游安全保障等方面深化合作，共同打造游客往来便利、服务优良、管理协调、吸引力强的重要国际旅游目的地。

探索建设边境旅游试验区。依托边境城市，强化政策集成和制度创新，研究设立边境旅游试验区（简称试验区）。鼓励试验区积极探索"全域旅游"发展模式。允许符合条件的试验区实施口岸签证政策，为到试验区的境外游客签发一年多次往返出入境证件。推行在有条件的边境口岸设立交通管理服务站点，便捷办理临时入境机动车牌证。鼓励发展特色旅游主题酒店和特色旅游餐饮，打造一批民族风情浓郁的少数民族特色村镇。新增建设用地指标适当向旅游项目倾斜，对重大旅游项目可向国家主管部门申请办理先行用地手续。积极发展体育旅游、旅游演艺，允许外资参股由中方控股的演出经纪机构。

加强旅游支撑能力建设。加强沿边重点地区旅游景区道路、标识标牌、应急救援等旅游基础设施和服务设施建设。支持旅游职业教育发展，支持内地相关院校在沿边重点地区开设分校或与当地院校合作开设旅游相关专业,培养旅游人才。

2.《云南省人民政府关于支持沿边重点地区开发开放若干政策措施的实施意见》相关内容

(1)优化边境旅游管理

积极配合国家修订《边境旅游暂行管理办法》,反映我省诉求,放宽边境旅游管制,做好国家下放边境旅游管理权限的承接工作,研究制定有关配套政策。允许国内居民持有效证件办理边境旅游手续,按照与毗邻国家协商并批准的线路及口岸出入境。争取国务院尽快批准开通普洱、临沧两市 8 条边境旅游线路的全国异地办证,允许户籍所在地已经实行按需申领护照的国内居民参加边境旅游。开发边境旅游网上申请平台。允许边境旅游团队灵活选择出入境口岸。在游客出入境比较集中的口岸实施"一站式"通关模式,设置团队游客绿色通道,分期分批推进旅客自助查验通道、车辆自助通关系统以及智能验证台建设。优化自驾车出入境旅游审批程序,授予边境城市自驾车出入境旅游审批权限,积极推动签署双边出入境自驾车(八座以下)管理的有关协定,方便自驾车出入境。

(2)规划建设跨境旅游合作区

按照"提高层次、打造平台、完善机制"的原则,争取国家批准设立西双版纳、瑞丽、河口、腾冲等跨境旅游合作区。制定跨境旅游合作区建设实施方案,与周边国家就区内旅游资源整体开发、旅游产品建设、旅游服务标准推广、旅游市场监管、旅游安全保障等方面深化合作,共同打造国内外知名旅游目的地。积极与对方国家签订合作协议,允许游客或车辆凭双方认可的证件灵活进入合作区游览。充分利用国家旅游宣传推广平台开展跨境旅游合作区宣传工作。积极与周边国家联合举办各层次的旅游推广和节庆活动。以人文和自然旅游资源富集地为重点,共同开展旅游线路考察,合作设计和打造精品国际旅游线路。

(3)加快创建边境旅游试验区

依托边境城市,强化政策集成和制度创新,加快建设试验区,在试验区实行"全域旅游"发展模式。在符合条件的试验区实施口岸签证政策,为到试验区的境外游客签发 1 年多次往返出入境证件。在有条件的边境口岸设立交通管理服务站点，便捷办理临时入境机动车牌证。鼓励发展特色旅游主题酒店和特色旅游餐饮，打造一批民族风情浓郁的少数民族特色村镇。对重大旅游项目可向国土资源部门申请办理先行用地手续。积极发展体育旅游、旅游演艺，允许外资参股由中方控股的演出经纪机构。

（4）加强旅游支撑能力建设

加大投入力度，加强沿边重点地区旅游景区道路、标识标牌、应急救援等旅游基础设施和服务设施建设。积极开展与毗邻国家的旅游教育合作项目，开展旅游职业教育培训工作，继续开展越老缅旅游行政官员及旅游企业高管的旅游交流培训工作。大力提升沿边重点地区对外旅游职业培训层次和规模。加大对旅游职业教育培训资金投入，推动沿边重点地区旅游职业教育快速发展。

3. 其他政策及规划的相关内容

《云南省建设面向南亚东南亚经济贸易中心实施方案》中提出，把沿边开放经济带建设成为全省面向南亚东南亚辐射中心的前沿和窗口；加快建设昆保芒瑞、昆磨、昆河等 3 条对外开放走廊，发挥好云南在孟中印缅经济走廊、中国—中南半岛经济走廊建设中的主体省份作用；统筹推进周边互联互通网络建设；加快省内开放合作功能区建设，统筹推进跨境经济合作区、开发开放试验区、综合保税区等开放合作功能区建设，提升开放合作功能区的辐射带动作用；创新推动境外园区发展；扩大口岸开放；推动功能模块要素聚集；创新推动边境贸易发展；扩大开放合作等。这一系列举措，将有力地助推云南边境旅游发展。

《云南省沿边开放经济带发展规划（2016—2020 年）》提出，提高基础设施保障能力、发展壮大沿边特色产业、建设边境特色多元城镇体系、合作平台建设与综合功能完善、改善民生与辐射周边的社会基础、生态建设与环境治理六大任务。

《云南省沿边地区开发开放规划（2016—2020 年）》提出，要着力打造边境风光、民族风情和休闲度假旅游品牌，推动观光型旅游与休闲、康体、养生融合，促进旅游开发与边境城镇建设协同发展。加强沿边景区景点建设，打造和培育精品旅游线路和产品。建立境内外旅游合作协调机制，发展跨境旅游和特色旅游。积极争取放宽非边境地区居民参加边境旅游的条件，推动边境旅游团队灵活选择出入境口岸。鼓励沿边重点口岸积极创新管理方式，在游客出入境比较集中的口岸实施"一站式"通关模式,设置团队游客绿色通道。支持瑞丽等重点区域发展跨境旅游合作区,探索建设边境旅游试验区,推进澜沧江-湄公河区域中老缅泰 4 国黄金旅游圈建设,加快构建孟中印缅经济走廊国际旅游合作圈。支持沿边地区利用特色资源打造文化产业亮点,着力扶持一批特色文化企业,建设边境特色文化产业群。加快文化交流步伐,积极与周边国家联合举办文化旅游推广和节庆活动,鼓励与邻近国家开展文化体育交流活动,支持举办云南文化周边行活动、周边国家文化周活动和澜湄次区域体育运动会。继续办好七彩云南·东南亚南亚行、澜沧江-湄公河流域国家文化艺术节、中缅胞波狂欢节、中老越 3 国丢包狂欢节等文化交流活动。

4. 我国旅游重点工作

(1)厕所革命

2015 年以来,我国各地开展的旅游厕所革命实践为我国旅游业带来了许多改变。当前,全国各地不断创新,探索市场化发展模式,利用新技术、新材料、新思路提高厕所建设管理品质,为促进我国厕所革命纵深发展提供了样本,同时也为云南边境旅游的发展提供了助推力。云南沿边地区的红河州、保山市已被列入 2016 年厕所革命先进市名单进行表扬。

(2)国家全域旅游示范区相关政策

目前,云南沿边地区已经列入国家、省级全域旅游示范区名录的有西双版纳州、红河州、德宏州、怒江州,以及腾冲市、沧源县、西盟县、澜沧县。凡列入国家全域旅游示范区名录的,享受"八优先",即优先纳入中央和地方预算内投资支持对象;优先支持旅游基础设施建设;优先纳入旅游投资优选项目名录;优先安排旅游外交、宣传推广重点活动,纳入国家旅游宣传推广重点支持范围;优先纳入国家旅游改革创新试点示范领域;优先支持 A 级景区等国家重点旅游品牌创建;优先安排旅游人才培训;优先列入国家旅游局重点联系区域。

第三节　国内外经验借鉴

欧盟国家和北美洲国家边境旅游被视作边境旅游发展的典范。近年来,随着我国与周边区域合作的进一步深化，边境旅游合作快速发展起来，涌现出一批优秀案例，其中包括内蒙古满洲里边境旅游、辽宁丹东边境旅游、新疆霍尔果斯边境旅游、广西东兴边境旅游等。对国内外这些典型地区发展路径进行研究，总结其经验，有利于构建云南边境旅游合作的总体思路，促进其发展成为全国边境旅游发展的"标兵"。

一、国外经典案例

1. 国外经典案例分析

（1）欧盟国家边境旅游

近些年来，欧盟借助成员国内部多方面、多层级的合作极大地促进了边境旅游业的发展。一方面，由于《申根协定》规定居民能够自由跨越欧盟边境地区，整个欧盟地区已经形成一个相对完善的国际旅游目的地（王灵恩等，2013）；另一方面，在边境地区设置了各类旅游管理部门（如国际、区域和地方旅游局），突出了旅游业的重要位置。欧盟率先创建了欧盟委员会联合研究中心（European commission's Joint Research Centre，EJRC），不断地完善交通、水电、通信等基础设施，保护共同的环境资源，促进从部门到城市、从大学到非政府组织等各类旅游合作组织和人员之间的合作，并通过相关经验的快速传递节省了欧盟各国边境旅游发展的时间及成本。特别是欧洲地区发展基金（European Regional Development Fund，ERDF）的设立，为欧洲各国的边境旅游提供了极大的发展机遇。

（2）美国与加拿大边境旅游

美国与加拿大同属于发达国家，由于历史和地缘关系，一直保持着边境地区的密切交流，特别是随着北美自由贸易区（North American Free Trade Area，NAFTA）的建立（刘清文，1993），美国和加拿大等国家边境开放程度高两国居民持相应证件可免签入境，跨越边境的手续只针对第三方国家的游客，办理起来相对较为便利。美国和加拿大边境旅游总体上一直保持较为良好的发展态势，旅行俱乐部等组织在旅游产品和旅游品牌上不断推陈出新、扩大宣传，促使边境旅游产品变得越发丰富多样，尤其是多种形式的"一日游"或"多日游"活动特别流行。国际马拉松赛、国际热气球旅游节等众多旅游活动均以边境旅游产品的形式呈现于这一边境地区，对两国边境旅游品牌形象宣传具有非常重要的意义。

2. 国外边境旅游经验借鉴

（1）以边境为基础，加强国际合作

边境地区的旅游发展经常会受到边界两侧经济体制、资源、文化、语言、习俗、宗教、货币、历史、国家主权、外交等多种因素的影响，在边境旅游发展的过程中，要坚持以边境为基础，建立健全国家间有效的协调机制，加强国际的合作。欧盟国家边境旅游的快速发展建立在欧盟成员国之间高度统一的协调保障机制上；美国与加拿大之间，依托北美自由贸易区等国际组织政策优势，加强两国之间的旅游合作，给予边境地区旅游发展的国际层面的政策支持。云南地处我国与东南亚国家接壤的边境地区，在历史和地理上一直与之保持着密切的联系。边境旅游的突破性发展除了依托边境基础之外，还必须建立在国际合作的基础之上，成立多种国际旅游合作组织、建立健全国际旅游合作协调机制是云南边境旅游发展的基本保障。

（2）以差异为吸引，增进文化交流

边境形成的原因多种多样，有自然原因，更有历史文化渊源。一旦存在边境，就必然会存在政治制度、文化形态等本国与邻国差异。国际的差异是影响边境旅游发展的重要因素，也是游客边境旅游重要的吸引物。美国与加拿大边境的尼亚加拉瀑布（Niagara Falls）在不同国家观看有着不同的景象，湖区以水为界，一桥连接两个国家，南北桥头也成了展示两国不同文化风情的橱窗；欧盟内部国家文化虽然有大量相同点，但不管是沿海国家的海洋文化、中欧国家的农场文化，还是北欧国家的冰雪文化都保持着自己的相对独立性，这种文化差异也造就了边境旅游，尤其是跨境旅游的发展。云南本身民族文化丰富多彩，虽然在历史上和周边国家有着密切的文化联系，但依然存在着较大程度的差异。边境旅游的发展要充分利用好这些来自经济、文化、社会等方面的差异，塑造多样文化，增强国家间的文化交流。

（3）以营销为动力，扩大品牌宣传

在边境旅游产品的开发方面，美国和加拿大重点以营销为发展引擎，特别是借助双方自由跨越的边境线开发了许多跨境旅游景点、景区，并且依托边境旅游的主体产品开展了大量文化节庆活动，极大地丰富了边境旅游产品。欧盟成员国拥有良好的边境旅游宣传机制，一些小镇也因为地跨国界而变得声名鹊起。从国际角度来看，欧盟国家的边境旅游本身就是建立在一定的旅游品牌基础之上，并在多年发展过程中不断扩大其品牌宣传的影响力。云南自身的旅游品牌建设成果明显，而边境邻国也是东南亚重要的旅游目的地，这就需要双方依托边境旅游产品的营销，建立和扩大边境旅游的宣传品牌及其影响力。

二、国内经典案例

1. 国内经典案例分析

（1）内蒙古满洲里边境旅游

中国和俄罗斯互为彼此最大的邻国，双方一直非常重视边境旅游方面的合作。中俄有长达4300多公里的国界线，在中俄两国国界线两侧分布着大大小小的数十个边贸城市，这些城市中的居民经常出入对方国境进行商贸活动或休闲旅游，是中俄双边旅游游客的重要组成部分（维卡多莉亚，2014）。而中俄边境旅游以内蒙古满洲里表现最为突出。满洲里中俄边境地区铁路交通的发展使中国和俄罗斯中部地区的交往变得更为密切，极大地促进了当地边境旅游的发展。中俄双边利用官方旅游合作机制和民间的商贸往来，建立了中俄边境贸易中心，并以此为依托大力发展边境贸易旅游，另外借助国界两边不同的风土人情，开展相应的边境旅游项目，使该地区旅游业得到了飞速发展。

（2）辽宁丹东边境旅游

中国和朝鲜以鸭绿江为国界线，鸭绿江畔的丹东市是一个传统的边境商贸城市，中朝之间唯一的铁路干线从此经过，中朝政治、经济、文化等差异也造就了该地区别具特色的边境旅游氛围。尽管丹东市在边境旅游发展的过程中经历了低谷期，但随着中朝双方互信合作的新发展和各部门的努力，丹东市边境旅游有了根本性的突破，不仅取消了人数限制，而且提供了更加丰富多样的旅游线路。丹东市大力开展边境旅游活动，取得了丰硕的成果和边境旅游发展经验，尤其是在与朝鲜互通互联的基础上，设计开发了多款边境旅游产品，扩大了游客的选择空间。另外，丹东市有关部门通力合作、规范管理、加强协调，逐渐使得中朝边境旅游走上发展的快车道。

（3）新疆霍尔果斯边境旅游

新疆霍尔果斯口岸一直是中国联系哈萨克斯坦的重要窗口。随着霍尔果斯口岸经济特区的设立，依托其独特的自然风光和少数民族风情，以跨国旅游、边境旅游为突破口，着力打造国家级跨国边境旅游休闲度假示范区。霍尔果斯口岸与周边国家互通性强，交通基础方面的发展在很大程度上助推了边境旅游的发展。霍尔果斯口岸以国门旅游通道、界碑参观、商业步行街、中亚小商品市场等边境旅游产品为基础，充分利用中哈霍尔果斯国际边境合作中心"一区跨两国"的优势，借助出入境管理政策，开辟便捷的中外游客过境旅游通道，开发"中哈边境跨国游""边贸购物考察游"等旅游产品，逐步将霍尔果斯口岸打造成新疆乃至全国边境旅游的名片和新的边境旅游增长点（纪光萌和由亚男，2017）。

（4）广西东兴边境旅游

广西是中国与越南交往密切的地区，尤其是素有"南国边关商贸旅游城"之称的东兴口岸地区与越南越加频繁的商贸往来，使得边境旅游得到了飞速发展。在发展边境旅游的方向和战略上，明确以东兴口岸为中心，辐射整个边境区域，将自身的自然优势、民族特色、沿海区位、国际商贸等优势作为吸引力，坚持融合发展，以发展边疆地区经济为中心，开展边境旅游活动（刘小蓓，2004a）。同时，当地政府高度重视发展边境旅游，投入了大量的财力、人力和物力，使边境旅游发展十分迅速。此外，广西一直在推进地区内旅游资源的整合，利用已有的旅游品牌，推广边境旅游产品，实施旅游形象战略计划，为整个边境地区树立良好的旅游形象，同时提高了区域知名度、美誉度和认可度。

2. 国内边境旅游经验借鉴

（1）以政策为导向，坚持开放搞活

在中国边境地区的旅游发展过程中，要建立与周边国家的旅游合作，发展边境旅游，必须坚持政策导向，尤其是在国际合作层面上，要坚持沿边开发开放的基本国策。管理中俄两国旅游发展的最高管理机构是中国文化和旅游部和俄罗斯联邦旅游局，它们分别隶属于中国政府和俄罗斯联邦政府，两国政府间最主要的合作机制——"中俄总理定期会晤机制"。在国家"一带一路"倡议大背景下，云南作为面向南亚东南亚的辐射中心，只有以国家政策为导向，利用国际合作与交流的平台，坚持对内开发和对外开放，才能促进边境旅游的发展。

（2）以互通为前提，坚持基础先行

边境旅游发展的前提是与邻国的互通互联。从内蒙古满洲里口岸和辽宁丹东口岸边境旅游发展经验来看，其发展主要是以跨国铁路交通干线为依托，内外联通、拓展旅游发展空间，因此不断改善边境交通基础是促进边境旅游发展的重中之重。目前，霍尔果斯口岸通过建立发展连接国内外的铁路线和航空线，在很大程度上提高了边境地区的可进入性。云南发展边境旅游也需要以与东南亚国家的互联互通为前提，不断完善边境地区的基础设施建设，尽快将连接中南半岛国家的泛亚铁路等构想转变为现实，并在有条件的边境地区开展民用机场建设，发展跨境航运，以交通基础设施建设带动其他基础建设发展。只有互联互通前提得以实现、基础设施得以完善才能加快推进云南边境旅游的开发与发展。

（3）以产品为核心，完善产业体系

霍尔果斯口岸在边境旅游发展过程中，开辟便捷的国内外游客通道，开展"中哈边境跨国游""边贸购物考察游"等旅游产品；广西崇左市以当地旅游资源为基础，以中越跨国观光旅游产品为龙头，形成集休闲度假游、生态旅游、边关风情游、民俗风情游等多种旅游产品为一体的边境旅游产品体系。云南边境地区应利用自身的资源优势，打造一批具有特色的边境旅游产品，并实施产品多元化、多层次战略，组合"观光+度假""商贸+旅游""互联网+旅游""边境+民俗"等多种旅游产品，提高旅游产品在边境旅游市场中的竞争力。要以边境旅游产品为核心，完善边境旅游产业体系，形成完整的边境旅游产业链，推动边境旅游的发展。

（4）以口岸为中心，辐射带动区域

由于边境地区特殊的区位特点，口岸在边境旅游发展过程中应发挥其中心带动作用。新疆霍尔果斯口岸依托自身的中心定位，整合周边旅游资源，建立旅游合作区，规划多样的旅游线路，带动整个区域其他地区边境旅游的发展；内蒙古满洲里口岸依托于中俄之间商业贸易，囊括大范围区域来发展边境旅游，其辐射带动区域在大尺度上已经跨越了整个呼伦贝尔大草原，辐射东北大兴安岭地区。云南本身拥有众多国家级、省级边境口岸，而且口岸对应着多个国家，不同的口岸在边境上扮演着不同的角色，在边境旅游的建设中更应坚持边境口岸的中心定位，保持口岸的旅游发展增速，以边境口岸为支点和旅游增长极，带动整个边境区域发展。

（5）以兴边为目标，坚持兴边稳边

大多数边境地区在经济发展中一直不被重视。丹东市由于地缘政治，经济发展一度缓慢，但是依托经济振兴，特别是旅游业的发展，不仅扩大了商贸范围，而且增添了地区发展活力，丹东市的稳边重任越发凸显（李景科等，2014）。云南边境地区由于交通等限制要素，经济得不到长期有效的发展。在精准扶贫的背景下，云南发展边境旅游在拉动云南边境地区经济发展方面发挥着至关重要的作用。边境旅游在规划和发展过程中要坚持振兴边疆的要务，同时也要承担稳定边境地区的责任，坚持兴边稳边不仅是责任，也是边境旅游发展的保障。

（6）以特色为吸引，坚持融合发展

现阶段我国边境旅游的发展主要得益于旅游业的整体发展，以及边境旅游自身的特色。旅游只有做到以特色吸引人，才能获得长足有效的发展。辽宁丹东口岸作为中国对接朝鲜的重要口岸，其跨国旅游特色也为其边境旅游业的发展注入了活力；霍尔果斯利用经济特区、商贸交流、少数民族文化、草原自然风光等特色吸引了大量国内外游客。云南是我国少数民族最多的省份，民族特色是旅游发展重要的吸引力，而且云南边境地区同时接壤3个国家，不同国家之间也有自己的文化特色。此外，在云南边境地区，自然风光也独具特色，从热带景观到寒带景观，遍布云南边境线。在云南边境旅游的规划与发展中，更应以自身特色为吸引力，坚持各方面融合发展。

第四章

边境旅游发展战略、定位与目标

第一节 指导思想

就国家战略层面来看，中国的国界线主要由内陆沿边及东部沿海两部分构成。20 世纪 80 年代，改革开放主要将重心放在东部及东南沿海地区的开发开放建设上，西部、北部的内陆边境相对开发开放进程较为缓慢。随着我国"一带一路"倡议的提出，内陆沿边地区作为与他国开放合作的前沿地带，其战略地位日益受到重视。边境旅游试验区和跨境合作区建设是我国继沿海地区开发开放之后，在内陆沿边地区继续推进开发开放战略在旅游领域的新尝试，以及我国边境旅游取得良好进展背景之下的改革性举措。边境旅游试验区是以重点边境地区为主要建设空间，以边境旅游为主要产业支撑，全方位、全角度、跨产业建设的重大改革举措，能实现我国边境旅游的新飞跃、搭建对外交流合作的新平台，是展示异域风情的新舞台，对实现沿边地区兴边富民、对外睦邻友好、和平外交有着重要的战略意义（刘宏芳等，2017）。

具体而言，发展边境旅游要抓住国家推进沿边开发开放、建设"一带一路"、将云南建设成面向南亚东南亚辐射中心、国际大通道等发展机遇，牢固树立并深入贯彻落实"创新、协调、绿色、开放、共享"的五大发展理念，以及习近平总书记视察云南时重要讲话的精神要旨，紧扣建设中国特色社会主义事业"五位一体"的总体布局，创新思维，勇于担当，主动作为。在推进"一带一路"建设中，发挥云南区位优势，按照争做面向南亚东南亚辐射中心的旅游开放前沿、中国边疆民族文化风情展示窗口的战略定位，以全面建设小康社会、改善民生为目标，以调整经济结构、转变经济发展方式、加快支柱产业培育为重点，解放思想，加大改革开放力度，进一步优化空间布局，通过"旅游+""+旅游"，实现产业融合，努力自主创新，推进兴边富民工程，建设繁荣稳定、和谐边疆，通过开展边境旅游以促进云南边境地区的精神文明建设同周边国家的交往与合作，以及外向型经济的发展。

第二节 基本原则

一、坚持深化改革、扩大开放原则

充分发挥区位和资源优势,紧紧抓住"一带一路"倡议、面向南亚东南亚辐射中心建设等发展契机,以扩大开放促进深化改革,以深化改革促进扩大开放,为边境旅游发展注入新动力、增添新活力、拓展新空间;允许沿边地区先行先试,大胆探索创新边境旅游发展新模式;始终把深化改革、扩大开放作为转变边境旅游发展方式和推动产业结构调整的重要原则,努力提升边境旅游产业的对外开放程度和国际化水平,不断提升旅游产业发展的动力和活力。

二、坚持突破障碍、大胆创新原则

根据《国务院关于支持沿边重点地区开发开放若干政策措施的意见》指导思想找准障碍的解决路径,解决制约边境旅游发展的难点问题是边境旅游能否取得突破性进展的关键。其建设发展,需要通过理念创新、政策创新、制度创新、产品创新、服务创新、路径创新、模式创新等方面的大胆创新来突破以往边境旅游发展中的瓶颈难题,全面推动云南边境旅游发展迈上新台阶。

三、坚持政府主导、多方协调原则

对边境旅游进行全局谋划。在国家层面顶层设计,拓宽合作交流域面;在省级层面上加强同省内交通、公安、外交、能源、信息、口岸等与旅游活动有密切联系的部门合作;在旅游企业层面上切实发挥企业主体作用,落实鼓励"走出去""请进来"发展的政策措施,赋予旅游企业更大的境外经营管理自主权(邵学言和吴琼,2006)。通过建立健全信息平台和服务体系、优化旅游投资环境、培育产业要素、强化招商活动、培育优势产业来建立有效的主导与引导机制。

四、坚持旅游扶贫、融合发展原则

着眼于实现稳边安边兴边，综合考虑经济发展、边疆稳定、民族团结的多元需要，发挥边境核心旅游地对整个边境地区的辐射和带动作用。以"旅游+"战略为突破口，通过"旅游+农业""旅游+城镇""旅游+村寨""旅游+文化"等产业融合方式，突破传统旅游业的各项要素，多元创新、融合发展，让旅游服务功能渗透到各产业领域，形成旅游业全面融合的发展格局，发挥旅游业的"富民功效"（Studzieniecki and Mazurek，2007）。

五、坚持睦邻友好、互惠共赢原则

坚持睦邻、安邻、富邻的周边外交政策，与周边国家共同建立多个双边、多边旅游合作关系及边境旅游区（徐驰，2008）；建立与周边各国旅游部门定期考察、交流、合作等机制，实现旅游资源、产品、市场、基础设施、品牌、信息共享的目标；进一步简化中外边境旅游异地办证和通关手续，拓展新的边境旅游产品和线路，实现各国的互惠共赢。

六、坚持跨越推进、持续发展原则

积极贯彻落实云南省委、省政府的战略决策，争取支持边境旅游产业发展的政策，树立大旅游、大产业发展理念，通过"旅游+"，推动跨界融合，升级业态、创新业态，丰富边境旅游产品的供给类型、提升服务质量、增强文化科技含量，创新管理体制和运行机制，引导旅游产业结构调整，释放旅游产业的辐射带动动能（段跃庆，2015），实现云南边境旅游发展整体协调、跨越推进的良性局面，助推云南旅游产业转型升级，实现边境旅游持续健康发展。

七、坚持出入结合、内外联动原则

坚持"出境旅游和入境旅游相结合、国内市场和国外市场相联动"的原则，充分利用国内外的"两种资源、两个市场"[①]，加强区域合作交流，共同开拓国

---

① "两种资源、两个市场"是国内资源和国外资源两种资源，国内市场和国外市场两个市场。

内和国外两大市场，共享市场资源，共同联动发展。以云南全省优质旅游资源和旅游品牌为核心，吸引国外游客入境旅游。在更大范围内优化配置资本、人才、管理、技术等旅游生产要素，不断提升云南旅游产业整体素质和国际化水平，助推云南边境旅游的全面发展。

八、坚持科学发展、开发与保护并重原则

坚持可持续发展的理念，以保护生态环境为前提，完善相关管理体制，建立健全科学合理的旅游机制。在开发前，政府以及旅游规划部门应对开发的区域进行综合资源的分析研究，做好景区开发、项目建设的环境评估和生态容量测算，并制定应对措施；在开发中，要本着"生态开发"的思路，最大限度地保护生态环境，不破坏自然和人文环境，做到开发与保护并重；在开发后，根据《云南省旅游产业"十三五"发展规划》的相关要求，政府应该发挥主导作用，制定严格的管理制度和监督机制，加大对基础设施的改善以及环境污染治理的投资力度，保障边境旅游环境的可持续发展。

第三节 发 展 战 略

一、"内外互动+全域共进"战略

云南边境旅游建设，势必需要搞好国内外双边及多边关系，营造良好的内部及外围旅游环境，共促全域旅游建设。具体而言，了解内外合作机制、互联互通及共建关系、保障良好的沟通渠道和协调机制、做好旅游发展大环境建设等。从景区景点建设、旅游要素建设、旅游交通、标识、公共服务、跨产业整合等角度形成全域旅游的发展合力，助力边境旅游建设。

二、"旅游融合+空间整合"战略

以旅游融合和"旅游+"理念为指引，最大限度地释放边境旅游的带动效应并发挥产业融合功能。全面促进旅游与文化、体育、农业、工业、林业、医

药养生业、制造业、文化产业、生活服务业、手工业等相关产业和行业的融合发展，推动旅游业与第一、第二、第三产业的融合发展。构建健全的边境旅游产业体系，形成以核心产业体系与相关产业体系互相支撑、互相融合的全业态体系和全产品系统。兼顾乡村与城镇、景区与景区周边空间的整体协调发展，以及旅游特色村寨与旅游城镇建设、景区建设与周边环境建设，努力实现边境旅游发展的全空间、全景化、全方位建设。

三、"精品拉动+业态创新"战略

实施旅游精品拉动战略，形成旅游拳头产品，组合发展多元旅游产品。建设边境旅游重大项目、精品线路以及龙头型旅游企业。抓好边境旅游景区景点建设和优质开放的公共活动空间建设，以及精品演艺活动与节庆活动建设等。重视整体环线、出境游线与入境游线的全方位打造。深化国际区域合作，构建"国内-邻国-第三国"互联互通的格局，综合考虑澜沧江-湄公河水路游览、航空旅游、陆路自驾等不同的交通游览形式与专业旅游、深度旅游、休闲度假等旅游需求，突出产品特色，积极培育边境旅游新业态。整合民风民俗、绿色生态、宜人气候等优势旅游资源，积极发展边境自驾游、家庭亲子游、乡村休闲游、高端购物游、民族文化游、徒步探险游、户外运动游、国际商务游、健康养生游等旅游新业态。

四、"政策集成+制度创新"战略

整合边境旅游各项相关政策中的相关指示精神和指导政策，综合考虑云南边境地区各层面的战略地位、社会发展需求、文化事业建设、旅游经济发展需要，找出云南边境旅游发展提升切实需要的政策支持与突破口，并结合云南本土的边境旅游实践和社会发展需求进行集成性整合与运用，整合各领域现有的政策为边境旅游发展所用是云南发展边境旅游的前提保障。边境旅游发展要着重创新边境旅游区管理体制、产业引导机制及人员车辆流动制度，建立新型多边多级联合管理体制、完善激励机制、创新边境旅游发展市场机制、实施运营监管机制、实施单一部门到多部门齐抓共管的管理机制。

第四节 战略定位

一、总体定位与分区定位

1. 总体定位

从国际层面来看，要充分发挥云南边境毗邻缅甸、老挝、越南的区位优势，多民族风情的文化优势，沿边良好的生态优势，以及得天独厚的气候优势等相关资源优势，突出政府引导、市场配置与社会参与，加快体制机制创新，密切开展国际交流合作，在推动"开放云南"建设的同时探索边境旅游的多国多方有效合作模式，在旅游基础设施建设、旅游线路、项目建设、边境社会治理、旅游管理方面广泛开展有效合作，打造南亚东南亚乃至全球知名的无障碍边境旅游区与多国旅游合作区。

从国家层面来看，边境各州（市）应依据国家对边境地区的各项政策，探索形成有效的政策集成和产业引导机制、激励机制、监管机制以及边境旅游管理体制，将其建设为中国边境旅游创新发展的西南样板，并作为我国内陆地区沿边旅游开发开放建设的先行区，打造我国面向南亚东南亚重要的陆路旅游辐射区和旅游集散地，并依托现有的旅游景区景点，提升边境服务水平，丰富边境旅游产品业态，打造我国西南边疆的新兴旅游目的地。

从省内层面来看，云南边境地区自西向东涉及怒江州、保山市、德宏州、临沧市、普洱市、西双版纳州、红河州、文山州8个州（市），25个边境县（市），整体是一个"V"字形格局，且汇集了傈僳族、傣族、景颇族、佤族、哈尼族、彝族、壮族等许多云南世居民族风情。因此，云南边境旅游的发展要释放旅游的综合带动作用、产业融合与辐射功能，建设边境旅游产业经济带，助力地方旅游经济发展，展示中国社会制度优越性，同时塑造边关民族风情走廊，打造云南边境旅游扶贫示范区。

综合来看，云南边境旅游建设的总体定位应为：全球知名的无障碍边境旅游区与多国旅游合作区；中国边境旅游创新发展的西南样板及沿边旅游开发开放的先行区、面向南亚东南亚的陆路旅游辐射区和旅游集散地、西南边疆新兴旅游目的地；云南边境旅游产业经济带、边关民族风情走廊、旅游扶贫示范区。

2. 分区定位

云南共有 8 个边境州（市）、25 个边境县（市），与老挝、越南、缅甸三国接壤，国界线长达 4060 公里，其中中缅段 1997 公里、中老段 710 公里、中越段 1353 公里[①]，是中国连接南亚东南亚的重要通道，也是"一带一路"倡议、孟中印缅经济走廊、中国-东盟自由贸易区、澜沧江-湄公河旅游城市合作联盟、我国沿边开发开放实验区建设等多层级、多面向发展的重要节点与关键突破口。云南边境旅游在发展过程中也面临着诸多亟须解决的问题。通过云南边境旅游的建设，集中对边境旅游业发展结构进行调整，在总体目标的指导下，准确把握好各个边境州（市）的具体目标既是云南边境旅游产业协调发展的必要前提，也是区域性边境旅游精准发展的重要支撑，各分区的目标确立应遵循各自的发展主题与方向，确保边境各州（市）、县（市）拥有个性突出、主题鲜明的发展定位，在各边境州（市）、边境县（市）的分区主题定位之下，通过旅游项目的主题化建设、旅游形象的差异化塑造以及旅游服务功能的全方位发展，构建云南边境旅游整体的结构性发展框架，以更好地促进云南边境旅游的发展以及旅游产业的结构性调整与转型升级。

（1）保山市：边境康养度假与文化体验地

保山市地处云南西部边境地区，包括腾冲市和龙陵县两个边境县（市）在内的一区一市三县，其中腾冲市与缅甸密支那口岸对接，是市内唯一拥有口岸的县（市）。首先，保山市边境旅游发展，应积极整合好现有的旅游项目体系与产品系统，重点挖掘边境温泉健康养生、侨乡文化、滇西抗战文化等旅游资源与特色，整合完善以猴桥口岸为通关节点的边境旅游对接合作体系，通过与缅方签订系列旅游合作协议，优先突破通关限制与双方基础设施共建，深化旅游合作共识，构建旅游合作机制常态化，并联合挖掘、开发区域内温泉健康养生、侨乡文化、滇西抗战文化等旅游资源，联动开发边境康养文化旅游产品体系和红色文化旅游产品体系。其次，在"以点带面"（以腾冲市和龙陵县作为旅游增长点带动保山市的其他县、市、区的旅游发展）的发展思路下，逐步完善保山市境内的产业体系整合，实现区内联动发展，并通过与德宏州瑞丽口岸、畹町口岸等多个口岸对口岸的旅游环线设计，构建"滇西边境旅游带和对缅跨境旅游环线"与"多条边境旅游线路和跨境旅游线路"相组合的"滇西—缅北"边

[①] 云南省基本概况[EB/OL]. http://www.scopsr.gov.cn/hdfw/zgjg/yn/201210/t20121022_185716.html[2018-10-01].

境旅游黄金带。

在边境康养度假与文化体验地的定位之下,以"温润保山·美玉神汤"的品牌形象为支撑,继续依托温泉资源优势,推进温泉度假区项目建设,大力发展以康体疗养、美容保健、养生养老、中医理疗等为主要内容的健康服务业,从温泉养生、度假、康体、美容、美食等要素层面健全产品体系,培育观光休闲、温泉度假、体育休闲、文化寻访、生态体验、翡翠购物、出境探秘七大旅游产品,构建国内外知名的"温泉之都"旅游品牌支撑体系,力争将保山市建设成为区域国际性边境温泉康养文化旅游示范地。依托龙陵松山战役遗址、腾冲滇西抗战纪念馆与善洲林场廉政教育基地等爱国主义教育基地,对红色旅游资源进行组团开发、整合营销,规划设计红色旅游线路,推动红色旅游与观光旅游、文化旅游、乡村旅游等旅游产业进行融合,提升保山市红色旅游的发展活力与爱国主义示范基地内涵。同时,突出侨乡文化和中国极边之地的文化特色,将保山市打造为集康养文化、红色文化、侨乡文化为内核的全新旅游目的地。

充分发挥腾冲市全域旅游核心示范区的龙头带动作用,着力打造高黎贡山国际生态旅游圈,怒江、澜沧江、龙川江三江旅游休闲带,优化发展隆阳永昌文化旅游区、施甸善洲精神红色文化旅游区、龙陵山水玉养生文化旅游区、昌宁田园茶乡生态旅游文化区四大旅游片区,形成空间布局合理、功能定位清晰、产业深度融合、点线面联动发展的"一核一圈三带四区"的旅游发展总体布局。

到 2020 年,要把保山市建设成为云南著名的全域休闲度假健康旅游目的地,把旅游产业建设成保山市经济社会发展的重要支柱产业及国民经济体系中的战略性支柱产业和现代服务业。旅游评价指标稳步增长,实现接待国内外旅游者突破 3897 万人次,旅游总收入突破 509 亿元,其中接待国外旅游者突破 25 万人次、旅游外汇收入突破 9000 万美元。全面构建产业实力强、产业贡献强、品牌影响力强和可持续发展能力强的现代旅游产业体系,实现旅游增加值占比超 10%[①],以发展边境旅游为契机,谱写保山市旅游发展的新篇章,将旅游业打造成为保山市经济发展稳增长、调结构、促就业、惠民生的新支点。

---

① 《保山市旅游产业"十三五"发展规划》。

（2）德宏州：边境民族风情与购物极致体验地

德宏州地处滇西沿边地区，与缅甸接壤，接壤部分国界线长503.8公里，有两个一类口岸（瑞丽口岸、畹町口岸）和两个二类口岸（章凤口岸、那邦口岸）。长久以来，德宏州与境外各民族特别是缅甸各民族的交往使其成为我国边疆少数民族文化与境外民族文化交融的中心。另外，德宏州境内居住着傣族、景颇族、阿昌族、傈僳族与德昂族等少数民族，是全国景颇族、阿昌族与德昂族的主要聚居地，本身即是多民族文化交融荟萃之地。应充分发挥德宏州的边境民族文化资源优势和玉石、红木等商品优势，将其转化为德宏州边境旅游产业结构调整的全新驱动力。通过对以税收政策为代表的边境贸易优惠体制机制进行改革创新，推进边境进出口商品结构优化调整与综合服务体系的逐步完善，不断改善边贸环境，将德宏州打造为中国边境民族风情与购物的极致体验地。

具体而言，要通过"内联外拓"进行旅游产业体系建设，在中缅边境旅游区建设过程中坚持政府主导、融合发展，集群发展、项目带动，企业参与、品牌引领，生态保护、可持续发展的原则，以优化结构、转型升级、创新发展、提质增效为主线，以生态资源、民族文化资源、口岸建设为依托，全力构建以瑞丽口岸重点开发开放实验区为核心，联动芒市、陇川县发展的"一核两翼"空间格局和"一江一线"（瑞丽江与国界线）边境旅游区建设目标，由传统的观光、购物旅游向集自然生态观光、边境民俗体验、康体休闲运动、珠宝红木民族特产购物、异国风情体验为一体的综合旅游体转变，带动德宏州全域旅游发展。积极外拓，在运营好现有跨境旅游线路的基础上，主动与以缅甸为核心联动区的南亚东南亚开展旅游合作对接洽谈任务，破除通关壁垒、体制机制、旅游基础设施、保障体系等方面的制约，延伸跨境旅游线路长度与体验深度，构建旅游产业大体系，充分发挥德宏州在滇西片区跨境旅游合作的典范作用，将其打造为中国大西南面向南亚次大陆的核心旅游集散地与产业融合"试验田"。将德宏州培育为云南及国家旅游经济结构调整的重要推手。

到2020年，全州实现接待国内外旅游者达到1500万人次，旅游总收入达到250亿元，其中接待国外旅游者达到50万人次、旅游外汇收入突破1亿美元，达到1.2亿美元[①]。德宏州边境旅游产业体系基本完善，在基础设施与公共服务设施建设、旅游产品开发、市场联合营销、市场服务监管等方面得到深入发展，基本建成旅游服务、旅游品质、旅游管理方式标准统一化。

---

① 《德宏州旅游产业发展"十三五"规划》。

(3) 临沧市: 边境全域化国际健康旅游城市

临沧市地处云南西南部, 其中镇康县、耿马县、沧源县三个县与缅甸掸邦北部果敢自治区、掸邦第二特区 (佤邦) 接壤, 接壤部分国界线长达290.791公里, 有一个一类口岸 (孟定清水河口岸) 和两个二类口岸 (南伞口岸、永和口岸), 有19条边贸通道、5条通缅公路和13个边民互市点①, 现运营着至缅甸的3条边境旅游线路。临沧市是中国佤族文化荟萃之地, 是世界著名的"滇红"之乡、世界种茶的原生地之一和全国著名的"核桃之乡", 就资源优势而言, 兼具生态旅游、原生民族文化体验和康体养生价值。临沧市以"世界佤乡好地方, 避暑避寒到临沧"为品牌导向, 立足于佤族民族文化, 致力于打造成中国面向印度洋国际旅游重要集散地和国际知名休闲度假康体养生旅游目的地, 通过积极参与中国-东盟自由贸易区旅游合作、澜沧江-湄公河旅游城市合作联盟和孟中印缅旅游带建设, 推动临沧市旅游内聚外联, 加快互联互通全域发展, 并通过市场营销、品牌打造, 加快临沧边境经济合作区、沧源国际旅游度假区建设, 逐步突破体制机制制约, 构建以跨境旅游、休闲度假、生态观光、户外运动、康体养生、工业观光、文化体验为一体的旅游产业体系。因此, 规划将临沧市发展定位为边境全域化国际健康旅游城市。

具体而言, 临沧市要立足于区位条件, 以临沧边境经济合作区为核心, 以边境三县 (耿马县、镇康县、沧源县) 为主体, 依托临沧边境经济合作区建设, 辐射带动临沧市五县 (区) 发展。在推进临沧边境经济合作区、沧源国际旅游度假区和孟定清水河口岸、南伞口岸、永和口岸三个口岸为载体的建设中, 着力将临沧市建成集商贸物流、综合保税、跨境金融、进出口加工等功能为一体的沿边开放重点边境旅游区, 集中释放其示范引领和辐射带动作用, 使其成为国内边境旅游产业融合发展引领区和中缅旅游合作对接的优秀典范。

到2020年, 旅游市场规模进一步扩大, 国内旅游者达3510万人次, 年均增长20%, 旅游业总收入达420亿元, 年均增长30%②。

---

① 临沧市税务局 "多点发力" 加强边境线税收管理和服务[EB/OL]. http://www.ltax.yn.gov.cn/html/gslcs/20181106/da8cc38266c783800166e92dbdc806a4.html[2018-11-06].

② 临沧市人民政府关于印发临沧市加快推进旅游转型升级实施方案的通知[EB/OL]. http://www.lincang.gov.cn/lcszf-ydb/zfxxgkml16/zfwj71/zfwj48/228088/index.html[2018-12-19].

（4）普洱市：边境生态养生旅游示范区

普洱市东南与老挝、越南接壤，西南与缅甸比邻，与邻国接壤部分国界线长达 486 公里，澜沧江-湄公河纵贯全境，有两个一类口岸（思茅港、勐康口岸）和一个二类口岸（孟连口岸），以及 17 条边境通道，是国家绿色经济试验示范区。普洱市在发展过程中应充分发挥本地资源优势，以绿色生态旅游、茶文化、咖啡文化体验、山林生态环境为依托，以"养生旅游、养生地产、休闲度假"为核心，以民族养生和温泉养生为特色，以养生地产和养生旅游为龙头，打造集会议论坛、养生旅游产品、健康养老服务等为一体的养生产业体系，全力完善普洱市生态养生产业结构体系，响应普洱市"边境生态养生旅游示范区"的发展定位。

目前，普洱市的战略构想主要有：一是充分利用孟连口岸与缅甸佤邦相毗邻的区位优势，凭借旅游线路开发、招商引资、设施建设等，着力将孟连口岸培育为普洱市边境旅游的精品示范点；二是在有效发挥江城县口岸基础设施、本土资源、产业发展和对外经贸合作等优势的基础上，紧密配合江城县以龙富通道为代表的口岸建设申报与中老越三国边境经济合作区的契机，通过旅游合作机制对接、三国边地旅游线路规划设计，全力推进以江城县为关键节点的中老越三国旅游圈建设进程，实现以普洱市江城县-老挝丰沙里省-越南奠边省为核心旅游接待点的中老越三国边境旅游合作区的建设目标；三是逐步拓展思茅港、勐康口岸与孟连口岸以及边境沿线旅游产业的融合进度、旅游基础设施与接待设施建设，完善旅游功能，推动打通中老越三国旅游环线，建设中老越三国边地旅游合作圈，并以此为纽带，打造云南面向中南半岛和连接南亚、中东跨国跨境旅游精品线路；四是以在口岸设立交通管理服务点为主要目标的通关"一站式"体系建设，构建无障碍通关保证；五是紧密围绕普洱市本土民族特色风情文化对旅游基础设施和接待设施进行特色化设计打造，如建设特色鲜明的旅游主题酒店和特色餐饮；六是通过区域联动、跨国合作体制机制的健全，共同打造一批边境旅游主题鲜明的体育、演艺等精品项目。

预计到 2020 年，普洱市旅游接待水平将得到大幅度提升，旅游供给侧结构逐步完善，旅游发展指标整体向好，预计接待游客将达 1800 万人次，旅游总收入达 235 亿元[①]，接待出入境游客、游客平均停留时间、人均旅游消费等指标都有较快提升。

---

① 《普洱市"十三五"旅游业发展规划》。

（5）西双版纳州："金四角"边境旅游示范区

西双版纳州东南部、南部和西南部分别与老挝、缅甸接壤，临近泰国与越南，接壤部分国界线长 966.3 公里，拥有西双版纳嘎洒国际机场、景洪港、磨憨口岸、打洛口岸 4 个国家级口岸，并开通了与缅甸、老挝合作的 6 条旅游线路。优美的热带雨林风光、浓郁的民族文化风情、温暖湿润的气候、独具特色的南传佛教文化、知名的普洱茶及独特的沿边区位优势，是西双版纳州的资源优势。目前，西双版纳州致力于不断开发旅游产品，建设热带雨林美景的最佳观赏地、傣民族文化最富集的体验地、避寒养生度假旅游胜地、南传佛教文化展示地、普洱茶爱好者的向往地、面向东南亚的国际旅游集散地、国内外知名的国际生态旅游州。此外，还以"提升中心，做优东线，做大西线，开发澜湄，联动内外，辐射周边"的旅游发展思路为指导，以中老缅泰边境地区四国八方合作会议为合作机制，通过体制机制创新、区域旅游资源整合、交通廊道建设、线路联合开发、基础设施联建等，逐步形成四国边境旅游环线和旅游圈，最终构建中老缅泰"金四角"国际旅游圈；通过境内要素体系的建设完善，并立足于勐腊（磨憨）重点开发开放试验区与中国老挝磨憨-磨丁经济合作区的政策引导与规划建设，打造成云南独具特色、功能配套互补、要素齐聚的边境旅游示范基地，推进将西双版纳州建设成为云南、中国乃至南亚东南亚的旅游胜地和休闲旅游目的地，以及中国面向以老挝、缅甸与泰国为主体的东南亚、南亚国际旅游集散地。据此，依托西双版纳州独特的资源优势和区位优势，将其定位为"金四角"边境旅游示范区。

具体而言，西双版纳州要借助 2012 年国家旅游局批准开通的云南西双版纳州至老挝琅勃拉邦边境旅游环线的契机，继续推进建设"金四角"旅游环线，基于水、陆、空三重交通网线的联通以及旅游线路的全新设计，以西双版纳州-老挝琅勃拉邦-泰国清迈-泰国清莱-缅甸大其力为主要环线，以景洪市-泰国清盛-泰国清莱、景洪-老挝琅勃拉邦-万象、景洪市-缅甸孟拉-景栋等为精品旅游线路，逐步形成"金四角"边境旅游环线和国际旅游圈。

预计到 2020 年，通过西双版纳州与老挝、缅甸相邻区域的共建协作，基本确立边境旅游产业的优势地位，实现年度旅游总收入和人均旅游收入等核心指标综合排名的强势推进。全州接待国内外游客达到 3600 万人次以上，其中休闲度假游占旅游接待总数的 40%左右；旅游总收入突破 500 亿元，年均增长 12%

以上，旅游产值占全州生产总值的比重达到20%[①]；旅游直接就业人员10万人，带动间接就业人员50万人以上；旅游项目投资5年累计达450亿元。年度接待出入境游客数量、边境旅游总收入等出入境旅游综合排名名列前茅，边境旅游的正向外部效应辐射云南和周边省市，以及老挝、缅甸合作区域的周边地区。

（6）红河州：中越边境文化生态旅游地

红河州地处云南南部，有绿春县、金平县与河口县三个边境县，州域内中越国界线长达848公里，拥有河口铁路口岸、河口公路口岸和金水河公路口岸三个国家级口岸，8条边民互市通道。红河州有着哈尼梯田及"云上梯田，梦想红河"的品牌优势，以及以哈尼梯田为代表的民族文化、以建水古城为代表的儒家文化、以滇越铁路为代表的近代工商文化、以过桥米线为代表的饮食文化、以弥勒为代表的休闲康体庄园文化几大文化旅游品牌，且与越南相邻，因此将红河州发展定位为中越边境文化生态旅游地。

具体而言，红河州发展边境旅游，一是要紧密围绕建设昆明-河口国际旅游走廊和滇南-越北国际无障碍旅游区的目标，以口岸城市为边境区域旅游带动热点，努力探索功能齐全、开放度高、管理有序的边境旅游模式，并积极探索金平县金水河一类口岸旅游开放政策，务实从旅游合作推进对外开放水平；二是从体制机制创新改制与基础设施、旅游公共服务设施、跨境旅游线路产品、客源市场开拓、发展能力建设等层面加强区域内外联动，构建滇南连接南亚东南亚以及境外连通内部的重要枢纽节点；三是探索在京、沪、渝等地组建旅游营销对外联络机构，精准对接驻地市场，提升红河州的对外交流与合作的层次与方向，形成品牌张力。深化与省内其他边境州（市）的旅游交流合作以寻求与云南边境旅游走廊的深度融合。以河口跨境经济合作区为依托，联动金平县、绿春县规划设计成为红河州边境旅游的核心区域，通过突出口岸、生态、民族文化等优势，以中越边境旅游、边境购物、异国风情体验等为主要吸引力，依托旅游产品体系、旅游基础设施与接待设施、旅游宣传营销、旅游会议会展等跨国合作对接，联合建设中国-越南异域风情主题体验旅游区及多元文化和生态体验旅游地。

预计到2020年，全州接待国内外游客力争达到5000万人次，接待国外游客和旅游外汇收入进入全省前3名，旅游要素企业产出能力和效益超过全省平

[①]《西双版纳州"十三五"旅游产业发展规划（2016—2020）》。

均水平。游客人均消费达到 2000 元，旅游收入达到 1000 亿元。旅游收入增加值达到 400 亿元，占第三产业增加值的比重为 35% 左右，占 GDP 的比重达 14%[①]。人均旅游消费、游客平均停留时间等游客性指标稳步增长，旅游直接与间接带动的就业人数逐年递增，配合推进旅游扶贫的阶段性目标。

（7）文山州：边境民族文化休闲旅游地

文山州位于云南东南部，东与广西相连，南与越南接壤，是云南通往"两广"及东南沿海地区的重要通道，有"滇桂走廊"和"滇东南大门"之称。与越南接壤的国界线长达 438 公里，有 1 个一类口岸（天保口岸）、2 个二类口岸（田蓬口岸、都龙口岸）和 40 多条过境贸易通道[②]，是云南面向越南的重要通道之一。文山州拥有民族医药养生文化、句町文化、本土民族民俗风情和壮族的那文化四大原生态文化以及优美的自然风光，其中，壮族、苗族两种民族文化旅游资源是核心。因此，将文山州发展定位为边境民族文化休闲旅游地。

具体而言，文山州的边境旅游发展要全面调整边境民族文化旅游发展结构，创新旅游发展模式，推进文山州边境民族文化休闲旅游地建设。要通过产业创新融合与区域合作，将文山州打造为云南重要的边境民族文化旅游休闲目的地；以"一心两轴"建设思路为引导，即以麻栗坡天保口岸为发力点，凭借国界线联动田蓬口岸和都龙口岸两个口岸沿线的旅游发展。在旅游线路产品改革创新方面，通过对境内外资源的考察与组合提升，重新设计并运营好原有的天保口岸-越南河江游览线路，并在口岸体制机制合作、资源对接的基础上，积极开拓新的跨境旅游线路与以三大口岸通道为基点的入境旅游线路，重点推进文山州与越南及周边地区的旅游资源共享、客源互送、设施共建共享、线路互推、政策互惠、信息互通、节庆互动等合作，并通过各方联动构建起边境安全保障机制等，最终实现文山州旅游综合实力、产业体系的跨越发展和全域经济的明显提升。

预计到 2020 年，全州接待旅游总人数、旅游总收入、旅游接待设施建设等都有重大突破，国内旅游者、国际旅游者、旅游总收入年均增长率达 20%，接待国内旅游者达 2400 万人次，国际旅游者 17 万人次，旅游总收入达到 230 亿

[①]《红河州旅游"十三五"规划》。

[②] 文山州建设云南面向南亚东南亚辐射中心重要支点规划（2016—2020 年）[EB/OL]. http://www.ynws.gov.cn/info/2610/195288.htm[2019-04-03].

元。吸收就业 10 万人，旅游业总收入占文山州 GDP 的 20%[①]。

(8) 怒江州：边境生态秘境体验区

怒江州位于云南西北部，有泸水市、贡山县、福贡县三县（市）与缅甸接壤，接壤部分国界线长达 449.5 公里。怒江州拥有丰富的自然旅游资源和人文旅游资源，有着"生物物种基因库""地质地貌博物馆""民族文化聚宝盆""人类文明处女地"等多个美誉，是云南生态环境保存相对完好的区域，建议将边境资源与生态旅游资源进行融合开发，将怒江州边（跨）境旅游发展定位为边境生态秘境体验区，打造为云南乃至中国知名的边境生态秘境旅游目的地。

具体而言，要以片马口岸为空间集散点，以民族文化为核心体验对象，以生态旅游为理念支撑，推进怒江州边境一带旅游的梯度发展。按照"重点突破、以点串线、以线带面、以面成网"的思路，以交通线路为引导，以"自驾车、自助游、自由行"为支撑，围绕怒江大峡谷交通主干道，以风景游憩、产业集聚、文化展现和旅游活动四大功能为落脚点，着力打造中国最美大峡谷；重点建设福贡县上帕镇、贡山县茨开镇两个旅游副中心；建设独龙江民族文化体验区、丙中洛宗教朝圣体验区、碧罗雪山知子罗自然风光与文化体验区、鲁掌-片马边境历史文化慢生活体验区、月亮山-亚坪地质奇观观光与探险体验区等。全力改善以交通基础设施为代表的旅游基础设施与接待设施结构，从游客出游便利性出发，着力构建绿色旅游产业体系，推动边境经济合作区建设步伐，主动融合国家新型城镇化建设、脱贫致富等战略机遇，带动边境县（市）社会经济的跨越式发展。全面推进旅游与民族文化、美丽乡村、产业建设、口岸建设和生态环境保护等深度融合发展，充分释放"旅游+"功能，把旅游产业建设成为怒江州国民经济的首位产业和脱贫奔小康的主引擎、把怒江州建成国内一流的全域旅游先行区和国家旅游扶贫特区、把怒江州建设成为云南旅游新高地和国际自助游精品旅游目的地。

预计到 2020 年，全州接待国内外游客保持年均 20%以上的增长速度，力争达到 700 万人次左右，旅游总收入在 2015 年的基础上翻两番以上，力争达到 100 亿元的规模[②]。

[①]《文山州"十三五"旅游产业发展规划》。
[②]《怒江傈僳族自治州旅游产业"十三五"发展规划》。

二、市场定位

云南边境旅游，魅力在于边疆风情以及各边疆地区所特有的民族文化风情（如节庆活动、民风民俗、特色美食等）、边疆异国风光及风土人情、绿色生态旅游资源（如名山大川、雨林风光、跨境江河等）、康体养生旅游资源等。在客源市场上，既有向往边疆地区的内陆人群、进入中国的国外旅游团队，也有专项旅游团队如边境旅游团队、自驾游团队等，以及与云南整体客源市场相一致的部分客源市场。综合距离衰减、交通通达性及经济发展水平三个因素，云南边境旅游的市场定位如表4-1所示。

表4-1 云南边境旅游市场定位

国际市场	批量客源市场	南亚、东南亚、东亚等边境邻近国家，主要包括泰国、缅甸、老挝、越南、新加坡、菲律宾、印度、孟加拉国、日本、韩国等
	次批量客源市场	欧洲、北美洲、大洋洲经济发达国家和地区，主要包括德国、英国、法国、美国、加拿大、澳大利亚、新西兰等
	潜在客源市场	其他国家和地区，主要包括中亚、西亚、非洲经济发达国家和地区
国内市场	批量客源市场	东部及周边经济发达省份及城市，主要包括环渤海城市群、长三角城市群、珠三角城市群、川渝城市群、黔中城市群、广西北部湾城市群、广西桂中城市群、港澳台地区等
	次批量客源市场	中部省份及其他针对性营销区域，主要包括河南、湖北、湖南、山西、安徽、江西等省份以及陕甘宁地区、东北地区等
	潜在客源市场	西北部偏远地区及有直飞机场、铁路、高速公路连通的地区，主要包括西藏、新疆、内蒙古等
省内市场	批量客源市场	云南中部、西部、南部城市群，主要包括滇中城市群、滇西城市群、滇西南城市群、滇东南城市群
	次批量客源市场	云南东部、北部城市群，主要包括滇西北城市群、滇东北城市群等
	潜在客源市场	省内经济较为发达的其他县域中心城市

三、目标与愿景

1. 总体目标

根据《国务院关于支持沿边重点地区开发开放若干政策措施的意见》《云南省沿边地区开发开放规划（2016—2020年）》《云南省旅游产业"十三五"发展规划》等对边境旅游区的指导意见以及对边境旅游提出的发展目标，国家有关加快旅游业改革发展、进一步促进旅游投资和消费、将云南建设为旅游强省等有关精神和要求，紧紧围绕把云南建成"民族团结进步示范区、生态文明建设排头兵、面向南亚东南亚辐射中心"的战略定位和建设云南旅游强省的总体目标，努力将云南边境旅游区建设成为云南旅游强省建设的新支柱，兴边富民行动和睦邻、安邻、富邻方针的新引擎，中国边境旅游的新热点。

在区域建设方面，充分吸收边境旅游发展的国内外经验，借势改革开放与沿边开发开放的东风，抓住区域经济一体化背景下的中国-东盟自由贸易区、澜沧江-湄公河旅游城市合作联盟和泛珠三角"9+2"的区域经济合作密切联系，以及旅游产业日益发展壮大、国内外旅游需求日益旺盛的发展机遇，进一步在依法合规的原则下进行相关政策探索、体制机制创新、跨境服务、旅游经济合作与旅游产业建设。全面深化落实改革创新，坚持"做优做精、先行先试"的发展理念，有侧重、有层次、有选择地逐步推进边境旅游示范区（点）建设，深化中国与南亚东南亚各国的旅游合作，实现旅游基础设施的连通与共享，旅游服务的特色化、标准化与便利化，以及旅游要素的无障碍流动；通过边境旅游的辐射带动作用，全面提升边境地区经济发展水平，改善边境地区人民旅居条件与生活条件，保护与展示边境地区民族文化风情、自然生态与社会生活，优化边境地区社会管理，实施贯彻以旅游产业为引领的"睦邻、安邻、富邻"方针，探索边境旅游发展的"云南模式"及有效路径并在全国范围内发挥一定的经验借鉴作用。

在旅游行业建设方面，围绕建设旅游强省的总目标，以边境旅游市场需求与服务为导向，以改革创新发展方式为核心，以找准问题、精准应对为突破，以完善边境旅游产业结构与转型升级为重心，以支撑性项目和便捷化服务为抓手，分层推进、分期执行，深化改革开放、促进投资消费，加快优质项目建设、推动优化边境旅游服务升级，力争形成旅游产业的集群式、园区式发展。全面提升"旅游+"产业融合势能和辐射带动作用，进一步释放边境旅游发展活力、丰富边境旅游产品、完善边境旅游服务体系，提升边（跨）境旅游服务质量、水平与效率，拓展边境旅游发展空间，协同推进项目，展示最具特色的中国边疆民族风情。

总体而言，应在上位政策的引导下，紧密围绕云南"三大定位"、旅游强省建设目标，着力建设全国边境旅游精品示范区，具体包括以下六个层面的发展目标。

1）通过口岸通关便利性体制机制创新改革，从口岸通道、异地办证、旅游购物（退）税、产业支撑等多项政策，以及边境旅游和边境贸易合作对接等层面实现建设区域的内外联动发展，着力将其建设成为中国大西南边疆无障碍边境旅游区。

2）以旅游市场需求为导向，以边境地区旅游资源为依托，在运营好已开通旅游线路的基础上，规划设计新型边境、跨境环线旅游主题线路，通过区域组团构建特色鲜明、优势明显、潜力优厚的边境旅游产品体系，并配合以相关基础设施共建共享的区域性双边或多边合作，全面推动试验区全域旅游的发展进程。

3）依托云南边境地区的优势条件，集中优选一批沿边城市进行旅游品牌优化提升，以点带面，优化各沿边区域的边境旅游主题化发展格局，着力将云南边境旅游区打造为中国面向南亚东南亚的边境旅游集散地与边境旅游热点区域。

4）逐步树立边境旅游产业在云南省旅游业中的战略地位，以边境旅游结构性调整为引擎，推进云南旅游产业的结构调整与经济结构优化，使其成为全省国民经济的重要支撑和国家对外合作的重要平台，着重将其培育为沿边一带产业实力强、产业贡献强、品牌影响力强与可持续发展能力强的新兴旅游产业品牌。

5）着力将云南边境地区打造为旅游产业体系完善，发展模式创新，集边境观光、生态休闲、边境商贸、文化体验、养生度假于一体的具有综合影响力、吸引力和竞争力的黄金旅游带，进而成为旅游业发展新的增长极。

6）通过逐层突破云南边境旅游发展的制约因素，将云南边境旅游建设下的关键战略区建设成为我国面向南亚东南亚的旅游辐射中心、我国西南边疆沿边开发开放的边境旅游经济带以及国际国内知名的新兴旅游目的地。

应以体制机制改革创新、政策集成、完善公共服务设施与基础设施为主要驱动力，紧密围绕总体定位进行具体的开发建设，预计到 2020 年基本形成旅居功能完善、产品体系健全、品牌形象良好、扶贫带动力强、融合势能突出的边境旅游产业体系。

结合云南边境地区旅游发展的总体态势，考虑到边境地区旅游发展规划的性质、特点，未来的吸引力、发展潜力和发展目标，以及已建、在建和拟建项目空间、功能之间的关系和所带来的竞争压力和联动效益，以 2015 年云南 25 个边境县（市）旅游人次及旅游收入总量为依据，分阶段对云南边境旅游客源市场情况进行预测（表4-2）。预计到 2020 年，最佳实现旅游人次 12 114.96 万人次，旅游收入 169.76 亿元；到 2025 年，最佳实现旅游接待人次 23 326.32 万人次，旅游收入 388.36 亿元；到 2030 年，最佳实现旅游人次 37 567.27 万人次，旅游收入 747.76 亿元。

表 4-2　云南边境地区旅游市场预测表

时序	2015年实际值	上下限值	2017~2020年 年增长率/%	2020年预测值	2021~2025年 年增长率/%	2025年预测值	2026~2030年 年增长率/%	2030年预测值
旅游人次/万人次	5295.56	上限	18	12114.96	14	23326.32	10	37567.27
		下限	15	10651.26	11	17948.00	7	25172.99
旅游收入/亿元	62.81	上限	22	169.76	18	388.36	14	747.76
		下限	20	156.29	15	314.36	11	529.71

资料来源：《云南省边（跨）境旅游专项规划（2018—2030年）》

2. 分期目标

（1）近期目标

充分吸收借鉴边境旅游发展的国内外经验，全面深化落实改革创新，坚持"做优做精、先行先试"的发展理念，启动建设重大项目、重点项目和部分支撑性项目，完善边境各州（市）尤其是边境县（市）的旅游基础设施和公共服务体系建设，先行建设国家级边境旅游试验区和跨境旅游合作区，并将其建设成为中国边境旅游开发建设的示范性区域。重点突出边境旅游经济带，滇缅、滇越、滇老跨境旅游合作圈，以及"四廊"的旅游经济带动功能大力推动其辖区内的边境旅游项目建设，初步构建云南边境旅游的品牌形象与针对性营销体系，在全国树立起云南良好的边境旅游发展口碑。

（2）中远期目标

进一步推动边境旅游重大项目与重点项目的后续提升和完善工作，逐步推进部分支撑项目建设。进一步释放边境旅游经济带，以及滇缅、滇越、滇老跨境旅游合作圈的带动辐射效应，发展省级边境旅游试验区、跨境旅游合作区，全方位推动边境旅游州（市）、边境旅游县（市）、边境旅游小镇、边境旅游村寨建设，形成良好的边境旅游全域发展氛围。在边境旅游产品多元化发展、业态创新的基础上进一步优化云南边境旅游品牌形象，将云南边境地区打造为中国面向南亚东南亚的边境旅游集散地与边境旅游热点区域。

第五章

边境旅游发展条件分析

云南位于中国西南地区，与缅甸、老挝、越南接壤，同时与中南半岛国家和南亚各国相邻近，具备发展边境旅游的地理条件。同时，云南旅游区位优势明显，自然景观优美独特，社会文化丰富多彩，具有良好的发展边境旅游的条件。

第一节 区位条件

区域旅游发展现状及前景，与其所处的地理区位、交通区位、文化区位、经济区位、旅游区位等条件密切相关。云南边境地区具有丰富的自然旅游资源与人文旅游资源，沿边开放与对外贸易条件极佳，并且是国内游的主要旅游目的地，为边境旅游发展奠定了良好的基础。

一、地理区位

云南位于中国西南边疆，地处东亚大陆、中南半岛和南亚次大陆的结合部，处于连接东亚、东南亚、南亚最佳位置，与越南、老挝、缅甸山水相连，国界线长达4060公里，是我国毗邻周边国家最多、国界线最长的省份之一。滇西的怒江州、保山市、德宏州，滇西南的临沧市、普洱市、西双版纳州与缅甸北部接壤；滇西南的普洱市、西双版纳州同时还与老挝接壤；滇西南的普洱市，滇东南的红河州、文山州与越南北部接壤（图5-1）。云南沿边地区高山峡谷相间，河流众多，拥有丰富的火山、溶洞、热带雨林资源和众多的民族文化风情，具有较高的观赏价值、科考价值与文化价值。

二、交通区位

云南沿边地区有独特的交通区位优势，是国际交通要道上的重要节点。泛亚铁路、昆曼国际大通道及澜沧江-湄公河黄金水道从中穿过。昆曼国际大通道经过昆明市、玉溪市、普洱市、景洪市，由磨憨口岸出境直达泰国曼谷。泛亚铁路东线经昆明市、蒙自市，在河口口岸出境连接越南、柬埔寨、泰国、新加坡，泛亚铁路中线经过昆明市、玉溪市、景洪市，由磨憨口岸出境连接老挝、

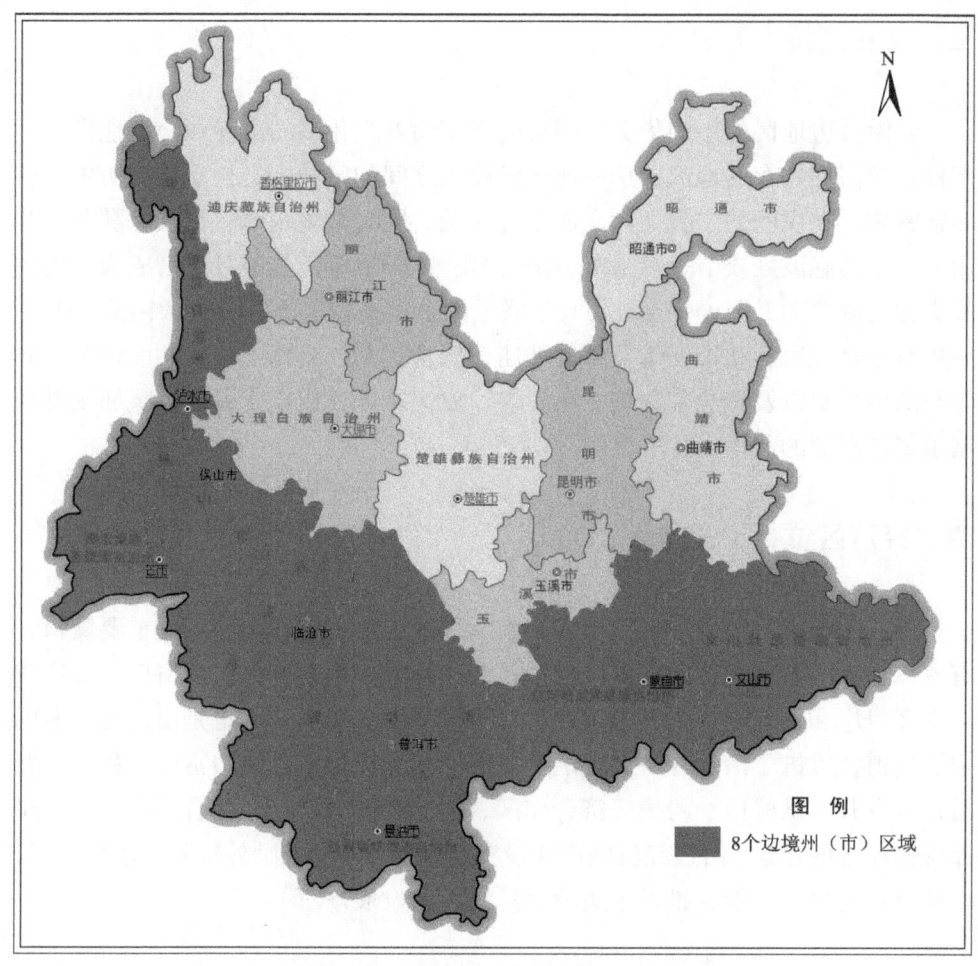

图 5-1 云南边境州（市）位置及范围图（详见书末彩图）

泰国，泛亚铁路西线经过昆明市、大理市，在瑞丽口岸出境连接缅甸和泰国（李卫民，2007）。同时，澜沧江-湄公河黄金水道经西双版纳州，从关累码头可达老挝、缅甸、越南、柬埔寨、老挝等国，进而可出太平洋和南亚各国。云南沿边地区已开通 19 个国家一类口岸、6 个国家二类口岸和近百条边境通道[①]，与周边国家乃至南亚东南亚其他国家和地区交往便捷，是中国沟通南亚东南亚地区的主要陆上通道，沿边开放条件极其优越。

---

① 云南省推进口岸提效降费工作 已完成所有口岸收费公示[EB/OL]. http://www.yn.gov.cn/yn_zwlanmu/yn_tjdt/201811/t20181112_34604.html[2019-03-18].

三、文化区位

云南沿边地区处于中华文化圈与南亚东南亚文化圈的边缘和交汇地带，是多种宗教信仰共存的地区，这一地区各民族之间的宗教、文化交流在历史上就非常密切。在民间的宗教文化交流十分活跃。同时，泼水节、目瑙纵歌节、花山节、中缅胞波狂欢节、盘王节、阔时节、龙阳节等民族节日，已成为跨境民族文化交流互动乃至经贸交往、政治联系的重要平台。节日期间，中缅、中老、中越双方跨境民族欢聚一堂，拜佛朝庙、探亲访友、跳舞唱歌、共度佳节，同时经商做买卖以及聚会叙友情、谋发展，成为跨境民族广交朋友、睦邻友好和展示美好形象的载体。

四、经济区位

得益于独特的边境地理区位，云南沿边地区成为连接东南亚的重要窗口，有着口岸对外贸易经济的重要区位，是我国西南对外贸易的重要窗口。云南省的众多口岸和边境通道是其沿边地区对外贸易的重要窗口，也是出入境旅游的重要通道，推进了沿边经济和通道经济的发展。通过实施兴边富民工程，以及沿边开发开放试验区、跨境经济合作区、边境经济合作区、综合保税区和口岸保税物流区的建设、沿边经济区产业投资基金的设立，鼓励外资外企落户发展，本地企业走出去发展，推进了边境贸易纵深向发展。

五、旅游区位

云南沿边地区是连接滇西北"香格里拉生态旅游区"、滇西"火山热海旅游区"、滇西南"澜沧江-湄公河国际旅游区"、滇东南"喀斯特山水文化旅游区"的重要区域，是西南"河口县-广宁、瑞丽市-八莫、普洱市-丰沙里-孟赛-琅勃拉邦"等跨境旅游线路重要节点区域，是澜沧江-湄公河黄金旅游线的水路、陆路通道，是中国-东盟自由贸易区、澜沧江-湄公河旅游城市合作联盟和大湄公河次区域的重要组成部分，是连接南亚东南亚的国际旅游圈结合部分（图5-2）。

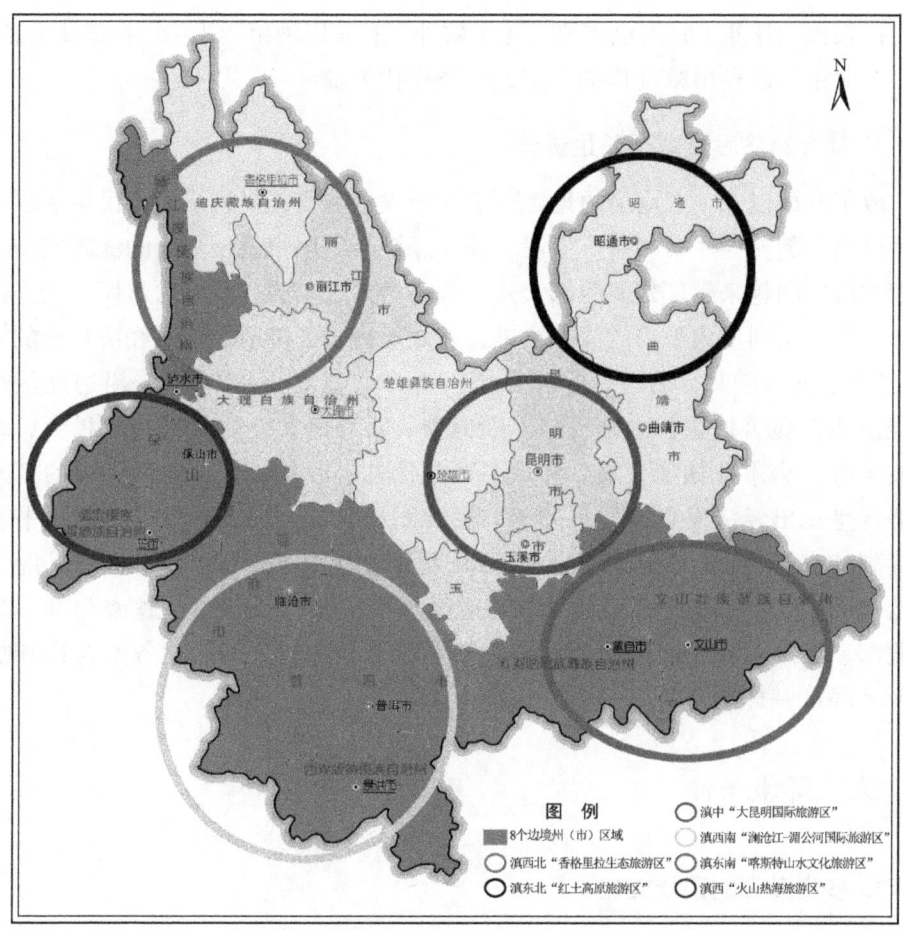

图 5-2　云南边境地区在云南省的旅游区位图（详见书末彩图）

第二节　社会经济环境分析

一、社会经济条件

1. 经济发展不平衡

虽然近几年来云南沿边地区的经济有较大的发展，但与全省和全国的平均发展水平相比仍有很大差距，并有不断扩大的趋势。云南沿边地区经济发展仍以传统农业为主，工业、建筑业和服务业发展缓慢。在劳动力构成中，农业劳动力占很大的比重，收入也主要来源于农业。农业以种植业为主、养殖业为辅，而种植业中又以种植粮食作物为主、经济作物为辅。

2. 社会经济发展取得长足进步

改革开放以来，云南沿边地区经济社会发展取得长足进步，人民生活水平显著提高。随着"一带一路"倡议、长江经济带等国家发展规划的深入实施，云南发展空间越来越广阔。西部大开发战略的深入实施以及兴边富民行动、扶贫开发等一系列重大举措的深入推进，有效促进了云南沿边地区经济社会的发展。"十二五"期间，沿边8个州（市）生产总值增长1.4倍[①]。沿边地区综合经济实力显著增强，基础设施不断完善，对外经贸合作规模持续扩大，教育文化等社会事业快速发展，形成了开放活边、改革兴边、发展富边的良好态势，呈现出经济发展、生态改善、民族团结、社会和谐、人民生活水平明显提高的良好局面，为加快沿边地区开发开放奠定了良好基础。同时，随着澜沧江-湄公河合作机制、孟中印缅地区合作机制以及云南与越南北部、老挝北部、泰国北部、缅甸的合作机制和平台日益完善，为深化务实合作和加快区域经济一体化创造了条件。

二、人文环境条件

1. 多姿多彩的民族文化

沿边8个州（市）土地面积合计20.2万平方公里，总人口1882.9万人，分别占全省的51.4%和39.9%，居住着壮族、苗族、哈尼族、彝族、傣族、景颇族、傈僳族等23个少数民族[①]。云南沿边地区有16个民族跨境而居，占全国跨境民族总数的1/2（杨焰婵等，2015）。这些民族与周边国家民族文化同源，语言相通，习俗相近。还有7个人口较少民族：独龙族、德昂族、基诺族、怒族、阿昌族、普米族、布依族等。各少数民族文化很有特色，衣、食、住、行以及待人接物、节庆、婚丧习俗都保留着优良的民族传统，少数民族节庆众多且特色突出，傣族泼水节、彝族百诗佳节、哈尼族嘎汤帕节、瑶族盘王节，形成了缤纷绚烂的少数民族文化。

---

① 云南省人民政府关于印发云南省沿边地区开发开放规划（2016—2020年）的通知[EB/OL]. http://www.yn.gov.cn/yn_zwlanmu/qy/wj/yzf/201607/t20160713_26079.html[2018-10-01].

2. 沿边旅游开发具备良好的发展条件

云南各级政府高度重视沿边地区旅游产业的发展，且采取了行之有效的措施。云南省委省政府、州（市）委政府、县（市、区）委政府还出台了一系列优惠政策，为沿边地区旅游业的发展创造了良好的条件。而且，沿边地区居民对旅游开发的热情一直高涨，他们不仅自发地开起了农家乐、家庭旅馆等，热情接待游客，而且还自觉挖掘民族传统文化，将文化融进旅游的各个方面，为沿边旅游开发做了大量工作。

第三节 旅 游 资 源

云南作为全国旅游大省，拥有丰富多样的旅游资源。充满异域风情的边境社会风情、边境民族历史文化、内涵深远的国界标识等更加丰富了云南边境旅游资源的种类，增加了边境旅游资源的数量。同时，云南积极推进与缅甸、老挝、越南构建相互合作机制，进一步促使双边旅游资源得到充分利用。

一、旅游资源的形成基础

1. 边界效应诱导，他方遥远神秘

边界是变化所在，既有异质性危险特质又有不同于核心地带的独特吸引力，是地理性边界与人文性边界的合体，使其构成了对外的核心吸引力。云南边境一带凭借与缅甸、老挝、越南的接壤，以国家政权与人文特质的差异性为载体推进了边界效应的充分释放，以此构成了云南边境旅游的核心支撑力；而边界连接的他方因边界的存在而充满未知，驱使着界内群众的好奇心，使得边界对面的他方充满吸引力。因此，云南边境一带与缅甸、老挝、越南所具备的有别于境内核心地带的独特魅力便构成了云南边境旅游资源的重要基础所在。

2. 边境史诗绝唱，民族文化叫绝

云南毗邻缅甸、老挝、越南三个国家，中缅、中老、中越边境两侧的历史文化有一定的共同渊源，边境地方性文化可谓根深蒂固。此外，在抗日战争期间，法西斯组织封锁了中国东部的海上通道，使反法西斯同盟对中国的物资输送与战争支援都受到了束缚，因而从缅甸入境经德宏州畹町至昆明的交通轴线便成为抗战期间的关键支撑，而在云南边境沿线也上演了可歌可泣的抗战史诗，如龙陵县松山战役、南洋华侨机工回国抗战事迹等。云南边境集中分布有傈僳族、普米族、怒族、独龙族、纳西族、彝族、苗族、布朗族、傣族、景颇族、阿昌族、德昂族、佤族、拉祜族、哈尼族、基诺族、瑶族、壮族、布依族等世居少数民族，各民族有其自身发展史与文化体系，支撑着族群的文化传承与文化创新、激发族群文化自信并强化民族自豪与民族凝聚力。除此之外，云南边境州（市）与缅甸、老挝、越南三国毗邻，因而以缅甸国族、老挝国族与越南国族文化体系为体验对象的民族文化旅游也构成了云南边境旅游资源结构的基础要素。

3. 国界内涵深远，标识景观立体

云南地区国界线长达4060公里，其中中缅段1997公里、中老段710公里、中越段1353公里。国界不仅是两国领土的分割线，也是国家行使领土主权的界线，在国家主权之下，云南边境旅游还是国家认同、国族意识强化的催化剂，国界从国界线到国家主权再到国族族群凝聚层面实现象征意义递进，通过对国界线两侧国家的主体认知的巩固，促进主权认同与内部族群文化差异认同。而国界除具有边界的内涵外，还有外联的寓意，云南边境两侧国家在人文情感、合作政策的驱动下，在一定程度上淡化了边界的政治意涵，边界的中缅两国族群成为一体，国界内涵演变为云南边境-缅甸、云南边境-老挝、云南边境-越南之统一体的象征。凭借国界线、界碑等标识物以及借用国界标识的内涵而构筑起来的云南边境旅游标识景观多元、结构层次丰富，因而具有立体性。

4. 跨境资源集合，异域风情彰显

云南边境八个州（市）同缅甸、老挝、越南毗邻，因而云南边境旅游资源体系与缅甸、老挝、越南境内的相关旅游资源构成统一的要素体系结构，而通过云南边境各州（市）实现边境旅游体验不仅能体验到国内边境风情，也能在较短时间内实现跨国旅游，体验他国边境风情与异国风光，旅游资源内外同步整合便成为云南边境旅游资源分析的基础，是重要的逻辑起点。

5. 气候四季宜游，自然环境优越

云南八个边境州（市）以热带、亚热带季风气候类型为主，其中怒江州、保山市、德宏州、临沧市、普洱市、红河州以及文山州属于亚热带季风气候，气候温暖宜人、空气湿润、降水丰沛，而西双版纳州则属于北热带季风气候，雨量充沛、干湿季分明，云南边境地区可谓游客休闲度假的绝佳选择之地。受气候带内光照、降水等综合影响，同一气候带内往往会形成局部的气候条件分异，而长期稳定的气候特征又造就了特定的自然地理环境，因而云南边境全域内的自然地理环境具有多元结构。受地质活动与气候条件的综合影响，云南边境地区的地貌大体包括河流地貌、岩溶地貌、火山地貌等基本类型，部分地质地貌经旅游开发成边境旅游资源体系的重要支撑。

6. 体制机制创新，区域合作推进

在《中共中央关于全面深化改革若干重大问题的决定》《国务院关于支持沿边重点地区开发开放若干政策措施的意见》《国家旅游局关于申报设立边境旅游试验区的通知》等有关政策意见的支持下，对云南边境旅游资源进行整合既是以云南八个边境州（市）的已有旅游资源为基础，也是以相关政策具体的扶持内容与"旅游+"、智慧旅游、微旅游、全域旅游等新时代理念为指导而进行旅游资源的专业化与创意式开发，不断丰富云南边境旅游资源的框架内容。例如，在云南边境旅游框架内通过旅游创意与资源整合创新拓展资源与产品体系；同缅甸、老挝、越南进行全方位、立体化的合作机制体系构建，包括跨境经济贸易、文体事业乃至旅游业等区域性合作，不仅能推进合作双方得利，也间接推进了双边旅游资源的互助对口开发，共同开发跨境旅游线路组合并实现旅游软件与硬件的互助共建，使双边旅游资源都发挥增值效益。

二、旅游资源类型分析

1. 类型分析

根据《旅游资源分类、调查与评价》（GB/T 18972—2017），云南边境沿线一带旅游资源共有 8 个主类、29 个亚类和 125 个基本类型，其中主类拥有率达 100.0%；亚类占总类型的 93.5%；基本类型占总类型的 80.6%（表 5-1）。

表 5-1 云南边境地区列级旅游资源类型与丰度

主类	亚类			基本类型		
	全国/个	云南边境/个	占全国比例/%	全国/个	云南边境/个	占全国比例/%
地文景观	5	4	80.0	37	27	73.0
水域景观	6	5	83.3	15	11	73.3
生物景观	4	4	100.0	11	11	100.0
天象与气候景观	2	2	100.0	8	7	87.5
历史遗迹	2	2	100.0	12	9	75.0
建筑与设施	7	7	100.0	49	39	79.6
旅游商品	1	1	100.0	7	5	71.4
人文活动	4	4	100.0	16	16	100.0
合计/平均	31	29	93.5	155	125	80.6

资料来源：云南各边境州（市）政府官网数据整理、统计

2. 丰度评价

从表 5-1 可看出，旅游资源的 31 个亚类中，云南边境所占比例达 93.5%，各亚类所占比例均在 80%以上，其中生物景观、天象与气候、历史遗迹、建筑与设施、旅游购品及人文活动六个主类包含的 20 个亚类所占比例最高达到 100.0%。在全国 155 个基本类型中，云南边境拥有率为 80.6%，各基本类型所占比例均在 70%以上，其中生物景观和人文活动所包含的 27 个基本类型拥有率达到 100.0%。

3. 列级旅游资源

云南边境地区有世界遗产 1 处，世界人与生物圈网点 2 处，国家公园 6 处，国家级旅游度假区 1 处，国家级风景名胜区 4 处，国家地质公园 1 处等，资源结构层次丰富，具体列级旅游资源及其布局如图 5-3 和表 5-2 所示。

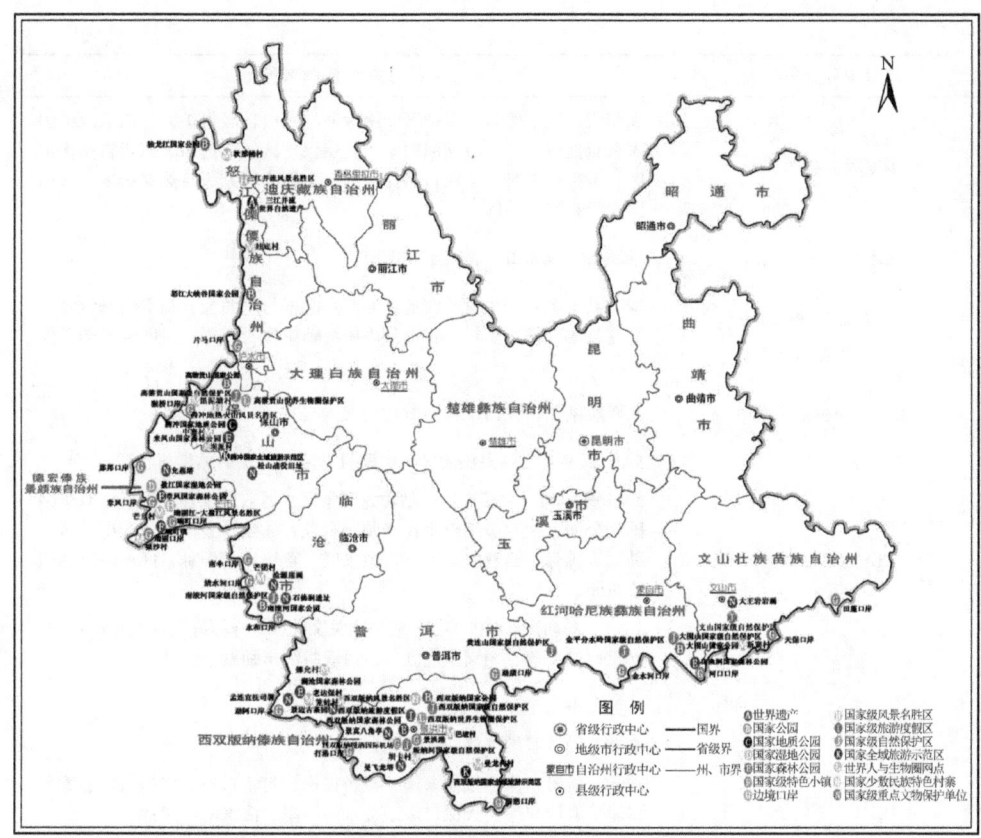

图 5-3　云南边境地区列级旅游资源分布（详见书末彩图）

表 5-2　云南边境地区列级旅游资源

列级旅游资源等级	列级旅游资源名称
世界遗产	三江并流世界自然遗产
世界人与生物圈网点	西双版纳世界生物圈保护区、高黎贡山世界生物圈保护区
国家公园	怒江大峡谷国家公园、独龙江国家公园、高黎贡山国家公园、南滚河国家公园、大围山国家公园、西双版纳国家公园
国家级旅游度假区	西双版纳旅游度假区
国家级风景名胜区	三江并流风景名胜区、腾冲地热火山风景名胜区、瑞丽江-大盈江风景名胜区、西双版纳风景名胜区
国家地质公园	腾冲火山地热国家地质公园
国家湿地公园	盈江国家湿地公园
国家森林公园	来凤山国家森林公园、章凤国家森林公园、澜沧国家森林公园、西双版纳国家公园、花鱼洞国家森林公园

续表

列级旅游资源等级	列级旅游资源名称
国家级自然保护区	高黎贡山国家级自然保护区、南滚河国家级自然保护区、西双版纳国家级自然保护区、版纳河国家级自然保护区、黄连山国家级自然保护区、金平分水岭国家级自然保护区、大围山国家级自然保护区、文山国家级自然保护区
国家优秀旅游城市	景洪市、瑞丽市、芒市、保山市
国家级重点旅游扶贫试点村	绿春县戈奎乡托牛村、澜沧县酒井乡勐根村、西盟县勐卡镇马散乡、孟连县娜允镇芒街村、贡山县丙中洛镇甲生村、福贡县匹河乡知子罗村等
国家全域旅游示范区	西双版纳州、保山市腾冲市
3A以上级景区	5A：腾冲火山热海旅游区、中国科学院西双版纳热带植物园； 4A：腾冲和顺古镇景区、勐梭龙潭景区、西双版纳傣族园、西双版纳国家公园、西双版纳热带花卉园、野象谷、曼听公园、望天树景区、勐泐大佛寺、西双版纳茶马古道景区、莫里热带雨林景区、勐巴娜西珍奇园； 3A：一寨两国、喊沙傣寨、畹町边关文化园、样样好翡翠文化产业园、翁丁原始部落、司岗里崖画谷、西双版纳州勐景来景区
边境口岸	一类口岸 空港：西双版纳嘎洒国际机场； 陆港：畹町口岸、瑞丽口岸、猴桥口岸、打洛口岸、河口口岸、磨憨口岸、勐康口岸、天保口岸、金水河口岸、清水河口岸； 水港：景洪港 二类口岸 永和口岸、片马口岸、那邦口岸、章凤口岸、南伞口岸、孟连口岸、田蓬口岸
国家级特色小镇	瑞丽市畹町镇
全国休闲农业与乡村旅游示范点	腾冲市界头镇、澜沧县芒景帕哎冷茶叶农民专业合作社
中国少数民族特色村寨	贡山县丙中洛镇秋那桶村、贡山县独龙江乡腊配村、泸水市上江镇大南茂村、福贡县匹河乡红卫村、腾冲市滇滩镇水城村、腾冲市芒棒镇马家寨、腾冲市荷花镇坝派村、腾冲市清水乡三家村中寨村、腾冲市猴桥镇黑泥塘村、马关县仁和镇新寨村、普洱市孟连县娜允镇娜允村、澜沧县惠民镇笼蚌村、芒市三台山乡允欠三组、瑞丽市勐卯镇喊沙村、陇川县章凤镇广山村、陇川县户撒乡芒旦村、耿马县孟定镇芒团村、沧源县翁丁村翁丁大寨村、江城县整董镇曼贺村、澜沧县酒井乡老达保村、澜沧县惠民乡芒景村翁基寨、景洪市基诺山乡巴坡村、景洪市勐罕镇满春满村、景洪市勐龙镇坝卡村、勐腊县勐腊镇曼龙代村、福贡县鹿马登乡娃底村等

续表

列级旅游资源等级	列级旅游资源名称
国家级重点文物保护单位	腾冲国殇墓园、和顺图书馆旧址、绮罗文昌宫、松山战役旧址、滇西军都督府成立旧址及叠园集刻、耿马孟定芒团纸文化景区、孟连宣抚司署、民族团结誓词碑、景迈山古茶园、广允缅寺、石佛洞遗址、沧源司岗里崖画、允燕佛塔、景真八角亭、曼飞龙塔、曼春满佛寺、麻栗坡大王岩岩画等
省级旅游度假区	澜沧江国际生态文化旅游度假区
省级风景名胜区	保山博南古道风景名胜区、孟连腊福大黑山风景名胜区、沧源佤山风景名胜区、耿马南汀河风景名胜区、屏边大围山风景名胜区、河口南溪河风景名胜区、麻栗坡老山风景名胜区、富宁县驮娘江风景名胜区
省级自然保护区	腾冲北海湿地省级自然保护区、龙陵小黑山省级自然保护区、糯扎渡省级自然保护区、孟连竜山省级自然保护区、临沧澜沧江省级自然保护区、镇康南捧河省级自然保护区、麻栗坡老山省级自然保护区、马关古林箐省级自然保护区、富宁驮娘江省级自然保护区、铜壁关省级自然保护区
省级少数民族特色旅游村寨	保山市龙陵县龙江乡弄岗村、保山市龙陵县木城乡坪子寨村、保山市龙陵县龙新乡陆家村、红河州绿春县三猛乡登马村、勐海县打洛镇勐景来村、芒市风平镇峡门村、芒市镇芒晃村、瑞丽市姐相乡大等喊村等
省级重点文物保护单位	惠通桥、龙陵抗日战争纪念馆、艾思奇故居、腾冲文庙、李根源故居、澜沧整控渡摩崖石刻、糯福教堂、孟连中城佛寺、沧源班洪人民抗英盟誓址、河口海关旧址、景洪曼阁佛寺、勐腊李定国祠、瑞丽勐卯古镇、瑞丽大等喊村弄奘寺、盈江刀安仁墓、盈江马嘉里事件遗址、芒市菩提寺、陇川户撒皇阁寺、片马人民抗英斗争遗址等
省级森林公园	景洪嘎洒省级森林公园
省级湿地公园	腾冲北海湿地保护区

  整体而言，云南边境地区旅游资源体系规模可观且具有较高的观赏价值、科考价值与文化价值。

  面向云南的缅甸、老挝和越南边境旅游资源涵盖了丰富的人文旅游资源与自然旅游资源，其中不乏以越南河江省同文岩石高原全球地质公园、倮倮族祭祖仪式、苗族芦笙节非物质文化遗产等为代表的世界级资源，以老挝磨丁、乌多姆赛等为代表的热门旅游地，以及缅中友谊大金塔、王宫博物馆、纳莫中国烈士陵园等旅游胜地。具体的缅甸、老挝、越南边境旅游资源及其分布情况如图5-4和表5-3所示。

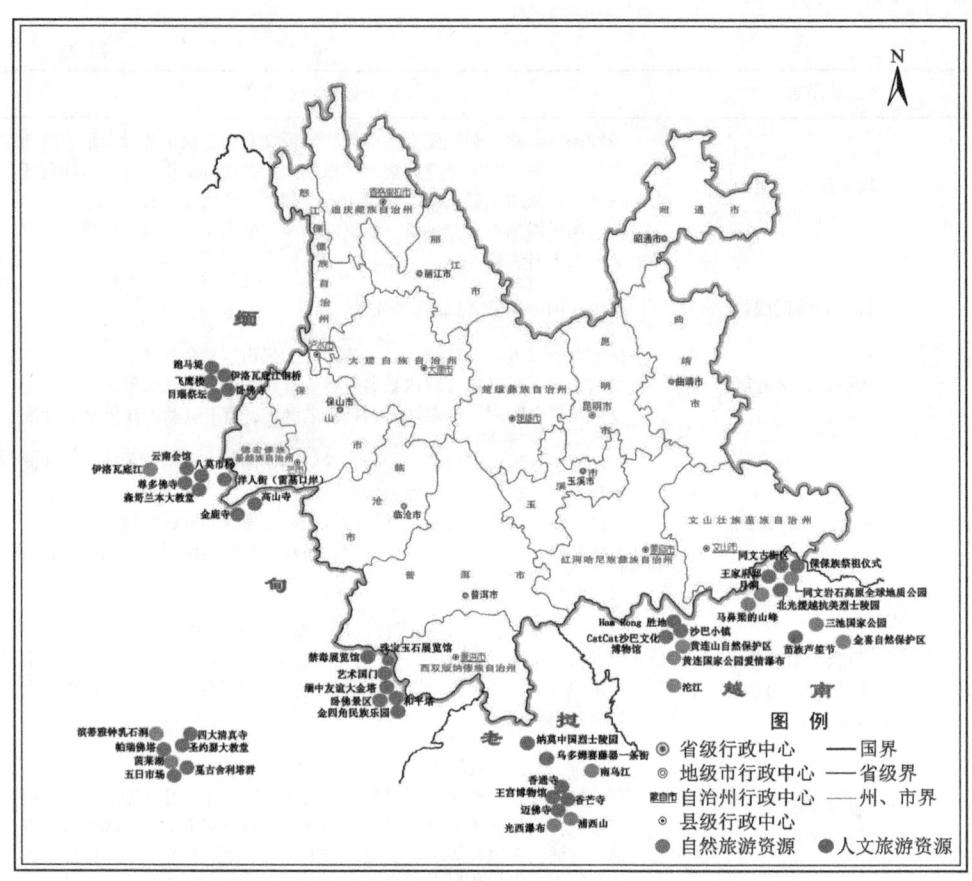

图 5-4 缅甸、老挝、越南边境旅游资源分布（详见书末彩图）

表 5-3　缅甸、老挝、越南跨境旅游资源

国属边境	旅游资源名称
缅甸边境	密支那：伊洛瓦底江钢桥、跑马堤、卧佛寺、目瑙祭坛、飞鹰楼；
	木姐：金鹿寺、皇城乐园、禅林园、高山寺；
	八莫：伊洛瓦底江、洋人街（雷基口岸）、唐人街、八莫市标、尊多佛寺、云南会馆、瑞基那寺庙、登钟佛寺、江头城佛寺、森哥兰本大教堂；
	东枝：圣约瑟大教堂、四大清真寺、茵莱湖、五日市场、掸邦文化博物馆、滨蒂雅钟乳石洞、茵莱湖水上市场、水上浮岛、跳猫寺、帕旺佛塔；
	孟拉：缅中友谊大金塔、艺术国门、卧佛景区、和平塔、金四角民族乐园、禁毒展览馆、珠宝玉石展览馆；
	景栋：百年古树、景栋市场、马哈牟尼寺、站立佛

续表

国属边境	旅游资源名称
老挝边境	琅勃拉邦：香通寺、光西瀑布、浦西山、王宫博物馆、迈佛寺、香芒寺； 丰沙里省：南乌江、哈萨小镇； 乌多姆赛省：乌多姆赛藤器一条街、纳莫中国烈士陵园
越南边境	河江省：同文岩石高原全球地质公园（越南的第一个世界地质公园）、月洞、马鼻梁的山峰、同文古街区、王家府邸、北光援越抗美烈士陵园、越南卫国战争防御遗迹、各地民俗村落和街市，以及布标族祭拜森林仪式、倮倮族祭祖仪式、苗族芦笙节等非物质文化遗产； 奠边省：巴宽湖（奠边县）、版福湖（奠边县浓隆乡）、孟莱湖（孟莱市）； 老街省：沙巴小镇、越南沙巴文化博物馆、越南最高峰番西邦峰（Fansipan，被誉为"第一南山"、印度支那屋脊）、黄连国家森林公园（内有爱情瀑布）、越南最长之岭-乌龟胡岭、越南梯级最多的梯田-沙巴武龙充梯田、民族村寨（如吉吉村、猫猫村、老蔡村等）、老街尚庙（含圣陈祠、独树成林、十二生肖广场等）、滇越铁路、黄连山原始森林； 莱州省：黄连国家森林公园、山萝和莱州及会广水电站库淹区（"越南第二个下龙湾"）、Ham Rong 胜地

三、旅游资源功能分析

如表 5-4 所示，云南边境旅游资源功能以边境口岸体验、生态观光、民俗风情体验为核心，以新兴节事、宗教文化与养生休闲体验为辅助，未来的发展中还应紧密围绕边境内含的寓意，充分发挥"旅游+""智慧旅游""全域旅游"等新理念对资源进行有效挖掘与整合提升，对云南边境资源功能进行整合提升，不断优化功能组合结构。同时，与缅甸、老挝、越南联合开发跨境旅游资源体系，通过线路组合将双边不同的资源类型整合入云南边境旅游资源体系中，联合推介双边边境旅游品牌，开展不同主题功能的旅游体验。

表 5-4　云南边境旅游资源功能结构

旅游功能类型	主要开发资源和典型地段	市场指向	开发层次
边境口岸旅游	瑞丽口岸、猴桥口岸、畹町口岸、那邦口岸、章凤口岸、孟连口岸、江城勐康口岸、打洛口岸、磨憨口岸、金水河口岸、河口口岸、孟定清水河口岸、永和口岸、天保口岸、田蓬口岸、片马口岸等	国际、国内、地方	重点
生态观光游	高黎贡山国家级自然保护区、西双版纳热带雨林自然保护区、西双版纳国家公园、中国科学院西双版纳热带植物园、瑞丽莫里热带雨林、南滚河国家级自然保护区、花鱼洞国家森林公园、马关古林箐瓢厂原始森林等；三江并流、怒江、龙川江、大盈江-瑞丽江风景区、澜沧江、南溪河、盘龙江等；腾冲北海湿地保护区、江城勐烈湖湿地公园等；碧罗雪山、怒江大峡谷等	国际、国内、地方	重点

续表

旅游功能类型	主要开发资源和典型地段	市场指向	开发层次
民俗风情游	边寨喊沙景区、一寨两国、耿马孟定芒团景区、沧源翁丁原始部落景区、澜沧拉祜风情旅游区、孟连土司边境旅游区、西双版纳傣族园、西双版纳勐景来景区、绿春东仰风情园等；傈僳族阔时节与刀杆节等、怒族如密期、独龙族卡雀哇节、傣族泼水节、景颇族目瑙纵歌节、阿昌族阿露窝罗节、德昂族浇花节、佤族拉木鼓、拉祜族葫芦节、哈尼族苦扎扎节、瑶族盘王节、麻栗坡白倮族荞菜节、苗花山节、布朗族宋坎节、壮族赶花街等节庆活动	国际、国内、地方	重点
新兴节事游	中缅胞波狂欢节、怒江民族风情旅游节、腾冲火山热海文化旅游节、德宏葫芦丝文化旅游节、耿马傣族水文化旅游节、沧源摸你黑狂欢节、临沧边境经济贸易交易会、临沧滇红茶文化旅游节、茶马古道乡村文化旅游节、中老越三国丢包狂欢节、孟连娜允神鱼节、澜沧葫芦节、西盟木鼓节、普洱茶节、沧源国际佤族音乐节、中国磨憨-老挝磨丁边境文化旅游节、中越（文山）国际商贸旅游交易会等	国际、国内、地方	重点
宗教文化游	芒市勐焕大金塔、芒市菩提寺、耿马孟定洞景佛寺景区、西盟龙摩爷圣地、孟连上城佛寺、西双版纳勐泐大佛寺等	国际、国内、地方	重点
康养度假游（温泉养生、医药养生与"茶"文化养生）	腾冲热海景区、龙陵邦腊掌温泉养生度假区、芒市法帕温泉度假村、沧源碧丽源芒摆有机茶庄园、孟连勐马温泉、景洪小街温泉、西双版纳雨林谷、金平勐拉温泉等；傣族、壮族等民族医药疗养与腾药疗养；南糯茶山、景迈茶山等茶山片区	国际、国内、地方	重点
文化古迹游	沧源司岗里崖画谷、普洱茶马古道旅游区、西双版纳茶马古道景区、大王岩岩画及小河洞新石器时代洞穴遗址等	国际、国内、地方	重点
红色旅游	腾冲国殇墓园、滇西抗战纪念博物馆、临沧班洪抗英纪念遗址、河口烈士陵园、金平烈士陵园、麻栗坡烈士陵园等	国内、地方	一般
边境购物旅游	瑞丽中缅一条街、沧源葫芦小镇购物街区、耿马东南亚特色商品交易中心、河口越南街等；边境免税店购物体验、腾冲翡翠批发市场、芒市珠宝小镇、德宏样样好翡翠文化产业园、瑞丽姐告国际旅游景区、瑞丽淘宝场、天保中国祖母绿交易市场等	国内、地方	一般
溶洞探险游	西双版纳勐远仙境、芒市三仙洞、沧源司岗里溶洞、南伞跨国溶洞、耿马石佛洞遗址、孟连仙女洞、麻栗坡天生桥溶洞、麻栗坡天保清凉洞、沧源天坑、藏龙谷落水洞等	国内、地方	一般
以农、林、渔牧业为载体的田园乡村游	丙中洛镇雾里村、腾冲界头油菜花节、盈江香额湖乡村旅游节等；将烟草、咖啡、西瓜等种植基地与生态养殖业等转化到体验式旅游中	国内、地方	一般
养生养老旅游	固东银杏村、龙陵邦腊掌温泉养生度假区、沧源原生态养老旅游、西双版纳热带雨林度假区等	国内、地方	一般
山地户外运动	以高黎贡山、老君山、南贡山等山地为载体的户外运动项目，如马拉松、自行车赛等	国内、地方	一般

续表

旅游功能类型	主要开发资源和典型地段	市场指向	开发层次
自驾车与野外露营体验	芒市锦龙自驾车旅游服务中心露营地、福贡县亚坪露营地、耿马南天门自驾车露营地、思茅港房车营地、澜沧县景迈山露营地、西双版纳橄榄坝国际自驾营地、勐腊县南腊河野趣营地等	国内、地方	一般
水上运动体验	大盈江-瑞丽江、南汀河跨境漂流体验、南腊河、南溪河等野趣漂流体验	国内、地方	一般
出境跨境旅游	缅甸出境游、老挝出境游、越南出境游	国内、地方	一般

四、核心资源遴选与评价

云南边境旅游核心资源主要分为自然生态旅游资源与人文事项旅游资源两大类属,具体遴选类型如表 5-5 所示。

表 5-5 核心资源遴选

核心资源类属	附属类型	具体类型
自然生态旅游资源	高山峡谷,物种丰富	三江并流世界自然遗产、怒江大峡谷国家公园、独龙江国家公园、大围山国家公园、高黎贡山世界生物圈保护区、西双版纳世界生物圈保护区
	火山热海,休闲养生	腾冲地热火山风景名胜区、西双版纳旅游度假区、陇川龙安温泉、孟连勐马温泉、金平勐拉温泉、芒市法帕温泉等
	大江秀水,野趣盎然	瑞丽江-大盈江风景名胜区、盈江国家湿地公园、独龙江、怒江、龙川江、澜沧江、元江、盘龙江等
	瑰丽溶洞,奇异石壁	沧源崖画谷旅游风景区、西双版纳勐远仙境、芒市三仙洞、沧源藏龙洞、南伞跨国溶洞、耿马石佛洞遗址、麻栗坡天生桥溶洞、沧源天坑;沧源崖画、沧源彩壁国画长廊、澜沧整控渡摩崖、金平迁城所摩崖等
	秘境雨林,避寒胜地	瑞丽莫里雨林、西双版纳热带雨林
人文事项旅游资源	边关风貌旅游资源	一类口岸 空港:西双版纳嘎洒国际机场; 陆港:畹町口岸、瑞丽口岸、猴桥口岸、河口口岸、磨憨口岸、天保口岸、金水河口岸、孟定清水河口岸; 水港:思茅港、景洪港与边界界碑集群等

续表

核心资源类属	附属类型	具体类型
人文事项旅游资源	复合文化旅游资源	全国休闲农业与乡村旅游示范点：腾冲市界头镇、澜沧县芒景帕哎冷茶叶农民专业合作社等；
		中国少数民族特色村寨：贡山县丙中洛镇秋那桶村、贡山县独龙江乡腊配村、腾冲市滇滩镇水城村、芒市三台山乡允欠三组、瑞丽市勐卯镇喊沙村、陇川县章凤镇广山村、耿马县孟定镇芒团村、沧源县翁丁村翁丁大寨村、澜沧县酒井乡老达保村、勐腊县勐腊镇曼龙代村等；
		国家级重点文物保护单位：松山战役旧址、普洱景迈山古茶园、广允缅寺、石佛洞遗址、南甸宣抚司署、腾冲国殇墓园、沧源崖画谷旅游风景区、德宏盈江允燕佛塔、景真八角亭、曼飞龙塔、曼春满佛寺、大王岩岩画等；
		红色文化：片马抗英纪念馆、畹町南洋华侨机工抗日纪念碑、沧源班洪抗英纪念碑等
	非物质文化遗产旅游资源	国家级非物质文化遗产与云南省非物质文化遗产

1. 自然生态旅游资源

（1）高山峡谷，物种丰富

云南边境高山峡谷相间，贡山县境内的独龙江大峡谷被认定为"野生植物天然博物馆"，怒江大峡谷是世界上最长、最神秘的大峡谷并被称为东方大峡谷，而三江并流世界自然遗产更是为边境高山峡谷风光倍增荣耀。此外，高黎贡山有着典型的高山峡谷自然地理垂直带景观和多样的动植物资源，因而也被称为"世界物种基因库"。云南边境物种丰富的高山峡谷旅游资源适合开展户外运动、科考探险等活动。

（2）火山地热，休闲养生

云南边境火山地质遗迹集中分布于腾冲市境内与红河州境内，以腾冲火山地热国家地质公园为典型。此外，位于六库镇的登埂温泉、腾冲市的热海温泉、陇川县的龙安温泉、孟连县的勐马温泉、金平县的勐拉温泉，以及芒市、瑞丽市等地区的温泉旅游资源在云南边（跨）境旅游资源中独具特色，具有美容、疗养的作用。多数温泉分布在边境少数民族生活空间内，所以温泉疗养多与民俗体验结合在一起，具有较大的综合开发价值，适合开展康体养生、休闲度假等旅游活动。

（3）大江秀水，野趣盎然

云南边境峡谷纵深、河流众多且流量较大，水域资源丰富，自北向西到南再到东分布着独龙江、怒江、龙川江、瑞丽江、大盈江、澜沧江、元江、盘龙江水系。边境水域一路自北向南，形成河谷沙滩、跌水、瀑布等多元水域风光，为开展漂流、荡舟、江上休闲度假等水上娱乐活动项目创造了条件，也为沙滩游憩提供了条件，沿江还能领略到沿岸的森林风光和民族异域风情，具有较高的开发价值。

（4）瑰丽溶洞，奇异石壁

云南边境分布有丰富的溶洞资源与极具神秘感的石壁崖画，包括芒市三仙洞、沧源藏龙洞、南伞跨国溶洞、耿马石佛洞遗址、孟连仙女洞、西双版纳勐远仙境、麻栗坡天生桥溶洞、沧源天坑、藏龙谷落水洞等溶洞资源。奇异的石壁崖画包括贡山石门摩崖石刻、沧源司岗里崖画、沧源彩壁国画长廊、澜沧整控渡摩崖、金平迁城所摩崖等，洞穴与石壁自然景观适合开展科考探险活动，是云南边境重要的旅游资源。

（5）秘境雨林，避寒胜地

云南滇西南与滇东边境一带分布有热带雨林风光，其中西双版纳州是全国拥有保存完好的热带雨林面积最大的地区。热带雨林垂直景观与六大奇观（高板根、根抱石、空中花园、老茎生花、植物绞杀、藤本攀附）极具观赏与科考价值。此外，热带雨林在净化空气和保持生物多样性方面发挥着重要作用，具有"天然氧吧"的功效，适宜进行康体养生、科考探险等活动。

2. 人文事项旅游资源

（1）边关风貌旅游资源

1）国门风光，异域多彩。云南边境国门景观数量可观，集口岸国门与乡镇通道等类型于一体。中缅、中老、中越两国国民跨越国门进行双向的经济、社会、文化交往，因而在国门一侧无须跨界便能感受两国边界的异域风情，包括云南边境少数民族风情和缅甸、老挝、越南民族风情体验等。除此之外，还集国门经济贸易活动于一体,如滇西边境畹町口岸和瑞丽口岸贸易区内汇集了越南、缅甸、老挝等国特色商品(玉石、翡翠、烟草、民族服饰、特色饮食等)的免税店、民间集市。

2)国界标识,内涵深远。云南边境的国界标识主要包括界碑、界桩与国界线(栅栏、山脉、河流、桥梁、沟渠等),从云南怒江州贡山县到文山州富宁县边界一线都竖有界碑,界碑与国门观光一道成为边境旅游的关键节点之一。此外,界河、山脉、桥梁也成为边境国界的基础旅游资源,包括打洛口岸的打洛江、瑞丽江、红河、畹町桥、高黎贡山上的国界线等。

3)边境购物,其乐无穷。孟中印缅经济走廊建设、昆曼国际大通道及"一带一路"倡议等的贯彻实施为云南边境经济贸易带来了机遇,边境市场的逐渐繁荣以及特色化不断凸显,为边境购物旅游提供了较好的平台,包括口岸免税店购物、民间集市购物、珠宝翡翠精品购物等类型的购物体验。

(2)复合文化旅游资源

1)边关文化,风情突显。云南边关文化以边境口岸、国门、国界线、边境族群为依托,通过边关经济贸易、社会文化等活动的开展以凸显边关的地域性文化价值,具体包括边关集市文化、国门文化、节事文化等。从怒江州泸水市片马口岸到文山州富宁县田蓬口岸以边境双方国民通关交往为表征的边关异域风情即构成了边关文化的主体。

2)民族文化,特色鲜明。云南边境地区集中分布着独龙族、怒族、傈僳族、傣族、景颇族、阿昌族、德昂族、佤族、布朗族、拉祜族、哈尼族、瑶族、苗族、壮族等少数民族与缅甸、老挝、越南的国族,族属多元、文化体系丰富。各族群保持着自己的语言、服饰、习俗、艺术、信仰等传统,形成了多姿多彩的民族文化,是独龙毯、傣族剪纸、景颇族织锦、阿昌族户撒刀、佤族岩画等民族工艺品的发源地,是傣剧、孔雀舞、象脚鼓舞、刀舞、木鼓舞、瑶族舞曲等少数民族歌舞文化的"剧场",也是木垒房、千脚楼、木楞房、干栏式竹楼、竹篾草房、四壁落地房、蘑菇房等民族建筑文化的集中地,还汇聚了缅甸、老挝、越南三国跨境族群的文化风情,各族群的服饰文化、建筑文化、民俗文化共同融合成云南边境旅游区独特的民族风情。

3)宗教文化,和谐共处。云南边境是原始宗教、佛教、基督教、伊斯兰教、道教等多元宗教文化的交汇地,多元宗教和谐共存、各司其职,其中以信仰原始宗教和佛教的居多,极具神秘色彩的原始宗教(独龙族、景颇族、佤族等)

信仰万物有灵，在一定意义上成为人与自然和谐生存的有力证词并以祭祀圣地为载体成为旅游观光点，而其他宗教文化也以一定的祭拜聚会场所为依托成为旅游资源。同时，原始宗教与佛教的节事较多且规模多盛大（阔时节、目瑙纵歌节、阿露窝罗节、拉木鼓、盘王节、泼水节等）；云南边境信仰同一宗教的族群之间对宗教体系进行了适应性调整，如同是原始宗教，景颇族与佤族的信仰体系却是彼此存异的。多元宗教分布使云南边境宗教朝拜、文化考察等成为旅游的重要方式。

4）红色文化，薪火相传。云南边境是抗日战争取得最终胜利的关键阵地所在，红色文化历史可谓渊源深厚，片马抗英纪念馆、龙陵松山抗战遗址、畹町南洋华侨机工抗日纪念碑、沧源班洪抗英纪念碑等旅游景点以颂扬革命烈士精神和传播红色文化为主旨，成为云南边境红色旅游胜地的典型。面向学生提升红色旅游资源的价值，开展国防教育与爱国主义教育等活动。

5）古迹文化，历史见证。云南边境各县（市）分布有较多的古迹遗址，古迹所内含的文化内涵层次丰富，包括桥梁古迹、建筑古迹、交通古迹等（如畹町桥、宣抚司署、茶马古道、史迪威公路、沧源崖画等）。古迹承载着历史痕迹，是对历史的见证和古文化的确认，以古迹为载体探究其内含的世代特征和价值追求是开展古迹文化体验的重要依据。

（3）非物质文化遗产旅游资源

云南边境地区有众多少数民族聚居，蕴含丰富的民族文化与边疆文化内涵，故其非物质文化遗产数不胜数，文化瑰宝璀璨夺目。具体项目如表5-6所示。

表 5-6 云南边境非物质文化遗产项目一览

级别	项目名称	类别	所在州（市）、县（市）
国家级（36项）	遮帕麻和遮咪麻	民间文学	德宏州梁河县
	牡帕密帕	民间文学	澜沧县
	木鼓舞（沧源佤族木鼓舞）	民间舞蹈	沧源县
	傣剧	传统戏剧	德宏州
	傣族章哈	曲艺	西双版纳州
	傣族剪纸	民间美术	芒市
	傣族慢轮制陶技艺	民间美术	西双版纳州
	阿昌族户撒刀锻制技艺	传统手工技艺	陇川县

续表

级别	项目名称	类别	所在州（市）、县（市）
国家级（36项）	景颇族目瑙纵歌	民俗	陇川县
	独龙族卡雀哇节	民俗	贡山县
	怒族仙女节	民俗	贡山县
	傈僳族刀杆节	民俗	泸水市
	达古达楞格莱标	民间文学	芒市
	召树屯与喃木诺娜	民间文学	西双版纳州
	司岗里	民间文学	沧源县
	布朗族民歌（布朗族弹唱）	传统音乐、民间音乐	勐海县
	傣族象脚鼓舞	传统舞蹈、民间舞蹈	芒市
	佤族清戏	传统戏剧	腾冲市
	傣族织锦技艺	传统技艺、传统手工技艺	西双版纳州
	贝叶经制作技艺	传统技艺、传统手工技艺	西双版纳州
	普洱茶制作技艺	传统技艺、传统手工技艺	勐海县
	德昂族浇花节	民俗	德宏州
	壮剧	传统戏剧	文山州
	傣族泼水节	民俗	德宏州
	傣医药（睡药疗法）	传统医药	西双版纳州、德宏州
	皮影戏（腾冲皮影戏）	传统戏剧	腾冲市
	傣族孔雀舞	舞蹈	瑞丽市、孟连县
	基诺族大鼓舞	舞蹈	景洪市
	怒族达比亚舞	舞蹈	福贡县
	玉雕	美术	腾冲市
	傣族手工造纸技艺	工艺	临沧市、孟连县
	坡芽情歌	民间文学	富宁县
	四季生产歌	民间文学	红河州
	创世史诗《目瑙斋瓦》	民间文学	德宏州
	水鼓舞	传统舞蹈	瑞丽市
	瑶族盘王节	民俗	河口县

续表

级别	项目名称	类别	所在州（市）、县（市）
省级 （113项）	壮族创世史诗《濮侬论者渡》	民间文学	文山州
	彝族服饰	民俗	富宁县
	彝族四弦舞	传统舞蹈	新平县
	彝族花棍狮子舞	传统舞蹈	新平县
	傣族三弦调	传统音乐	新平县
	磨皮大寨村彝族传统文化生态保护区	民族传统文化生态保护区	新平县
	傣绷文	濒危民族语言文字	耿马县
	独龙族语言	濒危民族语言文字	贡山县
	怒族"若柔"语言	濒危民族语言文字	怒江州
	民间歌谣《阳温墩小引》	口述文学	腾冲市
	拉祜族史诗《根古》	口述文学	澜沧县
	傈僳族民间长诗《阔时目刮》	口述文学	盈江县
	傈僳族民歌	音乐	怒江州
	独龙族民歌	音乐	贡山县
	怒族民歌《哦得得》	音乐	福贡县
	布朗族弹唱	音乐	勐海县
	阿昌族舞蹈《蹬窝罗》	舞蹈	陇川县、龙陵县
	拉祜族葫芦笙舞	舞蹈	澜沧县
	傈僳族"刮克"舞	舞蹈	福贡县、泸水市
	景颇族刀舞	舞蹈	陇川县
	佤族甩发舞	舞蹈	沧源县
	傣族白象、马鹿舞	舞蹈	孟连县、耿马县
	拉祜族葫芦笙制作技艺	工艺	澜沧县
	拉祜族葫芦节	习俗	澜沧县
	哈尼族梯田农耕礼俗	习俗	红河州
	哈尼族长街宴	习俗	红河州
	瑶族乡水槽寨瑶族（蓝靛）传统文化保护区	传统文化保护区	河口县
	勐罕镇曼听傣族传统文化保护区	传统文化保护区	景洪市

续表

级别	项目名称	类别	所在州（市）、县（市）
省级 （113项）	糯福乡南段村拉祜族传统文化保护区	传统文化保护区	澜沧县
	马吉乡古当村傈僳族传统文化保护区	传统文化保护区	福贡县
	丙中洛乡怒族传统文化保护区	传统文化保护区	贡山县
	独龙江乡独龙族传统文化保护区	传统文化保护区	贡山县
	三台山乡德昂族传统文化保护区	传统文化保护区	芒市
	大等喊村傣族传统文化保护区	传统文化保护区	瑞丽市
	户撒乡新寨村、贺姐村阿昌族传统文化保护区	传统文化保护区	陇川县
	翁丁村佤族传统文化保护区	传统文化保护区	沧源县
	上江乡新建村傈僳族民歌之乡	民族民间传统文化之乡	泸水市
	佤族木鼓舞之乡	民族民间传统文化之乡	西盟县
	拉祜族摆舞之乡	民族民间传统文化之乡	澜沧县
	曼暖典村傣族织锦之乡	民族民间传统文化之乡	景洪市
	壮剧之乡	民族民间传统文化之乡	富宁县
	目瑙纵歌之乡	民族民间传统文化之乡	陇川县
	孔雀舞之乡	民族民间传统文化之乡	瑞丽市
	葫芦丝之乡	民族民间传统文化之乡	梁河县
	金平傣文	濒危民族语言文字	金平县
	宣抚司礼仪乐舞	传统音乐	孟连县
	跳鼓舞	传统舞蹈	绿春县
	腾冲扬琴	传统曲艺	腾冲市
	吹枪	传统体育与游艺	麻栗坡县
	嘟哒哒	传统体育与游艺	龙陵县
	哈尼族服饰	传统体育与游艺	西双版纳州、红河州
	傈僳族服饰	传统体育与游艺	龙陵县
	拉祜族服饰	传统体育与游艺	澜沧县
	德昂族服饰	传统体育与游艺	镇康县
	陇端节	传统礼仪与节庆	富宁县
	跳宫节	传统礼仪与节庆	富宁县

续表

级别	项目名称	类别	所在州（市）、县（市）
省级 （113项）	特懋克节	传统礼仪与节庆	西双版纳州
	阔时节	传统礼仪与节庆	泸水市
	澡堂歌会	传统礼仪与节庆	泸水市
	傣族壁画	传统美术	勐海县
	拉祜族竹编技艺	传统手工技艺	澜沧县
	佤族木雕制作技艺	传统手工技艺	沧源县
	壮族刺绣技艺	传统手工技艺	文山州
	傣族银器制作技艺	传统手工技艺	芒市
	景颇族织锦技艺	传统手工技艺	德宏州
	纸伞制作技艺	传统手工技艺	龙陵县
	傣族高升制作技艺	传统手工技艺	西双版纳州
	岳宋村永老寨佤族传统文化保护区	民族传统文化保护区	西盟县
	丁来佤族传统文化保护区	民族传统文化保护区	沧源县
	城寨彝族传统文化保护区	民族传统文化保护区	麻栗坡县
	马洒壮族传统文化保护区	民族传统文化保护区	马关县
	蛮旦寨阿昌族传统文化保护区	民族传统文化保护区	龙陵县
	水城村傈僳族传统文化保护区	民族传统文化保护区	腾冲市
	桥头村布依族传统文化保护区	民族传统文化保护区	河口县
	叙事史诗《都玛简收》	民间文学	绿春县
	傣族民歌	传统音乐	金平县
	玎三赛弹奏	传统音乐	瑞丽市
	阿数瑟	传统音乐	镇康县
	口弦乐	传统音乐	福贡县
	同尼尼舞	传统舞蹈	绿春县
	光邦鼓舞	传统舞蹈	盈江县
	傣族传统武术	傣族传统体育、游艺与杂技	景洪市
	民族乐器制作技艺（马腿琴、大鼓）	传统技艺	龙陵县、景洪市
	醋制作技艺（剥隘七醋）	传统技艺	富宁县
	瑶族医学针疗法	传统医药	金平县

续表

级别	项目名称	类别	所在州（市）、县（市）
省级 （113项）	阿卑节	民俗	金平县
	普洱祭茶祖习俗	民俗	普洱市
	芒景村布朗族传统文化生态保护区	民族传统文化生态保护区	澜沧县
	曼旦村傣族传统文化生态保护区	民族传统文化生态保护区	勐腊县
	芦差冲村壮族传统文化生态保护区	民族传统文化生态保护区	马关县
	傣族叙事长诗《阿銮》	民间文学	芒市
	哈尼族民歌《阿茨》	传统音乐	绿春县
	景颇族吹管乐	传统音乐	瑞丽市
	傈僳族"期奔"演奏	传统音乐	福贡县
	哈尼族"莫蹉蹉"	传统舞蹈	绿春县
	阿峨壮族版画	传统美术	马关县
	傣族木雕	传统美术	芒市
	傣族果雕	传统美术	瑞丽市
	傣族刺绣	传统美术	耿马县
	佤族织锦	传统技艺	西盟县
	德昂族酸茶制作技艺	传统技艺	芒市
	傣族漆器制作技艺	传统技艺	耿马县
	中草药酒曲制作技艺	传统医药	富宁县
	腾冲中成药制作技艺	传统医药	腾冲市
	瑶族度戒	民俗	河口县、富宁县
	苗族"闹兜阳"	民俗	马关县
	布朗族山康茶祖节	民俗	澜沧县
	碧寨山歌会	民俗	龙陵县
	阿昌族婚俗	民俗	龙陵县
	尚旺节	民俗	泸水市
	佤族农耕习俗	民俗	沧源县
	澜沧县酒井乡老达保村拉祜族传统文化生态保护区	民俗传统文化生态保护区	澜沧县
	景洪市勐养镇曼掌村傣族传统文化生态保护区	民俗传统文化生态保护区	景洪市

五、核心资源发展潜力与开发方向

不同旅游资源具有不同的发展潜力,也有与之相适应的开发方向。对其进行合理规划、开发、利用,才能实现物尽其用,使资源潜力得以充分发挥。针对云南边境旅游自然生态旅游资源和人文事项旅游资源的属性与特色,其发展潜力与开发方向分析如表 5-7 所示。

表 5-7 云南边境核心资源发展潜力与开发方向

资源分类	资源潜力	开发方向
自然生态旅游资源	高山峡谷纵向分布,垂直气候带显著,除了可以一览峡谷河流风光外,还能赏鉴丰富的珍稀动植物资源; 滇西边境火山地热资源极具科考与养生价值; 独龙江、怒江、瑞丽江、大盈江、澜沧江、盘龙江等大江秀水资源同高山森林、河流岸滩等资源相组合,创设了极高的休闲游憩开发价值,而亲水活动也与云南边境亚热带与热带季风气候的温暖气候长时间相适应,旅游市场需求较高; 云南边境溶洞景观群集分布,暗河、石笋、钟乳石等溶洞景观林立,是溶洞科考探险的好选择,加之灯光色彩的辅助更为溶洞缔造了极高的观赏价值; 热带雨林常被形象地称为"地球之肺",林内气候湿润、氧气充足,极具生态价值	以高山峡谷为原生基础,以峡谷探险、地理科考、物种考察为主题线条,构建科考探险旅游专项体验项目或者观光游览项目,带领游客深入边境生态环境,感受原生自然的神奇与静谧。 除此之外,以火山地热、大江秀水与热带雨林为资源基础,开展边境休闲度假体验项目、康疗养生体验项目也是资源优势的发展方向
人文事项旅游资源	边关风貌汇聚了国门、界碑、国界线、边境集市等多元化旅游资源,是强化国民国家认同和凝聚边境两国人民地方性认同的重要催化剂,对于旅游者而言,体验边关风貌及其内含文化具有异域风情体验价值和认同价值; 云南边境汇聚了多元少数民族文化风情和缅甸、老挝、越南国族文化体系,结构层次丰富,极具文化神秘感和边境族群特色; 宗教信仰与信众的社会、经济、文化生活紧密相关,边境少数民族原始宗教和佛教等宗教信仰不仅为云南边境民族文化体验提供了支撑,也为社会性资源(宗教建筑等)的开发利用提供了条件; 红色人文旅游资源的潜在价值在于凭借云南边境一线的抗战遗址、抗战英雄史诗等,将边境红色历史的特殊性与文化价值进行展示; 非物质文化遗产兼具历史价值与民俗价值,是地方性文化和族群文化的综合体,还具有艺术赏析和实际运用的双重价值,其内在潜力的市场转化动力十足,将成为云南多数边境旅游地的核心性支撑资源	人文事项旅游资源是云南边境的核心资源内容,其中边关风貌体验在于对两国边境人文事项的综合体验,适合开展购物旅游、休闲度假旅游活动; 复合文化旅游资源以民族文化体验项目为基础打造休闲度假旅游项目,综合拓展宗教文化、红色文化、古迹文化体验内容,串成旅游线路,建设朝拜旅游专项体验与历史文化科考体验项目; 基于云南各边境县(市)的非物质文化遗产丰度,发挥非物质文化体系的复合价值,打造非物质文化遗产传承示范基地、文化园区或文化城(村镇)等

第四节 旅游发展现状及其存在的问题

云南边境旅游发端于 20 世纪 80 年代末至 90 年代初,以边境易货贸易为主要动力。2005 年因专项整治工作而全面停止边境旅游异地办证业务,直至 2013 年在我国加快实施沿边对外开放战略的大背景下,旅游异地办证工作得到重启并经国家旅游局批准新增了多条边境旅游线路,云南边境旅游进入发展的第二轮春天,但这一轮重启却因之前的影响而举步维艰。

一、旅游发展现状

近年来,云南边境地区不断尝试以旅游产业为发展后劲,对提升沿边开放水平、增进与周边国家合作交流、打造边疆经济增长点、促进边境地区民族团结做出了不少贡献。为服务"一带一路"倡议和对接孟中印缅经济走廊及建设云南辐射中心、国际大通道等发展机遇,云南近五年对边境旅游的发展做出了重大调整并取得了一定的成效。

1. 边境旅游迅速发展,设施建设进程加快

云南边境自滇西北到滇西、滇西南再到滇东南汇聚了片马口岸、猴桥口岸、那邦口岸、章凤口岸、畹町口岸、瑞丽口岸、芒市口岸、南伞口岸、孟定清水河口岸、永和口岸、孟连口岸、勐康口岸、龙富口岸、打洛口岸、磨憨口岸、金水河口岸、河口口岸、都龙口岸、天保口岸、田蓬口岸等 20 余个边境陆路口岸,其中孟连口岸等已逐步健全口岸旅游服务设施体系(游客接待中心、旅游购物区、旅行社、星级酒店、星级餐馆等),口岸基础设施建设也稳步推进,口岸国门观光与边境旅游购物项目成为核心旅游体验项目。

如图 5-5 所示,2016 年云南边境旅游接待游客约 9000 万人次,旅游收入约 1700 亿元,其中经口岸入境参加一日游的游客达 599.04 万人次,旅游外汇收入为 29 亿元,边境县(市)星级酒店、旅游购物场所、旅行社数量逐年增加,基础设施与服务设施等相关建设及改造工作正在抓紧推进。

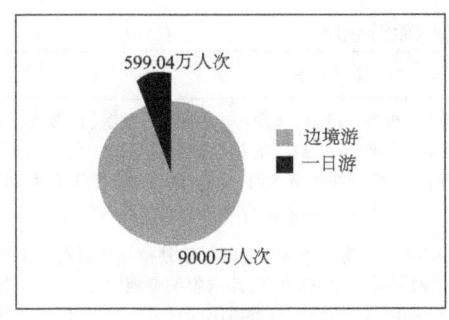
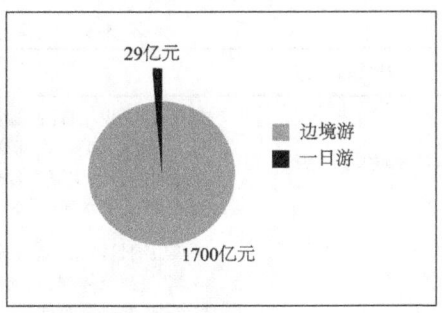

(a) 旅游人次　　　　　　　　　　(b) 旅游收入

图 5-5　2016 年云南边境旅游人次与旅游收入

资料来源：云南省旅游发展委员会及各边境（州）市旅游局官网公开数据整理、统计得出

2. 扶持力度逐渐增强，跨境合作积极推进

政策引导、战略带动与政府作为是云南边境旅游发展的关键支撑动力。2016 年以来，政府在各个层面提出有关扶持云南边境旅游发展的政策与战略举措，具体包括《国务院关于支持沿边重点地区开发开放若干政策措施的意见》《国家旅游局关于申报设立边境旅游试验区的通知》《云南省人民政府关于支持沿边重点地区开发开放若干政策措施的实施意见》《云南省人民政府关于印发支持红河州河口跨境经济合作区建设若干政策的通知》等宏观指导政策，以及云南边境各县（市）相应制定并出台的《中共临沧市委 临沧市人民政府关于加快旅游产业发展的意见》《云南省中缅边境地区中方人员出入境管理暂行规定》等政策举措都成为推进云南边境旅游发展的重要驱动因素。此外，在创新旅游管理协调机制与加大资金投入力度层面，云南边境各县（市）也积极通过成立旅游发展委员会、建立全州（市）旅游执法体系和改革旅游项目审批方式、争取发展资金等提高扶持的落实力度。在上层扶持力度逐渐增强的基础上，云南边境各县（市）积极寻求同缅甸、越南、老挝的旅游合作，其中以跨境旅游线路组合与"跨国边贸合作带动旅游"为典型的合作领域，截至 2017 年 12 月，由滇西边境、滇西南边境出境开展中缅边境旅游的线路有 9 条，由滇西南普洱市江城县勐康口岸、勐腊口岸出境至老挝开展边境旅游的线路增至 10 条，以滇东南河口口岸、麻栗坡口岸为基点的滇越边境旅游线路有 3 条（表 5-8）。在此之外，以口岸为载体，云南边境各县（市）依托公路基础设施联建、文化交流、经贸合作等机遇积极推进边境旅游合作，不断拓宽旅游沟通协作与旅游行业的合作领域。

表 5-8　云南边境旅游线路

边境旅游线	具体线路
滇-缅边境旅游线	畹町镇-腊戌三日游、瑞丽市-八莫三日游、瑞丽市-曼德勒六日游、沧源县（永和）-班歪-勐冒-南邓两夜三日游、勐海县-孟拉-景栋两日游、腾冲市-甘拜迪-昔董-密支那四日游、临沧市-缅甸清水河-果敢-滚弄-腊戌三日游、临沧市-缅甸清水河-果敢-滚弄一日游、临沧市-果敢一日游
滇-老边境旅游线	西双版纳景洪市-老挝班相果、郭蓬、金三角会晒、琅勃拉邦五日游，磨憨口岸-琅勃拉邦-西双版纳嘎洒国际机场四日游，西双版纳嘎洒国际机场-琅勃拉邦-磨憨口岸四日游，景洪港-琅勃拉邦-磨憨口岸四日游，景洪港-琅勃拉邦-西双版纳嘎洒国际机场四日游，普洱市-丰沙里-孟赛-琅勃拉邦八日游，普洱市-丰沙里-孟赛六日游，普洱市-孟赛-琅勃拉邦六日游，普洱市-丰沙里三日游，普洱市-乌德县一日游
滇-越边境旅游线	河口县-广宁省八日游、河口县-沙巴两日游、麻栗坡-河江省两日游

3. 边境旅游项目丰度见长，规划与建设进程提速

旅游产业以项目体系为核心支撑，云南边境旅游项目一直以来都较为分散而单一。"十二五"规划以来，云南边境各州（市）在国家与云南各级政策扶持下，积极推进旅游项目的投资规划与建设进程，其中怒江州编制了《怒江州脱贫攻坚旅游建设发展规划（2016—2025年）》《怒江大峡谷丙中洛旅游区总体规划（2016—2025年）》《月亮山生态休闲旅游区总体规划（2016—2025）》《泸水县上江镇百花岭文化旅游特色村修建性详细规划（2016—2020）》等规划，对旅游开发项目进行了多方位的部署；腾冲市与龙陵县在保山市"十二五"规划的引领下，建设以火山热海、和顺古镇、高黎贡山、北海湿地、云峰山、松山抗战遗址、邦腊掌为重点的精品旅游景区，并完成一批景区改造提升工程，打造蒲川清河茶文化温泉小镇、界头花海慢城小镇、固东银杏村、滇滩水城、黄草坝温泉旅游小镇、蛮旦阿昌族特色文化村等一批特色村镇试点；德宏州边境旅游则着力围绕"一江""一线"，布局以民俗文化体验、红色旅游体验、生态休闲为主题的项目集群带；临沧市边境旅游发展以边境经济合作区为核心对三个边境县的旅游项目进行整合提升，集中推进沧源国际旅游度假区创建工作；普洱市所辖的边境县（市）则集中在现有项目的基础上积极同缅甸、老挝方开展跨境旅游项目合作开发业务；西双版纳州以实施"大项目带动大产业，大产业带动大发展"战略，建设的万达西双版纳国际度假区、洲际、喜来登等旅游项目投入使用，傣族园、野象谷、热带花卉园等景区也进行了提升改造，而傣乡水城、南传佛教历史文化项目等一批在建项目也有序推进；河口县与金平县边

境地区稳步推进河口国际大酒店、河口-越南老街跨境文化旅游节、中越联欢晚会等边境旅游合作项目；麻栗坡县、马关县与富宁县三个边境县在文山州"十二五""十三五"规划的引导下，持续推进 A 级旅游景区创建工作并积极推进麻栗坡县出境旅游线路开发进程和富宁县七村九弄红色片区、句町古国区的项目建设。

4. 旅游市场逐年稳步上升，市场结构层序丰富

如表 5-9 所示，云南边境各县（市）所接待的游客集中以境内游客为主，包括省内游客和省外游客，其中省外游客多是邻近的四川、重庆的游客和东部沿海的北京、浙江等经济密度较高城市的游客，且自驾游游客的比例逐步增大。由云南边境独特的地缘优势所决定，缅甸、老挝、云南三国国民凭借云南边境口岸的通道优势而将云南各边境县（市）视为旅游目的地或过境地的入境游客仍占较大比例，以缅甸腊戌和曼德勒、老挝丰沙里省以及越南沙巴的游客居多。云南边境旅游市场增量逐年稳步上升，而就游客分类结构以及商场空间结构而言层序日益丰富，既有梯度又有宽度，在各边境州（市）"十三五"规划的指导下，云南各边境县（市）将积极主动地挖掘提升旅游客源市场的结构，从而推进边境旅游综合效益的整体提升。

表 5-9　云南边境旅游市场结构现状

市场结构现状	相应省份与城市
省内市场	云南中部和边境州（市）：昆明市、楚雄州、曲靖市、大理州、丽江市、保山市、德宏州、临沧市、普洱市、西双版纳州、玉溪市、红河州、文山州等
省外市场	邻近省份与东部沿海地区：四川、重庆、北京、浙江、湖南、上海、广东、台湾等
国际市场	云南边境邻近的东南亚、南亚国家：缅甸、老挝、越南、印度等

5. 以节庆品牌打造为基点，提升边境旅游的知名度

由于在传统功能上，进出口贸易的功能具有较大优势。但是，近几年来，云南滇西腾冲市、盈江县、芒市、瑞丽市、滇西南沧源县、孟连县、江城县、勐海县、勐腊县等，以及滇东南河口县、麻栗坡县等边境县（市）纷纷采取举办旅游节（边境文化旅游节、葫芦丝文化旅游节、茶马古道乡村文化旅游节等）、文化节（娜允神鱼节、插秧节等）、传统民族节庆（阔时节、目瑙纵歌、泼水节、拉木鼓、盘王节等）的形式推广边境旅游地形象，提升云南边境在区

域内的旅游影响力，鉴于节事活动的高可进入性、高参与度以及弹性结构的原因，在一定时限内，云南边境的各种旅游节事活动为边境各县（市）的旅游品牌打造做出了很大贡献，并一度成为边境各县（市）的旅游名片和品牌形象。

二、存在的问题

1. 双边合作机制不健全，通道流畅性不足

（1）双边旅游合作机制未成体系

当前滇缅、滇老、滇越边境旅游合作无论是会晤协商机制、旅游合作机制乃至旅游管理体制构建都存在以中方单方积极主动寻求机遇，而缅甸、老挝、越南方积极性不够的问题。同时，具体的合作机制结构也尚未明晰，云南边境各县（市）对合作机制框架的把握稍显不足，多局限于旅游产品合作层面，如对旅游线路联合开发、旅游文化节与边贸交流会联合共办等。另外，双方政府的合作洽谈也占据了大部分时间和精力，具体的实践操作推进缓慢，而边境各县（市）还未完全理清双边旅游合作机制下的细化内容，所以在与对方进行洽谈时未给予对方充分的参与决心。当然，缅甸、老挝与越南方内部行政分工与沟通的不顺畅也是造成双边旅游合作机制一直未成体系的重要原因。

（2）通关程序复杂，行程关卡过多

目前，云南边境口岸通关便利化程度普遍较低，相较于以往一团一证的简单手续，一人一证的"中华人民共和国出入境通行证"需面见申请人进行审核并在公安办证机关照相，操作环节繁复增加了时间成本。此外，受边境旅游异地办证资质的限定，出入境口岸有了硬性的要求，致使边境旅游的出入境口岸选择不便利，旅游环线建设易受阻。另外，缅甸、老挝与越南方内部国家安全、经济安全方面的原因导致游客持边境证只能到达沿边地区或者在旅游行程中备受重重关卡阻碍，层层叠叠的收费、毒品稽查以及关卡额外收费等严重影响了双边旅游的正常有序交往，老挝琅勃拉邦单方取消同意中方持"中华人民共和国出入境通行证"入境的承诺也导致旅游成本的增加。

2. 旅游产品魅力不足，旅游接待条件滞后

（1）旅游发展几经周折，重启之路荆棘丛生

由于近年来国家改革开放力度的加大，公民出国出境政策进一步放宽，出国旅游选择渠道增加，而相较于云南边境旅游空间的有限性，公民更愿意选择自由度更大、旅游目的地更多的远程出国游。此外，受 2005 年云南边境全域禁"黄赌毒"与停止一切边境旅游异地办证业务的综合影响，云南边境旅游形象与旅游知名度下滑，逐渐被远程出国游所替代，乃至 2013 年重新开通边境旅游异地办证业务都不曾引起较大轰动，这也是云南边境全域旅游宣传促销力度不够、边境旅游产业疲软期无头绪以及内部重新整装出发的信心与恒心不足所致。

（2）旅游产品结构无序，供给侧相对滞后

首先，受社会经济发展条件等综合影响，缅甸、老挝与越南对境内的旅游资源开发与运营力度远不如云南边境，因而内部的资源规划编制均大体处于失语状态，除此之外，旅游资源转化为产品的生产链条与旅游产品结构仍不成熟，产品吸引力较低，旅游资源的经济价值转化能力严重不足；其次，在云南边境一侧对缅甸、老挝与越南旅游产品信息的推介寥寥无几，边境资源产品信息共享环节处于缺位；再次，缅甸、老挝与越南边境的旅游产品单一，多为初级自然观光型，旅游产品缺乏吸引力且陈旧、新的景区较为缺乏；最后，旅游费用与时间成本较高，与旅游产品体验价值不匹配，直接降低了旅游产品的吸引力。

虽然云南边境境内沿线的边境县（市）对边境旅游接待条件有所提升，但整体而言供给侧结构仍相对滞后。对于旅游交通而言，边境各县（市）大都未开通旅游景区交通专线，而多依附于传统交通线路，边境景区通达性亟待提升，而且滇缅、滇老与滇越双边尚未改善双边交通网络结构，选择单一；对于旅游景区而言，边境各县（市）的景区新建或改造虽均有序进行，但景区形象仍需整合提升，部分景区为娱乐而娱乐，缺乏明确的文化内涵和主题形象，内部结构混乱；对于住宿设施条件而言，云南边境各县（市）的住宿环境还普遍存在"脏、乱、差"的窘境，住宿形式单一，特色民宿严重缺乏，以及仅存不多的特色村镇民宿价位偏高等问题；对于旅游信息共享而言，滇缅、滇老与滇越双方

对双边旅游信息沟通较少，旅游宣传推介也多各行其是，旅游资讯的互动交流渠道较少，特别是借助互联网的联合推介寥寥无几，直接影响了游客对边境旅游的决策；旅游从业人员的学历水平与专业水平对于当下云南边境旅游发展需求而言也亟待调整和提升；而缅甸、老挝、越南的旅游接待条件则更为滞后，旅游基础设施与服务设施建设仍需耗费大量的资金和人力进行逐步规划建设，可谓任重道远，亟须中方力量的辅助。

3. 旅游管理体制混乱，内在创新动力不够

（1）双边权力交涉复杂，监管体制未成体系

由于云南边境旅游管理涉及边检机关、公安部门、旅游部门、外事部门等多个权力部门，在来往部门间办理跨境多日游的通关手续时就无形地增加了时间成本，使得滇缅、滇老、滇越边境旅游行程的流畅感和满意度降低，而涉及多个管理部门的还存在部门之间相互推诿的现象，执行效率较低。此外，在中缅、中老、中越双边边境旅游管理体制构建层面，合作共管的旅游管理机构尚未组建，中缅（中老、中越）两侧边境旅游管理各自为营、标准不一，这也为双边旅游合作带来了局限性。总体而言，云南边境旅游尚未形成体系化的旅游监管体制。

（2）体制机制创新不足，管理困境越陷越深

云南边境沿线各州（市）或各县（市）尚未突破单一口岸限制而实现跨地域的联合监管体制共建，这无异于管中窥豹，导致所构建的体制适用范围有限，未能形成区域影响力。对于在境外地区设立边境旅游办事机构的举措而言，云南边境旅游还应在跨州（市）、跨县（市）合作的基础上突破现有的限制，发挥体制机制创新思维，拓宽双边合作管理渠道，共同推进云南边境旅游市场的有序发展和旅游合作领域的逐渐拓展。

4. 区内发展背景多元，空间梯度较为显著

滇缅、滇老、滇越边境全域内各个边境县（市）所依托的背景条件存在一定的差序结构。滇西北怒江州边境地区山高谷深、交通方式单一、经济基础与旅游产业发展基础薄弱。滇西保山市边境地区地理区位与中缅边境旅游合作也不尽如人意，但有较高的火山热海资源禀赋与品牌知名度而成为滇西旅游基础较好的地域；德宏州边境地区囊括四个国家级开放口岸，对缅通道枢纽、产业

基地与交流平台的区位优势显著，边境经济贸易基础较好，旅游资源整合提升略显不足，边境口岸旅游、边境民族文化旅游、边境自然生态旅游形象定位不够清晰，缺乏优质产品体系，旅游发展对腾冲市依赖性较高。滇西南临沧市、普洱市、西双版纳州边境地区与缅甸、老挝、越南三个国家均有接壤，是云南开展边境旅游的重头地区和典型示范地，但现实情况下，除西双版纳州对老跨境旅游具有一定的知名度外，其他各边境县（市）的边境旅游均未形成地域性品牌，其中临沧市的边境三县都毗邻缅甸，但因缅甸政府与佤邦地方势力较量不断，滇缅边境线路组合受阻，而境内的旅游资源整合力度也待加强；普洱市边境地区以孟连口岸和龙富口岸、勐康口岸为对缅、对越、对老的核心旅游基点，双边边境旅游在云南边境旅游范畴内属于"绿三角"旅游区，区位条件优越，在实际旅游发展中应依托勐康口岸和孟连口岸，不断完善旅游基础服务设施，提升旅游服务水平，促进旅游产业与其他产业融合，推动当地经济社会发展。滇东南红河州、文山州边境与越南接壤，其中红河州有绿春县、金平县与河口县三个边境县，而河口县拥有云南边境唯一的一个铁路口岸，交通区位、经济区位、文化区位条件凸显，但在双边旅游资源整合开发与业务合作层面却一直未有较大突破，旅游项目体系构建仍任重道远。此外，河口县对金平县和绿春县的旅游屏蔽效应成为两个边境县亟待突破的旅游发展困境之一。文山州包括马关县、麻栗坡县与富宁县三个边境县，其中麻栗坡县天保口岸是国际口岸，也是文山州开展边境旅游的主要集散中心，富宁县与我国广西、越南构成了"边三角"旅游区，也是极具边境特色的旅游目的地，但中越双方在边境旅游干预政策及双边政治经济发展上的差距仍成为文山州边境旅游高位发展构想与实践的挑战。

5. 区域协同机制缺失，各自为营仍然严重

（1）"画地为牢"观念制约跨区域之间的协同发展

当前，云南边境旅游普遍处于相互模仿、被动发展的态势，同一边境旅游发展模式全域共用、缺乏旅游创新动力。同时，无序化恶性竞争成为多数边境州（市）之间，尤其是旅游资源同质性较高的边境旅游目的地之间采取的极端应对手法，如德宏州与西双版纳州共有傣族文化旅游资源体系而成为同质性较高的边境旅游地，存在争夺品牌资源的现象，间接误导游客的文化认知，造成持续性的旅游竞争，不利于云南边境全域旅游的协同发展。此外，受跨境合作涉及的体制机制制约，云南边境各县（市）更倾向于选择小范围的协同发展，西双版纳州边境旅游与普洱市边境旅游的协同发展、德宏州边境旅游与保山市边境旅游线路的优化组合等应加以重视，各边境微观区域的联合在一定程度上取得成效的同时也表现出增长空间有限、增长速度明显放缓的内隐问题，"画地为牢"等于作茧自缚，采取云南边境旅游的全域整合发展才是关键突破口。

（2）优势旅游地的旅游屏蔽效应波及邻近边境县（市）

云南部分边境县（市）在发展边境旅游的过程中消极被动从而被同域内的其他边境县（市）所超越，如滇西南边境一带，西双版纳州在该区域形成了较高的旅游知名度和品牌影响力，打洛口岸、磨憨口岸成为滇缅、滇老边境旅游的主要集散中心，口岸风貌与民族文化旅游协同发展态势良好，但与其毗邻的普洱市与临沧市却略显失色，龙富口岸、孟连口岸、永和口岸、孟定清水河口岸与南伞口岸连线的边境旅游带则仅以民族风情和茶马古道的形象而为外界认知。在西双版纳州-普洱市-临沧市的边境旅游线路组合中，停留时间、旅游消费所占比例明显以西双版纳州居高，对于普洱市和临沧市而言，如何突破旅游屏蔽效应、与西双版纳州边境旅游并肩发展成为两市边境旅游的重中之重。

（3）云南边境全域旅游合作体式尚未成型

在现有情形下，云南边境旅游要想实现全域协同发展必须构建和完善相关体制机制，以云南省级层面组织各边境地区参与探讨和制定宏观协同机制，并由涉及地域协同的各方具体深化合作体制机制问题。在此过程中，为避免合作多方相互推诿、利益争夺不良态势的发生，制定专门的协同机制、监督机制和利益分配机制等。云南边境全域旅游合作模式的构建存在参与主体多元、利益关系复杂、历时跨度长和灵活度大等问题，因而诸多引导和规范机制的落实也就成为云南边境全域旅游合作有序开展的基础性保障，这需要借助一定的激励措施（如设置"边境旅游扶持资金"等）来充分调动各边境州（市）或县（市）的积极参与和群策群力。总之，目前支撑云南边境旅游全域协同发展的基础性合作体式仍是缺位的，成为制约云南边境旅游全领域、高站位发展的关键缺口。

第五节 云南边境旅游发展 SWOT 分析

凭借中国-东盟自由贸易区、大湄公河次区域经济合作、孟中印缅经济走廊建设、西部大开发和"一带一路"倡议等良好的机遇，充分发挥社会经济、政治、地理和资源优势，云南边境旅游展示出良好的发展势头。但在发展过程中，也应正视现存的劣势和威胁，并给予积极响应。

一、优势

1. 优越的地缘优势

云南位于我国西南边陲，区位独特，开放优势明显。其西部、西南部与南部方向依次与缅甸、老挝、越南三国接壤，国界线长，沿边州（市）所占面积大，占全省的 51.4%[①]，是云南旅游强省建设的重要空间。云南是中国连接南亚东南亚的重要陆路通道，拥有面向"三亚"（西亚、东南亚、南亚）、肩挑"两洋"（印度洋、太平洋）的独特区位优势，是西南经济圈、长江经济带、南方丝绸之路、孟中印缅经济走廊等多个国家发展战略的连接交汇点和战略支撑点，同时也是我国西南边疆地区沿边对外开放的前沿及辐射中心。云南将一改过去的"边陲末梢"，成为"开放前沿"，展现边境旅游发展的地缘优势。

2. 和平友好的睦邻关系

20 世纪 90 年代以来，随着冷战结束以及世界格局的变化，全球进入一个新的历史发展时期。各国致力于经济发展，奉行和平共处与对外开放的政治经济政策，为云南和周边国家边民的接触与交往提供了更自由的发展空间，也有利于边境旅游事业的发展。

云南有 16 个民族跨境而居，占全国跨境民族总数的 1/2（格桑顿珠，2002）。这些居民与邻国文化同源、语言相通、习俗相近、往来方便、亲如手足、关系密切，通婚、互市、共耕，交往历史悠久。例如，缅甸的掸族与云南的傣族、

[①] 云南省人民政府关于印发云南省沿边地区开发开放规划（2016—2020 年）的通知[EB/OL]. http://www.yn.gov.cn/yn_zwlanmu/qy/wj/yzf/201607/t20160713_26079.html[2016-07-13].

老挝的主体民族老龙族与云南的傣族、缅甸的克钦族与云南的景颇族、越南的主体民族越族与云南的京族等就基本属于同一个民族或是有着相当密切的血缘关系。正是由于存在这样一种众多民族跨境而居与往来十分密切的情况，使云南发展边境旅游有了更为友好的现实基础。

3. 旅游资源丰富多彩，具有带动边境旅游的作用

云南地域跨度大，自然地理条件多样，社会历史具有复杂性和特殊性，形成的旅游资源的独特个性，对带动资源并不丰富的边境地区旅游业具有推动作用。

云南地处高原，光能充足，热量丰富，降水丰沛，气候条件优越，生物资源种类繁多，有很多珍奇异兽和奇花异木，自然生态环境保护很好。高山峡谷、冰川雪山、热带亚热带雨林、火山温泉、喀斯特地貌、气候景观等在国内外享有一定的知名度。云南有 25 个世居少数民族，是我国特有民族最多的省份（格桑顿珠，2002）。各民族在长期的历史发展中形成了自己独特的生活方式、社会结构、民风民俗、语言、文字，以及绚丽多彩的历史文化和多姿多彩的节庆活动等。此外，边境地区的土特产品、手工艺品、旅游纪念品及其旅游商品等，不仅种类繁多，而且带有浓重的地方民族色彩，具有较高的品位。

4. 边关历史和边境贸易悠久

早在 3000 多年前商朝建立之初，中国就开始与南亚东南亚国家和地区开展经贸往来，云南是必经的陆路通道（周鑫，2010）。东汉时期，中国西南地区是与南亚东南亚地区进行商业贸易的一个繁荣中心，来自不同国家和地区的货物汇集在这里进行交易，形成了南方丝绸之路。此后，我国与南亚东南亚各国的边境贸易及往来便一直没有中断。抗日战争时期，云南边境地区留下许多建筑、遗迹、纪念碑、纪念馆等成为吸引游客缅怀历史的重要文化资源。

改革开放以来，双方国家的边境贸易获得了新的、更大的发展空间。贸易的发展不仅为边境旅游事业的发展提供了相当多的可借鉴的经验教训，而且也在无形中直接带动了边境旅游业的发展。

5. 发达的交通网络

2016~2020 年，云南将建成以昆明市、曲靖市、大理市、蒙自市四大枢纽为核心的对内对外运输网络体系。中缅公路、昆洛公路、昆河公路、滇越铁路等直通国外，加之以昆明市为中心，辐射泰国、越南、老挝、缅甸、柬埔寨、新加坡等国的航线网络和澜沧江-湄公河航道，为旅游的发展提供了新的契机。

除此之外，云南要构建南北方向的包括泛亚铁路、泛亚公路，从深圳市到广州市、南宁市、昆明市，经缅甸、孟加拉国、巴基斯坦、伊朗、土耳其伊斯坦布尔的亚洲大陆桥，建成以公路、铁路为框架，民航、水运为补充的立体交通网络，并最终形成"东连黔桂通沿海，北经川渝进中原，南下越老达泰柬，西接缅甸连印巴"的国际大通道格局（张官义，2010）。云南这一系列的建设项目和立体交通网络体系的形成是支撑"辐射中心"的重要骨架，不仅有助于提高边境地区旅游资源与旅游设施的利用率，而且也为边境旅游业的发展提供了更为便利的交通条件。

二、劣势

1. 边境安全存在隐患

中国与南亚地区历史上遗留下来的边界争端比较复杂，主要有中印边界、印缅边界、印孟边界的争端。此外，印巴关系紧张，以及尼泊尔、阿富汗国内局势不稳定等问题在短时间内都难以解决，其将对云南和该地区的旅游合作形成较大的障碍。

周边国家经济发展的滞后使得云南跨境周边地区的毒品贩运、难民迁移和反政府势力等问题日趋复杂，给云南边境旅游的发展造成了一定的隐患，是云南与南亚东南亚各国开展旅游合作所面临的困难之一。

2. 缺乏旅游发展资金，旅游基础设施落后

云南边境地区经济发展较落后，旅游投资能力弱、开发水平低、资金不足等是发展边境旅游最大的瓶颈之一。除了景洪港、瑞丽口岸、河口口岸等投资情况稍好之外，其他大部分口岸缺乏旅游开发建设资金。部分边境口岸地区旅游业发展时间短，旅游市场影响力不强，且融资渠道单一，仅有较少的外来旅游企业进行投资。口岸城镇大多数基础设施陈旧，接待设施和服务水平离国际化发展要求差距大。

而邻国基本上都是贫困地区，对边境旅游发展扶持力度也不够，更加重了边境区域的建设资金缺乏等问题。例如，越南政府不允许外资进入除指定的度假区外的其他景点，而当地政府又没有能力对旅游资源进行必要的投入，因此很多景区景点基础设施落后，很多旅游资源没有得到有效的规划开发和保护，很难与云南的跨境旅游相融合。

3. 边境旅游产品单一，人才和智力保障不足

云南边境口岸地区吸引国内外游客的主要产品是传统的文化观光型产品，潜力巨大的商务、度假、探险、购物等旅游产品没有得到很好地开发。产品单一造成旅游者在边境口岸城市逗留的时间较短，大多是一日游，而且消费支出也普遍较低。同时，旅游产品对游客的吸引力不足，很难形成二次旅游的需求，这大大影响了云南边境口岸旅游产品在国内外市场的竞争力。

与云南接壤的越南、老挝、缅甸等国家的边境地区经济发展十分落后，吸引旅游者的旅游项目缺乏，借助它们来扩大边境、跨境旅游的人数比较困难。

边境口岸地区导游等旅游服务人才十分缺乏，许多景点没有导游讲解，而外语导游人才更是奇缺。此外，缺乏完整的云南边境口岸旅游地信息平台，智力保障资源不足，造成信息不畅通，旅游资源无法开放使用。多数口岸基本上只有周边地区游客来此旅游，旅游资源对更远地区游客产生的吸引力较小。

4. 出入境程序较为烦琐，游客通关不便利

截至 2017 年 2 月，在出入境方面，我国已与 127 个国家（地区）缔结各类互免签证协定[①]。其中，持合法有效外交、公务加注有效公务签证普通护照的中国、老挝、缅甸、越南公民进入对方国短期停留可互免签证（表 5-10）。同时，经第三国来云南和国外的旅游团队均可在昆明长水国际机场办理口岸登记。另外，国外旅游团队在向昆明市公安出入境管理部门预先申报并获批准的情况下，可在昆明长水国际机场口岸整团入境并办理口岸落地签证。然而我国与越南等国家在边境的管理体制方面存在很大的差距，至今相互间在旅游通行的管理及程序方面仍显烦琐。

表 5-10　中国、老挝、越南、缅甸互免签证一览

协议国	互免签证的证件类别	生效日期
老挝	中方外交、公务、公务普通护照；老方外交、公务、加注有效公务签证的普通护照	1989 年 11 月 6 日
缅甸	中方外交、公务护照；缅方外交、官员护照	1998 年 3 月 5 日
越南	外交、公务、公务普通护照	1992 年 3 月 15 日

游客来源多元化和旅游线路跨国化与烦琐的边境管理政策的矛盾日益突

---

① 我国已与 127 个国家缔结各类互免签证协定[EB/OL]. http://www.gov.cn/xinwen/2017-02/07/content_5165958.htm[2017-02-07].

出。例如，国内游客可凭身份证快速办理越南一日游或两日一晚游的通行证，停留时间短，最远只能到达河内和下龙湾，且一般不能自由行，必须参团；部分国家或地区法制不健全、政策执行随意性大、不同关口手续不统一，也给游客带来了诸多不便；印度和孟加拉国，除国家层面上与中国的旅游协议外，并没有简便灵活和切实可行的具体办法。

三、机遇

1. 中国-东盟自由贸易区、大湄公河次区域和孟中印缅经济走廊建设便利了游客来往，加强了各方沟通

中国-东盟自由贸易区、大湄公河次区域和孟中印缅经济走廊建设的成员国相互间在简化手续、标准一致化、海关合作等方面进行了许多协商与调整，方便了边境贸易发展，无形中为边境地区带来了大量的商务和休闲度假旅游客源，减少了边境旅游发展过程中的诸多技术性障碍，投资的自由化也为云南引进了更多的国际资金来源，加快了旅游业的基础设施建设，有助于无障碍国际区域旅游圈的建立。云南的聚集、辐射功能也会随之增强，将有更多的国内和东南亚游客通过云南形成客源对流。通过加大旅游圈内旅游产品和线路的开发，吸引更多欧美市场的等第三国游客。

这些区域合作项目在实施过程中十分重视交通等方面的基础设施建设以及旅游事业的发展。澜沧江-湄公河航道的整理疏通、跨国高速公路、铁路建设等，将会改善长期以来闭塞的交通态势，降低边境旅游发展过程中的交通成本。环境保护方面的合作、科技与人力资源方面的合作，提高了边境旅游业的科技含量及其从业人员的素质。大湄公河次区域旅游市场秘书处的成立为边境旅游事业的可持续发展创造了良好的沟通渠道。

2. 辐射中心战略提供了边境旅游发展的重要契机

2009 年，我国提出将云南建设成为中国向西南开放的重要桥头堡。2011年 5 月，国务院批准云南加快建设面向西南开放重要桥头堡的意见，其中明确将旅游业作为云南重点扶持的先导产业[1]。2015 年习近平总书记考察云南时指

---

[1] 国务院关于支持云南省加快建设面向西南开放重要桥头堡的意见[EB/OL]. http://www.gov.cn/zwgk/2011-11/03/content_1985444.htm[2011-11-03].

出,希望云南用全面建成小康社会、全面深化改革、全面依法治国、全面从严治党引领各项工作,主动服务和融入国家发展战略,闯出一条跨越式发展的路子来,努力成为民族团结进步示范区、生态文明建设排头兵、面向南亚东南亚辐射中心,谱写好中国梦的云南篇章[①]。此定位为云南边境旅游发展丰富了政策基础,为"两区"建设提供了重要依据,增加了自然旅游资源保护、社会环境稳定和边境旅游发展的动力。

3. 西部大开发、"一带一路"等重大发展政策提供了边境旅游多重发展机会

旅游业是国家西部大开发中鼓励外商投资发展的特色经济产业,云南旅游业除享受国家统一规定的优惠政策外,还可以享受西部大开发相应出台的以及少数民族地区扶贫开发等一系列优惠政策和待遇。国家发展和改革委员会、外交部、商务部联合发布的《推动共建丝绸之路经济带和 21 世纪海上丝绸之路的愿景与行动》明确提出要发挥云南区位优势,推进与周边国家的国际运输通道建设。国家多个重大政策的实施加大了云南沿边开放力度,边境旅游和通道建设相互带动,基础设施共建共享,边境旅游在对外经贸合作、对外文化交流方面发挥了积极作用。

4. 中国和南亚东南亚各国政府都重视旅游及相关的发展和合作

《国务院关于加快发展旅游业的意见》《国务院关于支持沿边重点地区开发开放若干政策措施的意见》《国务院办公厅关于进一步促进旅游投资和消费的若干意见》《国务院关于促进外贸回稳向好的若干意见》《国务院关于改进口岸工作支持外贸发展的若干意见》《中共云南省委 云南省人民政府关于建设旅游强省的意见》《云南省人民政府关于加快沿边地区开发开放的实施意见》等近年来颁布的文件为云南边境旅游的发展奠定了良好的政策基础,也体现了政府对边境地区和旅游发展的重视。

旅游业一直是南亚东南亚国家的重要经济来源,各国政府历来都很重视旅游业的发展。例如,旅游业是印度的第二大服务产业,也是外汇收入的重要来源,有"金饭碗"之称;泰国将旅游业作为支柱产业,并进行积极鼓励和对外宣传,塑造了国际知名的旅游目的地等。

目前,云南与越南、老挝、泰国等在旅游线路推广、互为旅游目的地营销、

---

① 习近平总书记考察云南一周年:谱写好中国梦的云南篇章[EB/OL]. http://yn.people.com.cn/news/yunnan/n2/2016/0104/c228496-27454953.html[2017-12-31].

互送游客、游客流动便利化和人力资源培训合作等方面展开了广泛合作。各国政府对旅游业的重视，将为跨境旅游合作提供良好的机遇。

四、威胁

1. 与周边省份及南亚东南亚国家旅游业形成竞争

云南虽有优越的地理位置和丰富的旅游资源，但由于与我国广西和南亚东南亚国家旅游资源存在一定相似性，造成了一定的竞争。丰富的自然资源和独特的人文宗教资源、良好的水运交通条件、明显的价格优势、高水平的服务质量和旅游产品使得南亚东南亚国家的旅游业发展迅速，形成了一批世界级旅游强国和旅游景点，很大一部分游客流向这些国家。此外，广西和其他省份的旅游业发展也对云南产生了一定的竞争。随着我国面向西南的辐射中心战略的实施，这种冲击将越来越明显。

2. 游客市场认知度低

云南以其旖旎的风光、多样的生物、奇特的地貌、舒适的气候、独特的民俗等旅游资源，在国内旅游业中建立了一定的知名度。但云南边境旅游发展慢，受周边国家社会政治环境影响较大，目前的市场认知度低，并没有在国内市场引起足够的重视。以单独的边境旅游产品作为市场主导，很难吸引大量游客。此外，边境旅游宣传不足，造势效果不明显，很多旅游者并不了解云南的边境旅游资源和产品，潜在的国内市场尚未得到实质性的开发。

3. 内部管理不到位

近些年来，随着边境旅游事业的不断发展以及相关利益的不断凸显，许多部门和单位纷纷介入边境旅游的组织与经营，极易造成边境旅游市场的混乱。此外，由于长期以来政府相关部门对旅游经营单位的管理不当，云南很多旅游经营单位为了争抢客源，不惜竞相压价和恶意竞争，以至于市场秩序混乱且经营信誉下降，消费者的利益极易受到损害，严重地制约了边境旅游业的健康发展。

第六节 云南和广西的比较与竞合关系

云南和广西是中国西南地区相邻的两个重要边境省份。云南与越南、老挝、缅甸等三国相邻，广西主要与越南相邻，均具备发展边境旅游的条件。通过对两省份发展边境旅游的条件进行对比，分析两者的竞合关系，可寻求两者之间的差异化发展战略，伺机合作，使两省份边境旅游实现共同发展，为云南边境旅游的发展减少障碍、增添活力。

一、旅游发展条件对比分析

云南自古就是中国连接东南亚各国的陆路通道，有出境公路20多条。与邻国接壤的国界线长4060公里，其中，中缅段1997公里，中老段710公里，中越段1353公里。在全省16个州（市）中有怒江州、保山市、德宏州、临沧市、普洱市、西双版纳州、红河州、文山州8个州（市）的25个县（市）与缅甸的掸邦和克钦邦，老挝的丰沙里省、乌多姆赛省、琅南塔省，以及越南的河江省、老街省、莱州省、奠边省相邻。

广西西南部和越南海陆相连，陆地国界线长1020公里[①]，有百色市、崇左市、防城港市3个市的8个县（市、区）与越南接壤，越南与之对应的主要有广宁省、高平省、谅山省3省。

近年来，云南、广西旅游人次和旅游收入快速增加。两省份的国内旅游收入和国内旅游人次相当（图5-6和图5-7），云南的入境旅游人次明显高于广西（图5-8），国际旅游收入也遥遥领先于广西（图5-9）。尽管边境旅游拉动地方

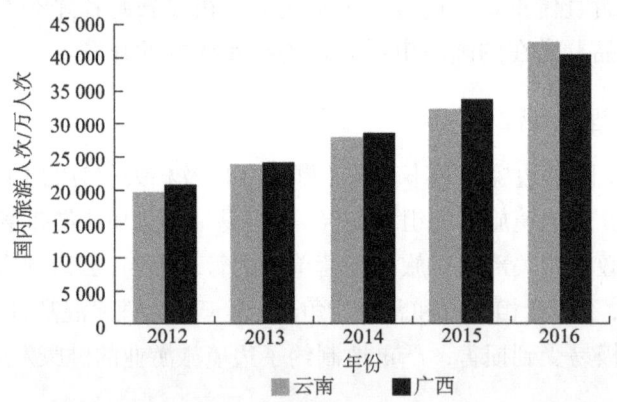

图5-6　2012～2016年云南、广西国内旅游人次
资料来源：《云南统计年鉴2017》《广西统计年鉴2017》

---

① 一湾连七国 钻石放光芒[EB/OL]. http://cppcc.people.com.cn/n/2014/1108/c34948-25993883.html[2014-11-08].

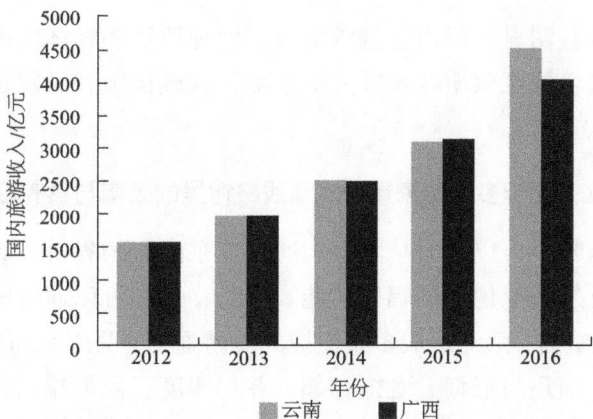

图 5-7　2012~2016 年云南、广西国内旅游收入
资料来源：《云南统计年鉴 2017》《广西统计年鉴 2017》

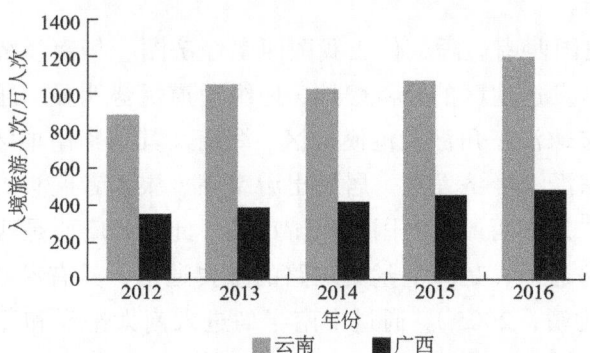

图 5-8　2012~2016 年云南、广西入境旅游人次
资料来源：《云南统计年鉴 2017》《广西统计年鉴 2017》

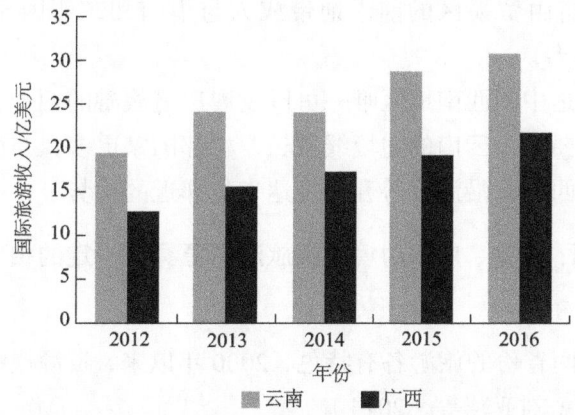

图 5-9　2012~2016 年云南、广西国际旅游收入
资料来源：《云南统计年鉴 2017》《广西统计年鉴 2017》

经济发展作用日益明显，但由于旅游资源、地理位置和经济发展水平等方面的差异，两省份边境地区旅游业发展并不平衡，基础设施和品牌建设等亟待改善（熊远光，2015）。

1. 发展区位：处于多个国家重大战略线路背景的云南与具有沿海优势的广西

云南是中国唯一可以同时从陆上沟通南亚东南亚的省份，具有良好的区位优势和面向南亚东南亚地区的辐射功能。同时，云南可以通过中东连接欧洲、非洲，开拓西向贸易，由此形成多条便捷的旅游通道（明庆忠和白廷斌，1997）。除越南之外，云南还与缅甸、老挝相邻，并与印度、孟加拉国、泰国等国家邻近（图5-10），更有益于国际交通运输体系、能源管网、物流通道和通信设施建设，构筑陆上大通道，为边境旅游的多样化开展、多方位推进和区域合作奠定了较好的基础。

广西地处我国西南边陲，位于我国西南经济圈、华南经济圈、东盟经济圈的结合部，是发达地区的经济腹地，地缘通道优势明显。通过西江水系和北部湾海域连接珠江三角洲及港澳地区、海南及其他华南地区，营销条件优越。相邻的广东沿海经济发达、居民出游率高、旅游者购买力旺盛、同属于岭南文化范围，是广西最大的国内旅游市场。此外，广西是西南乃至西部地区最便捷的出海通道，是海上丝绸之路的重要通道，具有沿江、沿海、沿边的区位优势（姚靖，2005）。通过中南半岛进入南太平洋和印度洋，是我国通往东南亚各国的重要桥梁，出入境十分便捷，被看作是中国进入中南半岛的桥头堡。随着广西旅游业的纵深发展，广西作为大湄公河次区域的东北门户和中国-东盟自由贸易区的前沿地带成为与华南和东盟国家之间交流与旅游合作的重要平台。

云南和广西是中国西南地区唯一可以发展边境旅游的两个省份，是面向东南亚的重要交通要道。云南的边境线更长，相邻国家更多，与南亚国家的联系更为紧密；而广西具有沿海优势和与发达省份邻近的优势。

2. 旅游资源：云南、广西边境地区旅游资源具有一定的相似性及较强的差异性和互补性

云南、广西两省份的旅游各有特色，2000年以来，资源禀赋和竞争力整体上都呈上升趋势（刘亚萍等，2014）。

云南的主要少数民族有25个，其中15个为云南特有。而广西是以壮族为主

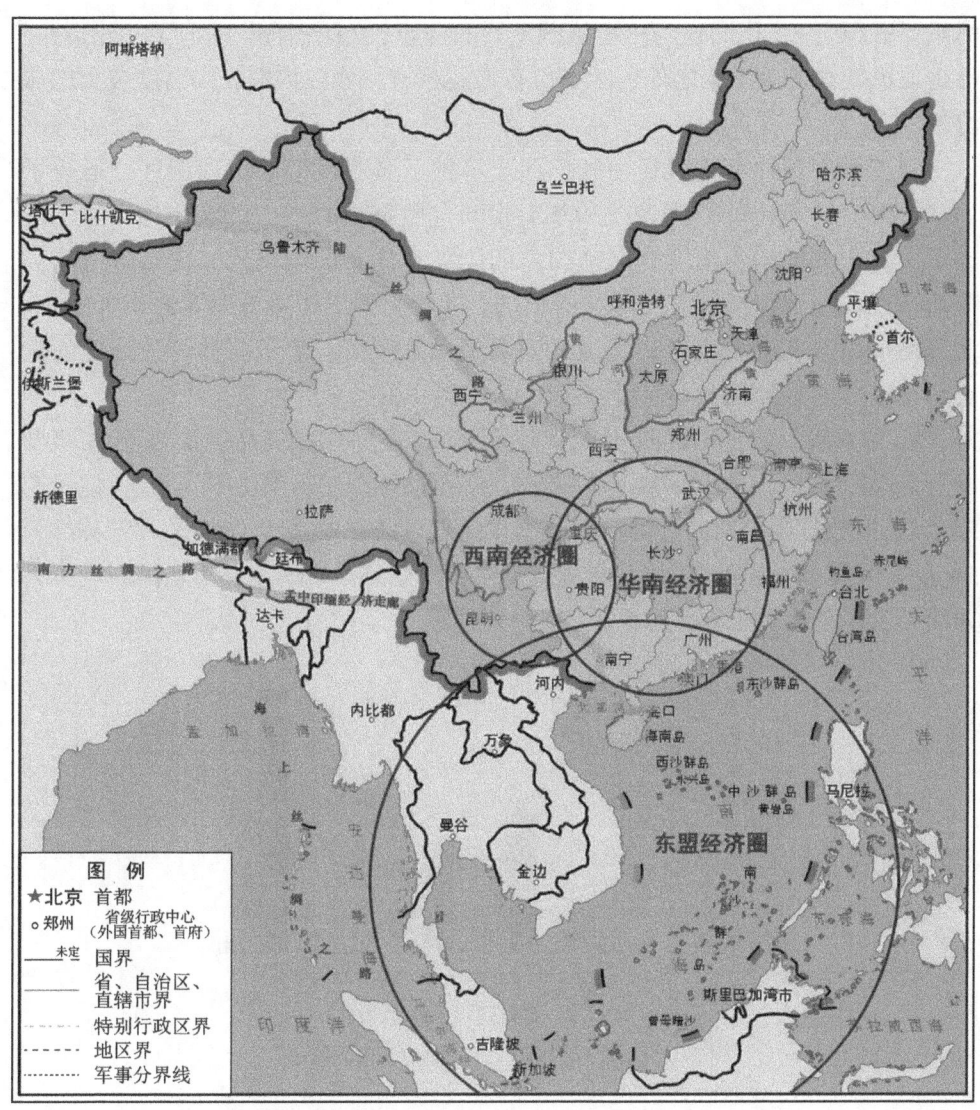

图 5-10　云南、广西旅游发展区位图（详见书末彩图）

的少数民族自治区，有 12 个世居民族。由于具有众多的少数民族，云南、广西两省份在全国民族文化旅游中占有一席之地，是中国民族文化旅游的重要目的地。此外，两省份还有大量的跨境民族，仅云南就有 16 个民族跨境而居（格桑顿珠，2002）。这些跨境而居的民族除了主要分布在境外的越南、老挝、缅甸等国外，有的甚至延伸至泰国、柬埔寨、印度等国。跨境民族文化成为边境旅游的重要资源之一,同时也为跨境旅游发展的沟通、交往和合作疏通了文化道路。除少数民族和跨境民族之外,两省份各自还具有一些独特的和知名度较大的旅游景点。

同位于中国西南部,云南和广西边境地区具有类似的地理条件,形成了一部分具有同质化的自然景观和基于相同自然基础的相似民族文化。这也造成了两省份在面向东南亚和其他国家的国际市场、国内民族文化旅游市场和喀斯特地貌旅游市场等方面存在一定的竞争性。但广西边境地区的德天瀑布、北部湾滨海风光,与云南边境地区的以多民族风情、热带雨林等为特色的景观具有较大的差异性和互补性。

就A级景点数量(广西422个[①],云南231个[②])和高品位景区(4A级及以上,广西178个,云南79个)来讲,广西整体高于云南(图5-11);但云南5A级景区数目为广西的近两倍。根据文化和旅游部对A级景区的评定标准,5A级景区具有国际吸引力。也就是说,在针对国外及省内旅游市场品牌竞争力方面,云南高品质旅游品牌更为突出。

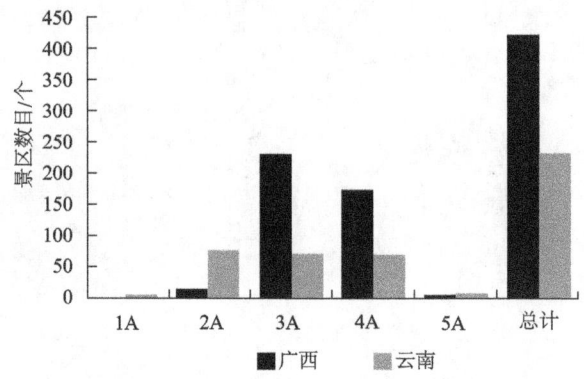

图 5-11　2017 年云南、广西 A 级景区数目[③]

云南、广西两省份的旅游发展在国内外具有一定的知名度,目前已形成了昆明市、丽江市、大理州、西双版纳州、桂林市、北海市、南宁市等几大游客集散中心。云南知名度较高的边境地区旅游品牌,以西双版纳州、德宏州瑞丽

[①] 2017 年广西壮族自治区 A 级旅游景区一览表[EB/OL]. http://www.gxta.gov.cn/home/detail/37196[2018-02-11].

[②] 云南省 A 级旅游景区名录(2018 年 3 月更新)[EB/OL]. http://www.ynta.gov.cn/Item/36774.aspx[2018-03-16].

[③] 2017 年广西壮族自治区 A 级旅游景区一览表[EB/OL]. http://www.gxta.gov.cn/home/detail/37196[2018-02-11];云南省 A 级旅游景区名录(2018 年 3 月更新)[EB/OL]. http://www.ynta.gov.cn/Item/36774.aspx[2018-03-16].

市、红河州河口县、保山市腾冲市为代表。广西则以凭祥市友谊关、大新县德天瀑布、防城港市东兴市为代表。就高等级的旅游景区来讲，怒江州、文山州、临沧市等边境州（市）明显较少；广西分布相对均匀。整体上，云南、广西两省份边境州（市）县（市、区）高等级旅游景区分布并不突出（表5-11），在一定程度上影响到边境旅游者的逗留时间。

表5-11 2017年云南、广西高品位旅游景点分布[①]   （单位：个）

等级	云南景点分布	广西景点分布
5A	8（昆明市2，西双版纳州1，大理州1，丽江市2，迪庆州1，保山市1）	5（桂林市4，南宁市1）
4A	71（昆明市9，昭通市1，曲靖市6，玉溪市5，保山市1，楚雄州7，普洱市3，红河州8，文山州1，西双版纳州8，大理州8，德宏州2，丽江市7，迪庆州5）	173（桂林市25，柳州市23，南宁市24，河池市12，来宾市7，百色市13，玉林市11，钦州市9，北海市10，贺州市6，崇左市15，防城港市6，梧州市9，贵港市3）

3. 交通条件：云南面向"两亚"的大连通优势与广西的北部湾出海优势

云南与南亚相隔不远，目前正通过亚欧大陆桥，构建南北方向的印度洋国际大通道，包括泛亚铁路、泛亚公路。大湄公河次区域所依托的澜沧江-湄公河流域横贯云南南北，一江连六国，干流全长4800多公里。作为"黄金旅游河道"，经老挝、缅甸至泰国北部清盛，顺水航程仅需七八个小时。2016~2020年，云南将建成以昆明市、曲靖市、大理市、蒙自市四大枢纽为核心的公路、铁道、航空、水运对内（国内）对外（越南、老挝、缅甸、印度）运输网络体系。届时，云南旅游交通将更加便利。

广西属于西江水系流域，内河航运相对便利。作为中国西部12省份中唯一沿海的省份，广西已沿北部湾建成了北海港、防城港港、钦州港三大港口。在航空方面，建成了桂林市、南宁市、北海市三大国际航空港，南宁市-河内航线飞行仅需半个小时，南宁市-曼谷航线也是国内通往泰国最便捷的航线。

在交通方面，海运是广西发展边境旅游的一大优势。云南的相对优势在于澜沧江和湄公河的河运，使云南与中南半岛国家"同饮一江水"，进而促进相互的文化通融。云南公路密度相对广西较高，国内、国际航线数目也都远大

[①] 2017年广西壮族自治区A级旅游景区一览表[EB/OL]. http://www.gxta.gov.cn/home/detail/37196[2018-02-11]；云南省A级旅游景区名录（2018年3月更新）[EB/OL]. http://www.ynta.gov.cn/Item/36774.aspx[2018-03-16].

于广西（表 5-12）。但广西面向南亚东南亚旅游市场 4 小时内通达，非常便利。现阶段云南、广西两省份已经完成或正在修建中的公路、铁路（包括高铁）连接周边各个省份，并将国内其他省份密切地联系在一起。多条国际公路的修建或连接实现了中国与中南半岛、南亚次大陆的有机沟通，无形中便利了边境、跨境游客的通行。

表 5-12　2017 年云南、广西陆运和空运现状[①]

交通指标	云南	广西
公路里程数/万公里	24.25	12.33
公路密度/（公里/公里^2）	0.62	0.52
国际航线/条	78	34（2016 年）
国内航线/条	403	222（2016 年）

4. 经济发展状况及旅游相关产业现状：以缅甸为主要贸易国的云南接待水平高于以越南为主要贸易国的广西

旅游业是一个关联性较强的产业，经济基础的发展对旅游业有较大的正影响力。2017 年，云南 GDP 总量为 1.65 万亿元，人均 GDP 为 3.45 万元[②]；广西 GDP 总量为 2.04 万亿元，人均 GDP 为 4.20 万元[③]。两省份经济发展水平相当，与发达省份存在较大的差距，基础设施建设资金相对匮乏，不利于旅游的发展。两省份的进出口贸易额差异较大，广西明显高于云南，特别是对越南的进出口贸易额非常突出（表 5-13）。目前，边境旅游受贸易驱动影响较大，因此对缅贸易对云南边境旅游的发展影响较大，对越贸易对广西的边境旅游作用占统治地位。

---

① 2017 年云南省收费公路统计公报[EB/OL]. http://www.ynjtt.gov.cn/Item/223089.aspx[2018-08-23]；2017 年广西壮族自治区国民经济和社会发展统计公报[EB/OL]. http://www.gxzf.gov.cn/gxsj/sjyw/20180426-691677.shtml[2018-04-26]；广西机场 2016 年旅客运输生产再创新高[EB/OL]. http://news.carnoc.com/list/386/386401.html[2017-01-06]；2017 云南基本实现南亚东南亚重点城市航线覆盖[EB/OL]. http://news.carnoc.com/list/432/432837.html[2018-01-19]。

② 云南省 2017 年国民经济和社会发展统计公报[EB/OL]. http://www.yn.gov.cn/yn_zwlanmu/qy/tj/201806/t20180615_32914.html[2018-06-15]。

③ 2017 年广西壮族自治区国民经济和社会发展统计公报[EB/OL]. http://www.gxzf.gov.cn/gxsj/sjyw/20180426-691677.shtml[2018-04-26]。

表 5-13　2017 年云南、广西进出口总额前四位的亚洲国家或地区[①]

（单位：亿美元）

云南	进出口总额	广西	进出口总额
缅甸	427.2	越南	1626.3
越南	245.6	中国香港	261.3
中国香港	125.5	日本	49.2
老挝	68.4	韩国	41.2
合计	866.7	合计	1978.0

此外，两省份的限额以上旅游企业数目云南较多，星级饭店总数广西领先，但 5 星级饭店数云南是广西的近 3 倍，云南酒店的精品化水平远高于广西（图 5-12 和表 5-14）。需要指出的是，云南旅游目前的负面新闻较多，在对外宣传营销方面和整体形象塑造方面，正在经历严重的"阵痛期"，如何摆脱负面新闻干扰，重塑云南旅游形象，也是云南边境旅游品牌塑造需要重视的问题。

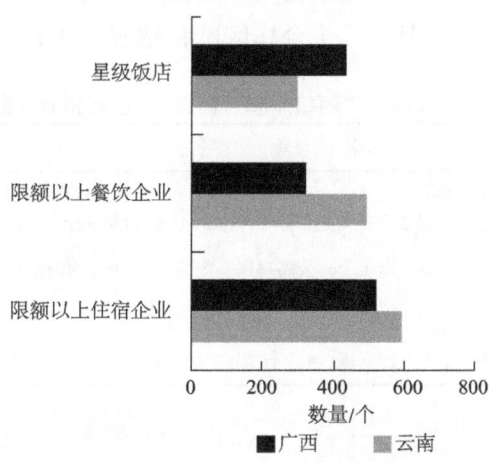

图 5-12　2016 年云南、广西旅游企业数量
资料来源：《云南统计年鉴 2017》《广西统计年鉴 2017》

[①] 2017 年云南省外贸进出口额达 578.7 亿元同比增长 19.9%[EB/OL]. http://finance.yunnan.cn/html/2018-01/19/content_5049532.htm[2018-01-19]；2017 年广西壮族自治区国民经济和社会发展统计公报[EB/OL]. http://www.gxzf.gov.cn/gxsj/sjyw/20180426-691677.shtml[2018-04-26].

表 5-14　2016 年云南、广西星级饭店数量　　（单位：个）

星级饭店	云南	广西
5 星	33	12
4 星	89	88
3 星	130	276
2 星	41	97
1 星	1	
合计	294	473

资料来源：《云南统计年鉴 2017》《广西统计年鉴 2017》

5. 边境口岸和"两区"建设：广西的海港优势明显，云南的边境旅游试验区建设范围大

云南、广西两省份口岸建设相当，但广西具有突出的海港优势。目前，两省份正在积极筹划和有序推进"两区"建设（表 5-15），这正响应了国家加快建设"两区"的政策。云南拟建设 4 个跨境旅游合作区和 8 个边境旅游试验区。广西"两区"建设先行一步，大新县的中越德天·板约跨境旅游合作区及相关设施建设已完成一部分，其他三个合作区已和越方达成共识，并完成了规划。

表 5-15　云南、广西口岸和"两区"（包括拟建）数目

口岸及两区	云南	广西
一类口岸	17 个：铁路口岸 1 个，公路口岸 12 个，空港口岸 2 个，河运口岸 2 个	17 个：铁路口岸 1 个，空港口岸 3 个，内河港口岸 3 个，公路口岸 4 个，海港口岸 6 个
二类口岸	7 个：内河港口岸 1 个，公路口岸 6 个	8 个：内河港口岸 1 个，公路口岸 7 个
跨境旅游合作区	4 个	4 个
边境旅游试验区	8 个：4 个国家级，4 个省级	2 个国家级

6. 优势对比

综上所述，云南、广西两省份地处我国西南部，邻接东南亚，发展边（跨）境旅游的优势明显。在发展边境旅游的条件方面各自有比较优势，但也存在一定的差异性（表 5-16）。同时，可以发现，两省份的共同优势在针对国内外旅游市场方面产生了一定的竞争性，但比较优势并没有在边境旅游发展方面产生明显的共轭作用。

表 5-16　云南、广西边境旅游发展条件对比优势

发展条件	云南	广西
区位	靠近南亚市场，亚欧大陆桥通道，与缅甸、老挝相邻，边境线长	位于华南经济圈、西南经济圈和东盟经济圈结合部，邻近经济发达区
旅游资源	5A 级旅游资源多，形成了昆明、大理、丽江、西双版纳、香格里拉等品牌	4A 级以上旅游资源多，形成了桂林、巴马、北海和德天瀑布等知名旅游地
交通条件	澜沧江-湄公河黄金河道，航空便利	海运，道路密度相对大
旅游企业和经济	5 星级饭店多，精品化程度高，与缅甸的边贸旅游发展潜力大	星级饭店总数多，接待大众市场潜力大，与越南的边贸旅游发展潜力大
两区建设	拟建设项目多	先行建设

二、旅游竞合关系分析

区域旅游共生和共轭是两省份边境旅游不可回避的问题。一方边境旅游出现不好的反应和事件（如投诉、安全等）会增加旅游者将另外一方作为替代选择的概率。此外，两省份有相同的国内旅游市场和国际旅游市场，在旅游人次和花销总数相对确定的情况下，从一方进出东南亚人数的增多势必会影响从另一方出入境的人数。但总体上，东南亚与我国互为客源，除了广西和云南，也关乎香港、广东、海南等地区，因此两省份不存在明显的竞争关系。

（一）云南、广西边境旅游竞争

云南、广西旅游资源类似，位置相邻，因此竞争的状况不可避免。旅游资源丰度、区位条件、经济发展水平、开放度、可进入性等旅游发展条件是影响边境旅游规模和类型的主要因素，市场份额是旅游竞争结果的体现。此外，贸易仍然是目前驱动我国边境旅游的主要因素之一；周边接壤国家边境入境旅游所占比重明显超过非周边国家，相邻国家数目和边境长度也会影响整体国际旅游市场；汇率、关税、物价水平和文化差异度等其他影响因素也会在一定程度上影响边境旅游的发展（赵多平等，2012）。而云南和广西的竞争主要来源于旅游资源、区位条件、相邻国家数目和边境线长度。

云南、广西旅游竞争力水平不相上下，均具有吸引东盟入境游客方面的天然优势，其各自有着自己的劣势与不足（刘亚萍等，2014）。两省份都位于中国

西南部，少数民族风情浓郁，自然风光宜人，同属中国知名的旅游目的地，对国内旅游市场具有大致相同的吸引力，竞争明显。面对东南亚旅游市场，看似云南具有更为多样的发展，因其与缅甸、老挝、越南三国接壤，边境线也更长，而广西仅与越南相邻，但随着东盟自由贸易圈的进一步完全开放，使广西边境旅游不仅仅停留在越南一国，和其他东南亚国家的联系也将成为现实，与云南针对东南亚的国际旅游市场竞争也愈加激烈。

（二）云南、广西边境旅游合作

早在 2003 年，吴艳文和王越子就提出，滇黔桂三省份地处我国西南与华南经济圈的结合部，是我国少数民族聚集最多、喀斯特地貌保存最为完整的地区，要联合开发滇黔桂国际旅游线路，异地整合旅游资源，形成规模效益（吴艳文和王越子，2004）。目前，滇黔桂的旅游合作，多是在三省份交界地区建立一些旅游协作区，其研究旅游合作的主要内容也局限于国际旅游线路建设（吴艳文和王越子，2004）、三省份边界的旅游扶贫建设（罗盛锋和黄燕玲，2015）、民族文化旅游示范区的合力打造（罗正富，2016）、喀斯特地貌旅游的联合开发（王静，2004）等。也有一些学者专门针对云南、广西两省份的民族文化旅游发展和旅游市场营销等方面做出对比分析（李春燕，2012），但云南、广西两省份边境旅游合作的研究罕见，对于目前出现的边境旅游产品单一、市场无序、竞争凸显、合作项目缺乏等问题难以形成良好的解决方案。

1. 合作机制

尽管云南、广西边境旅游存在一定的差异，各自有相对优势，但双方的合作可以提高两者整体的竞争力，在全国或区域范围内形成一定的知名度，吸引海内外游客前来旅游。面对双方共同的利益诉求，合作的机制很重要，直接决定了其可行性。

1）旅游资源是合作的基础。云南、广西旅游资源十分相似，基本上以喀斯特地貌、少数民族风情和热带亚热带山水风光、边境旅游为主。但目前两地的旅游资源是以省份为单位进行开发利用，严重阻碍了旅游业实行强强联合所带来的经济效益，也造成了旅游产品在不同区域范围内的雷同，势必会加大相互之间的竞争。将各种类型的资源在一体化空间范围内进行整合，联合设计旅游线路可以改善目前的这种现状。

2）交通是合作的前提。云南、广西地区旅游联合行动和旅游合作项目的交通条件比较便利。虽然资源较为分散,但目前昆明市和南宁市陆上交通已实现不到 5 小时通达,航空 1.5 小时通达,两省份的时间距离不大。就全国的交通条件改善情况和发展趋势及前景来看,交通不能成为影响旅游发展的瓶颈。而且两省份也改善了东南亚的陆上交通和航空运输,澜沧江与湄公河的黄金河道和北部湾经中国南海向东南亚辐射的海上交通要道不仅增加了游客来往的线路,更是丰富了旅游交通的形式。

3）产品是合作的核心。相似的旅游资源和共同的经济地理区位,使得云南、广西在国内和东南亚市场上具有大致相同的影响范围。面对共同的市场,双方需要合作,丰富现有的旅游产品类型,创新旅游产品内容,以共同的边境旅游产品带动两省份合作的逐渐深入,并分享合作带来的经济效益,以此增加合作的动力。

4）政策是合作的保障。《国务院关于支持沿边重点地区开发开放若干政策措施的意见》《国务院关于改进口岸工作支持外贸发展的若干意见》《国务院关于促进旅游业改革发展的若干意见》等国家相关政策和云南、广西政府对边境旅游的鼎力支持,以及大湄公河次区域、中国-东盟自由贸易区、西部大开发等国家或区域重大项目的实施,为边境旅游的发展奠定了良好的政策和环境基础。云南、广西积极和国外合作,建立跨境旅游合作区,努力培育建立边境旅游试验区,推动"两区"建设顺利进行。

2. 合作策略和手段

云南、广西边境旅游合作中,资源的差异化是合作的基础,交通的跨区域整合是合作的前提,产品互补性开发是合作的核心,利益诉求是合作的内生动力,政策是合作的保障。其合作的主要对策如下。

(1) 加强政府及各方合作

由国家出面,与国外相关部门会晤,进一步争取构建与大湄公河次区域国家之间的互免签证机制和无障碍旅游体系。同时,两省份应协调国家公安、交通、商务、边防、海关、检验检疫等相关部门,在人员、车辆通关便利化方面出台相应的政策,简化出入关手续,使游客可以自由通行。此外,还对边境旅游建设项目给予一定的优惠和政策指引,减轻项目建设上的资金储备不足、投资无序、手续烦琐等问题。

云南、广西两省份应建立政府层面上的边境旅游合作意向，在各自边境旅游发展相应机构成立的基础上，成立合作的机构和平台（如可以成立西南边疆边境旅游合作发展委员会等），共同建设西南疆边境旅游带，定期召开会议，以加强双方之间的沟通，解决合作中的问题，促进双方学习交流经验，探讨边境旅游发展的措施（李春燕，2012）；制定相应的边境旅游合作协议和规划方案，建设必要的项目，共同向国家相关部门申请项目，探讨"两区"建设策略；确立利益分配机制，使两省份的边境旅游合作项目共建共享。

此外，政府领导下的企业及地方层面的边境旅游合作项目是双方合作的实体内容。两省份各地区［不仅包括边境州（市）］旅游景区建立联合机制以实现资源与信息（景区信息、门票信息、导游信息、天气信息、城市信息和餐饮信息等）共享及业务协作，从而提高竞争力。

目前，边境旅游第三国旅游市场较小，这是边境区位现状的必然结果，通过两省份旅游企业的客源互荐互送，可以在一定程度上增加第三国客源市场的人数。同时，共同参与"两廊一圈"建设、大湄公河次区域、中国-东盟自由贸易区等合作，努力寻找双方合作的契机。

（2）打造统一的目的地形象，并共同对外营销

区域的共同联合可以产生形象叠加作用（杨振之和陈谨，2003）。云南、广西两省份可以根据现有的资源，塑造民族文化旅游、山水风光旅游和南亚东南亚边境旅游整体形象，将两省份的"共性"做大。对国内和国外重点市场进行调研，综合考虑出入境服务以及出境旅游市场、入境旅游市场与国内旅游市场的多元需求，采取不同的营销策略，有重点地推广不同的旅游产品。要突出边境特征，根据细分市场（出国梦、边贸、度假观光、购物等），通过精品品牌（南宁、桂林、北海、昆明、大理、丽江、西双版纳、香格里拉等）吸引国内外游客，并借机大力宣传边境旅游州（市），在瑞丽市、西双版纳州、东兴市和凭祥市先行创造边境旅游精品和品牌，形成边境旅游集散地。

为解决进少出多（卢卫，2012）的问题，应内联外拓，向国外联合宣传，积极吸引国外游客来华旅游，突出自然风光和边贸特色。按照越南、缅甸—印度、孟加拉国、老挝、东盟其他国家—法国、美国、英国、日本、韩国—其他国家的国别推进模式，有层次地向外推销。同时，在国内按照湖南、广东、香港、澳门、四川、重庆—贵州、湖北、江西、海南—北京、上海、浙江及其他沿海和国内大城市的地区推进模式，有重点地进行宣传。

（3）设计旅游线路，实现大联通

在设计相关线路时，需结合景点的通达条件、空间位置、资源的品位及其功能指向、旅游者的行为规律与需求偏好等进行综合考虑。

1）建设边境旅游走廊。目前，广西和云南已各自打造边关风情走廊。可将两省份的走廊贯通，以沿边公路为通道，从北到南，由西向东，塑造西南边疆边境风情走廊。从贡山县-福贡县-泸水市-腾冲市-盈江县-陇川县-瑞丽市-芒市-镇康县-耿马县-沧源县-西盟县-孟连县-勐海县-景洪市-勐腊县-江城县-河口县-马关县-麻栗坡县-富宁县，到那坡县-靖西县-大新县-龙州县-凭祥市-宁明县-防城港市-东兴市，并延伸至钦州市和北海市，在两省份边界内向100公里左右的范围内，建设一批旅游景点，完善道路及相关设施的建设，并积极推进全域旅游，同时推广两省份边境旅游的整体形象，打造"中国西南-东南亚边关风情走廊"。

2）实现旅游线路的环线。同一主题的线路开发，或者同一线路上不同主题的景点组合都利于游客在选择线路时有较大的自主性。因此，设计不同关口进出的线路，从云南不同的口岸出（入）境-从广西不同的口岸入（出）境、从陆地出（入）境-从航空或水运入（出）境等灵活的进出关方式，可以降低游客的旅游成本，不走"回头路"，丰富边境旅游游客的体验。

3）建设精品旅游线路。以目前的"两区"建设为龙头，在瑞丽市、景洪市、河口县、临沧市、东兴市、防城港市等地建设一批边境精品旅游景区。重点是要和非边境地区联合，优先开发商贸购物、休闲度假、民族文化、自驾车探险、休闲养生五大旅游主题；也可开发一些综合旅游产品，根据两省份现有的旅游产品，组合线路，并力争在此基础上培育具有发展潜力的精品线。由此，缓解并突破目前两省份边境旅游产品单一、逗留时间短、消费低等问题。重点打造一批入境旅游线路，以利益诉求加强合作的意愿。

4）打造优势线路。从广西最南部到云南最北部，两省份历经北热带、南亚热带、中亚热带、北亚热带、南温带和中温带，并且受高原、海洋、季风、山原等因素的影响，形成了别具一格、地区差异明显的气候类型。夏季有避暑和度假胜地，冬季有避寒和揽胜佳所，四季旅游不受限制。可根据游客冬季避寒、夏季避暑的需求，或根据细分市场结合一些稀有旅游项目（如冬季滇北冰川雪山旅游、冬季滇南和桂南热带亚热带风情旅游、夏季滇北避暑旅游等），打造一些具有气候优势的线路。

（4）延伸边境旅游，扩大区域合作的范围

延伸云南、广西边境旅游，通过边境旅游产品来促发游客进行跨境活动，以跨境旅游的发展和边境地区的良好建设吸引游客在边境地区停留，实现边境-跨境相互促进的动态过程。

在两省份边境旅游的竞合中，应借势探索和寻求在其他领域（如基础设施建设、经济、文化等领域）的相互合作，努力完善免税购物、休闲娱乐、外贸、物流、商务服务、车租赁、餐饮、住宿、创意文化、会议会展、体育、保健养生等产业，对旅游产品进行提升，实现"旅游+"效应，形成功能完善的旅游区（图5-13）。同时，将赴越南、老挝、缅甸的边境旅游作为国内游延伸的亮点，不应该仅停留在边境地区；将两省份的入境游客引入其他省份，发挥旅游集散地功能，和除边境地区以外的邻近内陆省份（如四川、贵州等）取得长远的合作意愿。可分别利用两省份的特色产品，继续通过边贸带动旅游业的发展。

除两省份之间的合作外，还应注重与东盟成员国、邻近省份与地区（如广东、香港、澳门、贵州、湖南、四川等）的跨区域联动，突破行政区域的限制，真正实现资源共享、客源互流、促销互助、产品互补的目标。

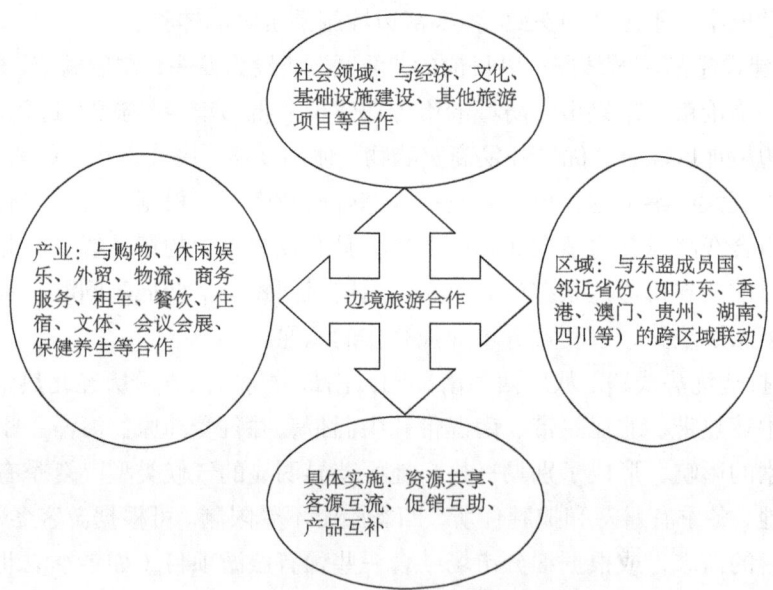

图5-13 云南、广西边境旅游合作范围

（5）发挥各自发展边境旅游的资源优势，避免恶性竞争

除合作项目之外，云南、广西两省份还要提升旅游企业经营能力、加速交通和基础设施建设、规范景区和服务等，积极发挥自身的比较优势。例如，云南应注重对澜沧江-湄公河水道的利用，并寻求和南亚国家旅游合作的机遇，着重对缅甸进行市场推销。而广西应利用优越的海港条件，发展游轮等高端旅游项目，弥补国内市场的不足，并对珠三角市场进行重点宣传促销。

云南的高山峡谷、江河湖泊、雪山冰川、火山地貌、独有民族，广西的滨海风情、桂林山水、养生天堂、骆越文化等，都是各自的独有资源。将这些资源与喀斯特地貌、热带亚热带气候、高原与丘陵地貌和山水风情相整合，避免线路上相似资源重复，实现两省份边境旅游发展的"差异性"互补。

此外，针对不同的相邻省份和国家，云南和广西应有侧重地宣传近程旅游产品，避免激烈的竞争，或造成边际效益递减，难以实现利益最大化。因此，云南应主要针对缅甸市场，广西应主要针对越南市场，分别有侧重点地加强对这两国的宣传和合作。

第七节　云南边境旅游发展战略对策

从以上针对云南边境旅游发展的 SWOT 分析入手，充分利用优势，抓住发展的机遇，直面挑战，有针对性地解决现实问题，促进云南边境旅游的快速健康发展。

一、发挥优势

云南应积极发挥地缘优势，凭借各国的睦邻友好关系，加强与南亚东南亚国家在经济、社会、文化等不同领域的合作，建设跨境旅游合作圈、边境旅游经济合作区、跨境旅游产业带等，为双方边境和跨境旅游的合作清除沟通和政策障碍。凭借云南丰富多样的自然和人文旅游资源，依托现有的知名旅游地，注重和其他类型旅游活动的相互补充和利用，突出特色，打造一批品味较高的边境旅游产品，促进云南旅游业新时期转型升级、提质增效。进一步扩大边境贸易，将其作为边境旅游的重要抓手，并带动边境旅游的投资和建设。在继续

完善道路、住宿、服务等设施建设的基础上，将边境旅游发展与边境地区各领域、各行业、各类资源充分整合调动起来，发挥"旅游+"功能，形成完善的地区经济和社会发展体系，建设一批优秀的边境旅游县（市）、有特色的边境旅游城镇和边境民族村寨。

二、抓住机遇

随着旅游业在全球经济中所占的地位越来越高，云南应抓住各国政府对旅游业的重视力度加大这一历史机遇，并积极寻求跨境旅游合作的机会，进一步加强双方开放的力度（图5-14）。在中国-东盟自由贸易区、大湄公河次区域合作、孟中印缅经济走廊建设等区域合作的背景下，利用和这些国家的合作项目，促进相互理解和认知，引导跨境旅游在双方共赢的前提下主动前行，避免单方强烈愿景下沟通困难、项目合作举步维艰等问题的出现。

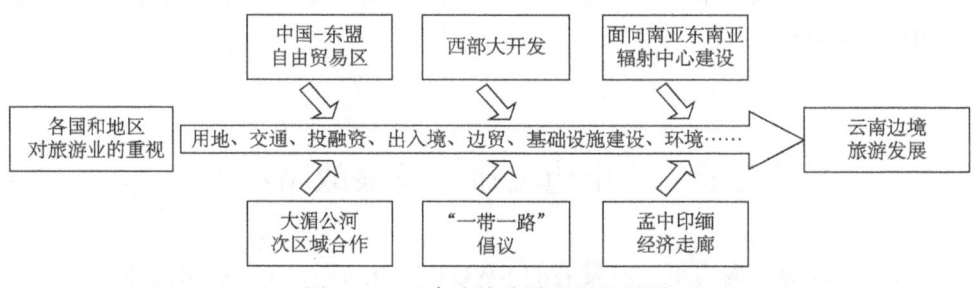

图 5-14 云南边境旅游发展机遇图

利用西部大开发、"一带一路"倡议、面向南亚东南亚辐射中心建设等优惠政策，解决一部分建设资金缺乏的问题，从旅游企业单打独享到社会共建共享转变。同时，在用地、交通、投融资、出入境、边贸、基础设施建设等相关领域，探索旅游实践和社会发展需求的便利政策。并根据实际情况，提出出入境手续、边民通行、物资流通、进出口贸易结算、免税购物区购物免税、退税服务等方面的建设性意见。

三、直面挑战

为避免与周边省份及南亚东南亚国家旅游业的竞争，尽量在国家和地方政府宏观层面进行话语沟通,并在企业等微观领域不断探索合作的路径,实行旅游产品的错位整合。在宣传过程中,着重突出边境地区的特色旅游资源,从边境的村寨民俗文化、贸易及特色商品、主流及少数民族文化方面,树立边境旅游的形象,借助定期不定期的营销活动,适当结合云南已有的旅游品牌,通过各种媒体短时间内通力打造"东南亚风情"边境的知名度。针对因低价团、零负团费导致的强迫消费、宰客、谩骂游客事件,和相关行政部门通力合作进行打击控制,建立边境旅游运行的良好机制。时时关注边境地区的地缘政治、经济、文化、社会、政策变化,建立边境旅游的预警机制、区域合作机制、管理体制、协调机制、监督机制、服务机制,减小内部和外部安全隐患(表5-17)。

表 5-17 云南边境旅游发展应对挑战的措施

方案	措施
话语沟通	国家和政府间的沟通与合作、企业间产品的整合
宣传手段	节庆、制造正面新闻、旅游展销会、旅游促销活动、特色旅游商品
媒介	报纸、杂志、电视广告和纪录片、微信平台、网络、媒体
多方管理	监督、执法、旅行社及其他旅游企业自律、游客反馈
提升质量	完善基础设施、打造优势产品、提高服务水平、加强安全预警

四、解决问题

积极利用各方资源筹措资金,形成边境旅游发展与相关投资方利益互补机制。进行基础设施建设,鼓励外资及发达地区的投融资活动对项目的建设,在道路贯通的基础上,逐步改善住宿、商务、会议、服务等设施,实现边境地区的全域旅游发展态势。改变以往以观光为主的旅游形式,增加度假、商务、会展、民俗体验等旅游活动,促进旅游产业的转型升级。在各国理解信任的基础上,对出入关程序进一步简化,方便游客通关。建立边境地区旅游人才(导游、翻译等)数据库,加强旅游人力资源管理;校企联合,构建分层分类的专业技术人才继续教育体系;通过建立信息平台,强化边境旅游信息的及时性、有效性、全面性和透明性。

第六章

边境旅游总体布局与项目建设

第一节 总体布局

一、空间布局整合思路

1. 边境旅游空间布局基本理论及模式

如何按照旅游市场需求，围绕旅游发展战略目标及发展定位，结合旅游资源的分布特点和旅游发展条件，有效组织合理的空间结构，是区域旅游规划开发中的重要问题之一。区域旅游规划的对象是区域旅游系统，这一系统具有多种复杂结构，包括部门结构、地域结构、空间结构、时间结构、旅游市场需求结构、旅游企业内部结构等，结构问题存在于旅游活动的全部领域。在各种结构问题中，对于旅游规划来说，旅游空间结构具有尤为重要的意义（吴必虎，2001）。对于本章边境旅游空间布局来讲，涉及以下相关理论及模式。

（1）系统科学理论

旅游规划的空间布局要涉及旅游资源的存在状况、旅游地的性质、客源市场结构、当地居民对旅游开发的承受能力、区域发展的整体水平、区位条件等因素。因此，空间布局必须以系统的科学方法论为基础，以整体的思想、系统的观点去分析和认识旅游规划中的空间布局问题。

（2）增长极理论

增长极理论是工业发展的理论（周作明和卢玉平，2008）。旅游规划中的增长极就是旅游地和旅游城市。在区域旅游发展过程中，应努力培养旅游发展的增长极，借此带动整个区域旅游的发展。实践也证明，区域旅游发展往往首先是从一个或少数几个点（旅游地）上开始的，获得良好发展的一个或少数几个大型的旅游地往往能带动整个区域旅游业及社会经济的发展，这就是旅游的增长极发展。

（3）梯度理论

旅游产业发展的过程存在梯区变化形态。旅游产业发展的梯度使得旅游经济发展水平在空间上呈递增或递减现象，往往表现为由旅游中心城市或重点旅游地向周边呈递减分布。旅游规划在进行旅游业发展战略布局时需要遵循旅游发展的梯度规律。

（4）点轴理论

点轴发展模式适用于旅游空间规划布局。在旅游产业发展中"点"就是旅游中心城市或重点旅游地，"轴"就是旅游中心城市或重点旅游地之间连接的旅游通道。这样，旅游中心城市或重点旅游地的发展，就有了点与点之间的旅游通道连接线（旅游交通线）。在不断的旅游发展过程中，处于旅游交通沿线的旅游城镇和旅游地、旅游点也逐渐发展起来，起到以点带线、以线带面的作用，从而带动整个区域旅游业的发展。

（5）集聚经济理论

在进行区域旅游规划的空间布局时，可以运用集聚经济理论原理，合理进行旅游产业布局，形成互补联动的行业与产业群，从而获取旅游要素集聚经济效益。

（6）社区-吸引物空间布局模式

该地理单元是由社区及其周边地区、吸引物和对外联系通道这几个地块单元组成的（全华，2009）。在开始区域旅游规划之前，首先是要发现并确定这些单元，即目的地地带。其中的社区具有多重功能。所有交通方式的重点都设在社区内部。社区内部拥有多种类型的吸引物资源，可为游客和居民提供重要的基础设施与服务，实行统一的管理。

（7）非吸引物腹地

整个旅游区除去流通廊道、社区-吸引物综合体区域单元后，剩下的就是非吸引物腹地（克莱尔·冈恩和特格特·瓦尔，2005）。随着旅游市场趋势的变化，如果在这些区域中发现新的社区和吸引物，那么这些区域在未来也具有开发的潜力。

2. 边境旅游空间布局思路

围绕《云南省"十三五"旅游产业发展规划》的思路和总体布局，抓住国家推进沿边开放、共建"一带一路"倡议、加快大湄公河次区域和孟中印缅国际合作等重大发展机遇,依据"因地制宜,突出特色;整体推进,重点突破;改革创新,开放共赢;互利合作,优势互补"的发展战略,强化全域旅游发展理念和方式,统筹边境旅游空间布局的合理设计。

二、总体布局

旅游空间布局又称"功能分区""功能布局"等,是将一个大的旅游空间划小的过程。通过对区域内土地及其负载的旅游资源、旅游设施分区划片,各区背景分析,确定旅游目的地名称、发展主题、形象定位、旅游功能、突破方向、规划设计以及项目选址,从而将旅游六要素的未来不同规划时段的状态落实到合适的区域,并将空间部署形态进行可视化表达(全华和王丽华,2003)。

在对云南边境旅游发展战略、定位与目标基础上,构建沿边边境旅游经济辐射轴线,重点建设三大跨境旅游合作圈,着力打造四大国际旅游走廊,培育六大边境旅游产业带,加快发展八大边境旅游试验区,推进四大跨境旅游合作区建设,形成"一带、三圈、四廊、六轴、十二区"的云南边境旅游发展空间格局(图6-1),推进云南边境旅游产业发展。

1. 一带——边境跨境旅游经济带

位置范围:以怒江州、保山市、德宏州、临沧市、普洱市、西双版纳州、红河州、文山州8个边境州(市)为空间范围。

发展定位:搭建边境跨境旅游辐射带动支撑带和旅游产业带。

建设要点:以河口县、景洪市、瑞丽市等边境城市及沿边国家级口岸为依托,着力构建边境跨境旅游经济带。向内辐射带动沿边八个州(市)等腹地地区的旅游发展,积极推进一批边境旅游试验区、跨境旅游合作区和旅游重大重点项目建设,向外辐射打造纵深跨境旅游走廊,建成连接南亚东南亚的国际旅游圈,进一步提升全省旅游国际化发展水平,为扩大沿边开放和兴边富民行动做出积极的贡献。

2. 三圈

(1)滇缅跨境旅游合作圈

位置范围:以怒江州、保山市、德宏州、临沧市、普洱市、西双版纳州 6

个边境州（市）以及缅甸北部边陲克钦邦下辖的密支那、八莫、葡萄和莫因 4 个县和缅甸东部掸邦下辖的东枝、莱林、腊戌、木姐、皎脉、滚弄、老街、景栋、孟萨、孟别、大其力 11 个县为空间范围。

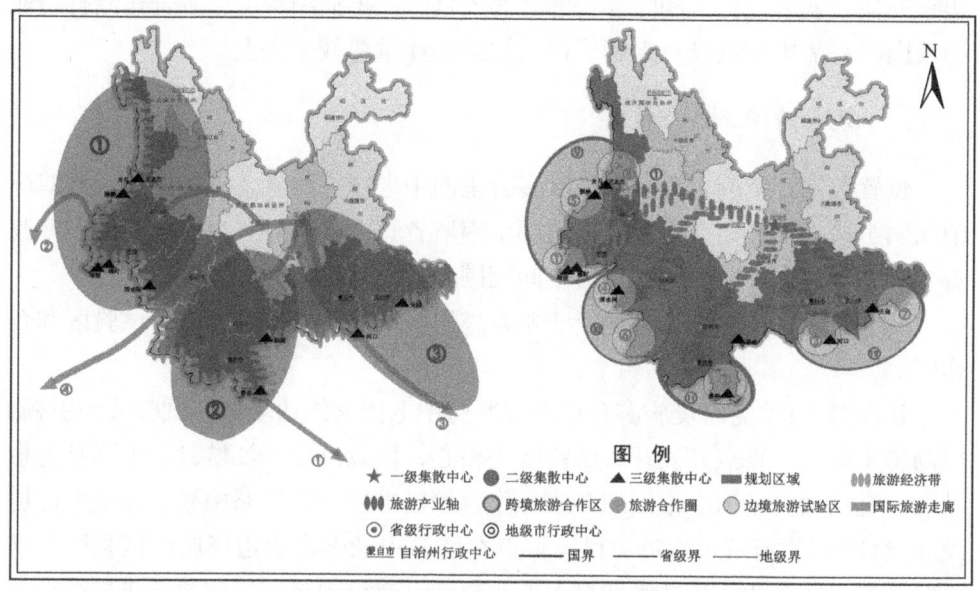

图 6-1　云南边境旅游发展总体布局（详见书末彩图）

三圈：①滇缅跨境旅游合作圈；②滇老跨境旅游合作圈；③滇越跨境旅游合作圈。

四廊：①昆明-景洪-万象-曼谷昆曼国际旅游走廊；②昆明-腾冲-密支那-曼德勒-仰光滇缅国际旅游走廊；③昆明-玉溪-河口-胡志明市-曼谷昆河国际旅游走廊；④昆明-楚雄-临沧-曼德勒-皎漂昆楚临国际旅游走廊。

六轴：①昆明-大理-隆阳-泸水-腾冲旅游产业轴；②昆明-大理-隆阳-芒市-瑞丽旅游产业轴；③昆明-楚雄-祥云-临翔-耿马（沧源）旅游产业轴；④昆明-玉溪-普洱-景洪旅游产业轴；⑤昆明-弥勒-蒙自-河口旅游产业轴；⑥昆明-石林-丘北-文山-麻栗坡旅游产业轴。

十二区：八大边境旅游试验区包括①瑞丽中缅国家级边境旅游试验区；②磨憨中老国家级边境旅游试验区；③河口中越国家级边境旅游试验区；④临沧耿马（孟定）边境旅游试验区；⑤腾冲边境旅游试验区；⑥普洱绿三角边境旅游试验区；⑦麻栗坡（天保）边境旅游试验区；⑧片马边境旅游试验区。四大跨境旅游合作区包括⑨滇西-缅北跨境旅游合作区；⑩滇西南-缅东跨境旅游合作区；⑪西双版纳-老挝跨境旅游合作区；⑫滇东南-越北跨境旅游合作区

发展定位：构建中缅边境产业要素集聚区及体制机制合作先行试验区和合作区。

建设要点：滇缅跨境旅游合作圈要以瑞丽边境旅游试验区为引领，以瑞丽市、腾冲市边境旅游区为核心，以耿马县、孟连县、泸水市为带动区，加快昆明市-保山市-芒市-瑞丽市旅游经济带建设，重点面向缅甸北部边陲克钦邦、东部掸邦开放合作，积极参与孟中印缅经济走廊陆路旅游通道建设，重点在瑞

丽市开展旅游装备制造与旅游购物贸易合作，有序推进旅游业相关要素，如酒店住宿业、旅行社业务、景区景点开发、旅游购物等领域的开放发展，建设中缅边境旅游经济贸易中心、西南开放的重要国际陆港、国际文化交流窗口、沿边统筹城乡发展先行区和睦邻安邻富邻模范区，把滇缅跨境旅游合作圈打造成为云南参与孟中印缅经济走廊建设的旅游产业重要战略支点。

（2）滇老跨境旅游合作圈

位置范围：空间上分布在700多公里的中老国界线上，以普洱市、西双版纳州两个边境州（市）以及老挝北部琅南塔省、丰沙里省、乌多姆赛省、博胶省、琅勃拉邦省、华潘省6省为空间范围。

发展定位：构建中老边境产业要素集聚区及体制机制合作先行试验区和合作区。

建设要点：滇老跨境旅游合作圈以磨憨中老国家级边境旅游试验区为引领，以勐腊（磨憨）重点开发开放试验区为核心，以景洪市、江城县、孟连县为带动区，重点面向老挝、泰国的开放合作，积极推进泛亚铁路中线、昆曼大通道及澜沧江-湄公河黄金水道建设，重点在磨憨中老国家级边境旅游试验区探索试验旅游双、多边合作政策和自由贸易规则，建设中老友好旅游合作先行区、昆曼大通道重要枢纽以及面向东南亚区域性的旅游商贸服务基地、物流配送基地以及文化旅游胜地，把滇老跨境旅游合作圈打造成为澜沧江-湄公河对外开放经济带的旅游产业重要战略支点。

（3）滇越跨境旅游合作圈

位置范围：以红河州、文山州两个边境州（市）以及越南北部老街省、莱州省、河江省、山萝省、永福省、安沛省、宣光省、奠边省、富寿省9个省为空间范围。

发展定位：构建中越边境产业要素集聚区及体制机制合作先行试验区和合作区。

建设要点：滇越跨境旅游合作圈以河口边境旅游试验区为引领，以河口县为核心，以麻栗坡县、金平县为带动区，重点面向越南开放合作，联动红河州综合保税区，依托泛亚铁路东线，重点在河口县加快发展跨境旅游、物流及保税购物等相关产业，建设昆河经济走廊重要的口岸物流中心、保税物流基地、保税加工园区、生产性服务贸易基地，把滇越跨境旅游合作圈打造成为云南对接"两廊一圈"的重要战略支点。

3. 四廊

依据流通廊道规划开发模式，空间交通廊道在云南面向东南亚辐射发展中起着连接客源地与目的地、市场与吸引物的重要作用。以昆明市为辐射中心，以云南综合交通基础设施网、泛亚铁路、昆曼大通道、出境航空线路等国际交通网线建设为依托，整合沿线旅游资源，面向周边国家和省内各区（市）客源市场，培育打造四大跨境国际旅游走廊。

（1）昆明-景洪-万象-曼谷昆曼国际旅游走廊

以 G8511 昆磨高速和昆曼大通道干线为依托，并连接缅甸、老挝和泰国曼谷，建设昆明-景洪-万象-曼谷昆曼国际旅游走廊。

（2）昆明-腾冲-密支那-曼德勒-仰光滇缅国际旅游走廊

以 G56 杭瑞高速和泛亚铁路西线为依托，并连接缅甸和南亚等国家，建设昆明-腾冲-密支那-曼德勒-仰光滇缅国际旅游走廊。

（3）昆明-玉溪-河口-胡志明市-曼谷昆河国际旅游走廊

以 G8011 开河高速和泛亚铁路东线以及 G80 广昆高速至麻栗坡县等干线为依托，并连接越南河内，建设昆明-玉溪-河口-胡志明市-曼谷昆河国际旅游走廊。

（4）昆明-楚雄-临沧-曼德勒-皎漂昆楚临国际旅游走廊

以昆楚高速、楚临高速干线为依托，并连接缅甸，建设昆明-楚雄-临沧-曼德勒-皎漂昆楚临国际旅游走廊。

4. 六轴

（1）昆明-大理-隆阳-泸水-腾冲旅游产业轴

位置范围：以昆明市、泸水市、腾冲市及沿线县（市）为轴线空间范围。

发展定位：生态观光、自驾车体验旅游集散辐射轴线。

建设要点：依托怒江大峡谷和高黎贡山的良好生态旅游资源，以风景游憩、产业集聚、文化展现和旅游活动四大功能为落脚点，着力打造鲁掌-片马边境历史文化慢生活体验区，高黎贡山国际生态旅游圈，怒江、澜沧江、龙川江三江旅游休闲带，以及腾冲边贸旅游、文化旅游产业集聚区，构建昆明-大理-隆阳-泸水-腾冲旅游产业轴。

（2）昆明-大理-隆阳-芒市-瑞丽旅游产业轴

位置范围：以昆明市、隆阳区、芒市、瑞丽市及沿线县（市）为轴线空间范围。

发展定位：边贸旅游产业集散辐射轴线。

建设要点：充分依托德宏州良好的生态旅游资源、丰富的民族文化和独特的边境文化、良好的商贸及玉石交易基础，以瑞丽江-大盈江流域为重点，着力打好边境风情、民族文化、绿色生态、养生休闲、特色购物5张旅游名片，突出高端商务、休闲度假、体验购物三种业态，重点打造商贸旅游、文化旅游、自驾车旅游等旅游产品，构建昆明-大理-隆阳-芒市-瑞丽边境旅游产业轴。

（3）昆明-楚雄-祥云-临翔-耿马（沧源）旅游产业轴

位置范围：以昆明市、楚雄市、祥云县、临翔区、耿马县、沧源县及沿线县（市、区）为轴线空间范围。

发展定位：文化体验及边境探秘旅游产业集散辐射轴线。

建设要点：依托临沧市的生态旅游资源和良好的区位优势，以临沧市"一城两带"空间格局为基础，着力构建联动双江县、沧源县、耿马县、镇康县的"边境旅游带"和以澜沧江百里长湖、茶文化等为核心，联动凤庆县、云县、临翔区的"澜沧江旅游带"，打造跨境旅游、休闲度假、生态观光、户外运动、健康养生、工业观光、文化体验为特色的旅游产品体系构建昆明-楚雄-祥云-临翔-耿马（沧源）旅游产业轴。

（4）昆明-玉溪-普洱-景洪旅游产业轴

位置范围：以昆明市、玉溪市、普洱市、景洪市及沿线县（市）为轴线空间范围。

发展定位：中老越边境生态观光体验及边境休闲度假旅游产业集散辐射轴线。

建设要点：充分发挥普洱市、西双版纳州良好的生态环境、独特的民族、南传佛教等宗教文化特色优势，结合澜沧江-湄公河黄金水运航道、茶马古道和丰富的温泉资源，重点打造自驾车（房车）旅游、水陆联运旅游、生态旅游、民族文化旅游、宗教文化旅游、体育旅游、乡村旅游、养生养老旅游、科考探险旅游等产品，构建昆明-玉溪-普洱-景洪旅游产业轴。

（5）昆明-弥勒-蒙自-河口旅游产业轴

位置范围：以昆明市、弥勒市、蒙自市、河口县及沿线县（市）为轴线空间范围。

发展定位：中越边贸旅游产业集散辐射轴线。

建设要点：抓住建设昆玉红旅游文化产业经济带机遇，充分发挥区域内丰富的旅游资源、独特的区位和雄厚的经济基础，以培育滇越铁路旅游带、昆河公路旅游经济带、红河谷人文生态景观旅游带、红河哈尼梯田文化旅游带为重点，进一步提升交通基础设施条件，创新旅游文化业态，着力打造滇东南昆明-弥勒-蒙自-河口旅游产业轴和发展引擎。

（6）昆明-石林-丘北-文山-麻栗坡旅游产业轴

位置范围：以昆明市、丘北县、文山市、麻栗坡县、富宁县、马关县及沿线县（市）为轴线空间范围。

发展定位：边境文化旅游及生态观光产业集散辐射轴线。

建设要点：充分依托滇东南喀斯特地貌及越南北部良好的生态旅游资源，丰富的民族文化和边境文化资源，悠久的中越历史文化积淀，以及高速公路旅游带和高速铁路旅游带，着力建设西部山水颐养片区、南部边关彩宝片区、东部民俗体验片区，重点打造跨境文化旅游、生态旅游、滨海度假旅游、自驾车旅游产品，构建昆明-石林-丘北-文山-麻栗坡旅游产业轴。

5. 十二区

以边境旅游城市为核心，依托周边的旅游资源，结合边境经济合作区等政策集成，着力构建瑞丽中缅国家级边境旅游试验区、磨憨中老国家级边境旅游试验区、河口中越国家级边境旅游试验区三大国家级边境旅游试验区，临沧耿马（孟定）边境旅游试验区、腾冲边境旅游试验区、普洱绿三角边境旅游试验区、麻栗坡（天保）边境旅游试验区、片马边境旅游试验区五大省级边境旅游试验区，以及滇西-缅北跨境旅游合作区、滇西南-缅东跨境旅游合作区、西双版纳-老挝跨境旅游合作区、滇东南-越北跨境旅游合作区四大跨境旅游合作区。

（1）八大边境旅游试验区

1）瑞丽中缅国家级边境旅游试验区。

位置范围：以瑞丽口岸、畹町口岸为核心，以瑞丽市为空间范围。

发展定位：国内一流、国际著名的边境商贸及特色边境文化旅游目的地和中国面向南亚东南亚的区域性国际旅游集散地。

建设要点：以生态资源、民族文化资源、口岸建设为依托，全力围绕"一核两翼"和"一江一线"，推进瑞丽市旅游核心区发展，打造瑞丽江旅游文化生态精品项目带集、边境线旅游文化项目集群带，开拓跨境旅游市场线路，开发购物、边境风情游、温泉休闲度假游、民族文化风情、康体健身游五大旅游文化产品，推动"五个一批"项目建设。打造"有一个美丽的地方""东方珠宝城""口岸明珠""优秀旅游城市""边境旅游"五大品牌。加快旅游产品向自然生态观光、异国风情感受、民族文化体验、口岸商务旅居、康体休闲运动、珠宝红木购物等复合型发展转变，把瑞丽中缅国家级边境旅游试验区建设成为国内一流、国际著名的边境商贸及特色边境文化旅游目的地和中国面向南亚东南亚的区域性国际旅游集散地。

2）磨憨中老国家级边境旅游试验区。

位置范围：以磨憨口岸为核心，以勐腊县为空间范围。

发展定位：建设成云南通向老挝、连接泰国的旅游胜地和国际傣文化休闲旅游中心，面向南亚东南亚的国际旅游集散地。

建设要点：充分发挥磨憨口岸的地缘优势和口岸通道优势，借力打洛口岸、关累港、景洪港等口岸优势，借助西双版纳州"提升中心，做优东线，做大西线，开发澜湄，联动内外，辐射周边"的边境旅游发展思路及努力构建"金四角"国际旅游圈的发展契机，抓好互联互通的综合交通建设，促进泛亚铁路中线建设，提升澜沧江-湄公河水运航道，加快完善旅游公共服务设施，充分发挥良好的生态环境、独特的民族风情、特色的宗教（南传佛教）等优势，打造富有特色化、差别化、体验化和异国情调化的边境旅游产品。将磨憨中老国家级边境旅游试验区建设成云南通向老挝、连接泰国的旅游胜地和国际傣文化休闲旅游中心，面向南亚东南亚的国际旅游集散地。

3）河口中越国家级边境旅游试验区。

位置范围：以河口口岸为核心，以河口县为空间范围。

发展定位：云南通往越南连接东南亚国家的陆港无障碍跨境自游行试验示

范区和中越边境文化旅游样板。

建设要点：依托中越边境独特的地理区位优势和热区气候等自然资源以及丰富的文化资源，以红河州梯田遗产、自驾品牌线路等优势资源为依托，以建设口岸旅游城市、带动全州发展为战略，着力打造遗产旅游、边境乡村旅游、边境文化旅游、养生养老旅游、中越商贸购物游等旅游品牌。推进包括河口口岸国际旅游集散中心在内的国际化滨江旅游城市综合体、国际旅游集散中心、滇越铁路、异域风情街等项目建设，把河口中越国家级边境旅游试验区打造成为通往越南、连接东南亚国家的陆港无障碍跨境自游行试验示范区和中越边境文化旅游样板。

4）临沧耿马（孟定）边境旅游试验区。

位置范围：以耿马（孟定）为核心，以临沧边境经济合作区所覆盖的耿马县、沧源县、镇康县三个边境县为拓展区，辐射临沧市全境。

发展定位：面向印度洋，连接南亚东南亚的国际知名的边境旅游和多元民族风情体验及康体养生旅游目的地。

建设要点：以边境经济合作区为依托，以"全域旅游"为发展方向，以"世界佤乡好地方，避暑避寒到临沧"为品牌，以多元民族风情体验、探秘"金三角"、印度洋沙滩度假为核心吸引物，着力构建以跨境旅游、休闲度假、生态观光、户外运动、健康养生、工业观光、文化体验为特色分支的旅游产品体系，完善旅游基础配套设施，以沧源国际旅游度假区建设为重点，带动辐射镇康县、耿马县，打造面向印度洋，连接南亚东南亚的国际知名的边境旅游和多元民族风情体验及康体养生旅游目的地，成为云南边境旅游西南片区的前沿窗口、对外枢纽及重要增长极。

5）腾冲边境旅游试验区。

位置范围：以猴桥口岸为核心，以腾冲市为空间范围。

发展定位：中缅边境商贸集散中心及区域性国际化旅游城市。

建设要点：依托腾冲市的温泉资源、文化资源、生态环境、区位条件及旅游产业优势，充分利用边境文化特色资源和腾越文化资源，发展温泉养生旅游、红色旅游，做大健康产业，精细养老产业、文化创意产业；依托腾冲市面向南亚东南亚的区位优势和侨乡优势，发展现代商贸服务业，促进特色旅游、文化创意、边贸物流、金融服务等新业态融合发展。积极拓展边境旅游线路，推进腾冲市旅游产业开放度和国际化水平提升，努力将腾冲市打造成为功能齐全、开放度高、管理有序、繁荣发展的中缅边境商贸集散中心和区域性国际化旅游城市。

6）普洱绿三角边境旅游试验区。

位置范围：以思茅港、勐康口岸、孟连口岸、龙富通道为核心，以江城县为带动，以孟连县、澜沧县、西盟县为空间范围。

发展定位：中缅无障碍跨境旅游示范区和"一城三国"跨境旅游集散地。

建设要点：以中老越边境地区独特的旅游资源为基础，以思茅港口岸和孟连县、西盟县、江城县等边境旅游县为依托，培育好以江城县十层大山三国公园等精品景区，加快绿三角旅游区建设，加强边境旅游基础设施建设，充分利用陆路优势与水路优势，运营好中老边境旅游线路，规划开通中越跨境旅游线路，建设开通中老越三国旅游环线，打造优势节庆活动，助推文化旅游融合发展。争取国家、省市政策支持，实现人员、车辆在边境旅游试验区内自由流动，把试验区建成中缅无障碍跨境旅游示范区和"一城三国"跨境旅游集散地。

7）麻栗坡（天保）边境旅游试验区。

位置范围：以天保口岸为核心，以麻栗坡县、富宁县、马关县为空间范围。

发展定位：文山州边境旅游新高地，面向越南和东南亚的旅游集散中心及通往越南和东南亚的国际大通道。

建设要点：结合麻栗坡县旅游发展规划，构建"一核、两带、三区、四品、五组合、六线"的总布局，有机连接旅游资源，形成全县旅游发展框架。发展资源和区位优势，着力推进产业融合发展，突出资源的差异性特色，打造旅游精品，强化基础设施建设，把边境旅游业培育和发展成为全县的拳头产业并形成滇东南边境旅游增长极和重要的边境试验区。

8）片马边境旅游试验区。

位置范围：以片马口岸为核心，辐射带动泸水市为发展空间范围。

发展定位：滇西边境生态观光及民族文化旅游产业集聚区。

建设要点：以片马口岸为空间集散点，以民族文化为核心体验对象，以生态旅游为理念支撑，推进边境旅游的梯度发展。以全力改善交通基础设施为代表的旅游基础设施与接待设施结构为突破点，深度开发生态旅游资源，着力构建绿色旅游产业体系，推动边境经济合作区建设步伐，主动融合国家新型城镇化建设、脱贫致富等战略机遇，带动试验区的旅游产业实现跨越式发展，形成怒江州边境旅游发展的新局面和全域旅游发展的增长极。

(2)四大跨境旅游合作区

依托 8 个州（市）边境旅游试验区建设基础，结合云南的边境区位条件，分别在滇西、滇西南、滇南、滇东南，以怒江州、保山市、德宏州、临沧市、普洱市、西双版纳州、红河州、文山州为 4 个片区，向外辐射缅甸、老挝、越南，并划定一定的空间区域，以现有的对等交流为基础，通过体制机制创新，形成省、州（市）、县（市）对等的三级联席会议制度，为游客及旅游生产要素的自由流动提供保障，努力实现旅游生产力要素无国界的自由流动，形成激励共赢机制；以双方国家投入为导向，吸引双边国家资金投入基础设施、公共服务设施等建设，实现国与国之间、省会城市之间、城市与景区之间的高速公路网络化；通过"资源互享、产品共推"的基本模式，充分挖掘和培育形态多样、内涵丰富的旅游产品，在现有跨境旅游基础上，延伸旅游线路，形成旅游环线，同时按照差异化、特色化的基本要求，形成一批具有一定知名度的跨境旅游产品；通过"客源互送、企业共赢"的基本模式，调动和吸引国内外大型旅游企业参与跨境旅游的开发和建设；通过"信息互通、市场共管"的基本模式，搭建网络营销平台，塑造统一品牌，开展整体促销活动；通过"人才互动、设施共建"的基本模式，培养一批满足跨境旅游需求的人才队伍，建成一批满足跨境旅游需求的基础设施和公共服务设施，助推跨境旅游合作区发展。打造滇西-缅北跨境旅游合作区、滇西南-缅东跨境旅游合作区、西双版纳-老挝跨境旅游合作区、滇东南-越北跨境旅游合作区四大跨境旅游合作区。

6. 十九个边境旅游集散中心

依托云南行政中心城市、交通枢纽、州（市）重点县（市、区）及边境重点口岸通道，打造 19 个边境旅游集散中心，形成三级旅游集散中心体系。

(1)一级旅游集散中心

以昆明市为辐射核心，统筹云南整个边境旅游发展，筹建边境旅游集散中心，依托其行政中心所具有的区位条件、交通条件及社会经济服务功能，充分发挥昆明作为我国西南边疆地区中心城市的旅游集散中心功能，打造一级旅游集散中心。

(2)二级旅游集散中心

以云南重要的交通枢纽、重要州（市）、县（市、区）为依托，打造 9 个二级旅游集散中心，主要包括大理市、蒙自市、文山市、思茅区、临翔区、景洪市、泸水市、隆阳区、芒市。依托各县（市、区）优越的区位条件和重要的交通枢纽位置，完善县（市、区）内各项旅游管理服务功能，升级改造交通基础设施条件，丰富区域内旅游要素设施建设，提供城市综合性旅游接待服务，打造面向各个片区的二级旅游集散中心。

（3）三级旅游集散中心

依托8个州（市）重点建设口岸及通道，打造9个三级旅游集散中心，包括片马口岸、猴桥口岸、瑞丽口岸、畹町口岸、孟定清水河口岸、勐康口岸、磨憨口岸、河口口岸、天保口岸。提升"一站式"旅游公共服务中心服务，建立健全旅游管理、旅游信息咨询、旅游电子交易、旅游应急救援功能，打造集信息咨询、交通集散、行政管理服务于一体的三级旅游集散中心。

7. 二十四个边境口岸点

包括重点建设8个边境旅游口岸点：昆明长水国际机场、天保口岸、河口口岸、瑞丽口岸、畹町口岸、磨憨口岸、猴桥口岸、孟定清水河口岸；加快建设10个边境旅游口岸点：西双版纳嘎洒国际机场、金水河口岸、打洛口岸、章凤口岸、那邦口岸、片马口岸、南伞口岸、永和口岸、孟连口岸、田蓬口岸；规划建设6个边境旅游口岸点：德宏芒市机场、腾冲机场、勐康口岸、都龙口岸、关累港、勐满口岸。

对于重点建设的边境旅游口岸点来说，以全域旅游为统筹，重点突出其旅游带动、辐射、集散及服务功能，成为旅游走廊建设点上的支撑。以昆明长水国际机场、天保口岸、河口口岸、瑞丽口岸、畹町口岸、磨憨口岸、猴桥口岸、孟定清水河口岸8个面向越南、老挝、缅甸的口岸为重点，建设服务沿边地区旅游开发开放的重要开放门户和跨境通道枢纽，依托政策优势，良好的旅游发展基础，便利的交通区位优势，将其打造成为云南边境旅游的"龙头"口岸。

对于加快建设及规划建设的边境旅游口岸点来说，需要进一步完善、拓展交通网，将互联互通国内段交通项目建设纳入国家相关规划，利用国内及国际的资金援助，加快推动旅游项目建设；加强国际合作，和缅甸、老挝和越南三国政府协商，推进公路的互联互通建设。同时，突出各个口岸的旅游特色化和差异化，加快涉及县城区域及其境内口岸旅游配套设施的建设，完善旅游中心功能，提高旅游接待能力。

着力突出猴桥口岸、瑞丽口岸、芒市口岸、景洪港、河口口岸、孟定清水河口岸、孟连口岸、天保口岸 8 处口岸建设，结合腾冲市、瑞丽市、芒市、景洪市、河口县、耿马县、孟连县、麻栗坡县 8 个区域中心城市建设，构建 8 个边境旅游特色发展组团，实现"区域集散中心+边境口岸"的协同发展，从而形成边境旅游地区集群化、差异化、特色化发展态势。

8. 边境旅游小镇及边境旅游村寨

根据非吸引物腹地理论，随着旅游市场趋势的变化，在 25 个边境旅游县（市）建设基础上，要充分挖掘发现新的社区和吸引物，打造一批边境旅游小镇、边境旅游村寨，构建边境州（市）、边境县（市、区）、旅游小镇、旅游村寨四级边境旅游节点空间格局（图 6-2）。

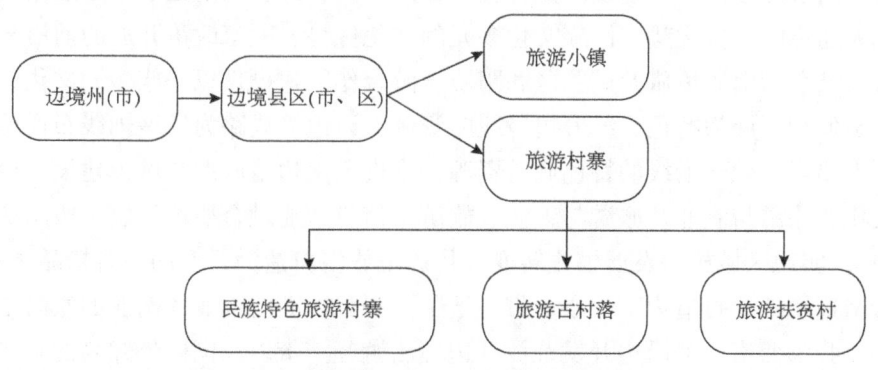

图 6-2　云南边境旅游小镇及旅游村寨建设体系

（1）边境旅游小镇

边境旅游小镇建设要与口岸建设紧密结合，突出小镇民族风情和旅游服务功能，加快完善边境旅游小镇口岸服务功能，将边境旅游小镇建设成服务沿边地区开发开放的重要开放门户和跨境通道枢纽，提升其旅游服务功能的综合性。按照"生态景观良好，文化特色浓郁，街区风貌特色突出，对外交流便利，具有较高品质的旅游资源和产品"的标准打造边境旅游小镇，并形成小镇建设的梯队层次体系。

（2）边境旅游村寨

边境旅游村寨包括民族特色旅游村寨、旅游古村落、旅游扶贫村，建设以环境改善为基础，以村容村貌美化为重点，以乡村休闲、农事体验、农家乐、特色种养殖等乡村旅游产品为载体，以实施旅游产业扶贫、带动就业和促进群众脱贫增收为方向，按照自然景观良好，文化特色鲜明，村落风貌和生态环境优美，村内及其周边至少有 1 个旅游小景区和 10 家以上农家乐，村容村貌整洁，通达条件良好，旅游功能和公共服务设施完备为标准推进边境旅游村寨建设。

第二节 项 目 建 设

一、项目建设思路与原则

云南边境旅游项目建设应充分发挥云南所具有的联系南亚东南亚陆路交通国际大通道的区位优势、民族文化多元的文化优势、国家改革开放的前沿高地优势，结合云南边境旅游试验区和跨境旅游合作区建设，以民族多元文化的传承、延伸和发展为特色，统筹边境线路资源，以边境线路为发展轴线布设旅游生产力要素，融合沿线的特色旅游资源，推进云南边境旅游与城镇建设、旅游与文化、旅游与农业、旅游与工业、旅游与信息产业融合协调发展（段跃庆，2015），实现区域旅游发展模式转变，将边境旅游打造为云南的旅游精品之一，把云南边境地区打造为"一心一带一地"——我国面向南亚东南亚的旅游辐射中心、我国西南边疆沿边开发开放的边境旅游经济带以及国内外知名的新兴旅游目的地。根据云南边境旅游发展基本理念，分别从区域合作性与分区性相结合、梯度安排与分层推进相结合、平台互通与利益共享相结合等方面阐述云南边境旅游项目建设的思路与原则。

1. 区域合作性与分区性相结合

云南边境旅游涉及与南亚东南亚合作层面、国家层面、省级层面以及州（市）级层面的开发与建设，其发展有着不同的战略意义与使命。云南边境地区是南亚东南亚国家认识中国、进入中国的"首因效应区"和窗口，是联系南亚东南亚乃至整个印度洋地区的陆路桥梁及孟中缅印经济走廊的战略支撑点，同时也是我国西南边疆地区沿边对外开放的前沿及辐射中心，是云南旅游强省建设的重要空间。同时，云南边境旅游对各边境州（市）而言，是新的发展机遇和挑战。因此，整个项目安排应充分考虑国际市场和国内市场，国内市场兼顾省内和省外两个市场，省内市场应协调好各州（市）的项目安排。在整个项目实施过程中应坚持区域合作性与分区性相结合，发挥中老、中缅、中越等跨境旅游合作圈的国际区域合作作用，涉及具体项目也应进行分区建设，进一步强化功能分区。

2. 梯度安排与分层推进相结合

确定阶段性的项目实施计划，有序推进，合理发展。做好项目规划的梯度安排与分层设计，在整个项目规划设置上按重大项目、重点项目、一般项目和近期、中期、远期进行安排，优先打造重大项目，促进重点项目与一般项目建设，协调好近中远期的开发时序关系，分层次推进。近期重点推进重大项目和重点项目建设；中期继续完善重大项目、强力推进重点项目；后期启动一般项目，更新完善重大项目、重点项目。在空间上按照沿边边境旅游经济辐射带-跨境旅游合作圈-跨境国际旅游走廊-边境旅游产业轴-边境旅游试验区/跨境旅游合作区-旅游集散中心-边境口岸/边境旅游小镇-边境特色民族村寨的体系布局安排。

3. 平台互通与利益共享相结合

对边境旅游而言，项目安排同时意味着利益平台、盈利渠道的搭建，这是边境旅游能否长期和谐、友好发展的重要前提。云南边境的旅游项目安排坚持平台互通与利益共享相结合，秉持"友好共赢、多方普惠"的原则，综合考虑出入境服务以及出境旅游市场、入境旅游市场与国内旅游市场的多元需求，针对各具体边境旅游地不同层次的旅游体验（如边关风情体验、民族风情体验、购物体验等）和服务需求规划兼具本土特色与中国特色的项目与产品。积极发挥政府主导作用，进行政策引导和产业扶持，建立政府部门行政管理协调机构，主动从税务、质监、工商、价格、银行等方面对边境旅游产业的开发和建设争取最大限度的优惠和帮扶政策，帮助从事边境旅游项目建设的企业与个人筹集资金、搞好服务、做好边境旅游基础设施与公共服务体系。建立激励机制，制定激励政策，鼓励边境居民积极参与旅游发展，并从中获得实际收益。企业间坚持加强企业合作，实现资源共享、市场共拓、信息共通、合作共赢，鼓励跨行业合作。提供优质产品和服务，保证旅游者获得较高满意度和旅游合法权益；形成良好的旅游监督、反馈与沟通机制，缓和调节各利益相关者的矛盾，促进边境旅游业的和谐发展。

二、项目建设构想

项目建设构想在"一带、三圈、四廊、六轴、十二区"总体布局的基础上，以全域旅游发展理念为指导，紧密结合"旅游+"背景下的产业融合态势，以产业互动和协同发展为核心，深入实施旅游开发与城镇、文化、产业、生态、乡村建设和沿边开放"六位一体"的融合发展战略，全面构建边境地区从景区到社会、从旅游业到全产业、从城镇到乡村、从边境地区到跨境区域的全域旅游发展框架。同时，在项目遴选过程中重点结合《云南省旅游产业"十三五"发展规划》和《云南省旅游产业转型升级三年（2016—2018年）行动计划》等的重大重点建设项目规划。云南边境旅游项目建设体系为"五个一批"，即建设一批边境旅游试验区和跨境旅游合作项目，建设一批国际性旅游度假区，建设一批精品旅游景区、生态旅游示范区和特色旅游产业园，建设一批边境旅游小镇和特色村寨，建设一批旅游基础设施和旅游公共服务项目，形成重大、重点和一般项目三级体系。

（一）重大项目

抓住国家推进沿边开放和共建"一带一路"等发展机遇，结合云南沿边开发开放试验区、跨境经济合作区等建设发展的战略机遇，建设一批边境旅游试验区和跨境旅游合作区，积极推进瑞丽中缅国家级边境旅游试验区、磨憨中老国家级边境旅游试验区、河口中越国家级边境旅游试验区、临沧耿马（孟定）边境旅游试验区、腾冲边境旅游试验区、普洱绿三角边境旅游试验区、麻栗坡（天保）边境旅游试验区、片马边境旅游试验区8个边境旅游试验区建设项目并将其作为重大项目，具体项目分布如图6-3所示。通过8个重大项目的建设，加强大湄公河次区域、孟中印缅经济走廊及缅甸、老挝、越南等国家的旅游合作，促进沿边跨境旅游和边境旅游发展，打造面向南亚东南亚国家的沿边边境旅游经济带，进一步提升云南旅游国际化水平。

1. 瑞丽中缅国家级边境旅游试验区

（1）建设背景

瑞丽市地处云南西部，有瑞丽口岸、畹町口岸两个一类口岸和丙冒、雷允

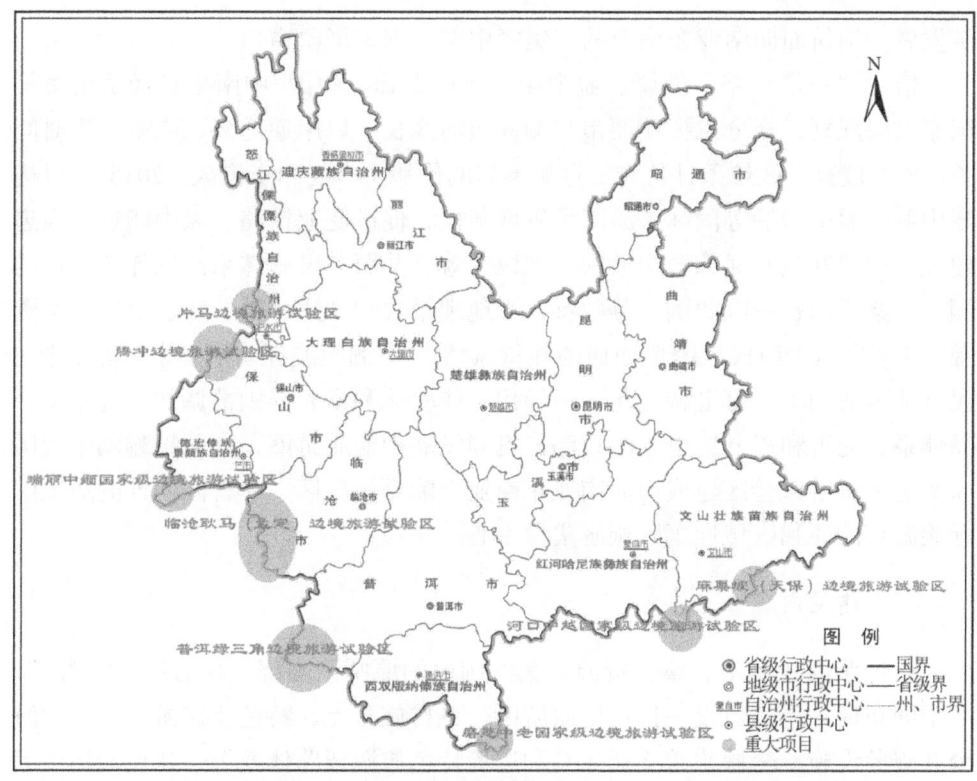

图 6-3　云南边境地区重大项目布局（详见书末彩图）

通道等，与缅甸木姐口岸、九谷口岸、南坎口岸对接，是我国"承内启外、联缅拓孟印、通达四海"的最重要、最便捷的陆路通道，有全国唯一"境内关外"的姐告边境贸易区，是国家重点开发开放试验区、边境经济合作区、中国首批优秀旅游城市、国家新型城镇化综合试点地区、国际陆港城市、国际珠宝集散中心、孟中印缅经济走廊重要节点，也是我国与缅甸国界线最长、贸易和旅游发展历史悠久、规模最大的地区，是在我国乃至世界颇具知名度的边贸旅游城市之一。

（2）建设思路与目标

围绕建设"一带一路"西南对外开放节点、打造面向南亚东南亚辐射中心、以旅游带动中缅边境地区稳边兴边富民和同步实现小康的目标，从口岸提升、基础建设、产品开发、制度监管等多方面入手，强化中缅深层合作，切实推进瑞丽市边境旅游试验区建设，打造边境旅游增长极，带动边境民族地区社会经济发展，构筑面向南亚东南亚的"美丽中国"国家形象窗口。

借力"一带一路"倡议、孟中印缅经济走廊、中国-中南半岛经济走廊等国家发展规划，充分发挥瑞丽市与缅甸边境线长、口岸通道多、旅游合作时间长、成熟度高、区位条件优越、资源丰富的优势（李晓和李俊久，2015），以构建中缅、孟中印缅等国际旅游圈为发展契机，促进泛亚铁路、孟中印缅大通道建设，构建互联互通综合交通网；加快完善公共服务设施体系，依托"一城两国、一寨两国、一院两国"等独特人文地理景观和"边、情、绿、宝"旅游资源，众多世居少数民族跨境而居的独特风情，"中缅胞波狂欢节"等丰富多彩的民族节事活动等，打造特色化、差异化、体验化和富有异国情调的边境旅游产品体系，完善和提升边境旅游线路，巩固发展中缅旅游圈，力争把瑞丽中缅国家级边境旅游试验区建成面向南亚东南亚无障碍旅游区、享誉国内外的边境国际旅游目的地和区域性国际旅游集散中心。

（3）建设内容

要按照依托城市、整合资源、集约用地的原则，围绕"核心区-辐射区"的空间布局，重点建设一批边境旅游区、乡村旅游点、特色化旅游产品、旅游公共服务设施、全域旅游交通体系和边境特色旅游线路体系等，建设瑞丽中缅国家级边境旅游试验区。

1）提升改造边境旅游景区、景点。重点打造瑞丽-木姐边境旅游购物、畹町-九谷边关文化体验、弄岛-南坎风情小镇、瑞丽景成地海温泉度假、瑞丽江"一江两国"商务度假等具有休闲度假、商务会议、文化娱乐、旅游购物功能的5个旅游综合体，打造以畹町口岸、瑞丽口岸、丙冒通道为核心的3个旅游商贸区，改造提升莫里热带雨林景区、畹町旅游小镇、一寨两国景区、户育麻科景区、瑞丽江风景区等一批重点景区成为5A级景区，开发建设瑞丽湾珍稀植物园、大等喊傣家村寨、姐勒金塔、姐东崃傣寨、棒蚌傣族民俗村、东南亚风情园、弄岛芒艾边境特色村等一批新的景区。

2）完善边境特色旅游要素。结合地方工艺品、珠宝、玉石、土特产、红木等资源优势，建立完善专营免税店、特色购物街区、特色商业区、跨境购物区，不断丰富边境旅游购物内涵；挖掘利用本土休闲娱乐活动、特色民族节事活动、民族文化资源，打造民族文化演艺、民族歌舞、民族节庆、跨境文艺演艺、实景灯光秀等旅游演艺体验项目。

3）打造边境特色旅游产品。打造具有特色化、差异化、国际化的旅游目的地，塑造中缅国际旅游品牌，促进中缅、孟中印缅国际旅游圈发展，大力发挥生态、温泉、边贸、文化遗产、民族医药、特色美食等资源优势，打造边境观光游、民族文化体验游、研修旅游、温泉康体游、运动休闲游、热带特色美食旅游、养生养老度假游、自驾露营游、节事游、红色旅游、民俗风情表演游等旅游产品。

4）完善旅游公共服务设施。建设瑞丽市区一级旅游集散中心和"一站式"旅游公共服务中心，以及畹町口岸、弄岛口岸、姐告口岸等二级集散中心；围绕主要旅游交通干线、主要旅游景区等，规划建设30～50座特色旅游厕所；完善覆盖全域的标识引导系统，配置全景图、导览图、指示牌、景物介绍牌、警示牌等；整合旅游景区、企业旅游营销监管、旅游数据信息、旅游电子商务等各类旅游信息资源，建设智慧旅游景区、服务中心、旅游电商和监控平台、瑞丽-南亚东南亚旅游网络交易平台，打造旅游营销网络平台，建立中缅信息化智慧旅游大数据平台。

5）构建全域旅游交通体系。重点支持和推进木姐、曼德勒、皎漂、仰光、史迪威公路等援外高等级公路建设，提升口岸边境公路、出入境通道连接交通干线道路等级公路建设；加快建设瑞丽市至陇川县、腾冲市、盈江县等高速公路建设；争取将瑞丽市至仰光泛亚铁路建设、中缅印铁路出境大通道纳入国家"一带一路"重点建设工程，加大力度、加快速度建设大瑞铁路、云南沿边铁路和公路建设；建议国家有关部委继续推进木姐-腊戍铁路合作协议商签、争取瑞丽市-木姐-腊戍-曼德勒-皎漂等交通建设项目落地开工；争取开通昆明市-德宏州-缅甸曼德勒-仰光航线。大力发展通用航空，成为云南"空中巴士"计划试点地区，构筑立体交通网络；积极推进瑞丽江-伊洛瓦底江航道及沿线港口建设，以及中缅陆水联运大通道建设，着力构建中国-东盟、孟中印缅水陆大通道体系；将省道S321延伸至淘宝谷，提升瑞丽市江桥-莫里、等秀-河边街公路等级水平，推进S233陇瑞高速建设，形成瑞丽快行系统，建设中缅自驾车服务总部；打造瑞丽江沿线、南宛河、龙江沿线滨江观光步道和自行车骑行游道等；兴建和改造各景区交通，形成旅游环线。

6）打造边境特色旅游线路体系。做精一批市内专项旅游线路，打造莫里热带雨林-独树成林-南亚民族风情园-喊沙-一寨两国-淘宝谷观光旅游、边关文化园-东南亚南亚风情园-金星红木博览中心-样样好翡翠文化园-姐告玉城-国门购物和艺术体验等专线；做强一批自驾精品旅游线路，以瑞丽市区为核心，带动瑞丽市-芒市-腾冲市-梁河县-盈江县-陇川县-瑞丽市滇西自驾车旅游线路，打造瑞丽市-木姐-腊戌-曼德勒-蒲甘-仰光-东枝跨境自驾车线路；打造一批边境旅游线路，推出边境环线游、边境过夜游，形成"姐告出，丙冒进""姐告出，畹町进""畹町出，丙冒进"的短途边境旅游环线，丰富中缅一日游、两日游线路产品；拓展形成瑞丽市-木姐-八莫-密支那-腾冲市、瑞丽市-木姐-蒲甘-因帕尔-丁苏吉亚-八莫-瑞丽市、瑞丽市-木姐-曼德勒-东枝-清迈-景洪市、瑞丽市-木姐-曼德勒、仰光-吉大港-达卡-锡莱特-丁苏吉亚-八莫-瑞丽市等跨境纵深旅游线路产品。

2. 磨憨中老国家级边境旅游试验区

（1）建设背景

磨憨口岸位于云南最南端的勐腊县，与老挝磨丁口岸接壤，是我国通向老挝唯一的国家级口岸和通往东南亚最便捷的陆路通道，是一类口岸、国家级重点开发开放试验区。中老关系长期友好，拥有成熟的政策条件和发展环境，正在建设中国磨憨-老挝磨丁跨境经济合作区。其所在的西双版纳州拥有西双版纳国家公园、澜沧江-湄公河等绿色生态旅游资源、傣族和哈尼族等多元民族文化旅游资源，是全国知名、世界有名的旅游品牌。国内自驾游市场日趋繁荣，国人迈出国门、通达世界的愿望日益强烈，昆曼大通道的开通、泛亚铁路等在建的交通基础设施为磨憨中老国家级边境旅游试验区的建设提供了有利条件。建设磨憨中老国家级边境旅游试验区是我国推进"一带一路"建设的重要部署，是完善我国全方位对外开放格局的重大决策，是加快建设面向南亚东南亚辐射中心的有力举措。

（2）建设思路与目标

充分发挥磨憨口岸的地缘优势和口岸通道优势，借力关累港、景洪港等口岸优势，借助西双版纳州"提升中心，做优东线，做大西线，开发澜湄，联动内外，辐射周边"的边境旅游发展思路及努力构建"金四角"国际旅游圈的发展契机，抓好互联互通的综合交通建设，促进泛亚铁路中线建设，提升澜沧江-湄公河水运航道水平，加快完善旅游公共服务设施，充分发挥良好的生态环境、独特的民族风情、特色的宗教（南传佛教）等优势，打造富有特色化、差别化、体验化和异国情调化的边境旅游产品。逐步形成"金四角"边境旅游环线和国际旅游圈，进一步把磨憨中老国家级边境旅游试验区建设成云南、中国乃至南亚东南亚的旅游胜地、知名边境旅游目的地。

（3）建设内容

按照依托城市、整合资源、集约用地的原则，围绕"核心区-辐射区"的空间布局，重点建设一批边境旅游区、边境旅游特色小镇与民族旅游村寨、特色化旅游产品、旅游公共服务设施、全域旅游交通体系和边境特色旅游线路体系等，建设磨憨中老国家级边境旅游试验区。

1）提升改造边境旅游景区、景点。重点打造西双版纳国际温泉养生休闲度假区、西双版纳南传佛教历史文化旅游区、贺开古茶山拉祜文化旅游区、西双版纳佛教文化旅游产业集聚区、西双版纳路南山国际雨林度假区等具有休闲度假、商务会议、文化娱乐、旅游购物功能的旅游综合体，打造以磨憨口岸、关累港、勐满口岸、大勐龙通道等为核心的旅游商贸区。改造提升野象谷、勐景来景区、望天树景区等一批重点景区成为5A级景区，开发建设西双版纳国家公园、西双版纳高端休闲养生旅游度假区、西双版纳水上世界等一批新的景区，推动磨憨口岸公共服务设施、购物街、美食街、酒吧街、演艺、温泉、酒店等项目建设。

2）打造边境旅游特色小镇与民族旅游村寨。充分挖掘利用磨憨口岸边境带、国界线的区位优势，积极推进建设景洪市勐罕镇（橄榄坝）、景洪市大渡岗乡、勐腊县勐仑镇、勐腊县易武镇等边境旅游特色小镇；打造勐海县勐海镇曼板村、勐海县勐混镇曼迈村、景洪市勐罕镇曼远村、景洪市曼柳村、景洪市大渡岗乡大荒坝村、勐腊县勐腊镇曼龙勒村、勐腊县象明乡倚邦村、勐腊县勐腊镇曼朗村等八个民族旅游村寨。

3）打造边境特色旅游产品。充分发挥西双版纳州与老挝良好的生态环境、独特的民族风情、特色的宗教（南传佛教）等优势，结合澜沧江-湄公河黄金水运航道，坚持将旅游产品的特色化、差别化、体验化和异国情调化，作为建设边境旅游合作区的关键，重点打造自驾车（房车）旅游、水陆联运旅游、生态旅游、民族文化旅游、宗教文化旅游、体育旅游、乡村旅游、科考探险旅游等产品。同时，在边境观光、购物的基础上发展健康旅游、民族风情旅游等业态，尝试性开展体育竞彩、跨国高尔夫、低空飞行体验等新业态。

4）完善旅游公共服务设施。坚持把旅游公共服务设施完备、高效、人性化作为建设试验区的基础。一是统一和完善旅游公共标识系统，按照统一的标准，在西双版纳州主要交通干道、旅游专线公路、水运航道的沿线及机场、火（汽）

车站、码头、口岸，系统建设一批旅游专用交通标识牌；二是统一和改进游客服务中心，按照统一的标准，在全州主要城市（城镇）、旅游景区，建设集宣传、展示、咨询、服务、集散等多项功能于一体的游客服务中心；三是统一和改进旅游厕所，按照统一的标准对全州城市（城镇）、主要旅游景区、游客休息站、自驾车线路的旅游厕所进行建设和提升改造，提升合作区旅游接待条件和环境卫生质量；四是建设统一标准的游客休息站点，按照统一的标准，在全州主要交通干道、旅游专线公路沿线，不断完善旅游公路的服务设施。

5）构建全域旅游交通体系。坚持把交通的快捷化、便利化，作为建设试验区的前提。一是加快公路交通基础设施建设，着力提升勐腊县-磨憨口岸-琅勃拉邦-万荣-万象、琅勃拉邦-会晒等公路的高等级化和旅游便利化；二是积极促进泛亚铁路中线建设，加快玉溪市到磨憨口岸段铁路建设，力争到2020年前实现泛亚铁路中线国内段全线贯通；三是提升澜沧江-湄公河水运航道，把五级航道提升为四级航道，加快发展跨国水上客运；四是优化航空运输服务，重点是争取勐腊通用机场建设，增加通往东南亚国家首都和重要旅游目的地的航线与航班。

6）打造边境特色旅游线路体系。做精一批跨境专项旅游线路，打造景洪市-勐仑镇-勐腊县城-磨憨口岸-中老29号界碑-勐腊县城-景洪市等专项旅游线路，打造磨憨口岸-琅勃拉邦-万荣-万象、磨憨口岸-琅勃拉邦-会晒水陆联运等跨境旅游线路；做强一批跨境精品旅游线路，以勐腊县城为核心，带动勐腊县-磨憨口岸-中老29号界碑-磨丁口岸-磨憨口岸-勐腊县中老边境游线路，打造勐腊县-磨憨口岸-中老29号界碑-磨丁口岸-琅南塔-会晒-万象-琅勃拉邦-磨憨口岸-勐腊县中老跨国风情游线路；打造一批边境旅游线路，推出景洪港（水路）-关累港-绿三角-磨丁口岸（陆路）-磨憨口岸-勐腊县-勐仑镇-景洪市边境环线游、边境过夜游，形成多条入境景洪市的旅游线路；丰富中老一日游、两日游线路产品。

3. 河口中越国家级边境旅游试验区

（1）建设背景

红河州河口县位于云南南部，红河州东南端，与越南老街省山水相邻，接壤部分国界线长193公里（其中河界73公里，陆界120公里），是我国西南进入东南亚、南太平洋地区出海口最便捷的通道之一。有史以来，河口县就是我国与越南、东南亚各国进行经济文化交流的重要门户和窗口,是南方丝绸之路的第二条通道,处于昆(昆明市)-河(河口县)-海(海防市)经济走廊的"咽喉"。近年来,依托河口县地处中越边境的独特地理区位优势和丰富的文化资源优势,以建设口岸旅游城市为核心,着力打造跨境旅游、边境乡村旅游和边境文化旅游等品牌,初步形成了以边境旅游为主,商务会展游、中越商贸购物游、界河漂流游等地方特色旅游为辅的发展格局。

(2)建设思路与目标

以中国河口-越南老街跨境经济合作区、河口边境经济合作区、河口进出口加工特色工业园区等开发开放平台为载体,以互联互通的设施网络建设为基础,以率先发展跨境旅游、跨境物流、跨境电商和跨境金融为抓手,积极探索沿边地区开发开放新模式、新经验、新体制,务实推动沿边地区经济社会协调发展,改善民生及保护生态环境,深化与周边国家睦邻友好合作,全面推动创建河口中越国家级边境旅游试验区建设,以开放带动开发、以开发促进开放,形成沿边开放新高地和全方位开放新格局。

通过建设河口中越国家级边境旅游试验区,将河口县打造成为中国建设面向南亚东南亚辐射中心支撑节点;与周边国家睦邻友好、共享发展的稳边安边兴边示范区;生态文明、绿色发展的沿边生态景观区;云南沿边开发开放旅游先行先试的试验示范区。将河口中越国家级边境旅游试验区打造成功能齐全、开放度高、自由度大、管理有序、繁荣发展的边境全域旅游示范区和国际旅游目的地、集散地。

(3)建设内容

按照依托城市、整合资源、集约用地的原则,围绕"核心区-辐射区"的空间布局,重点建设一批边境旅游区、边境旅游特色小镇与民族旅游村寨、新产品业态、边境旅游特色项目、旅游基础配套设施和边境特色旅游线路体系等,建设河口中越国家级边境旅游试验区。

1)提升改造边境旅游景区、景点。重点打造以河口县边境口岸旅游休闲滨河景观带、河口县北山为代表的国家商务旅游示范区、中国-东盟国际旅游文化产业园、南溪风情旅游小镇、坝洒边境民族风情生态旅游园等具有休闲度假、商务会议、文化娱乐、旅游购物功能的5个旅游综合体,打造以河口口岸为核心的旅游商贸区。改造提升南溪河省级风景区、花鱼洞国家森林公园、大围山国家森林公园等一批重点景区成为 5A 级景区，打造中越异域风情街、河口县美食旅游街等民族文化休闲街区，开发建设河口口岸森林公园、河口县戈浩避暑山庄、河口木棉岛度假庄园等一批新的景区。

2）建设边境旅游特色小镇与特色村寨。充分挖掘利用河口县边境带、国界线的区位优势，积极推进建设河口异域风情旅游小镇、瑶山盘王古镇、南溪热带雨林旅游体验小镇等边境旅游特色小镇；打造南溪镇马多依上寨、马多依下寨、戈哈小组、桥头乡老街子、堡堡寨小组、白泥寨小组、马草冲小组，瑶山乡旱塘小组、顶坪新寨，以及坝洒农场九队 10 个边境旅游特色村。

3）推动新业态产品建设。依托河口县独特的边境区位优势和边境旅游资源以及红河州丰富的旅游资源，打造特点突出、魅力独特的边境文化旅游产品，培育红色教育基地、农垦主题馆、滇越文化展示馆、民族文化传承馆、旅游影视基地、文化创意园区等新型业态；发展养老养生旅游产品、露营地自驾游产品、国际医疗健康旅游产品、户外运动旅游产品等。

4）建设边境旅游特色项目。推进智能化咨询、受理边境旅游业务和游客接送项目建设；建设河口县自驾车营地项目；推进外国游客服务中心、中越边贸特区旅游、跨境物流中心、免税旅游购物体验区、云南对外宣传营销基地、河口县中越国际山地自行车赛场地、国际旅游交流与合作发展平台等项目；推进旅游交通运输设施、旅游接待宾馆设施、旅游餐饮购物环境设施、旅游夜间娱乐环境设施、口岸和乡镇村组基础设施等项目建设。

5）完善基础配套设施。以"五网"（路网、水网、航空网、能源网、互联网）建设为契机，依托河口县通用机场建设，推进桥头方向高速公路建设和县域内一级公路建设，加快一批旅游环线断头路建设；推进县域内的铁路网建设，促进越南方向准轨铁路建设，争取开通国内、国际进入河口县旅游专线列车；推进县域内水运通道建设，推进南溪河、红河旅游码头和停靠点建设；实施旅游厕所革命，完善旅游标识系统；围绕景区景点、口岸城市、旅游小镇和特色村，新建游客服务中心；结合"五网"建设，在高速公路沿线和县域内其他交通主干线，按照休息站点的配置规范，新建游客休息站。加快构建互联互通、高效便捷、保障有力的交通运输网络和与国际接轨的旅游公共服务体系，为把河口县建设成为面向南亚东南亚的旅游辐射中心前沿奠定基础。

6）打造边（跨）境特色旅游线路体系。做精一批跨境专项旅游线路，打造中国河口口岸-越南沙巴、中国河口口岸-越南广宁省等精品旅游线路；做强一批自驾入境旅游线路，针对越南市场，开辟越南老街-中国河口口岸-弥勒市-泸西县-昆明市、越南老街-中国河口口岸-个旧市-建水县-蒙自市、越南老街-中国河口口岸-昆明市-大理市-丽江市等跨境自驾车线路；打造一批边境旅游线路，推出边境环线游、边境过夜游，形成多条入境红河州的旅游线路；丰富中越一日游、两日游线路产品。

4. 临沧耿马（孟定）边境旅游试验区

（1）建设背景

临沧市有镇康县、耿马县、沧源县三个县与缅甸掸邦北部果敢自治区、缅甸掸邦第二特区（佤邦）接壤，中缅边界临沧段全长290.791公里。有一个一类口岸（孟定清水河口岸）和两个二类口岸（南伞口岸、永和口岸），有19条边贸通道、9条通缅公路和13个边民互市点。临沧市是昆明市直达印度洋缅甸海岸皎漂和仰光最便捷的陆上通道，是云南建设面向南亚东南亚辐射中心的前沿窗口。临沧市应抓住桥头堡建设的战略机遇，充分应用边境口岸优势，不断提升对外开放合作水平，全力打造云南桥头堡建设前沿窗口[1]。

（2）建设思路与目标

以耿马县孟定镇为核心，以临沧市边境经济合作区所覆盖的耿马县、沧源县、镇康县三个边境县为拓展区，辐射临沧市全境。通过推动中缅双方交流合作，着力解决好政策沟通、设施联通、贸易畅通、资金融通、民心相通"五通"问题，联动沿边地区"五网"基础设施建设，依托大通道，着力培育核心竞争力强和带动力大的产业群体，构建外向型产业体系。将试验区建成以旅游为主体的边境经济发展区、互联互通先行区、民族团结进步示范区、面向南亚东南亚辐射中心的带动区和"资源共享、线路共建、市场开拓、客源互派、信息互通、互利互惠、多方共赢"的无障碍国际旅游合作示范区，把临沧市打造成我国连接南亚东南亚国家的陆路交通枢纽、对外开放的重要门户、西南地区的重要经济增长极和国际知名的康体养生旅游目的地。

---

[1] 充分发挥边境口岸优势 临沧不断提升对外开放水平[EB/OL]. http://www.mofcom.gov.cn/aarticle/resume/n/201104/20110407504593.html[2019-03-23].

（3）建设内容

按照依托城市、整合资源、集约用地的原则，围绕"核心区-辐射区"的空间布局，重点建设一批边境旅游区、少数民族特色村镇、边境旅游产品业态、旅游基础配套设施、边境旅游营销和边境特色旅游线路体系等，建设国家级的临沧中缅边境旅游试验区。

1）提升改造边境旅游景区、景点。重点打造临沧市中缅边境物流中心、免税旅游购物区、临沧市中缅边关文化体验区等具有休闲度假、商务会议、文化娱乐、旅游购物功能的旅游综合体，打造以孟定清水河口岸、南伞口岸、永和口岸为核心的三个旅游商贸区。改造提升沧源国际旅游度假区、南滚河国家公园、崖画谷湿地公园等一批重点景区成为5A级景区，积极推进沧源葫芦小镇、农瓦山谷、碧丽源茶叶现代庄园、镇康南伞跨国溶洞、耿马孟定洞景佛寺、孟定四方井双多那嘎温泉文化旅游区3A级景区的创建和开发建设。

2）打造一批少数民族特色村镇。按照"因地制宜、分类指导、多元推动、特色建设"的原则，以环境改善为基础，以村容村貌美化为重点，以大力发展乡村休闲、农事体验、农家乐、特种养殖等乡村旅游产品为载体，推进沧源县勐角乡翁丁村、勐董镇葫芦村、班洪乡班洪村、糯良乡班考村、勐董镇芒摆村、勐角乡南坎村、耿马县孟定镇芒团村、景信村、四方井村和贺派乡景颇新寨，镇康县忙丙乡忙丙村、南伞镇回落山村和白岩村、勐堆乡茶叶林村等一批少数民族特色村寨建设。

3）培育边境旅游产品业态。整合民俗、观光、购物、养生养老等优势旅游资源，借助自驾车、自行车等开展跨国观光旅游活动，打造中缅精品跨国观光廊道，提升通关便利性，扩大免税购物范围和额度；打造一批特色边贸互市点，促进购物旅游的发展，整合生态、特色餐饮、养生民俗等资源；打造养生养老度假庄园，为两国居民提供国际化的养生养老旅游产品，共同发展休闲度假产品，开发好跨境高尔夫球场、跨境度假村等项目；打造一批跨境游线路产品、出境自驾游产品、休闲养生旅游产品、生态旅游产品等。

4）完善旅游基础配套设施。加快基础建设，打造立体口岸交通网络。开工建设临沧市-孟定清水河口岸高速公路、铁路。规划建设南伞口岸-孟定清水河口岸-永和口岸沿边高等级公路，构建"以孟定为中心，连接南伞、永和、耿马"的1小时旅游交通圈。加快申报建设孟定清水河口岸国际机场，做好大湾江-孟定清水河口岸高速公路、孟定清水河口岸中缅大道、孟定清水河口岸火车站、孟定清水河口岸汽车客运站、孟定清水河口岸小型通用机场以及边境三县沿边二级公路、边境三县沿边村组二级公路等重点交通基础设施建设。加快推进孟定清水河口岸中缅大道、国门联检楼、查验区及货场等项目建设。申报和建设中缅125跨境通道及联检设施建设，在孟定清水河口岸建设多式联运物流监管中心，建立公安边防检查站口岸快速查验通关系统，完善、更新孟定清水河口岸监控系统，实现边检执勤现场、口岸限定区域和重点边境地段全覆盖，打造"智慧边境线"。

5）强化边境旅游营销。以"探秘金三角""到印度洋沙滩度假"、多元民族风情体验等作为试验区对外宣传营销的卖点，持续地在知名旅游网站、重点航空和高铁杂志、机场和高铁站的户外广告、微信和微博等社交媒体上进行宣传营销。加快智慧旅游平台建设，完成临沧旅游智能手机应用程序（application，APP）软件开发，实现边境旅游在线预订一体化网络信息服务。加大和旅行社合作营销的力度，与缅甸、国内、省内知名旅行社合作，按不同游客、不同时长、不同主题，策划推出系列边境旅游线路和旅游产品，支持配合旅行社积极进行宣传营销。把临沧耿马（孟定）边境旅游试验区建成省内热门、国内知名的出境旅游重点通道。

6）打造边境特色旅游线路体系。做强一批跨境精品旅游线路，以临沧市区为核心，带动中国孟定清水河口岸-缅甸清水河口岸-果敢-滚弄-腊戌、中国孟定清水河口岸-缅甸清水河口岸-果敢-滚弄、中国南伞口岸-缅甸果敢等跨境旅游线路，开通中国永和口岸-缅甸勐冒-邦桑跨境旅游线路，打造临沧市-腊戌-曼德勒-东枝-蒲甘-仰光中缅跨境自驾车线路；打造一批边境旅游线路，推出边境环线游、边境过夜游，形成中国孟定清水河口岸-缅甸腊戌、中国孟定清水河口岸-缅甸果敢、中国南伞口岸-缅甸果敢、中国永和口岸-缅甸勐冒等边境旅游线路或短途边境旅游环线，丰富中缅一日游、两日游线路产品。

5. 腾冲边境旅游试验区

（1）建设背景

腾冲市现有一类口岸——猴桥口岸，自治、滇滩、胆扎等16条对外通道，是中国通向南亚东南亚的重要门户和节点。2400多年前中国先民开辟的南方丝绸之路就是经腾冲进入缅甸抵达印度、阿富汗等南亚国家。近年来，腾冲市积极实施"旅游兴市"战略，促进了旅游的快速发展。随着腾冲机场、猴桥口岸，以及腾冲市-密支那、腾冲市-板瓦两条二级国际公路的开通，为边境旅游发展奠定了坚实基础。通过强化沟通交流，切实推动了中缅双方旅游合作，大大提升了腾冲市边境旅游目的地的竞争力。

（2）建设思路与目标

充分依托猴桥口岸、腾密路国际大通道和腾冲机场优势，以及温泉养生、侨乡文化和红色文化旅游资源优势，加强与缅甸和南亚东南亚国家的旅游合作，努力建设腾冲边境旅游试验区。充分利用政策机遇，力求在边境旅游线路审批、通关便利政策、免税购物等方面争取国家支持，力求取得新突破。努力将腾冲市打造成为功能齐全、开放度高、管理有序、繁荣发展的边境旅游试验区和区域性国际化旅游城市。

（3）建设内容

按照依托城市、整合资源、集约用地的原则，围绕"核心区-辐射区"的空间布局，重点建设旅游精品项目、旅游产品体系、新业态融合、边境旅游通达体系、边境旅游营销和边境特色旅游线路体系等，成为腾冲边境旅游试验区的重要支撑。

1）持续推进旅游精品项目建设。实施大项目带动大发展战略，全力构筑以重大旅游项目为支撑的旅游产业体系，加大旅游景区策划规划和招商引资力度。强化景区文化内涵建设，推动旅游景区产品从单一观光型向多元复合型转化，形成用重大项目建设助推旅游产业转型升级的新格局，把腾冲市打造成为生态休闲胜地、温泉度假天堂、火山康体乐园、翡翠珠宝名城的国际旅游目的地。

2）推进旅游产品体系建设。不断提升符合国际休闲度假康体旅游目的地要求、适应现代旅游发展需求的旅游产品体系，着力开发和建设以生态观光、温泉休闲度假、农业休闲、宗教文化、古镇文化、边境风情、红色经典和特色专项旅游产品为主要内容的八大旅游产品，提升产品开发的全时域功能，并在此基础上逐渐形成具有特色的旅游新业态和产业集聚区（赵健，2010）。在巩固和提升现有旅游区和旅游产品的基础上，努力建设和培育五大精品旅游产品——生态观光旅游产品、温泉休闲度假旅游产品、古镇文化旅游产品、边境风情旅游产品和红色经典旅游产品。加大猴桥、明光、滇滩等边境小镇的旅游基础设施建设，积极培育边境旅游线路，发展边境风情旅游产品。同时，强化旅游产品线路延伸，突出区域特色，开发边境、少数民族风情体验旅游，丰富腾冲市旅游产品体系。

3）加快新业态融合发展。充分利用腾冲市边境文化特色资源和腾越文化资源，发展文化创意产业，依托腾冲市面向南亚东南亚的区位优势和侨乡优势，发展现代商贸服务业，促进特色旅游、文化创意、边贸物流、金融服务等新业态融合发展。鼓励猴桥国门新村群众参与特色资源开发，兴建一批农家乐、旅游特色民居、农事体验旅游等，扶持引导特色旅游商品开发，壮大拓宽猴桥口岸免税店的经营规模。鼓励发展特色旅游主题酒店和特色旅游餐饮，打造一批民族风情浓郁的少数民族特色村镇。积极发展体育旅游、民族特色旅游、旅游演艺。

4）加快边境旅游通达体系建设。加大中缅国际大通道建设力度，加快实施腾冲市-密支那边境旅游线路改扩建，积极推进毛家营-猴桥口岸段高速公路建设，努力争取开工建设大瑞铁路连通腾冲市猴桥口岸铁路；加快腾冲机场二期改扩建和航空口岸建设进度，争取完成跑道延长建设，增加航线密度，增开地区和边境旅游航线；完善市内交通网络建设，提升旅游公路等级，建设边境旅游环线，完善旅游景区微循环交通网络，提升腾冲市旅游通达水平，从而促进试验区建设。

5）强化边境旅游营销。采用节庆营销、价格促销、休闲娱乐、购物等方式，加大对出境、入境和国内旅游市场边境旅游产品的目标市场营销，处理好签证政策、语言沟通等障碍，打造满足邻国休闲娱乐和购物等旅游市场需求的旅游产品，促进入境游客数量和质量，提高消费水平。

6）积极拓展边境旅游线路。做好两天三晚游线路、边境一日游线路、自驾游线路，积极开发曼德勒、蒲甘、仰光等旅游市场。积极引导更多华人华侨参与中缅两国旅游发展，依托腾冲机场，进一步开通连接南亚东南亚的航线，争取开通华侨传统节假日包机直航。引导国内旅游企业赴缅甸投资建设项目，增强缅甸旅游吸引力和市场竞争力。

6. 普洱绿三角边境旅游试验区

（1）建设背景

普洱市地处大湄公河次区域合作的中心，有4个县与越南、老挝、缅甸接壤，接壤部分国界线长 486 公里，具有"一市连三国、一江通五邻"的独特区位。全市有 2 个一类口岸、1 个二类口岸和 17 条边境通道，是中国面向西南开放重要通道和桥头堡的前沿。普洱绿三角位于澜沧县、西盟县、孟连县三县交界地带，地处中缅边境，拥有 303.3 公里的国界线和众多口岸与通道，具有悠久的边地文化、浓郁的异国风情和漫长的文化交流史（陈泰锋等，2014）。同时，绿三角旅游发展对民族文化保护与传承、直过区农村居民脱贫致富、生态文明建设与绿色经济发展、沿边开放的促进作用不断彰显，成为边疆少数民族地区跨越发展的示范区、生态文明建设的排头兵、面向南亚东南亚辐射中心的前沿窗口建设的重要领域。

（2）建设思路与目标

依托普洱市绿三角地区优美的生态环境、神秘的少数民族风情、厚重的茶文化底蕴和独特的区位优势，以及孟连口岸勐阿通道和芒信通道，积极拓展和开发跨境旅游，融入普洱市建设国家绿色经济试验示范区大局，着力强化"原生态、慢生活、深体验、全健康、真情怀"五大旅游主题，认真把握 "特色是生命，文化是灵魂，项目是重点，交通是关键，生态是核心"五大发展要义，以景迈山国家级旅游度假区和糯扎渡国际生态旅游度假区为重点，构建"一心、两带、两轴"的旅游产业布局，力争实现依托背景谋发展、扩大范围创发展、借助交通大发展，把绿三角培育成为旅游主题鲜明、景区重点突出、市场发育良好、产品系列多样、融合发展能力强、设施健全、运行有序、管理规范、服务一流、综合效益显著的具有独特魅力的世界级原生态旅游休闲度假目的地，把绿三角打造成为云南旅游产业发展新的增长极与休闲度假的新方向，打造成为边境旅游试验区和全域旅游示范区。

（3）建设内容

按照依托城市、整合资源、集约用地的原则，围绕"核心区-辐射区"的空间布局，重点建设一批边境旅游景区景点、精品旅游项目、旅游产品业态、边境旅游基础设施、地区营销合作和边境特色旅游线路体系等，成为普洱绿三角边境旅游试验区的重要支撑。

1）提升改造边境旅游景区、景点。重点打造普洱茶城生态康体旅游度假区、普洱野鸭湖国际高端医疗养生基地、中华普洱茶文化产业博览园、景迈山普洱茶产业休闲园等具有休闲度假、商务会议、文化娱乐、旅游购物功能的 4 个旅游综合体，打造以思茅港、勐康口岸、孟连口岸为核心的 3 个旅游商贸区。建设法罕山、金山、银山、南垒河的"三山一河"景区项目，形成以孟连县、西盟县、澜沧县三县傣族文化、佤族文化、拉祜族文化为底蕴的绿三角旅游区；建设以缅甸、泰国、老挝三国相衔接的大"金三角"旅游圈项目。

2）推动精品旅游项目落地。实施项目带动战略，进一步强化"以项目建设带动旅游产业发展"的工作思路，按照突出重点、体现特色、精品开发的要求，扎实推动重大项目建设。优先打造龙头旅游项目，培育旅游产业集聚区；着力建设旅游小镇，培育新型旅游吸引物；重点打造民族旅游特色村，构筑民族文化深度游的载体；加快建设现代农业庄园，促进特色农业与旅游融合发展；推进建设露营地，推动自驾车旅游发展。

3）推进旅游产品、业态规划。以建设世界级的原生态旅游休闲度假目的地为目标，依托绿三角地区的优势旅游资源和原生态的民族文化，以观光旅游为基础，休闲度假为主导，特种旅游为补充，通过资源整合、品质提升和精品培育，全力打造具有国际吸引力的旅游产品体系。其中，包括生态观光旅游产品、民族文化体验旅游产品、康体养生旅游产品、边境旅游产品、乡村休闲旅游产品、茶文化体验旅游产品、城镇休闲旅游产品、滨水度假旅游产品、购物旅游产品、特种旅游产品十大旅游产品，旅游型城市综合体、露营地、少数民族文化创意基地、特色街区、康体养生基地、低空旅游基地、现代农业庄园、民族旅游特色村八大旅游新业态，孟连娜允神鱼节、西盟·中国佤族木鼓节、布朗山茶祖节、澜沧阿朋阿龙尼（葫芦节）四大重点旅游节庆。在稳固大众旅游市场的基础上，集中力量重点对民族风情体验、边境旅游体验等专项旅游产品进行营销。

4）加强边境旅游基础设施建设。以建设普洱市绿三角边境旅游试验区为契机，推进思澜高速公路和澜勐一级公路、勐腊县-江城县-绿春县高速公路、思（思茅区）-澜（澜沧县）高速公路和澜沧-孟连-勐阿二级公路等建设；分别在思茅区、澜沧县城、景迈机场、孟连县城和孟连口岸勐阿通道以及沿线重要节点设置休息站，并提供自驾车咨询、旅游餐饮、旅游购物等服务；积极招商引资，建设高星级宾馆酒店、民宿客栈、旅游度假村、特色餐饮店、旅游购物店、口岸免税店等；完善道路沿线旅游公共服务设施建设，提升、优化沿线各重点景区与主干交通之间的联系，打通景区与主干公路之间的交通瓶颈。

5）加强周边地区营销合作。依托澜沧江开发开放经济带建设，加强与临沧市、西双版纳州、大理州等地区的旅游营销合作，实施客源互送计划，在西双版纳嘎洒国际机场、沧源佤山机场、临沧机场、大理机场设立广告牌，远期设立服务中心。积极举办边境会展节事，"以边贸带动旅游，以旅游促进边贸"，借助普洱绿三角边境旅游试验区与缅甸、老挝、越南的地缘、民俗文化和经济交流等优势，加强商品交易会、旅游节、庙会等中缅、中老、中越合作的节事活动。

6）打造边境特色旅游线路体系。做精一批跨境专项旅游线路，打造普洱市孟连县-缅甸佤邦边境旅游专线线路；做强一批自驾入境旅游线路，针对老挝、缅甸市场，开辟曼德勒、密铁拉、蒲甘、茵莱湖等缅甸热点旅游景区和集散中心城市跨境自驾车线路；打造一批边境旅游线路，推出边境环线游、边境过夜游，形成多条入境普洱市的旅游线路；丰富中老、中缅一日游和两日游线路产品；打造区域精品旅游线路、区域专题旅游线路、跨区域精品旅游线三类精品旅游线路。

7. 麻栗坡（天保）边境旅游试验区

（1）建设背景

麻栗坡县与邻国接壤国界线长277公里，接壤地区为越南的同文、安明、官坝、渭川、黄树皮、河江。1993年，国务院批准天保口岸为一类口岸，2011年6月国务院再次批准天保口岸扩大对外开放，提升为国际口岸（苑全玺，2013）。天保口岸距越南河内340公里，是云南通往越南首都河内及东南亚地区的重要门户和最便捷的陆路通道之一。全县共有14个边民互市点，108条边境通道。近年来，麻栗坡县与越南河江省互办的"中越国际商贸旅游交易会"等方面的区域合作都给边境旅游业的发展创造了良好的优势条件。

（2）建设思路与目标

紧紧抓住云南旅游"二次创业"、桥头堡建设及中国-东盟自由贸易区构建等重大历史机遇，先行先试、增强麻栗坡县旅游发展动力、开拓创新、促进发展方式转变。充分整合麻栗坡县旅游资源，以边境旅游为先导，带动其他旅游产品的发展，促进旅游经济又好又快持续发展，为云南边境旅游产业发展与改革发挥示范作用。通过边境旅游试验区的建设，推进旅游基础设施建设、边境旅游政策的争取及落实、中越旅游区域协调合作框架建设、旅游项目及资源的开发建设、新的旅游线路及环线的开发、旅游客源市场的拓展及旅游宣传促销的加强等，使其更上新台阶。最终建设云南乃至中国面向东南亚的旅游集散中心及通往东南亚的国际大通道。

（3）建设内容

按照依托城市、整合资源、集约用地的原则，构建"一核、两带、三区、四品、五组合、六线"的总布局。围绕"核心区-辐射区"的空间布局，重点建设一批边境旅游区、乡村旅游点、特色化旅游产品、旅游公共服务设施、全域旅游交通体系和边境特色旅游线路体系等，成为麻栗坡（天保）边境旅游试验区的重要支撑。

1）提升改造边境旅游景区、景点。重点建设麻栗坡县城中心旅游区、口岸边境旅游区、红色情怀旅游区、休闲度假旅游区四大旅游功能区；以"英雄老山圣地"为核心，加快国家森林公园式小城市、马鹿塘库区旅游景点、天保旅游小镇等建设力度，打造以天保口岸为核心的旅游商贸区。围绕打造"英雄老山圣地"这张名片，全力推进以"英雄老山军旅体验游、国门天保娱乐购物游、仙境金厂运动养生游、商旅边城休闲考古游、白倮原始部落探秘游"为主要内容的 4A 级景区，开发建设天保口岸旅游区、马鹿塘休闲度假旅游区等一批新的景区。

2）建设边境特色乡村旅游示范点。建设一批具有西南边疆民族特色、生态特色、边境特色的乡村旅游点，重点建设麻栗坡县、天保镇等特色旅游小镇。结合地方工艺品、珠宝、玉石、土特产、红木等资源优势，建立完善专营免税店、特色购物街区、特色商业区、跨境购物区，不断丰富边境旅游购物内涵；挖掘利用本土休闲娱乐活动、特色民族节事活动、民族文化资源，打造综合民族文化演艺、民族歌舞、民族节庆、跨境文化演艺、实景灯光秀等旅游演艺体验项目。

3）打造边境特色旅游产品。打造具有特色化、差异化、国际化的边境特色旅游产品，塑造中越国际旅游品牌，促进中越国际旅游圈发展，大力发挥生态、边贸、文化遗产、民族医药、特色美食等资源优势，打造老山圣地军梦旅游产品、边境跨国游旅游产品、民族民俗特色文化游旅游产品、历史文化考察游旅游产品等，打造以英雄老山军旅体验游线、国门天保娱乐购物游线、仙境金厂运动养生游线、商旅边城休闲考古游线、白倮原始部落探秘游线、异国风情跨境旅游线路等为依托的旅游商品。

4）完善旅游公共服务设施。建设麻栗坡县一级旅游集散中心和"一站式"旅游公共服务中心，以及天保口岸等二级集散中心，推进国际级口岸的基础设施建设和服务体系建设；以省道 S210 旅游发展联动带、县道旅游休闲景观带为依托，围绕主要旅游交通干线、主要旅游景区等，规划建设 30~50 座特色旅游厕所；完善覆盖全域的标识引导系统，配置全景图、导览图、指示牌、景物介绍牌、警示牌等；整合旅游景区、企业旅游营销监管、旅游数据信息、旅游电子商务等各类旅游信息资源，建设智慧旅游景区、服务中心、旅游电商和监控平台，打造旅游营销网络平台，建立中越信息化智慧旅游大数据平台。

5）构建全域旅游交通体系。切实加快县内旅游交通基础设施建设力度，逐步改善县城中心至各全县各旅游景区景点的交通条件，夯实旅游发展基础，以文天二级公路建设通车为基础，加快至天保口岸的高速公路及铁路建设。同时，积极向上级争取政策及资金，加快天保口岸-老山主峰三级油路、麻栗坡县城-马鹿塘库区油路、马鹿塘-天保口岸油路建设，以及麻栗坡县城-董干新寨-城寨的交通条件改善。开通麻栗坡县-马鹿塘、麻栗坡县-天保口岸、天保口岸-老山主峰等旅游公交班车，切实解决和改善至旅游景区景点的通达条件。提升各旅游景区景点的可进入性，逐步提供便利化服务，满足游客需求，构建良好的交通服务体系。

6）打造边境特色旅游线路体系。做精一批县内专项旅游线路，重点推出麻栗坡县-天保口岸-马鹿塘库区休闲度假旅游精品线路；做强一批自驾精品旅游线路，以天保口岸为核心，带动天保口岸-越南河江自驾车旅游线路，打造天保口岸-越南宣光及其他北部地区的长线跨境自驾车线路；打造河江-天保口岸-麻栗坡县-文山市-昆明市等入境旅游线路，推出麻栗坡县-河江-河内-下龙湾-海防-越池-老街-河口县、麻栗坡县-河江-河内-下龙湾-东兴市（凭祥）等地边境环线游、边境过夜游，形成麻栗坡县-河江-河内-下龙湾-海防-芽庄-胡志明市（西贡）等长途边境旅游线路，丰富中越一日游、两日游线路产品。

8. 片马边境旅游试验区

（1）建设背景

片马镇位于高黎贡山西坡，西、南、北三面与缅甸克钦邦接壤，距离缅甸北部中心城市密支那全程 792 公里，是云南距离密支那最近的口岸。片马口岸形成了以边境线油路为中心，环城西、南、北 3 条环城路为干线的城镇建设辐射网，成为滇西集边贸、旅游为一体的复合型边陲特色城市，是中、缅两国间最大的陆路贸易口岸，属二类口岸，物产丰富，号称"片马无穷山"。片马镇发展边境旅游独具重要的区位优势。近年来，片马镇与缅甸克钦邦互办的"中缅国际商贸旅游交易会"等区域合作给怒江的中缅边境旅游业发展创造了良好的优势条件。

（2）建设思路与目标

以片马口岸为空间集散点，以民族文化为核心体验对象，以生态旅游为理念支撑，推进边境旅游梯度发展。加快推进新常态下怒江州边境旅游业改革创新、转型升级、产业聚集工作，完善旅游产品体系，加强公共服务设施建设，塑造积极向上的旅游新形象，全面提升怒江州旅游的区域竞争力，将片马边境旅游试验区打造为怒江州边境旅游发展的新动力和全域旅游发展的增长极，在实践中摸索出一条老少边穷地区无门票全域旅游脱贫之路——形成产业扶贫和旅游发展的"怒江边境旅游模式"。

依托片马镇独特的边境区位优势和边境旅游资源、怒江大峡谷、骨干公路和优势旅游资源，利用中缅跨境旅游合作区建设契机，在中方境内实施边贸特区、中缅边境物流中心、免税旅游购物区、中缅文化自由体验区等建设，坚持国家政策和旅游市场导向相结合，推动旅游融合发展和集聚区建设。

（3）建设内容

按照依托城市、整合资源、集约用地的原则，围绕"核心区-辐射区"的空间布局，重点建设边境旅游重点项目、旅游新业态、边境旅游资源、旅游综合配套设施、特色节庆赛事和活动及边境特色旅游线路体系等，成为片马边境旅游试验区的重要支撑。

1）建设边境旅游重点项目。重点打造六库镇为怒江州级旅游集散中心、片马边境风情景区、鲁掌-片马边境历史文化慢生活体验区等具有多功能的旅游综合体，打造以片马口岸为核心的旅游商贸区；做好鲁掌镇、片马镇、上江镇边境区域的南坝河城郊公园、姚家坪景区、滴水河景区、澡塘会等重点景区的开发与建设；改造提升片马国防小镇、鲁掌度假社区、骑行公园、姚家坪度假区等一批重点景区成为 5A 级景区。同时，做好口岸基础设施、通关便利化、与缅甸的多方合作与互联互通工作；加强整个试验区的基础设施、旅游接待设施、公共服务体系、智慧旅游等的投入与建设，以边境旅游试验区的尝试带动全县乃至全州、缅甸相邻地区的旅游及社会经济发展。

2）积极培育旅游新业态。大力开发低空旅游、户外运动、乡村休闲、生态度假、研学旅行、温泉养生、宗教公益、边境商贸、节庆赛事、文化体验为架构的十大特色产品体系，培育新的旅游经济增长极。通过推行落地自驾、异地还车、特种自驾包车等多种旅行方式，更大范围地融入全省及周边县（市、区）的旅游市场格局。

3）整合边境旅游资源。打造跨境旅游产品，如自驾游、体育旅游赛事（如跨境漂流、跨境马拉松、跨境徒步），在出入境方面争取特殊的政策，如中缅互免签证合作；联合缅甸举办更多有影响力的旅游文化交流活动；加强边境旅游司法互助合作，做好片马边境合作贸易区"文章"，建设片马国防小镇；加大对缅甸的开放水平，推进通关便利化和电子口岸建设。

4）完善旅游综合配套设施。综合比较旅游项目的区域重要性、资源品质、市场潜力、区位交通条件和投资开发难易度，优选并加快建设一批重点旅游景区、旅游度假区、特色旅游小镇、旅游特色村和公共服务设施项目，培育形成旅游产业发展的集聚区。不断完善和优化片马边境旅游试验区旅游产业要素和公共设施配置，将片马边境旅游试验区建设成为功能齐全、环境优美、个性鲜明的旅游城镇，成为怒江大峡谷各民族文化、民族风情展示的窗口。

5）策划培育一批特色节庆赛事和活动。依托怒江州民族文化和传统习俗，培育独龙论坛、天境怒江·国际仙女节、东方情人节、阔时节、国际漂流比赛、怒江大峡谷自行车拉力赛、马拉松大赛等。

6）打造边境特色旅游线路体系。打造一批区内精品旅游线路，打造六库镇-姚家坪度假区-知子罗村-老姆登村-福贡县-石月亮亚坪旅游区-贡山县-丙中洛镇-独龙江镇公路旅游干线、六库镇-石月亮亚坪旅游区-丙中洛镇-独龙江镇直升机旅游干线、六库镇-鲁掌镇-姚家坪度假区-片马镇-小江、上帕镇-石月亮亚坪旅游区-知子罗村-老姆登村、茨开镇-其期村-丙中洛镇旅游区-石门关-雾里村-秋那桶等旅游支线；打造一批区际精品旅游线路，打造昆明市-西双版纳州-德宏州-腾冲市-怒江大峡谷-片马镇-缅甸等边境风情游线路；打造一批边境旅游线路，推出边境环线游、边境过夜游，形成片马-缅甸的短途边境旅游环线,丰富中缅一日游、两日游线路产品。

(二)重点项目

重点项目遴选标准:投资额为10亿~100亿元;地域和空间上凸显跨境旅游合作区和边境旅游试验区、重点城镇和集散中心,同时兼顾口岸和边境全域;项目类型多样化,突出文化、生态、民族、产业等主题,同时兼顾旅游融合和全域旅游理念,有国际旅游度假区、精品旅游景区、生态旅游示范区、特色旅游产业园、跨境旅游合作项目。共遴选出重点项目61项,投资预算总额达1738.5亿元。各类型项目的建设构成如表6-1所示,具体项目分布如图6-4所示。

表6-1 重点项目建设

项目类型	数量/项	建设目标和规划主要内容	投资估算/亿元
国际旅游度假区	16	云南边境旅游发展资源优越,立足云南边境地区,面向我国与南亚东南亚国家,放眼世界,建成集观光、休闲、度假、养生养老、康乐、旅居为一体的国际旅游度假区,具体包括养生养老、温泉度假、乡村休闲度假等类型	641.0
精品旅游景区	22	以全域旅游思想为指导,注重旅游景区主题与特色、产品与项目、管理与服务、质量与效应等方面的转型与提升,努力建设一批精品旅游景区,以景区为龙头带动边境地区旅游全面发展	549.5
生态旅游示范区	7	云南边境地区大多生物多样性丰富、生态环境良好、生态区位非常重要。可在云南规划的国家公园基础上建设边境地区生态旅游示范区,在以保护为前提的基础上重点建设游客服务中心、内部交通系统、自然环境和生物多样性资源环境保护系统等	83.0
特色旅游产业园	7	规划引导边境地区旅游走集群化的发展道路,提高云南边境地区旅游产业的质量和竞争力、加快旅游产业结构的优化升级、转变旅游产业发展模式。规划建设7个边境特色旅游产业园,推进边境旅游向优势区域或主要集散中心城市集群发展,建设成区域旅游增长极,打造云南面向东南亚的边境综合旅游产业园集群	205.0
跨境旅游合作项目	9	利用与相邻国家山水相连、人文相近,以及旅游资源差异性大、互补性强的优势,重点加强在出入境便利化建设、基础设施建设、公共服务体系建设、跨国自驾游产品开发、旅游安全管理和服务保障、旅游投资与项目建设、旅游产品线路打造和宣传推广等方面与周边国家进行合作	260.0

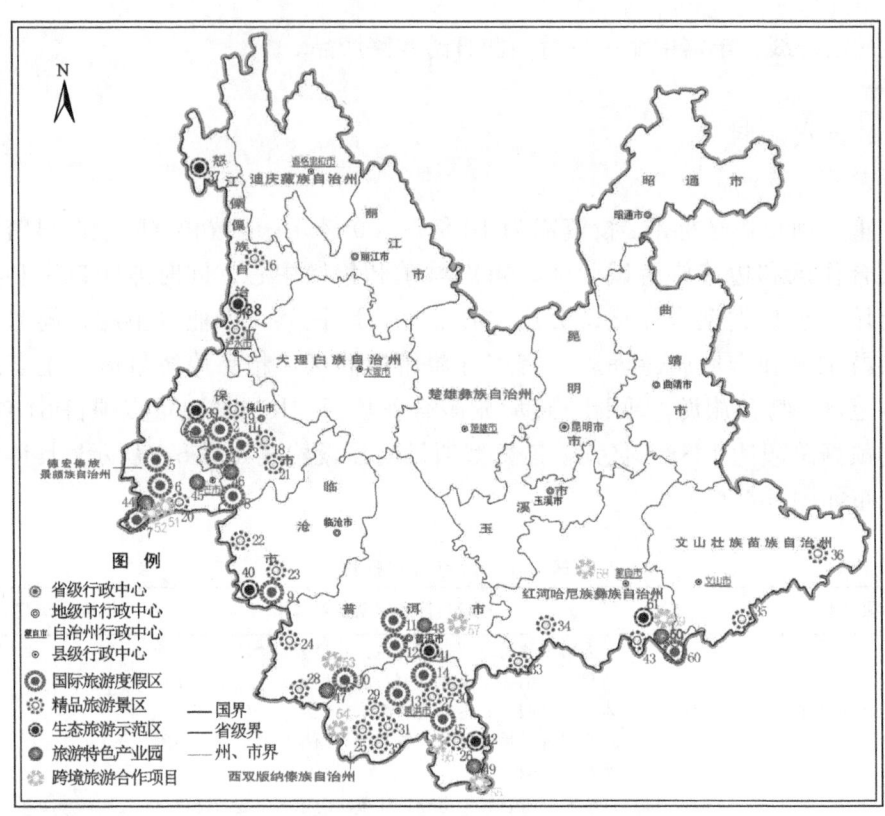

图 6-4 云南边境地区重点项目布局（详见书末彩图）

1.腾冲温泉旅游度假区；2.高黎贡国际医养旅游城；3.腾冲"天下和顺"养生养老旅游项目；4.龙川江国际生态旅游度假区；5.盈江沿江旅游休闲带；6.麻栗坝户宛温泉康体养生区；7.瑞丽江黄金旅游岸线度假区；8.龙陵邦腊掌旅游度假区养老社区；9.沧源国际旅游度假区；10.澜沧"知了"温泉养生谷；11.普洱茶城生态康体旅游度假区；12.普洱野鸭湖国际高端医疗养生基地；13.西双版纳国际温泉养生休闲度假区；14.西双版纳曼飞龙国际养生度假区；15.西双版纳高端休闲养生旅游度假区；16.怒江大峡谷生态文化旅游区；17.怒江大峡谷登埂温泉养生旅游区；18.南门外历史文化旅游区；19.龙川江国际生态旅游度假区；20.瑞丽湾植物园；21.龙陵松山大战遗址纪念园；22.南伞中缅跨国溶洞旅游景区；23.沧源勐来大峡谷旅游区；24.西盟佤族部落旅游区；25.贺开古茶山拉祜文化旅游区；26.南贡山景区勐远绿道；27.西双版纳南传佛教历史文化旅游区；28.普洱茶祖历史文化旅游区；29.澜沧江国际生态文化旅游度假区；30.西双版纳告庄西双景综合体；31.西双版纳南山国际雨林度假区；32.西双版纳水上世界；33.中老越三国庄园旅游度假村；34.黄连山森林公园；35.英雄老山圣地旅游景区；36.富宁生态休闲旅游区；37.独龙江生态旅游示范区；38.怒江大峡谷生态旅游示范区；39.保山高黎贡山生态旅游示范区；40.临沧南滚河生态旅游示范区；41.普洱太阳河生态旅游示范区；42.西双版纳生态旅游示范区；43.中国·红河蝴蝶谷生态旅游区；44.瑞丽国际珠宝翡翠产业园；45.芒市后谷咖啡产业园；46.龙陵黄龙玉文化产业园；47.景迈山普洱茶产业休闲园；48.中华普洱茶博览苑；49.西双版纳佛文化旅游产业园；50.中国-东盟国际旅游文化产业园；51.中缅瑞丽-木姐跨境旅游合作区；52."一国两寨"（瑞丽市银井村）；53.澜沧江-湄公河流域旅游城市合作项目；54.中缅边境公园（勐海县打洛镇）；55.中老磨憨-磨丁跨境旅游合作区；56.湄公河绿三角国际公园；57.跨境旅游大数据中心；58.跨境立体交通网络；59.中越河口-老街跨境旅游合作区；60.河口异域风情小镇；61.大围山生态旅游示范区

1. 国际旅游度假区

（1）建设背景和目标

随着大众休闲旅游时代的到来，民众的旅游消费需求从观光向观光、休闲、度假、养生、康乐等多元化转变，休闲度假成为现代旅游发展的高级形式和未来发展的大趋势。云南边境地区拥有发展旅游休闲度假的自然环境、旅游资源、多元文化等度假资源和鲜明的主题、便捷的交通、悠久的旅游发展历史、强大的市场消费群体、有力的政策支持等发展条件，在发展边境旅游中应立足云南边境地区，面向我国与南亚东南亚，放眼世界，建成休闲、度假、旅游、康养、居住为一体的国际旅游度假区。

（2）主要建设内容和重点

云南边境地区在旅游度假区规划建设中应注重：明确方向、突出主题；科学规划、合理布局；整合资源、区域联动；量力而行、分期建设。拟建设包括生态养生养老、温泉度假、乡村休闲度假、主题公园康乐休闲等类型旅游度假区共 16 项，如表 6-2 所示。重点建设内容为：营造优美舒适的度假环境；营造主题氛围；发挥品牌效应；打造项目和产品；完善基础设施、接待设施和服务体系建设；配套完整的生活消费产业链、优质的服务管理体系、保障体系等；保护区域的自然生态和地域性、地方性文化特色。

表 6-2　重点项目-国际旅游度假区建设

项目名称	建设地点	主要建设内容	投资估算/亿元
西双版纳国际温泉养生休闲度假区	景洪市	建设酒店、商业街、会所、住宅和养生设施等。以度假区的投资建设、高品质的旅游项目策划、高标准的旅游项目建设、高层次的配套设施建设水平，提升西双版纳旅游的层次，振兴地方旅游经济，使西双版纳成为我国热带旅游的新亮点，使西双版纳国际温泉养生休闲度假区成为世界级的旅游度假胜地	150.0
西双版纳曼飞龙国际养生度假区	景洪市	重点建设国际超五星级酒店、温泉度假村、地标性国际会议中心、中国-东盟企业家俱乐部、湿地体育公园、亲水乐园、养生避寒和康体休闲住宅等	100.0
西双版纳高端休闲养生旅游度假区	景洪市	建设综合性康体养生中心、度假疗养中心、精品度假酒店及其配套设施。以"休闲"为灵魂，以"养生"为主题，涵盖分时度假别墅、酒店、商业、主题游乐、休闲娱乐及城市基础设施的服务生态旅游和高端旅游的生态目的地	80.0

续表

项目名称	建设地点	主要建设内容	投资估算/亿元
普洱茶城生态康体旅游度假区	思茅区	建成集康体健身、户外运动、原生态体验、休闲度假等为一体的综合性休闲度假区，重点建设茶文化旅游区、户外运动区等	35.0
普洱野鸭湖国际高端医疗养生基地	思茅区	建成以康复医疗、养生度假、运动廊道、人与自然和谐为特色的高端医疗养生社区，重点建设康复医疗中心、养生住宅、运动场所及配套服务设施等	30.0
澜沧"知了"温泉养生谷	澜沧县	建成生态养生、温泉度假、康体休闲等为一体的养生休闲旅游区，重点建设付腊温泉休闲养生度假区、知了谷森林公园、康体运动设施及配套服务设施等	30.0
沧源国际旅游度假区	沧源县	包括勐来大峡谷、勐来旅游小镇等项目，建设重点包括：勐来大峡谷湿地、永让温泉度假区、农瓦山谷景区、勐冷自驾车露营地、游客服务中心、智慧旅游查询系统、景区基础设施及旅游标识系统等。建成集游客集散、信息咨询、美食购物、特色住宿、游憩休闲等多功能于一体的综合型旅游小镇，重点建设游客集散中心、风情商业街、佤风酒店、佤味美食街，同时进行综合环境治理、景观风貌提升、基础设施建设等	36.0
腾冲温泉旅游度假区	腾冲市	主要包括玛御谷温泉国际度假旅游区、石墙温泉度假村、花海温泉旅游农庄等项目，重点建设温泉SPA区、康复疗养中心、温泉度假酒店、商务会议中心、养生寓所、景区基础设施和配套服务设施等	30.0
高黎贡国际医养旅游城	腾冲市	重点建设梦幻腾冲大剧院、儿童欢乐城堡、水幕电影、恒益御景温泉酒店、康复疗养中心、翡翠博物馆、腾越历史文化博物馆、游客中心、度假别墅、翡翠商业区、生态自驾游营地及配套服务设施等	54.0
腾冲"天下和顺"养生养老旅游项目	腾冲市	依托中国魅力名镇和顺侨乡及丰富的温泉资源，开发乡村休闲养老旅游产品和温泉疗养养老旅游产品，重点完善养老服务配套设施，主要建设养老公寓、温泉养生度假酒店、温泉理疗会所、老年大学、健康管理服务中心等设施	10.0
龙陵邦腊掌旅游度假区	龙陵县	依托邦腊掌村良好的生态环境，以及丰富的温泉资源和乡村资源，充分挖掘氢氟泉、碳酸泉、硫磺泉等温泉的养生价值，开发温泉疗养养老旅游产品和乡村休闲养老旅游产品，重点完善养老服务配套设施，主要建设养老公寓、老年大学、温泉SPA会所、健康管理中心、家政服务中心、护理中心等	10.0
龙川江国际生态旅游度假区	腾冲市	重点建设休闲度假区、田园风光区、桃花源文化风情区、炫青春艺术家村落、科技生态农业示范区、新乡村运动示范区和景区公共服务设施等	15.0
瑞丽江黄金旅游岸线度假区	瑞丽市	结合开发开放试验区建设，重点建设瑞丽江休闲度假综合体、瑞丽江热带雨林漂流及沿江景观大道、观景台、八个民族特色旅游村寨、游客服务中心、森林道道、峡谷雨林探幽区、七彩田园观光区、热带雨林花卉休闲度假区、畹町旅游小镇、姐告国际旅游区，推动莫里热带雨林景区创建国家5A级景区以及相配套的旅游基础设施等	16.0

续表

项目名称	建设地点	主要建设内容	投资估算/亿元
麻栗坝户宛温泉康体养生区	陇川县	依托麻栗坝水库和周边山地，重点建设温泉SPA康乐园、养生度假村、主题酒店、高尔夫乡村俱乐部、民族风情园、游艇俱乐部、植物园区及配套设施等	25.0
盈江沿江旅游休闲带	盈江县	重点建设大盈江南片旅游区、香额湖游览区、石梯犀鸟谷露营地、中国橡胶母树景区、弄璋南五山观景台、邦巴观景台、允燕山观景台及沿江6个傣族特色旅游村等	10.0
河口异域风情小镇	河口县	建成河口中越边境文化、瑶族文化、法式文化、热带风情文化、绿色低碳文化等为一体的国际旅游休闲度假综合体，重点建设高星级度假酒店、主题公园、特色民宿、艺术家村落、避寒养生度假等医养项目、文化体验项目、山地户外运动项目、水上乐园、热带珍稀植物园等	10.0

资料来源：根据《云南省旅游产业转型升级三年（2016—2018年）行动计划重大建设项目表》整理

2. 精品旅游景区

（1）建设背景和目标

云南边境地区旅游资源类型丰富、功能齐全、有一些级别较高的列级旅游资源，在新的旅游需求和业态的影响下，尽管无景区旅游、泛景区化的趋势很明显，但旅游景区仍然是大部分旅游目的地能否吸引游客的决定性因素。因此，云南边境旅游需要建设一批精品旅游景区，包括不同类型不同级别的旅游景区22项，如表6-3所示。

（2）主要建设内容和重点

云南边境地区精品旅游景区的规划建设包括新建景区和老景区的提升改造，不论哪一种类型的景区开发建设都应从景区现存的普通问题和具体问题出发，扬长避短，以打造精品旅游景区为目标。规划的重点内容主要包括：找准景区核心吸引力进行特色定位，进而对旅游项目、旅游产品、旅游活动的设计和旅游营销方案进行差异化开发；注重旅游景区的文化性和创意性，努力实现景观、文化、产品、活动、创意、业态、产业的有机融合；基础设施、接待设施和旅游服务体系的提升与完善，细节之处体现人文关怀和文明程度，特别是在停车场、旅游厕所、内部游览线路、游客服务中心、景区标识系统、旅游安全设施、卫生及救援设施、特殊游客群体服务设施、旅游购物场所等方面；旅游景区生态环境和文化遗产的保护与传承，应做到凸显、协调与兼顾；旅游服务和管理体系的标准化与个性化建设融合等。

表 6-3　重点项目-精品旅游景区项目建设

项目名称	建设地点	主要建设内容	投资估算/亿元
西双版纳南传佛教历史文化旅游区	西双版纳州	重点依托勐泐故宫遗址文化资源，恢复建设成集傣族历史、宗教、民俗、生态等多种文化于一体的精品文化旅游产业区	100.0
澜沧江国际生态文化旅游度假区	景洪市	以沿江旅游综合片区和勐罕镇片区两大片区为核心进行开发建设，主要开发景宽二级公路、澜沧江左右岸步行道等基础设施工程，以及沿澜沧江两岸山地片区和勐罕镇、景哈哈尼族乡平坝区的旅游文化项目，以东南亚文化、西双版纳傣族文化、水族文化为主题的多国文化旅游设施项目	42.5
西双版纳水上世界	西双版纳州	重点建设水上娱乐世界、休闲度假区、度假酒店、游客服务中心区及旅游配套服务设施等	40.0
贺开古茶山拉祜文化旅游区	勐海县	建成集茶文化体验、休闲度假、村寨旅游等为一体的文化旅游区，重点建设贺开庄园、度假酒店、商业街、游客服务中心、茶源文化广场、养心度假区等	18.0
南贡山景区勐远绿道	勐海县	重点建设入口门景区、景观区、营地区、服务区、观景长廊等景区设施，以及停车场、消防、电力、给排水、污水处理等附属基础设施	10.0
西双版纳告庄西双景综合体	景洪市	建设集文化体验、旅游休闲、会议培训、旅游集散、度假养生、商业购物于一体的旅游综合体	35.0
西双版纳路南山国际雨林度假区	景洪市	以"观光休闲"为灵魂，以"雨林"为主题，主要建设分时度假酒店、雨林文化主题公园、雨林走廊、山地火车、休闲娱乐、城市基础设施等，建成服务生态旅游和中、高端旅游市场的旅游目的地	40.0
普洱茶祖历史文化旅游区	澜沧县	建设茶祖形象主体工程、祭祀广场及附属设施，重点建设游客服务中心、停车场、导视系统等	90.0
西盟佤族部落旅游区	西盟县	主要包括县城佤族风格建筑改造、龙摩爷、木依吉、里坎瀑布、博航民族文化旅游特色村、西盟熙康云舍建设等	10.0
中老越三国庄园旅游度假村	江城县	依托江城县优良的生态环境和富集的茶山、民族文化、高原特色农业等资源，开发御寒避暑养老旅游产品，重点完善养老服务配套设施建设，主要建设老年公寓、老年大学、老年生活服务中心、养生休闲会所、医疗康复机构、老年运动中心、农耕种植园等设施	12.0
英雄老山圣地旅游景区	麻栗坡县	重点建设老山神炮原址片区、天保口岸片区、老山片区三片区游客服务中心，以及爱国主义教育基地、停车场、旅游公厕、码头等基础设施	16.0
富宁生态休闲旅游区	富宁县	包括架街天湖壮景生态旅游区、博爱坡芽休闲旅游区等景区，重点建设游客服务中心、生态旅游区、观景台、步行游道、汽车营地、旅游厕所、标识系统等服务设施	10.0

续表

项目名称	建设地点	主要建设内容	投资估算/亿元
黄连山森林公园	绿春县	重点建设水上娱乐区、瀑布观光区、动植物观光区、丫口珍稀物种培育科技示范园、休闲度假酒店、景区游道、游客服务中心及配套服务设施等	10.0
南门外历史文化旅游区	腾冲市	依托腾冲国家历史文化名城和边境名邦优势，重点建设建筑文化博物馆、历史文化博物馆、民俗文化大观园、非物质文化遗产示范基地及相关附属配套设施	10.0
龙川江生态康体旅游度假区	腾冲市	重点建设以博物馆、美食街、特色商业街、艺术街为主的文化古镇项目，以高端酒店、会议中心、农家乐为主的商务接待中心，以及以骑行、垂钓、探险、野营为主的户外运动基地	10.0
松山大战遗址纪念园	龙陵县	重点建设游客接待中心、滇缅公路纪念碑、松山战役纪念馆、滇缅公路博物馆、实战体验区、干部教育培训中心、商业街区、景区游道、水体景观及配套服务设施等	10.0
瑞丽湾植物园	瑞丽市	建设国家5A级旅游景区，包括景区内道路、旅游厕所、标识系统、救援系统、水处理系统及相应的公共基础设施	12.0
沧源勐来大峡谷旅游区	沧源县	重点恢复勐来大峡谷湿地、建设永让温泉度假区、农瓦山谷景区、勐冷自驾车营地、游客服务中心、智慧旅游查询系统、景区基础设施及旅游标识系统等	10.0
南伞中缅跨国溶洞旅游景区	镇康县南伞口岸	重点建设跨国溶洞的道路、停车场、游客接待站、公共厕所、门景工程、踏步梯、景观亭、德昂休闲农庄、中缅民族团结园音乐喷泉广场等	12.0
怒江大峡谷登埂温泉养生旅游区	泸水市	建成集温泉养生、文化体验、休闲度假等为一体的养生休闲旅游区，重点依托传统澡塘会节庆文化，建设精品温泉度假酒店、自驾营地及温泉养生配套设施，举办澡塘会旅游节等	10.0
怒江大峡谷生态文化旅游区	泸水市、福贡、贡山县	包括片马生态文化旅游区、月亮山-亚坪生态旅游区、老姆登-知子罗旅游区、丙中洛生态文化旅游区、独龙江原生态文化旅游区等，根据各旅游区的资源特色，重点建设游客服务中心、旅游交通、旅游厕所、旅游标识系统、自驾车营地、周边少数民族村寨开发等项目	30.0
中国·红河蝴蝶谷生态旅游区	金平县	建成集保护、宣教、科研、旅游和带动社区发展等为一体的品牌旅游区，重点建设交通基础设施、游客服务中心、蝴蝶展览馆、景区新村及配套服务设施等	12.0

资料来源：根据《云南省旅游产业转型升级三年（2016—2018年）行动计划重大建设项目表》整理

3. 生态旅游示范区

（1）建设背景和目标

生态旅游示范区是以独特的自然生态、自然景观和与之共生的人文生态为依托,以促进旅游者对自然、生态的理解与学习为重要内容,提高对生态环境与社区发展的责任感,形成可持续发展的旅游区域(粟维斌和朱晓媚,2007)。

云南边境地区生态旅游资源丰富,生态资源完整性、本土性较好,生态资源游憩价值较高,生物因子植被良好,动植物资源丰富,物种的生境类型众多,大部分为自然区域,旅游资源结构合理,规模较大,丰度较好。因此,云南边境旅游可建设一批生态旅游示范区,包括不同类型不同级别的生态旅游示范区7个,如表6-4所示。

(2)主要建设内容和重点

云南边境地区大多数生物多样性丰富、生态环境良好、生态区位非常重要。可在云南规划的国家公园基础上建设边境地区生态旅游示范区,在以保护为前提的基础上重点建设游客服务中心、内部交通系统、自然环境和生物多样性资源环境保护系统等。

表6-4 重点项目-生态旅游示范区建设

项目名称	建设地点	主要建设内容	投资估算/亿元
西双版纳生态旅游示范区	景洪市、勐腊县	建成以热带雨林观光游览、文化体验、生态旅游、休闲度假等为特色的品牌旅游地,重点提升改造勐远原始森林公园、野象谷、绿石林景区、望天树景区等景区和旅游特色村寨	15.0
普洱太阳河生态旅游示范区	普洱市	建成集保护、宣教、科研、旅游和带动社区发展等为一体的品牌旅游区,重点建设莱阳河森林公园、营盘山、蓝眉山、茶城生态康体休闲园等景区及配套服务设施等	10.0
保山高黎贡山生态旅游示范区	隆阳区、腾冲市	建成以亚热带森林科考探秘、观光游览、生态旅游等为特色的国际品牌旅游地,重点建设生态游览道路、游客服务中心、旅游特色村寨、配套旅游服务设施等	10.0
怒江大峡谷生态旅游示范区	泸水市、福贡县、贡山县	建成以科考探险、生态旅游、多民族文化体验为特色的"世界最长大峡谷"旅游走廊和品牌旅游区,重点建设六库旅游区、福贡石月亮景区、丙中洛(怒江第一湾)景区、民族特色村寨及配套服务设施等	12.0
独龙江生态旅游示范区	贡山县	独龙江生态旅游示范区西面及南面与缅甸相邻。依托独龙江峡谷复杂的自然地理环境、丰富的生物种类多样性、繁多的珍稀濒危物种、高度集中的特有物种和古老孑遗物种、独特的动植物地理区系、原始而完整的亚热带山地森林生态系统和神秘的少数民族文化,建设"中国最神秘的峡谷"旅游品牌	12.0

续表

项目名称	建设地点	主要建设内容	投资估算/亿元
大围山生态旅游示范区	屏边县、河口县、个旧市、蒙自市	重点建设河口县花鱼洞景区的花鱼洞瀑布、花鱼溶洞群、生态体验谷、白沙河避暑胜地,充分体现瑶族、壮族等少数民族民风民俗以及越南民俗文化,与绿水河景区、阿季伍火山景区、水围城景区联动发展,打造红河州边境沿线生态及中越民俗文化体验精品项目	12.0
临沧南滚河生态旅游示范区	耿马县、沧源县	建成集保护、宣教、科研、旅游和带动社区发展等为一体的品牌旅游区,重点建设南天门森林休闲、弄抗河生态观光、福音山遗址探险、翁丁佤族原生态村落等12个景区	12.0

资料来源:根据《云南省旅游产业转型升级三年(2016—2018年)行动计划重大建设项目表》整理

4. 特色旅游产业园

(1) 建设背景和目标

云南边境地区自然地理环境、社会经济文化发展水平、产业发展现状等多元性与复杂性、共性与个性、分散与集聚共存。但总体来讲,云南边境地区旅游产业发展较分散、规模效应和集聚效应均处于较低水平,亟须通过特色旅游产业园的发展带动区域旅游产业整体发展水平和旅游产业与其他产业的融合发展。结合云南边境地区的优势产业及其与旅游业融合发展的情况,拟重点建设以文化产业、创意产业、生态农业、加工业为主题的7个特色旅游产业园,如表6-5所示。通过特色旅游产业园项目的建设引导边境地区旅游产业走集群化的发展道路,进一步提高其旅游产业的质量和竞争力,通过旅游产业集群带来的集聚优势和规模优势,加快旅游产业结构的优化升级,突破现有旅游产品档次低、旅游产品体系不健全、功能布局分散化的产业发展模式,推进边境旅游向优势区域或主要集散中心城市集群发展,建成边境地区区域旅游增长极,打造云南面向东南亚的集综合服务功能于一体的边境旅游产业园。

(2) 主要建设内容和重点

明确产业园的特色和主题定位、发展思路、战略定位,产业园区的总体布局和功能分区规划,产业园区的产业链构成规划,项目和产品规划,以及产业园区基础设施、旅游接待设施、旅游服务体系、商业服务体系的规划与建设,产业融合发展等。

表 6-5 重点项目-特色旅游产业园建设

项目名称	建设地点	主要建设内容	投资估算/亿元
西双版纳佛文化旅游产业园	西双版纳州	重点建设万国礼佛城、佛文化剧场、佛文化长廊、佛医谷及旅游配套服务设施等	80.0
中华普洱茶博览苑	思茅区	包括茶文化博览园、茶马古道遗址公园、茶马古道旅游小镇等项目,建成集茶文化、康体健身、禅修养生等为一体的养生休闲旅游区,重点建设中国普洱茶文化展示区、禅修养生中心、精品酒店及配套服务设施等	40.0
景迈山普洱茶产业休闲园	澜沧县	项目位于缅甸边境,与西盟和孟连形成的"绿三角"区域,依托景迈山独特的区位条件、优良的生态环境、悠久的茶叶种植史和多样的民族文化,打造集茶园观光、茶叶标准化生产观光体验、茶文化品鉴与传承、茶文化休闲养生健康生活为一体的高原特色农业产业园	25.0
中国-东盟国际旅游文化产业园	河口县	重点建设游客服务中心、少数民族风情一条街、水上娱乐园、文化娱乐城、星级宾馆、旅游房地产及配套服务设施等	15.0
龙陵黄龙玉文化产业园	龙陵县	以文化产业为主导产业,重点建设集创意研发、产业孵化、产品(服务)交易、产品鉴赏体验、人才培训等为一体,提供相应基础设施保障和公共服务平台、具有一定规模的旅游产业集聚区。重点建设黄龙玉生产-销售-消费服务中心、黄龙玉检验中心和黄龙玉文化广场、黄龙玉博物馆等	15.0
瑞丽国际珠宝翡翠产业园	瑞丽市	打造国家级珠宝翡翠产业示范基地,以及集原料采购、创意、加工为一体的珠宝产业链条,并结合文化、艺术及旅游元素带动瑞丽珠宝产业文化的整体提升。重点建设创意设计、生产加工、批发零售、展览收藏、融资拍卖、价值评估中心和翡翠文化博物馆及相配套的旅游服务设施	15.0
芒市后谷咖啡产业园	芒市	依托德宏小粒咖啡悠久的种植历史和德宏后谷咖啡有限公司的企业发展现状,以及芒市独特的边境优势、生态环境、农垦文化、少数民族文化等,重点建设后谷咖啡博物馆、咖啡自制体验区、龟龄湖旅游区、后谷咖啡庄园等项目,以及旅游基础设施和公共服务设施;建成集咖啡生产、销售、消费、旅游、休闲、度假为一体,农业、旅游业、文化产业、创意产业等多产业多业态融合的高原特色农业园	15.0

资料来源:根据《云南省旅游产业转型升级三年(2016—2018年)行动计划重大建设项目表》整理

5. 跨境旅游合作项目

（1）建设背景和目标

云南具有"东连黔桂通沿海，北经川渝进中原，南下越老达泰柬，西接缅甸连印巴"的独特区位优势，北上可连接"丝绸之路经济带"，南下可连接"21世纪海上丝绸之路"，是中国唯一可以同时从水陆沟通南亚东南亚，并可以通过中东连接欧洲、非洲，开拓西向贸易通道的省份，也是我国从陆上沟通太平洋、印度洋的大陆桥，是连接南亚、东南亚、西亚三大新兴市场的关键地带，是中国-东盟自由贸易区和泛珠三角"9+2"合作区之间的连接点，是亚洲5小时航空圈的地理中心，是构建孟中印缅经济走廊以辐射带动南亚、东南亚、东亚三大经济板块联合发展的重要起点。依托得天独厚的旅游资源和区位优势，大力推进旅游产业的发展，在互联互通水平、区域合作机制、开放合作领域等方面也凸显一定的比较优势，重点建设9个跨境旅游合作项目，如表6-6所示。

（2）主要建设内容和重点

以现有与各国的平等交流为基础，通过体制机制创新，形成省、州（市）、县（市）三级联席会议制度，努力实现游客和旅游生产力要素无国界的自由流动，形成激励共赢机制；以双方国家投入为导向，吸引中越及第三国资金投入基础设施、公共服务设施等建设，实现国与国之间、省会城市之间、城市与景区之间的高速公路网络化；通过"资源互享、产品共推"的基本模式，充分挖掘和培育形态多样、内涵丰富的旅游产品，在现有跨境旅游基础上，延伸旅游线路，形成旅游环线，同时按照差异化、特色化的基本要求，形成一批在亚太地区具有一定知名度的跨境旅游产品；通过"客源互送、企业共赢"的基本模式，调动和吸引国内外大型旅游企业参与跨境旅游的开发和建设；通过"信息互通、市场共管"的基本模式，搭建网络营销平台，塑造统一品牌，开展整体促销活动；通过"人才互动、设施共建"的基本模式，培养一批满足跨境旅游需求的人才队伍，建成一批满足跨境旅游需求的基础设施和公共服务设施，助推跨境旅游合作区发展（余繁等，2016）。

表 6-6 重点项目-跨境旅游合作项目建设

项目名称	建设地点	主要建设内容	投资估算/亿元
中越河口-老街跨境旅游合作区	在红河州13县（市）和越南北部9省（老街省、莱州省、河江省、山萝省、永福省、安沛省、宣光省、奠边省、富寿省）相应区域内	突出中越河口-老街的沿边生态、文化、贸易优势，以国际商贸、跨境旅游、异域风情、生态体验为主题，推动沿边地区货物贸易和服务贸易的同步发展，将合作区打造成为中国建设面向南亚东南亚辐射中心的排头兵，中越合作开发开放的滇南-越北国际无障碍旅游试验区，功能齐全、开放度高、自由度大、管理有序、繁荣发展的跨境旅游合作无国界旅游示范区，成为集观光、休闲、度假、康体、养生于一体的边陲异域风情旅游区、国际旅游目的地和区域性跨境旅游集散地，与周边国家睦邻友好、共享发展的稳边安边兴边示范区，生态文明、绿色发展的沿边生态景观区，沿边开发开放旅游先行先试的试验示范区	30.0
中老磨憨-磨丁跨境旅游合作区	在西双版纳自治州2县1市（景洪市、勐腊县、勐海县）与老挝北部6省（琅南塔省、丰沙里省、乌多姆赛省、博胶省、琅勃拉邦省、华潘省）相应区域内	充分发挥西双版纳州的地缘优势和口岸通道优势，借力打洛、关累港、景洪港等口岸优势，以西双版纳勐腊（磨憨）重点开发开放试验区为重点，为游客及旅游生产要素的自由流动提供保障；以中方投资为主，通过吸引中老及第三国资金投入基础设施、公共服务设施等建设；围绕"金四角"的开发，打造形成老挝琅勃拉邦-泰国清迈-泰国清莱-缅甸大其力旅游环线，努力构建"金四角"国际旅游圈，成为全球新的旅游热点和亮点；搭建成中国、老挝、缅甸、泰国四国文字的对外促销网络平台，打造统一品牌，开展整体促销活动；以中方为主导，建立人才培养和互送机制，进一步提高旅游服务的水平和质量；打造富有特色化、差别化、体验化和异国情调化跨境旅游产品，逐步形成"金四角"边境旅游环线和国际旅游圈	45.0
中缅瑞丽-木姐跨境旅游合作区	在瑞丽市和腊戍相应区域内	充分依托"重点开发开放试验区""有一个美丽的地方""东方珠宝城""口岸明珠城市"四张名片，加快旅游产品向自然生态观光、异国风情感受、民族文化体验、口岸商务旅居、康体休闲运动、珠宝红木购物等复合型发展转变，推动旅游功能从主要发挥经济功能向发挥综合功能转变，全面构建产业实力强、产业贡献强、产业竞争能力强、支撑产业发展能力强的现代旅游产业体系，顺利实现从"优秀旅游城市"向"旅游强市"的新跨越，把中缅瑞丽-木姐跨境旅游合作区建设成为国内一流、国际著名的旅游目的地和中国面向南亚东南亚区域性国际旅游集散地	69.0
澜沧江-湄公河流域旅游城市合作项目	在澜沧江和湄公河相应区域内	以"旅游城市合作"为突破口加速推进澜沧江-湄公河流域国家之间的旅游合作，通过城市之间的深入合作，提升各国旅游城市发展水平、改善旅游环境、提升区域旅游便利化水平、树立整体旅游品牌、深化次区域经济合作、促进文化交流，促进所在地区成为亚太地区民族文化特色最浓郁、旅游产品体系最完整、最具发展活力的无障碍黄金旅游区，成为影响21世纪世界旅游经济发展、促进区域旅游经济一体化的示范区域	25.0

续表

项目名称	建设地点	主要建设内容	投资估算/亿元
湄公河绿三角国际公园	西双版纳州关累镇边贸区	关累镇位于澜沧江与湄公河结合部，西与缅甸隔江相望，南与老挝陆地相连，是中南半岛腹地和东南亚各国经湄公河进入我国的"第一港"，全年可通航300吨级船舶，是目前云南与缅甸、老挝、泰国直接进行经贸交往的重要水陆通道，对外开放的重要窗口和门户。建设项目规划"金四角牌坊""四国文化村""旅游购物中心""海员度假村"四个功能区	10.0
跨境立体交通网络	云南边境及缅甸、越南、老挝、泰国全域	依托云南与相邻各国的公路（昆曼公路）、铁路（昆河、泛亚铁路）、水路（澜沧江-湄公河黄金水路）和航空等交通方式的全方位的不断完善和互联互通，云南边（跨）境旅游应加强与相应交通管理部门的融合，积极开发和设计适应新旅游业态与方式的旅游线路、产品、服务保障体系，如自驾车旅游、房车旅游、高铁旅游、航空旅游	20.0
"一国两寨"（瑞丽市银井村）	瑞丽市	依托瑞丽市三面与缅甸山水相连，村寨相望，国界线上所形成的"一个坝子、两个国家、三省邦交汇、五座边境城市"、一寨两国、一井两国的独特景观，建成集观光、休闲、度假、康体、养生于一体的边陲异域风情旅游区、国际旅游目的地和区域性跨境旅游集散地	15.0
中缅边境公园（勐海县打洛镇）	勐海县	园内有两条界河流经，四座界碑屹立。公园依山傍水，原始森林密布，风景自然优美，项目位于中缅边界西双版纳州打洛口岸曼宗山，与缅甸掸邦第四特区接壤。建设集游、吃、住、娱、购综合服务功能为一体的国际旅游度假胜地	10.0
跨境旅游大数据中心	中国、老挝、越南、缅甸	围绕"互联互通·创新共享·合作共赢"的跨境合作理念，以打造面向南亚东南亚旅游大数据中心和旅游互联网交易平台为核心，构建起国际区域旅游合作、国内区域旅游合作两大旅游圈层	36.0

资料来源：根据《云南省旅游产业转型升级三年（2016—2018年）行动计划重大建设项目表》整理

（三）一般项目

一般项目主要由特色旅游小镇、特色旅游村寨及旅游公共服务体系构成，主要建设内容如表6-7所示。

表6-7 一般项目建设

项目类型	数量/项	建设目标和规划主要内容	投资估算/亿元
特色旅游小镇	61	突出特色和主题，重点建设主题旅游吸引物、体验娱乐设施、商业服务设施和旅游接待服务设施，注重引入和培养新业态、新生活理念与方式等	600.0

续表

项目类型	数量/项	建设目标和规划主要内容	投资估算/亿元
特色旅游村寨	130	以农业、乡村、文化、生态为依托进行开发，按照自然景观良好，文化特色鲜明，村落风貌和生态环境优美，村容村貌整洁，通达条件良好，旅游功能和公共服务设施完备为标准进行推进建设	300.0
旅游公共服务体系		包括旅游集散中心、旅游基础设施、自驾车和房车露营基地、旅游厕所、旅游信息化建设、旅游标识系统几大方面的项目。每一类型的项目根据各州（市）实际情况需要进行细划，作为整个规划的一般项目	283.5

1. 特色旅游小镇

（1）建设背景和目标

2016年1月发布的《国务院办公厅关于推进农村一二三产业融合发展的指导意见》明确提出，建设一批具有历史、地域、民族特点的特色旅游村镇和乡村旅游示范村。旅游小镇作为促进产业提升、加速产业融合、实现扶贫扶农、推动新型城镇化发展的重要途径之一而成为新的发展趋势。云南边境地区要抓住云南特色小镇建设向贫困地区、边境地区、世居少数民族地区倾斜的政策机遇，口岸建设紧密结合，突出小镇特色、主题和旅游服务功能，聚焦特色产业和新兴产业，将边境旅游特色小镇建设成服务沿边地区开发开放的重要开放门户和跨境通道枢纽，同时具有鲜明的产业特色、浓厚的边境风情、完善的服务设施、优美的生态环境于一体的旅居综合体。

（2）主要建设内容和重点

旅游小镇在规划与建设中应注重进行主题化开发，突出旅游小镇的特色；合理化功能布局，形成小镇独特的肌理结构；进行景区化设计，打造完整独特的景区系统；引入休闲化业态，带动小镇的综合气氛；提倡特色化生活理念和方式，形成新的生活景观；进行信息化管理，打造智慧化小镇；拥有完善的保障体系，让旅居生活更放心。根据云南边境地区的区位优势、资源特征、文化特色、产业发展现状等，边境特色旅游小镇应突出"边境、民族、文化、生态"四个主题，打造产业共生共融的特色旅游小镇体系。规划建设云南边境旅游小镇（以建制镇为标准）共61个，其中怒江州7个、德宏州9个、临沧市10个、保山市7个、普洱市8个、西双版纳州10个、红河州6个、文山州4个

（表6-8和图6-5）；近期重点打造 15 个边境特色旅游小镇（强调特色和主题）：瑞丽畹町边关风情旅游小镇、腾冲和顺侨乡旅游小镇、龙陵松山抗战文化旅游小镇、福贡知子罗村-老姆登"记忆之城·宗教文化"旅游小镇、丙中洛生态田园旅游小镇、澜沧惠民景迈山茶产业旅游小镇、西盟勐梭佤文化特色旅游小镇、勐罕民族文化休闲度假小镇、磨憨边贸旅游小镇、勐海打洛边境口岸型特色小镇、麻栗坡天保红色文化旅游小镇、富宁剥隘"歌书文化"（壮乡）旅游小镇、河口滨水休闲旅游小镇、沧源勐来崖画谷文化旅游小镇、耿马孟定热带风情旅游小镇。主要建设内容如下。

1）主题提炼。提炼一个核心主题，体现整个小镇的文化灵魂，实现多元文化融合。

2）品牌塑造。突出边境地区多元文化塑造旅游小镇的品牌和形象，强调视觉冲击力和差异性，创新品牌的传播方式。

3）景点建设。注重景点设计，如入口景观、公园景观、节点广场、大型中心广场或者集散广场等景点之间的关系；景点布局、游线关系要形成系统且符合自然规律，同时体现人文情怀和美学艺术。

4）旅游产品设计。产品设计多元化以满足旅游者的个性化需求，包括观光旅游产品、乡村旅游与生态农业体验旅游产品、休闲度假旅游产品、边境旅游产品、自然生态旅游产品、民族文化体验旅游产品等。

5）业态构成设计。休闲业态构成要有利于聚集带动小镇的人气、商气、文气等，包括传统业态、时尚用品、户外运动装备、休闲餐厅、主题酒吧、SPA美容、健身俱乐部、休闲画廊、数字娱乐、旅游服务、民宿客栈、度假酒店等。

6）旅游公共服务体系建设。包括公共基础设施、旅游接待设施、旅游服务设施、旅游标识系统等。

7）保障措施建设。包括满足旅居需求的城镇发展保障体系（户籍、教育、医疗、就业、住房、社保、环境等）和旅游专项保障系统（发展资金保障、规划设计保障、旅游安全保障、医疗救援保障、营销体系保障、资源与环境保护等）。

表 6-8 特色旅游小镇建设

州（市）	特色旅游小镇名称
怒江州（7个）	泸水市六库镇、片马镇、鲁掌镇；福贡县匹河乡；贡山县丙中洛镇、独龙江乡、茨开镇
德宏州（9个）	瑞丽市畹町镇、姐相乡、勐卯镇；芒市勐戛镇、遮放镇；陇川县章凤镇、户撒乡；盈江县旧城镇、那邦镇

续表

州（市）	特色旅游小镇名称
保山市(7个)	腾冲市和顺镇、猴桥镇、荷花镇、马站乡；龙陵县象达乡、镇安镇；保山市潞江镇
临沧市(10个)	耿马县孟定镇、四排山乡、贺派乡；沧源县勐来乡、班洪乡、勐角乡、勐董镇；镇康县忙丙乡、南伞镇、凤尾镇
普洱市(8个)	孟连县娜允镇、勐马镇；澜沧县惠民乡、上允镇；江城县整董镇、勐烈镇、曲水镇；西盟县勐梭镇
西双版纳州(10个)	景洪市大渡岗乡、勐龙镇、勐养镇；勐腊县勐仑镇、易武镇、磨憨镇、关累镇；勐海县打洛镇、布朗山乡、勐海镇
红河州(6个)	金平县马鞍底乡、勐拉乡；河口县河口镇、南溪镇、瑶山乡；绿春县大兴镇
文山州(4个)	麻栗坡县天保镇；富宁县剥隘镇、田蓬镇；马关县仁和镇

资料来源：根据《云南省旅游产业转型升级三年（2016—2018年）行动计划全域旅游创建项目名录》整理

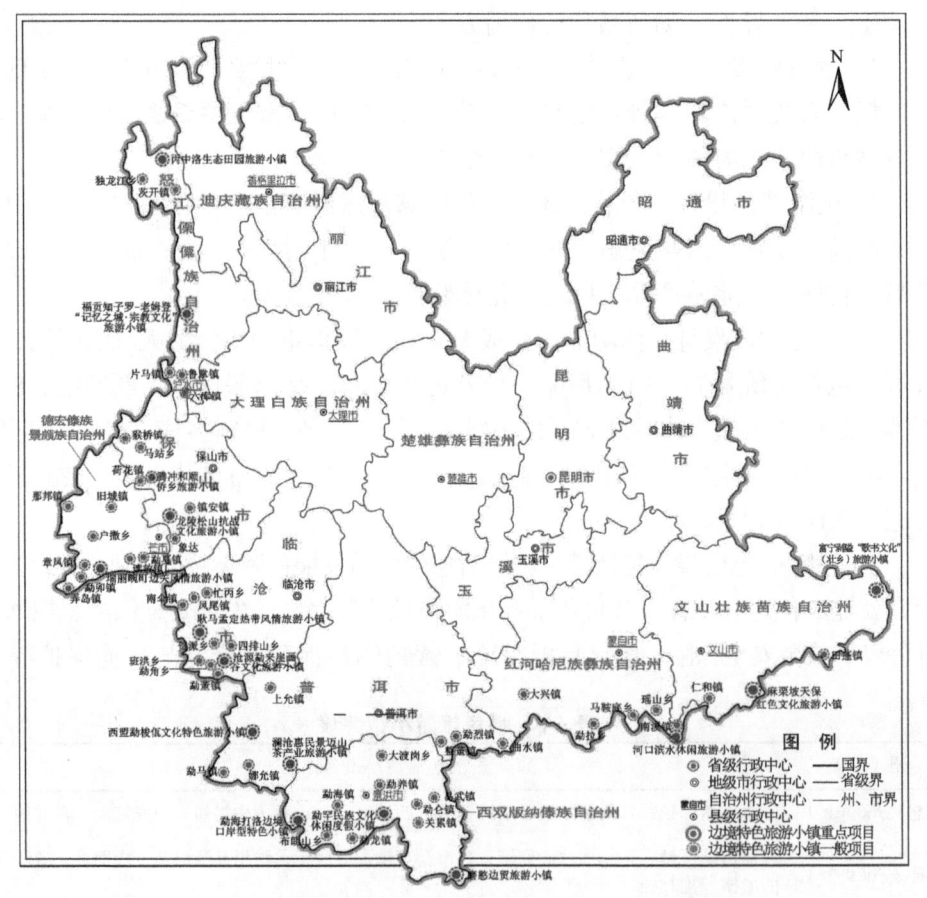

图 6-5　云南边境地区特色旅游小镇建设布局（详见书末彩图）

2.特色旅游村寨

（1）建设背景和目标

"中央一号文件"连续多年聚焦"三农"问题，同时在国家推进沿边开发开放、美丽乡村建设、扶贫开发、精准扶贫等政策和机遇下，《云南省人民政府关于加快推进民族特色旅游村寨建设工作的意见》出台，提出要发挥民族文化资源优势和旅游业的关联带动作用，大力开展民族特色旅游村寨建设。云南边境地区要抓住云南特色旅游村寨建设机遇，将旅游特色村寨打造成为全省特色村庄体系中的亮点、村庄建设规划深入修编的试点、新农村建设与发展的示范点、传统村落文化保护与民族特色彰显的样板，初步形成连通城乡旅游市场的特色旅游格局，使特色旅游村寨成为云南旅游的名片、团结和谐的示范、展现美丽中国的窗口。

（2）主要建设内容和重点

以"一村一品"为建设思路，以打造"美丽乡村、和谐边境、幸福农民"为目标，此次规划的旅游特色村寨包括民族特色旅游村寨、旅游名村、传统古村落、历史文化名村、旅游扶贫村等类型，在云南边境8个州（市）25个县（市）规划分批推进和培育129个特色旅游村寨，其中怒江州30个、德宏州19个、保山市19个、临沧市20个、普洱市14个、西双版纳州12个、红河州8个、文山州7个，如表6-9所示。主要建设内容如下。

1）村容村貌环境整治。包括村寨环境综合整治，如建筑风格统一化；村寨景观绿化美化，如栽种适合当地自然环境、具有当地文化特色、实用性强的树木花草和蔬果；营造村寨的文化氛围；传承和实践优秀传统民族文化等。

2）基础设施建设。包括给排水设施、污水处理设施、生活垃圾处理设施、外部交通和内部旅游路线、通信设施和网络服务（如4G网络全覆盖）等。

3）旅游公共服务体系建设。包括旅游景点建设与提升、旅游村寨游客服务中心、旅游线路设计和建设、旅游村寨旅游标识系统和导览系统、旅游交通线路和特色交通、旅游厕所、生态停车场等。

4）旅游接待设施建设。包括特色餐饮、住宿设施（以开发民宿和特色民族乡村酒店为主）、旅游购物中心（依托民间作坊开发民族民间工艺品、当地特产等)、娱乐活动场所和设施建设等。

5）新业态培育。例如，农村电商、物流、快递，新型农民，新乡绅，农村匠人等。

表 6-9　特色旅游村寨建设

州（市）	特色旅游村寨名称
保山市（19个）	腾冲市中和镇新街村桃树河村、腾冲市固东镇江东银杏村、腾冲市滇滩镇水城村、腾冲市中和镇新岐村、腾冲市五合乡腾朗社区小地方村、腾冲市明光镇麻栎社区茶山河河外村、腾冲市荷花镇坝派村、腾冲市腾越镇董官村、腾冲市界头镇石墙村、腾冲市荷花镇荷花池村、腾冲市和顺镇大庄社区、腾冲市马站乡云华村、腾冲市曲石镇江苴村、龙陵县象达乡小米地村野牛场村、龙陵县象达乡勐蚌村、龙陵县龙山镇芒旦村、龙陵县龙江乡弄岗村、龙陵县腊勐乡新和村、腾冲市清水乡三家村
红河州（8个）	河口县坝洒九队红头瑶村、河口县桥头乡白黑村、河口县南溪镇安家河村、金平县勐拉乡顶岗村、金平县金水河镇纳窝村、金平县金河镇枯岔河村、绿春县大兴镇俄批村、绿春县戈奎乡托牛村
文山州（7个）	富宁县剥隘镇丰洞村、马关县金厂镇罗家坪村、马关县坡脚镇小马固新寨村、麻栗坡县猛硐瑶族乡响水村、马关县马白镇马洒村、马关县八寨镇街脚村、麻栗坡县董干镇八里坪村
普洱市（14个）	孟连县勐马镇腊福大寨、澜沧县竹塘乡云山村、江城县康平乡石门坎组、澜沧县惠民镇翁基村、孟连县娜允镇芒掌村、江城县整董镇城子三寨村、孟连县娜允镇芒街村委会傣族村、孟连县芒信镇芒畔村、孟连县公信乡糯董老寨村、澜沧县酒井乡老达保村、西盟县勐卡镇马散村、西盟县勐梭镇秧洛村、孟连县娜允镇芒街村、江城县曲水镇怒那村
西双版纳州（12个）	勐海县勐海镇曼板村、勐海县勐混镇曼迈村、景洪市勐罕镇曼远村、景洪市工业园区曼柳村、景洪市大渡岗乡大荒坝村、勐腊县勐腊镇曼龙勒村、勐腊县象明彝族乡安乐村、勐腊县勐腊镇曼朗村、勐腊县易武镇十字街村、勐海县西定乡章朗村、勐腊县打洛镇勐景来村、勐腊县勐腊镇补蚌村
德宏州（19个）	陇川县章凤镇赖瓦村、盈江县太平镇石梯村、瑞丽市勐卯镇勐戛村、瑞丽市勐卯镇喊沙村、陇川县章凤镇芒拉村弄沙村名小组、芒市三台山乡出冬瓜村、陇川县章凤镇拉幕村、盈江县平原镇拉洪村、瑞丽市勐秀乡芒帽村、瑞丽市芒艾村傣族特色村寨、瑞丽市弄岛镇等嘎村景颇特色山寨、瑞丽市畹町镇回环德昂族特色村、瑞丽市姐相乡银井村、盈江县太平镇芒允村、盈江县新城乡芒别村、盈江县支那乡硝塘村、陇川县户撒乡芒东村、瑞丽市勐卯镇芒令村、陇川县陇把镇龙安村
怒江州（30个）	贡山县丙中洛镇雾里村、泸水市上江镇丙贡村、福贡县匹河乡知子罗村、贡山县丙中洛镇茶腊村、泸水市六库镇新寨村、福贡县石月亮乡米俄洛村、泸水市鲁掌镇三河村、贡山县捧当乡迪麻洛村、福贡县上帕镇古泉村、贡山县丙中洛镇双拉村、泸水市鲁掌镇浪坝寨村、泸水市鲁掌镇鲁祖村、泸水市洛本卓乡金满村、泸水市鲁掌镇鲁掌村、泸水市上江镇百花岭村、泸水市片马镇片马村、贡山县丙中洛镇甲生村、贡山县独龙江乡孔当村、贡山县独龙江乡献九当村、贡山县丙中洛镇秋那桶村、贡山县独龙江乡迪政当村、贡山县独龙江乡元村、贡山县独龙江乡巴坡村、福贡县上帕镇腊竹底村、福贡县马吉乡古当村、福贡县匹河乡老姆登村、福贡县上帕镇亚乌堵村、福贡县鹿马登乡赤恒底村、泸水县洛本卓乡托拖村、贡山县独龙江乡马库村

续表

州（市）	特色旅游村寨名称
临沧市（20个）	沧源县勐角乡莲花塘乡南坎组、沧源县班洪乡班洪村、沧源县勐角乡翁丁村、沧源县勐董镇葫芦村、沧源县勐董镇芒摆村、沧源县勐来乡丁来村、沧源县糯良乡班考村、耿马县勐永镇勐永村、耿马县孟定镇四方井村、耿马县孟定镇芒团村、耿马县贺派乡景颇新寨、耿马县孟定镇景信村、镇康县南伞镇白岩村、镇康县凤尾镇小落水村、镇康县忙丙乡忙丙村、镇康县南伞镇回落山村、镇康县勐堆乡茶叶林村、镇康县军赛乡岔路村、沧源县单甲乡安也村、耿马县耿马镇允捧村

资料来源：根据《云南省旅游产业转型升级三年（2016—2018年）行动计划全域旅游创建项目名录》整理

3. 旅游公共服务体系

（1）建设背景和目标

在整个云南边境旅游规划建设的过程中需要积极完善边境地区的旅游公共服务体系建设，通过旅游标识系统、管理服务系统、安全救助系统、咨询服务系统、旅游语言无障碍系统、旅游集散体系、信息服务体系和旅游公共基础设施等建设，最大限度地增强云南边境旅游地区的公共服务能力和接待能力。

（2）主要建设内容和重点

包括边境旅游集散中心建设、旅游基础设施项目、自驾车和房车露营基地、旅游厕所建设、旅游信息化建设、旅游标识系统建设6个方面。每一类型的项目根据各州（市）实际情况需要进行细分，作为整个建设的一般项目，如表6-10所示。

表6-10 旅游公共服务体系建设

项目名称	建设地点	主要建设内容	投资估算/亿元
自驾车和房车露营基地	边境全域、跨境自驾旅游线路重要交通枢纽处	在边境25个县（市）范围内以及跨境自驾旅游线路重要交通枢纽处规划建设78个自驾车和房车露营基地（具体名称及分布另见表6-11和图6-6），发挥对内对外的辐射带动作用。根据各基地的依托资源和特色，建设营地必备的基础设施——环卫设施、给排水设施、电力设施、通信设施、医疗设施、消防设施、出入口设施、标志标识设施、内部道路设施；基本设施——宿营设施、游客中心、露营地公共服务设施、车辆服务设施等。有针对性和选择性地建设特色住宿设施、特色餐饮商业设施、休闲娱乐设施、户外运动设施、商务会议设施等	179.0

续表

项目名称	建设地点	主要建设内容	投资估算/亿元
腾冲市超低空飞行旅游观光基地	腾冲市	重点建设直升机停机场、滑行道、游客接待中心、生态停车场等相关基础配套设施	12.0
怒江大峡谷直升机高空旅游开发	怒江州	重点建设综合服务区、停机坪、滑行道、连接外部交通的公路等服务设施	15.0
边境旅游集散中心建设	边境全域	规划建设三级20多个点的旅游集散中心体系，重点建设8个旅游集散中心：天保口岸、河口口岸、瑞丽口岸、畹町口岸、磨憨口岸、猴桥口岸、孟定清水河口岸、西双版纳嘎洒国际机场；加快建设10个边境旅游集散中心（口岸）：西双版纳嘎洒国际机场、金水河口岸、打洛口岸、章凤口岸、那邦口岸、片马口岸、南伞口岸、永和口岸、孟连口岸、田蓬口岸；规划建设6个边境旅游集散中心（口岸）：德宏芒市机场、腾冲机场、勐康口岸、都龙口岸、关累口岸、勐满口岸。建设"一站式"旅游公共服务中心服务，主要由集散中心、咨询中心、信息中心、出入境办证"一条龙"服务中心、旅游投诉服务中心、旅游救护中心和旅游演艺、旅游购物、旅游厕所、旅游停车场、自驾车服务体系等项目构成；重点建设旅游客运中心、旅游服务大厅、停车场、旅游厕所、信息化服务平台等项目；建立健全旅游管理服务、旅游信息咨询、旅游电子交易、旅游应急救援功能，形成集信息咨询、交通集散、行政管理服务于一体的旅游集散中心	36.0
旅游信息化建设	昆明市及各州（市）	包括中国-南亚东南亚旅游网络交易平台建设及各州（市）智慧旅游建设。具体包括旅游社区系统、网络营销服务系统、旅游商城系统、多语种即时互译在线交流系统等。通过全面推行"互联网+旅游"智慧旅游工程，实现边境地区旅游服务智慧化，提高旅游信息化水平，改变边境地区旅游信息化建设滞后的现状	15.0
西双版纳州智慧旅游项目	西双版纳州	基于"互联网+智慧旅游"，进行西双版纳州民族文化旅游资源宣传营销，充分展示西双版纳州的民族文化资源优势和品牌形象，按照智慧管理、智慧营销、智慧服务、智慧体验四大体系进行项目建设	15.0
旅游厕所建设	边境全域	通过明确规划、明确标准、明确责任、政策支持、资金补助等做法，在主要旅游城市和城镇游客聚集公共区域、主要乡村旅游点和旅游小镇、主要旅游景区（点）、旅游交通线路沿线新建、改建不合格、不标准、低等级旅游厕所，实现"数量充足、布局合理、设施完善、干净无味、免费使用、管理规范"的目标，并全部达到A级以上标准，建设管理达到国内先进地区水平	15.0

项目名称	建设地点	主要建设内容	投资估算/亿元
旅游标识系统建设	边境全域	完善主要交通干道旅游标识和服务指引标志，建成规范统一的旅游公共标识系统；在口岸、交通节点、高速公路服务区设立旅游告示牌；完善 3A 级以上旅游景区、旅游城镇、旅游特色村的路标和景观引导标志；完善旅游景区的景点说明、景区导览图、安全警示等。建成沿边地区规范统一的旅游公共标识系统	12.0

表 6-11　边境地区自驾车和房车露营基地建设

州（市）	建设数量/项	项目名称	项目依托	主要建设内容	投资估算/亿元
怒江州	10	泸水市六库蛮蚌露营地	城镇依托型	依托怒江州以及六库镇蛮蚌村浓郁的乡村风情、本土特色饮食、少数民族风情等旅游资源及其便捷的交通区位优势，主要规划建设自驾车租赁中心、自驾车营地、沙滩娱乐区、民族文化体验区、特色购物街、生态停车场和旅游厕所等	6.0
		泸水市怒江州州级游客中心露营地	道路依托型	依托怒江州旅游服务中心现有的服务设施，计划用地 20 亩^①，通过引入露营地服务业态，拓展旅游服务功能，为进入怒江大峡谷旅游的过往自驾车、房车游客提供露营、餐饮、住宿、购物和咨询等服务。同时，可依托服务中心毗邻怒江的地理区位优势，打造滨水游憩空间，并可结合周边傈僳族、怒族等民族风俗，开发民族文化体验旅游产品	1.8
		泸水市片马露营地	城镇依托型	依托片马旅游小镇的小江中缅界河风光、片马口岸优势以及景颇族民族文化等特色资源及其较好的可进入性，主要建设营地综合管理服务区、游客休憩区、自驾车露营地、特色购物区和餐饮休闲区等	2.7
		泸水市登埂温泉露营地	景区依托型	依托登埂温泉优美的自然风光、丰富的温泉资源和特色的民族习俗及其较高的市场知名度和较好的可进入性，主要建设生态停车场、观景台、旅游厕所、温泉主题客栈、户外泡池、特色购物店和美食店等	1.8
		康藤·怒江州自驾车帐篷露营地（泸水市）	景区依托型	依托姚家坪森林公园和高黎贡山丰富的动植物资源、抗战文化等，规划建设帐篷露营地、自驾车露营地等，并组织开发周边线路旅游	2.0

① 1 亩≈666.67 平方米。

续表

州（市）	建设数量/项	项目名称	项目依托	主要建设内容	投资估算/亿元
怒江州	10	福贡县石月亮露营地	景区依托型	位于省道 S237 丙瑞线沿线，周边有石月亮、怒江峡谷等资源，规划依托原公路管理所较为完善的基础设施扩展旅游服务功能，主要建设小型露营场地、汽车主题旅馆、自驾车服务咨询点、便利购物中心、汽车维修店、特色餐饮美食店等服务设施	2.0
		福贡县亚坪露营地	景区依托型	依托石月亮景区的优质旅游资源及其市场知名度和较好的可进入性，规划用地面积 52 亩，主要建设生态停车场、观景台、自驾车露营地、购物店、餐饮店和旅游厕所等	2.0
		福贡县老姆登-知子罗露营地	景区依托型	依托老姆登特色旅游村、知子罗景区特色的自然风光和民族风情及其较高的市场知名度，主要建设自驾车露营地、帐篷露营地、木屋露营地、咨询服务中心、特色购物店、特色美食区和生态停车场等	1.8
		贡山县丙中洛露营地	乡村依托型	依托丙中洛雪山环抱、江河横流、自然环境优越、民族文化多元、风情独异及多宗教、多民族、人与自然和谐共居的旅游资源及其较高的市场知名度，主要建设露营地综合管理服务区、生态停车场、自驾车露营地、帐篷露营地、特色美食区以及相关配套设施等	2.4
		贡山县独龙江露营地	景区依托型	依托独龙江奇异的自然风光、民族风情及原始的生态环境及其较高的市场知名度，主要规划建设露营地综合管理服务区、自驾车露营地、游客休憩区、特色民宿、特色购物店、特色餐厅、帐篷露营地和木屋以及相关配套设施等	2.0
德宏州	11	芒市后谷咖啡庄园露营地	城镇依托型	依托德宏芒市机场、G56 杭瑞高速和国道 G320 便捷的交通区位优势，芒市丰富的旅游资源、湿润温和的气候和独特的少数民族风情，后谷咖啡庄园的咖啡种植、加工、销售和研发等产业基础，以及较高的市场知名度开发建设露营地，主要建设自驾车租赁中心、主题餐厅、木屋酒店、帐篷露营地、生态停车场、咖啡吧、精品购物店和旅游厕所等	3.6
		芒市锦龙自驾车旅游服务中心露营地	道路依托型	依托项目地便利的交通区位优势、丰富的自然资源、湿润温和的气候、独特的民族风情等旅游资源及其便捷的交通区位，主要建设游客中心、风光餐厅、民艺庄、自驾车和房车露营地、竹屋露营地、帐篷露营地、汽车电影院、汽车服务中心和特色商铺等	2.4
		畹町边关文化园露营地	城镇依托型	依托畹町镇边关文化园的旅游资源及其毗邻国门的区位优势打造以抗战为主题的自驾车和房车露营地，主要建设房车营位、自驾车接待中心及相关配套设施	1.8

第六章 边境旅游总体布局与项目建设 | 201

续表

州（市）	建设数量/项	项目名称	项目依托	主要建设内容	投资估算/亿元
德宏州	11	瑞丽服务区露营地	道路依托型	依托瑞丽服务区规划建设的服务设施，通过引入露营地服务业态，拓展旅游服务功能，为高速公路沿线过往的自驾车、房车游客提供露营、餐饮、住宿、购物、加油、汽车维修、充电、旅游咨询等服务	1.6
		陇川县龙江河谷生态休闲度假旅游区露营地	景区依托型	依托龙江河谷生态休闲度假旅游区多样化的旅游资源、优美的自然环境及其较好的可进入性开发建设露营地，规划用地面积500亩，主要建设生态停车场、汽车露营地、水上娱乐区、垂钓区、生态厕所、木屋酒店、景观道路和休憩设施等	2.0
		陇川县龙安温泉露营地	景区依托型	依托陇把镇丰富的温泉旅游资源、特色的民族风情等旅游资源及其较好的开发基础与可进入性，主要建设综合服务中心、帐篷露营地、汽车露营地、健身馆、生态农业示范区和温泉室外泡池区等	2.4
		陇川县户撒佛祖花园露营地	乡村依托型	依托户撒乡浓郁的民族文化风情、特色的乡土景观及其较好的市场知名度，主要规划建设综合服务中心、帐篷露营地、汽车露营地、特色餐饮店、精品购物店、民宿客栈和非物质文化展示中心等	1.8
		陇川县云南景颇园露营地	景区依托型	依托景颇园丰富的少数民族文化旅游资源及其较好的市场知名度，主要规划建设自驾车和房车露营地、生态厕所、景颇特色客栈、生态停车场和特色美食区等	1.8
		盈江县诗蜜娃底露营地	乡村依托型	依托诗蜜娃底的天然草场、特殊的高原草甸风光、原始的自然生态环境、清新的空气、恬静的环境与浓郁的傈僳族风情，主要规划建设自驾车露营地、帐篷露营地、生态停车场、民族特色农家乐、旅游标识标牌、旅游厕所、民宿客栈和综合服务接待设施及其他配套设施等	3.0
		盈江县中国犀鸟谷露营地	景区依托型	依托中国犀鸟谷景区独特的"立体气候"和地貌组合、丰富的森林和野生动植物资源及其较好的市场知名度，主要规划建设游客接待中心、观鸟区、景区道路、停车场、民族特色农家乐、旅游厕所及其他配套设施	2.7
		盈江县恒河露营地	景区依托型	依托区域丰富的自然资源、湿润温和的气候、独特的民族风情、湖区林地等旅游资源及其较好的可进入性，构建综合服务区、营地宿营区、休闲娱乐区和汽车服务区四大服务区，主要建设游客中心、风光餐厅、自驾车和房车露营地、竹屋露营地和帐篷露营地等	1.8

续表

州（市）	建设数量/项	项目名称	项目依托	主要建设内容	投资估算/亿元
保山市	9	腾冲市江东银杏村旅游区露营地	乡村依托型	依托江东银杏村2000多亩集中连片的古银杏树资源及其较高的市场知名度和便捷的交通区位，主要规划建设露营地综合管理服务区、游客休憩区、帐篷露营区和木屋区、文化展示区、攀岩区、生态停车场和相关的配套设施等	2.0
		腾冲北海湿地国际生态旅游度假区露营地	景区依托型	依托北海湿地公园优美的自然环境及其较高的市场知名度与较好的可进入性开发建设露营地，主要规划建设自驾车和房车露营地、帐篷露营地、咨询服务中心、湿地科普中心和生态停车场等	2.0
		腾冲樱花谷温泉旅游区露营地	景区依托型	依托国家4A级景区樱花谷优质的旅游资源、优美的自然环境及其具备的市场知名度与较好的可进入性，主要规划建设帐篷露营地、汽车露营地、室内室外温泉泡池、篝火广场、户外娱乐运动区等，并完善厕所、停车场、餐饮住宿等设施	1.8
		隆阳区潞江坝服务区露营地	道路依托型	依托怒江沿线自然风光、潞江坝服务区、玛兰林沙滩温泉等资源，主要建设露营地相关服务设施和基础设施	4.8
		龙陵松山大战遗址纪念园露营地	景区依托型	依托松山大战遗址作为全国红色旅游经典景区、全国文物保护单位的市场知名度及其较好的可进入性，主要规划建设游客接待中心、自驾车露营地、松山大战纪念馆、滇缅公路博物馆、滇缅公路纪念碑和实战体验区等	3.0
		龙陵县梨园谷露营地	景区依托型	依托梨园谷景区高覆盖率的生态环境、毗邻邦腊掌温泉的旅游区位优势及其便利的交通条件，主要规划建设游客接待中心、停车场、汽车旅馆、房车露营地和产权式别墅等	2.4
		龙陵县龙江特大桥露营地	道路依托型	依托龙江特大桥作为亚洲第一高桥，堪称"世界奇观"的知名度和影响力及其便利的交通优势，主要规划建设游客接待中心、景观亭、停车场、汽车旅馆、汽车维修店、充电桩、房车露营地和休闲垂钓区等	1.8
		龙陵县勐堆勐蚌露营地	乡村依托型	依托象达乡勐蚌村的万亩草山、原始森林、生态农产品等旅游资源及其较好的可进入性，主要建设汽车露营地、骑行大本营、房车旅馆、帐篷营地、背包客旅馆、山地越野车赛道、蜂岩民宿客栈、畔溪鱼庄和游牧农庄等	1.6
		高黎贡国际医养旅游城露营地	城镇依托型	依托腾冲市丰富的旅游资源、完善的旅游产业配套、便捷的交通区位及其较高的市场知名度开发建设露营地，重点规划建设自驾车租赁中心、汽车露营地、环保厕所、生态停车场、亲子娱乐区和特色餐饮区等	1.5

续表

州（市）	建设数量/项	项目名称	项目依托	主要建设内容	投资估算/亿元
临沧市	7	耿马县孟定清水河口岸沿边跨境自驾游露营地	城镇依托型	依托边境耿马县的异地风情文化，结合清水河国门口岸资源，规划建设游客服务中心、特色餐饮区、自驾车露营地、特色商贸区、停车场及管理设施和旅游厕所等	2.0
		耿马县者卖恒春小镇自驾游露营地	景区依托型	依托者卖恒春小镇的古竹城、周边的傣族村寨、宜人的气候、良好的生态环境等旅游资源及其优越的地理位置与可进入性，主要规划建设生态停车场、游客服务中心、特色美食区、自驾车和房车露营地、康体运动区和旅游厕所等	1.8
		沧源县南滚河国家公园露营地	景区依托型	依托南滚河国家公园独特的地理位置、气候条件、种类多样的珍稀动植物等资源优势及其较好的市场知名度和可进入性，主要规划建设宿营区、烧烤区、房车区、木屋区、环湖游道、驳岸码头区、景观走廊，以及猴类和鸟类圈养繁殖中心、千亩桫椤连片展示区、停车场、旅游厕所、帐篷酒店、休闲娱乐区及运动区等	2.0
		沧源县国际旅游度假区露营地	景区依托型	依托沧源佤族特色文化、沧源崖画、南传上座部佛教经典建筑广允缅寺，以及保存完好的佤族原始村落等优质旅游资源及其较高的市场知名度和较好的可进入性，主要规划建设帐篷营位、房车营位、木屋营位，并配套咨询服务中心、自助餐厅、商务中心、野外拓展基地、科教基地和生态停车场等	12.0
		沧源县班洪公路管理所露营地	道路依托型	位于省道S236黄小线沿线，周边有南滚河国家级自然保护区、班洪抗英纪念碑等资源。规划在原有基础设施基础上扩展旅游服务功能，主要规划建设小型露营场地、汽车主题旅馆、自驾车服务咨询点、便利购物中心、汽车维修店、特色餐饮美食店等服务设施	1.0
		镇康县忙丙万亩茶园露营地	景区依托型	依托在2015北京国际茶博会获得"金奖"的忙丙马鞍山茶、省级非物质文化"阿数瑟"、万亩连片茶园、少数民族风情、天然大氧吧等旅游资源及其较好的地理区位与交通区位优势，主要规划建设游客服务中心、餐饮区、露营区、精品客栈住宿区、"阿数瑟"民歌展演中心、制茶体验区、步道及自行车道、生态停车场和旅游厕所等	2.0
		镇康县蚌孔跨国草山露营地	景区依托型	依托蚌孔村20万亩的跨国草山风光、异国风情、傈僳族民族风情、生态农业、舒适气候等旅游资源及优越的地理位置与较好的可进入性，主要规划建设露营服务中心、帐篷营地、自驾露营地、帐篷酒店、木屋酒店、帐篷租赁服务部、生态停车场、游客服务中心和户外运动区等	1.5

续表

州（市）	建设数量/项	项目名称	项目依托	主要建设内容	投资估算/亿元
普洱市	9	思茅区普洱中心露营地	城镇依托型	依托普洱思茅机场、昆曼高速便捷的交通区位优势，以及思茅区优美的城市环境、适宜的气候等，主要规划建设二级游客服务中心、文化主题客栈群、普洱茶市场、普洱茶精品旅游标准化示范街、精品酒店、购物中心、儿童主题城、四方街演艺广场、普洱民族美食旅游标准化示范街和东南亚自驾游基地等	10.0
		思茅区思茅港房车营地	城镇依托型	依托思茅区的城市基础设施与旅游资源开发建设露营地，主要规划建设自驾车租赁中心、汽车保养与维护站、汽车旅馆、风味餐厅、水上娱乐区、旅游信息咨询中心和自驾旅游医疗与救援中心等	2.4
		澜沧县景迈山露营地	景区依托型	依托景迈山中国六大茶山之一的美誉、悠久的制茶历史及景迈山内原生态布朗族村落的茶文化、布朗族民俗文化等资源及其较高的市场知名度，主要规划建设帐篷营位、房车营位、木屋营位、精品客栈和休闲庄园等，并配套餐饮、商务、娱乐和购物等设施	3.6
		西盟县佛殿山生态旅游示范区露营地	景区依托型	依托生态环境良好、文化底蕴浓厚、具备产业基础的佛殿山景区，主要规划建设自驾游露营地及房车露营地，并配套完善相关旅游设施和服务设施	2.5
		西盟县勐梭龙潭露营地	景区依托型	依托勐梭龙潭景区优美的自然风光和神秘的佤族文化及其较好的市场知名度，主要规划建设帐篷营位和木屋营位，并配套餐饮、娱乐设施等	1.8
		江城县三国庄园旅游区露营地	乡村依托型	依托三国庄园丰富的自然资源、独特的区位优势，主要规划建设游客服务中心、木屋酒店、帐篷露营地、自驾车露营地、生态茶园、珍稀动植物园和热带雨林湿地公园等	2.4
		江城县勐康风情旅游小镇露营地	城镇依托型	依托勐康口岸的区位优势和民族风情，主要规划建设游客服务中心、餐饮区、露营区、商贸区、生态停车场和旅游厕所等	1.8
		孟连县腊福露营地	乡村依托型	依托腊福村"腊福天池"、腊福大寨拉祜生态村、大黑山原始森林、高山平湖、万亩森林等优质旅游资源等，主要规划建设游客服务中心、民宿客栈、观景台、特色农家乐、帐篷露营地、自驾车露营地、生态步道和户外运动基地等	2.0
		墨江哈尼族自治县（简称墨江县）忠爱桥露营地	道路依托型	依托毗邻昆曼高速公路和国道G213的便捷交通区位，以及独特的河谷景观、民风民俗、历史文化遗迹、千年杜鹃等人文资源和自然景观资源，开发建设露营地旅游项目。计划占地面积460亩，规划建设游客服务中心、餐饮区、露营区、客栈住宿区、旅游步道、旅游厕所等	1.5

续表

州（市）	建设数量/项	项目名称	项目依托	主要建设内容	投资估算/亿元
西双版纳州	14	西双版纳州橄榄坝国际自驾游露营地	景区依托型	依托橄榄坝丰富的自然资源、缤纷的民俗文化资源及其较高的市场知名度和较好的可进入性，主要规划建设游客服务中心、餐饮区、露营区、水上娱乐区、温泉度假酒店、客栈住宿区、旅游步道、停车场及管理设施、旅游厕所等	3.0
		景洪市野象谷露营地	景区依托型	依托普文林场丰富的热带雨林植被、具有傣族建筑特色的干栏式村寨等旅游资源，以及野象谷较高的市场知名度与较好的可进入性，主要规划建设集装箱酒店、帐篷小屋、骑象体验、丛林飞跃和汽车露营地等	2.0
		景洪市关岭原始森林露营地	景区依托型	依托小黑林场丰富的热带雨林植被、具有傣族建筑特色的干栏式村寨、较好的可进入性及大渡岗茶园的知名度，主要规划建设游客服务中心、帐篷露营地、自驾车露营地、餐饮休闲区、生态茶园和民间民俗体育活动区、云南原筑自然体验科技文化基地等	1.8
		西双版纳州温普娜房车度假露营地	景区依托型	依托热带雨林野象谷、森林公园、民族风俗等独特资源，规划建设帐篷营位、房车营位、树屋，并配套公共洗浴设施、公共卫生间、公共厨房、公共健身房、自驾车咨询服务中心等	1.5
		西双版纳州游学曼瓦庄园露营地	景区依托型	依托曼瓦瀑布的热带雨林自然风光、傣族风情、风俗，以及傣族村寨原生态的自然风光，主要规划建设汽车露营地、户外露营地、QQ农场、户外运动基地、拓展培训基地、农业基地和木屋酒店等	4.0
		勐海县菩提缘·景真避暑山庄露营地	景区依托型	依托当地悠久的南传佛教文化、民族文化、历史文化，优越的自然条件及其较好的市场知名度和可进入性开发建设露营地，主要规划建设露营区、菩提缘贝叶经谷南传佛教文化体验园、景真避暑山庄、生态农耕文化产业基地和旅游厕所等	3.6
		勐海县六大茶山贺开古茶庄园露营地	乡村依托型	依托贺开古茶园便捷的交通、丰富的植被、良好的自然生态环境、古茶文化、民族文化，以及世界上已发现的连片面积最大、密度最高、保护最完好的古茶园等旅游资源及其较高的市场知名度，主要规划建设游客服务中心、古茶庄园、生态步道、特色购物店、自驾车露营地和茶文化体验中心等	3.0
		勐海县布朗山班章三垛山茶庄园露营地	乡村依托型	依托班章村良好的自然生态环境、浓郁的民族风情、茶叶产业等旅游资源及其较好的可进入性，主要规划建设普洱茶文化体验馆、特色农家乐、游客休息区、游客服务接待中心、观景台、茶场园区道路、帐篷营位、房车营位、木屋营位和野外拓展基地等	1.8

续表

州（市）	建设数量/项	项目名称	项目依托	主要建设内容	投资估算/亿元
西双版纳州	14	景洪市小勐养服务区露营地	道路依托型	拓展旅游服务功能，为高速公路沿线过往的自驾车、房车游客提供露营、餐饮、住宿、购物、加油、汽车维修、充电、旅游咨询等服务	1.0
		勐腊县服务区露营地	道路依托型		0.8
		勐仑服务区露营地	道路依托型		0.8
		勐腊县磨憨口岸露营地	城镇依托型	依托磨憨口岸的区位和政策优势，主要规划建设游客服务中心、餐饮区、客栈住宿区、旅游购物区和旅游厕所等	2.0
		勐腊县关累公路管理所露营地	道路依托型	位于省道S215元勐线沿线，周边有望天树景区、南腊河野趣漂流度假区等资源，主要规划建设小型露营场地、汽车主题旅馆、自驾车服务咨询点、便利购物中心、汽车维修店、特色餐饮美食店等服务设施	0.8
		勐腊县南腊河野趣露营地	景区依托型	主要依托南腊河优美的原始风景及曼龙勒生态景观等资源优势及其较好的可进入性，主要规划建设帐篷露营地、自驾车和房车露营地、观景亭以及相关的配套设施	1.8
红河州	5	河口县口岸公园露营地	城镇依托型	依托河口口岸独特的边境异域风情、农垦文化、滇越米轨文化、瑶族文化及亚热带自然风光等旅游资源及其较好的综合区位条件和可进入性，主要规划建设自驾车服务中心、防空洞休闲区、观光栈道、自驾车租赁中心、生态停车场、美食休闲区、帐篷露营地、特色购物店和旅游厕所等	2.0
		河口县瑶山盘王古寨露营地	乡村依托型	依托瑶山乡水槽村丰富独特的瑶族文化、优美的自然风光、丰富的森林资源及其较好的可进入性开发建设露营地。规划用地面积115亩，主要规划建设生态停车场、自驾车露营地、帐篷营位、民宿客栈、瑶族文化体验中心、公共卫生间、咨询服务中心和旅游厕所等	1.8
		金平县金水河公路管理所露营地	道路依托型	周边有金水河热带雨林景观、苗族瑶族少数民族风情、金水河口岸等资源，主要规划建设小型露营场地、汽车主题旅馆、自驾车服务咨询点、便利购物中心、汽车维修店、特色餐饮美食店等服务设施	1.8

续表

州（市）	建设数量/项	项目名称	项目依托	主要建设内容	投资估算/亿元
红河州	5	绿春县阿倮坡头公路管理所露营地	道路依托型	位于昆孟线沿线，周边有哈尼族山寨阿倮坡头村、哈尼服饰传习馆等资源点，主要规划建设小型露营场地、汽车主题旅馆、自驾车服务咨询点、便利购物中心、汽车维修店、特色餐饮美食店等服务设施	1.2
		弥勒市腻落江服务区露营地	道路依托型	依托腻落江服务区现有的服务设施，通过引入露营地服务业态，拓展旅游服务功能，为高速公路沿线过往的自驾车和房车游客提供露营、餐饮、住宿、购物、加油、汽车维修、充电、旅游咨询等服务	1.2
文山州	6	富宁县那里大峡谷露营地	景区依托型	依托那里大峡谷的峡谷风光、瀑布群落等资源及其较好的可进入性开发建设露营地，主要规划建设自驾车露营地、生态停车场、特色餐饮店、游客服务中心和旅游厕所等	2.0
		富宁县龙留露营地（富龙高速云南与广西交界处）	道路依托型	依托富龙高速便利的交通区位条件，主要规划建设房车露营地、帐篷露营地、汽车旅馆、自助烧烤区、运动健身区、足疗按摩馆、宠物托管中心、医疗救援中心和电动汽车充电站等服务项目	1.6
		富宁县剥隘坡芽休闲旅游区露营地	景区依托型	依托剥隘休闲旅游区丰富的运动休闲旅游设施以及剥隘镇浓郁的壮族风情等旅游资源及其较好的市场知名度和可进入性开发建设露营地，主要规划建设生态停车场、拓展训练基地、自驾车露营地、民族文化体验区、休闲餐厅和旅游厕所等	2.5
		富宁县架街天湖壮景生态旅游区露营地	景区依托型	依托架街天湖壮景风景区良好的自然风光、优美的高山草原及其较好的可进入性开发建设露营地，规划用地200亩，主要规划建设帐篷营位、房车营位、木屋营位、观景台、生态栈道、水上娱乐区和生态停车场等	1.5
		富宁县驮娘江露营地	景区依托型	依托驮娘江沿线的壮乡田园风光、亚热带雨林和岩溶河谷地貌景观等资源优势及其较好的可进入性开发建设露营地，规划用地1500亩，主要规划建设自驾车露营地、房车营位、帐篷露营地、游船码头、渔家乐、休闲田园和旅游厕所等	1.8
		麻栗坡县老山露营地	景区依托型	依托老山自卫反击战遗址、老君山林海、溶洞群、猫猫跳峡谷、云海、珍稀植物、天保边贸口岸等旅游资源及其较好的市场知名度和可进入性开发建设露营地，主要规划建设生态停车场、自驾车露营地、老山战役陈列馆、户外运动基地和旅游厕所等	1.8

续表

州（市）	建设数量/项	项目名称	项目依托	主要建设内容	投资估算/亿元
大理州	3	祥云县汽车露营地	道路依托型	依托毗邻 G56 杭瑞高速的优越交通区位优势，立足区域丰富的旅游资源和土地资源开发建设国内规模最大的森林汽车自驾露营地，主要规划建设水疗 SPA、五星级花园湖景酒店、森林露营地、房车露营地、蒙古包露营地、购物娱乐中心、美食街道和酒店式公寓	1.5
		祥云县下庄公路管理所露营地	道路依托型	祥云县下庄公路管理所露营地位于沪瑞线沿线。下庄交通区位优势突出，国道 G320、楚大高速公路、广大铁路自西向东贯穿全境，有火车站和高速公路入口，有"大理州东大门"之称，周边有云南驿等资源。规划依托原公路管理所较为完善的基础设施扩展旅游服务功能，建设道路依托型露营地，主要规划建设小型露营场地、汽车主题旅馆、自驾车服务咨询点、便利购物中心、汽车维修店、特色餐饮美食店等服务设施	1.8
		大理市双廊服务区露营地	道路依托型	依托双廊服务区现有的服务设施，通过引入露营地服务业态，拓展旅游服务功能，为高速公路沿线过往的自驾车和房车游客提供露营、餐饮、住宿、购物、加油、汽车维修、充电、旅游咨询等服务	1.2
楚雄州	2	南华县沙桥公路管理所露营地	道路依托型	南华县沙桥公路管理所露营地位于沪瑞线沿线。沙桥镇是南华县重要的中心城镇，也是楚雄州的西大门，广大铁路、楚大高速公路、滇缅国道 G320 穿境而过，周边有沙桥镇彝族风情、毛板桥水库等资源点。规划依托原公路管理所较为完善的基础设施扩展旅游服务功能，建设道路依托型露营地，主要规划建设小型露营场地、汽车主题旅馆、自驾车服务咨询点、便利购物中心、汽车维修店、特色餐饮美食店等服务设施	1.8
		双柏县大麦地公路管理所露营地	道路依托型	双柏县大麦地公路管理所露营地位于元勐线沿线，周边有哀牢山、河谷热带经济林果等资源。规划依托原公路管理所较为完善的基础设施扩展旅游服务功能，建设道路依托型露营地。主要规划建设小型露营场地、汽车主题旅馆、自驾车服务咨询点、便利购物中心、汽车维修店、特色餐饮美食店等服务设施	1.2
玉溪市	1	元江县扬武公路管理所露营地	道路依托型	元江县扬武公路管理所营地位于兰磨线沿线。扬武镇地处滇中腹地，是玉溪市、红河县、思茅区三州（市）四县（市、区）五乡（镇）物资集散地和八方商贾云集之地，是彝族烟盒舞之乡。规划依托原公路管理所较为完善的基础设施扩展旅游服务功能，建设道路依托型露营地，主要规划建设小型露营场地、汽车主题旅馆、自驾车服务咨询点、便利购物中心、汽车维修店、特色餐饮美食店等服务设施	1.8

续表

州(市)	建设数量/项	项目名称	项目依托	主要建设内容	投资估算/亿元
昆明市	1	石林县公路管理所露营地	道路依托型	石林县公路管理所露营地位于G324福昆线沿线,周边有石林风景区、九乡风景区等景区景点。规划依托原公路管理所较为完善的基础设施扩展旅游服务功能,建设道路依托型露营地,主要规划建设小型露营场地、汽车主题旅馆、自驾车服务咨询点、便利购物中心、汽车维修店、特色餐饮美食店等服务设施	2.0

资料来源:根据《云南省露营地与自驾游专项规划(2016—2030年)》整理

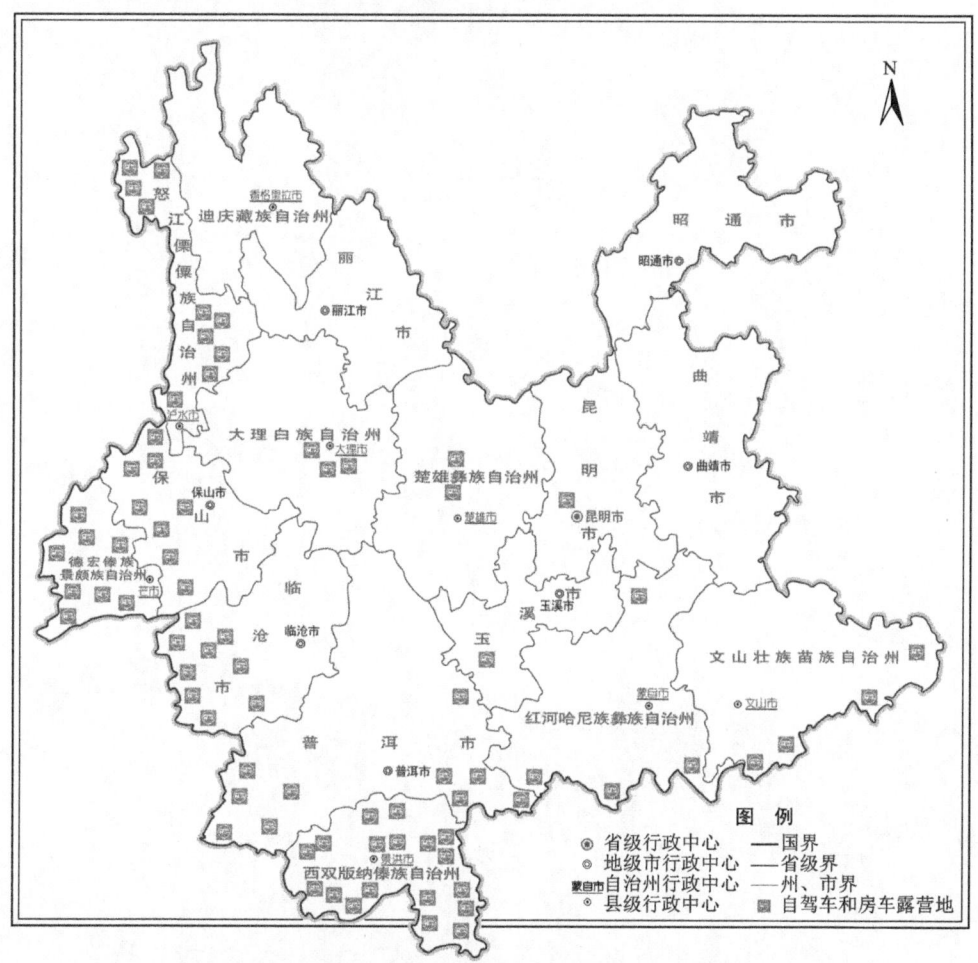

图 6-6 云南边境地区自驾车和房车露营地布局(详见书末彩图)

第七章

边境旅游产品体系建设

第一节 旅游产品

一、旅游产品谱系

通过对云南边境旅游资源、文化特征、地理区位、市场需求、空间布局及功能分区的分析,以构建主题鲜明、重点突出、特色与专项相结合的复合型旅游产品为原则,根据边境旅游产品的特点,把边境旅游产品分为观光旅游产品、休闲度假旅游产品、会展商务旅游产品、文化体验旅游产品、专项旅游产品五大类23小项(表7-1)。

表 7-1 旅游产品谱系

产品类别	产品细分名称	产品定位	产品内容	依托资源
观光旅游产品	边境口岸观光旅游产品	重点开发产品	口岸、边境景观和异域风情	姐告口岸、猴桥口岸、畹町口岸、那邦口岸、章凤口岸、磨憨口岸、金水河口岸、河口口岸、孟定清水河口岸、永和口岸、天保口岸、田蓬口岸、片马口岸、打洛口岸等
	湿地观光旅游产品	重点开发产品	湿地景观	腾冲北海湿地公园、江城勐烈湖湿地公园等
	热带雨林观光旅游产品	重点开发产品	原始森林景观	西双版纳国家公园、马关古林箐原始森林、西双版纳热带雨林自然保护区、中国科学院西双版纳热带植物园、瑞丽莫里热带雨林等
	河流峡谷观光旅游产品	重点开发产品	河流、峡谷景观	怒江、龙川江、大盈江-瑞丽江风景区、澜沧江、南溪河、盘龙江、澜沧江、小黑江、罗梭江、南腊河等
	地质地貌观光旅游产品	重点开发产品	高山景观、峡谷地质奇观等	高黎贡山国家级自然保护区、沧源南滚河国家级自然保护区、碧罗雪山、河口花鱼洞等
休闲度假旅游产品	水上休闲娱乐旅游产品	一般开发产品	游船、漂流等项目	怒江、龙川江、大盈江-瑞丽江风景区、澜沧江、南溪河、盘龙江、关累港、小黑江、罗梭江、南腊河等
	康体运动旅游产品	一般开发产品	登山、高尔夫、瑜伽、草场山地运动等	高黎贡山、南贡山、南腊河、孔明山、小黑江、勐仑镇、望天树景区、西双版纳茶马古道景区、怒江大峡谷国家公园、五老山国家森林公园、龙陵小黑山省级自然保护区等

续表

产品类别	产品细分名称	产品定位	产品内容	依托资源
休闲度假旅游产品	森林度假旅游产品	重点开发产品	热带雨林、植物园、度假区、自然保护区	西双版纳热带雨林自然保护区、中国科学院西双版纳热带植物园、瑞丽莫里热带雨林、望天树景区、勐远仙境、高黎贡山国家级自然保护区、南滚河国家级自然保护区、金平分水岭国家级自然保护区、金平西隆山自然保护区等
	乡村休闲旅游产品	重点开发产品	生态农庄、果园、民族村寨	腾冲市芒棒镇马家寨、芒市三台山乡允欠三组、瑞丽市勐卯镇喊沙村、陇川县章凤镇广山村、陇川县户撒乡芒旦村、耿马县孟定镇遮哈村芒团村、沧源县翁丁村翁丁大寨、江城县整董镇曼贺村、澜沧县酒井乡老达保村、澜沧县惠民乡芒景村翁基寨、景洪市基诺山乡巴坡村、勐腊县勐腊镇曼龙代村等
	温泉度假旅游产品	一般开发产品	温泉养生产品	腾冲市热海景区、龙陵县邦腊掌温泉养生度假区、芒市法帕温泉度假区、爱伲温泉村等
会展商务旅游产品	会展旅游产品	一般开发产品	利用酒店和会展中心等设施,针对中国、越南、老挝、泰国企业市场开发会议展览产品及服务	姐告口岸、畹町口岸、磨憨口岸、金水河口岸、河口口岸、孟定清水河口岸、永和口岸、天保口岸、田蓬口岸、关累港等
	奖励旅游产品	一般开发产品	针对企业市场群体,结合云南边境旅游资源进行主题旅游活动策划	全区域
	边贸旅游产品	重点开发产品	针对中国、越南、老挝、泰国边贸市场客户群体,开发会议洽谈及边贸观光考察等旅游产品	姐告口岸、猴桥口岸、畹町口岸、那邦口岸、章凤口岸、磨憨口岸、金水河口岸、河口口岸、孟定清水河口岸、沧源口岸、天保口岸、田蓬口岸、片马口岸、打洛口岸、关累港等
文化体验旅游产品	科普修学旅游产品	一般开发产品	溶洞科普知识、植物科普知识	瑞丽莫里热带雨林、芒市三仙洞、沧源藏龙洞、南伞跨国溶洞、耿马石佛洞遗址、孟连仙女洞、麻栗坡天生桥溶洞、沧源天坑、藏龙谷落水洞、中国科学院西双版纳热带植物园、西双版纳勐远仙境、西双版纳国家公园、马关古林箐原始森林等

续表

产品类别	产品细分名称	产品定位	产品内容	依托资源
文化体验旅游产品	多国风情体验旅游产品	重点开发产品	中国、越南、老挝、缅甸多国边境风情游	西双版纳州磨憨国际风情小镇、弄岛特色文化旅游小镇、佤族司岗里摸你黑狂欢民俗文化旅游区、喊沙特色文化旅游村、西双版纳傣族园、基诺山寨、磨憨口岸、关累港等
	民族民俗文化风情旅游产品	重点开发产品	壮族、苗族、哈尼族、彝族、傣族、景颇族、傈僳族等23个少数民族村寨	瑞丽边寨喊沙景区、瑞丽一寨两国、耿马孟定芒团景区、沧源翁丁原始部落景区、澜沧拉祜风情旅游区、孟连土司边境旅游区、西双版纳傣族园、西双版纳勐景来景区、绿春东仰风情园、西双版纳勐远仙境、南腊河、石良子村、爱伲温泉村等
	茶文化旅游产品	重点开发产品	普洱市及西双版纳州的六大茶山、古镇、古茶树、茶马古道,以及临沧市茶山	易武镇、倚邦山、孔明山、普洱茶马古道旅游区、西双版纳茶马古道景区、永德大雪山等
	红色旅游旅游产品	一般开发产品	抗战文化	腾冲国殇墓园、滇西抗战纪念博物馆、河口烈士陵园、金平烈士陵园、片马抗英纪念馆、龙陵松山抗战遗址、畹町南洋华侨机工抗日纪念碑、沧源班洪抗英纪念碑等
	宗教旅游产品	一般开发产品	佛教文化	芒市勐焕大金塔、芒市菩提寺、耿马县孟定洞景佛寺景区、西盟龙摩爷圣地、孟连县上城佛寺、西双版纳州勐泐大佛寺、勐远仙境、勐仑镇等
专项旅游产品	探险旅游产品	重点开发产品	热带雨林、原始森林、大峡谷	西双版纳国家公园、马关古林箐原始森林、西双版纳热带森林自然保护区、瑞丽莫里热带雨林、望天树景区、西双版纳勐远仙境、芒市三仙洞、沧源藏龙洞、南伞跨国溶洞、耿马石佛洞遗址、孟连仙女洞、麻栗坡天生桥溶洞、沧源天坑、藏龙谷落水洞等
	节庆旅游产品	重点开发产品	傈僳族阔时节与刀杆节等、怒族如密期、独龙族卡雀哇节、傣族泼水节、景颇族目瑙纵歌节、阿昌族阿露窝罗节、德昂族浇花节、佤族拉木鼓、拉祜族葫芦节、哈尼族苦扎扎节、瑶族盘王节、苗族花山节、布朗族宋坎节、壮族赶花街等	怒江州泸水市、碧江县、福贡县一带怒苏支系的怒族风情,以及西双版纳傣族园、瑞丽喊沙村、耿马孟定芒团景区、沧源翁丁原始部落景区、澜沧拉祜风情旅游区、孟连土司边境旅游区、西双版纳勐景来景区、绿春东仰风情园等

续表

产品类别	产品细分名称	产品定位	产品内容	依托资源
专项旅游产品	新兴节事旅游产品	重点开发产品	中缅胞波狂欢节、怒江民族风情旅游节、腾冲火山热海文化旅游节、德宏葫芦丝文化旅游节、耿马傣族水文化旅游节、临沧滇红茶文化旅游节、茶马古道乡村文化旅游节、普洱茶节、沧源国际佤族音乐节、中国磨憨-老挝磨丁边境文化旅游节等	瑞丽市、怒江州、腾冲市火山热海、德宏州梁河县、耿马镇、临沧市滇红之乡凤庆县、宁洱县同心镇、普洱市、沧源县、中国磨憨-老挝磨丁经济合作区等
	美食购物旅游产品	一般开发产品	傣族等少数民族风味美食、东南亚边境购物	磨憨口岸、关累港、少数民族村寨、瑞丽中缅一条街、河口越南街等；边境免税店购物体验、腾冲翡翠批发市场、芒市珠宝小镇、德宏样样好翡翠文化产业园、瑞丽姐告国际旅游景区、瑞丽淘宝场等

二、旅游产品发展方向

根据云南边境旅游产品的开发情况，建议稳抓市场热点，整合提升传统生态观光旅游产品，拓展康体养生休闲度假旅游产品，深挖文化旅游产品，优化培育自驾车旅游产品，健全完善边贸旅游产品，促进边境旅游产品体系的调整与优化，将传统生态观光旅游产品、康体养生休闲度假产品、文化旅游产品、自驾车旅游产品作为边境旅游的精品龙头旅游产品进行优先开发。同时，在此基础上逐步充实和延展云南边境旅游产品的层次与体系，不断开拓会展商务旅游产品、探险旅游产品、节事节庆旅游产品、美食购物旅游产品等多元化的产品类型，最终实现云南边境旅游产品开发的转型升级和历史新跨越（图7-1）。

1. 优先发展四大精品龙头旅游产品

（1）整合提升传统生态观光旅游产品

包括边境高原河流观光旅游产品、原始森林及热带雨林风光体验旅游产品、生态湿地观光旅游产品、峡谷景观观光旅游产品。

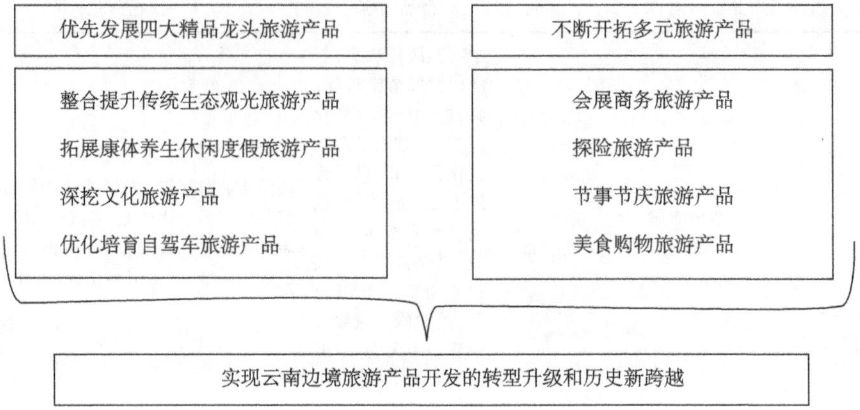

```
┌─────────────────────────────┐  ┌─────────────────────────────┐
│  优先发展四大精品龙头旅游产品  │  │    不断开拓多元旅游产品      │
├─────────────────────────────┤  ├─────────────────────────────┤
│  整合提升传统生态观光旅游产品  │  │      会展商务旅游产品        │
│  拓展康体养生休闲度假旅游产品  │  │       探险旅游产品           │
│      深挖文化旅游产品         │  │      节事节庆旅游产品         │
│    优化培育自驾车旅游产品     │  │      美食购物旅游产品         │
└─────────────────────────────┘  └─────────────────────────────┘
                    │                       │
                    └───────────┬───────────┘
                                ▼
        ┌─────────────────────────────────────────────┐
        │  实现云南边境旅游产品开发的转型升级和历史新跨越  │
        └─────────────────────────────────────────────┘
```

图 7-1　云南边境旅游产品开发方向

（2）拓展康体养生休闲度假旅游产品

主要包括温泉度假旅游产品、边境乡村休闲度假旅游产品、边境水岸休闲度假旅游产品、水上休闲娱乐旅游产品、森林康体养生旅游产品、康体运动旅游产品、腾药养生旅游产品。

（3）深挖文化旅游产品

包括边境民族文化风情旅游产品、边境红色旅游产品、边境宗教探秘旅游产品。

（4）优化培育自驾车旅游产品

云南边境旅游资源遍布全区域，景点分布均匀，组合有序，最适宜开展自驾车旅游，但要改善交通基础设施、设置自驾车露营地、完善相关旅游休闲度假设施，为自驾车游客提供一个宜游、宜留的综合性旅游目的地。将自驾车旅游产品打造为云南边境的龙头精品旅游产品。在以往基础上，突破主要交通干线限制，延伸边境州（市）"内联外拓成网络"的交通格局[①]，力争实现沿边地区及与邻国地区内部的无障碍跨区域流动。

---

① 云南省住房和城乡建设厅组织滇中城市群规划实施论坛[EB/OL]. http://www.yncityplan.com/nd.jsp?id=140 [2018-10-02]。

2. 不断开拓多元旅游产品

主要包括开拓边境口岸会展商务旅游产品、探险旅游产品、节事节庆旅游产品、美食购物旅游产品,以丰富边境旅游产品体系,构建多元的旅游产品业态,满足不同偏好人群、不同地域市场的旅游者需求。

第二节 旅游新业态和融合产品发展

一、旅游新业态

1. 健康养生养老旅游产品

依托边境各类原始森林、国家公园、温泉等生态旅游资源、民族医药资源等,逐步开发女性市场美容养颜旅游产品、银发市场医疗保健旅游产品、民族医药养生养老旅游产品,通过健康运动、康复社区、健康生活等项目,打造适合各年龄段人群的洗肺洗心、森林养生、慢生活的健康养生旅游产品。同时,通过服务设施的完善、互助体系的构筑、田园综合体等方式,构筑养生养老旅游产品。

2. 边境户外运动旅游产品

充分发挥边境湖泊、森林、气候等资源优势,以自然山地环境为载体、以参与体验为主要形式、以促进身心健康为目的,向游客提供相关产品和服务,主要包括登山、徒步、露营、骑行、自然岩壁攀登、定向与导航、水上运动、低空飞行、跨境高尔夫、徒步、山地运动、跨境骑行等项目。打造国家边境步道系统和自行车路线网。建设一批户外营地、登山道、徒步道、骑行道等户外运动场地,重点建设、着力创意策划一批高水平、高质量的边境户外运动主题赛会活动,打造以区域特色、边境文化为主题的户外运动会和户外运动节,培育以环境保护、户外知识与技能、人格塑造为主题的户外体验探险活动,创办以边境户外运动为主题的论坛和展示会。

3. 边境科考研学旅游产品

依托自然保护区、热带植物园、湿地公园、森林公园等资源,发展边境科考研学旅游产品。将自然观察、野外考察、社区调研与植物学、动物学、生物学、地理学、地质地貌学、民族学、美学美育等结合起来,在实践中求学、在求学中实地体验。

4. 边境亲子旅游产品

打造以安全、便利、冒险性小的旅游方式为主的边境亲子旅游产品,如农场旅游、户外露营、登山、拓展等旅游产品;打造一批专门针对儿童客群的度假村、夏/冬令营、大峡谷生物影像调查、摄影、特色村民俗考察、科普教育等亲子或儿童游乐旅游产品。

二、旅游融合产品

1. 旅游+特色农业

边境旅游与云南高原特色农业相融合,主要以边境特色民族村寨、特色农业种植基地等为依托,开发打造生态农业观光旅游产品、农业体验旅游产品,如针对亲子活动、自然体验、游学活动设计劳作体验、采摘体验、田园认知、养心养生等旅游产品,还可结合村寨观光、民宿等开发边境旅居体验产品。

2. 旅游+新型工业

主要指边境旅游与新型工业相融合,以建设边境工业园区、食品加工园区、电子商务园区,发展健康食品工业、生物药业、低空装备制造业等为依托,积极开发工业旅游、健康食品工业旅游、智慧旅游等新产品。

3. 旅游+文化产业

强调加强民族特色村寨、传统村落、非物质文化遗产保护,扶持边境乡村业余文艺队发展,加强对传统手工艺人、非物质文化遗产传承人的培养等,把民族特色村寨文化、传统村落文化体验作为文化与旅游融合的示范,推进景区景点特色文化的植入;通过民族文化演艺活动、文化创意活动等实现文化资源向文旅融合产品转化;将文化符号运用至旅游商品的包装、销售,实现二者的融合。

4. 旅游+交通业

建设集"吃住行游购娱"于一体的边境"慢游"交通网络，建设旅游风景道，如自行车道、步行道等设施，发展自驾游、骑行等旅游方式，打造具有通达、游憩、健身、购物、教育等功能的主题线路，通过加强"快进慢游"的旅游交通网络建设，更加方便游客出行，更加丰富游客的旅游体验。增开边境旅游列车等特色旅游专列，推出边境遗产铁路旅游线、精品铁路旅游线，开发适合边境的特种观光列车，发展澜沧江游船旅游、水上游艇旅游，开发空中游览、航空体验、航空运动等。

5. 旅游+住宿业

打造特色国际主题住宿片区，如一寨两国主题住宿片区，打造以温泉疗养度假为主的度假酒店、民宿客栈、特色民居等，提供专业的针对游客的细节化服务，在度假酒店、民宿客栈、特色民居中打造中式医疗体检机构、中式食疗养生会所、中式太极养生会场等设施，形成康体养生的"一条龙"服务。

6. 旅游+体育业

加强康体运动区、休闲广场、健身绿道、自行车慢道、自驾车和房车宿营地等建设，开放公共体育场馆和设施，开发体育旅游新产品，举办以边境体育运动等为主的赛事。

第三节 旅游节庆产品

节庆活动一直是民族旅游中的主要活动之一。边境地区策划推广节庆活动，可以聚集人气、展示民族文化与旅游形象、宣传旅游品牌，让地域特色深入人心。不少民族节庆活动年年举行，已经形成了良好的品牌效应并具有深刻的民族文化符号意义。例如，香格里拉的端午节赛马活动、彝族的火把节、傣族的泼水节，均成为民族旅游的特色活动与文化符号。边境旅游节庆产品可策划组织的素材丰富，有中缅胞波狂欢节、耿马傣族水文化旅游节、傈僳族阔时节、怒族如密期、独龙族卡雀哇节等 24 个节庆产品，具体如表 7-2 所示。

表 7-2 边境旅游节庆产品

序号	旅游节庆产品	序号	旅游节庆产品
1	中缅胞波狂欢节	13	沧源摸你黑狂欢节
2	耿马傣族水文化旅游节	14	瑶族盘王节
3	傈僳族阔时节	15	苗族花山节
4	怒族如密期	16	布朗族宋坎节
5	独龙族卡雀哇节	17	彝族百诗佳节
6	傣族泼水节	18	哈尼族嘎汤帕节
7	景颇族目瑙纵歌节	19	腾冲火山热海文化旅游节
8	阿昌族阿露窝罗节	20	德宏葫芦丝文化旅游节
9	德昂族浇花节	21	茶马古道乡村文化旅游节
10	佤族拉木鼓	22	普洱茶节
11	拉祜族葫芦节	23	中国磨憨-老挝磨丁边境文化旅游节
12	哈尼族苦扎扎节	24	中越（文山）国际商贸旅游交易会

1. 中缅胞波狂欢节

中缅胞波狂欢节依托瑞丽市多民族聚居、同一民族跨境而居、多元文化交汇融合的有利条件，以节庆活动为纽带，积极开展区域性、国际性文化经贸交流活动。进一步推动中国、缅甸地区的旅游、边贸、文化及社会繁荣与进步。搭建起文化与经济融合的平台，通过各种方式参与民族节日文化活动项目的开发利用。

2. 耿马傣族水文化旅游节

水文化旅游节开展采花赕佛、浴佛、滴水、堆沙、象脚鼓、嘎秧舞比赛、赶白塔等民间活动，耿马历史民族文化陈列，民族风味小吃展，花车、民族文化方阵巡游，农村文艺节目系列展演，"水漾耿马"团拜大型歌舞、互动泼水狂欢等丰富多彩的活动，欢庆傣族人民传统节日，突出耿马独特的水文化风情、人文风情、自然风情、历史风情、旅游风情，展现耿马独具特色的民族文化，全方位展示"山魂水韵·边关枢纽·风情耿马"的无限魅力。

3. 傈僳族阔时节

傈僳族过阔时节的时间存在地区差异，怒江州内各地时间也不同，一般在农历十二月初五到第二年正月初十。节日期间，傈僳族人家要酿制水酒、杀鸡宰猪、舂粑粑，准备各种丰盛的食品。各家各户还要采折松树枝插在门口，寓意祛疾除病，幸福吉祥。过阔时节的目的如下：一是拜天拜地祈求保佑；二是祭祖祭宗，祈求赐福；三是求达各玛（三角架）保护，驱赶天神地鬼；四是求天地在新的一年里风调雨顺、五谷丰登。

4. 怒族如密期

如密期意为全寨一起清洗邪气，祈求神灵保佑能风调雨顺、五谷丰登、六畜兴旺、家庭和睦、平安吉祥。这种活动是以开展民族文化活动为载体，按照怒族传统节日来迎接春耕的到来，欢庆幸福美满的新生活，颂扬勤劳致富，交流思想，沟通感情，陶冶情操，是一种健康有益的民族大众文化活动。

5. 独龙族卡雀哇节

卡雀哇节为宗教性节日，时间定于天气最冷的那一个月，相当于农历的腊月。卡雀哇节的节期一般为3～5天，由于独龙江地区气候差异大，各地粮食收获的时间不同，每个村寨过年的时间也不同。过年的内容主要有剽牛祭天、喝同心酒、挂毯、对歌、跳锅庄舞、举行模拟性的射猎庆典等。

6. 傣族泼水节

泼水节是展现傣族水文化、音乐舞蹈文化、饮食文化、服饰文化和民间崇尚等传统文化的综合舞台，其展示的章哈、白象舞等艺术表演有助于人民了解傣族感悟自然、爱水敬佛、温婉沉静的民族特性。同时，泼水节还是加强各族人民大团结的重要纽带。

7. 景颇族目瑙纵歌节

目瑙纵歌节展现了景颇族的服装、歌舞等特色，具有悠久的历史传统和广泛的群众性，而且集中表现了景颇族的历史起源、宗教信仰、道德观念、音乐、舞蹈艺术和文化艺术特点。

8. 阿昌族阿露窝罗节

阿露窝罗节是阿昌族人民的传统节日，节日里热情好客的阿昌族人民身着艳丽的服饰，和着象脚鼓、芒锣的节奏，唱起歌，跳起舞，伴着一声声响彻整个户撒坝子的鞭炮声，舞青龙、耍狮子、舞白象，还进行玩春灯、打秋千、对山歌、武术比赛和文艺表演等丰富多彩的文化娱乐活动。阿露窝罗节是阿昌族文化交流、交融、传承、弘扬的重要方式和载体，集中体现了阿昌族传统文化的方方面面。对增强民族凝聚力，促进阿昌族与其他民族的文化交流起着重要作用。

9. 德昂族浇花节

浇花节是把佛陀诞生、成道、涅槃三个日期合并在一起举行的纪念活动，为期三天，是德昂族一年中最重要的节日，也是最能集中体现德昂族传统文化的一项活动。

10. 佤族拉木鼓

拉木鼓是佤族人民重要的宗教仪式，也是他们精神生活的重要内容，其表演抒发热情、凝聚人心使得佤族优秀文化传统得以弘扬光大，可以说拉木鼓就是佤族的狂欢节，邻寨的人们也敲锣打鼓前来祝贺，大家载歌载舞、剽牛、杀猪、饮酒娱乐。

11. 拉祜族葫芦节

葫芦节是拉祜族最具代表性和典型性的节日活动，充满了独特的文化魅力。各村寨都要举行歌舞狂欢，男子吹奏葫芦笙领舞、男女共跳"嘎克"舞，女子敲打象脚鼓跳摆舞，男女青年进行民歌对唱，举行体育与游戏表演，如荡秋千、背水、打陀螺、射弩比赛。老人相约在火塘边，边饮酒边颂唱创世史诗《牡帕密帕》。葫芦节民族特色浓郁，活动丰富多彩，是全民歌舞狂欢的喜庆场合，蕴含着丰富的历史、文化内容。

12. 哈尼族苦扎扎节

苦扎扎节也叫六月年，在每年农历六月中旬举行，是哈尼族人民盛大的传统节日。老人围坐在场上喝酒取乐，孩子们追逐戏耍，青年人则围成圈子，跳起了扇子舞、竹竿舞、乐作舞，锣鼓声、琴弦声、欢呼声交织在一起。苦扎扎活动主要展示了哈尼族宗教祭祀文化和娱乐交际礼仪文化。

13. 沧源摸你黑狂欢节

摸你黑狂欢节是自 2004 年以来沧源县委、县政府着力打造的一个大型旅游文化节庆活动，于每年的 5 月 1～4 日在沧源举行。"摸你黑"取意于佤族民间用锅底灰、牛血、泥土等涂抹在脸上驱邪祈福求平安的习俗，如今已演变成用天然植物"娘布洛"①配制的涂料来相互涂抹，相互祝福。

---

① 抹你黑狂欢节所用涂料是以天然植物"娘布洛"为主成分配制而成，而娘布洛草是佤族人传说中的不死草。涂料是当地特产黄泥、芳香植物与"娘布洛"混合特制的香泥，有防晒、美容、护肤的功效。涂抹在身上的泥先是泥土色，干燥后会变成黑色。

14. 瑶族盘王节

每年的农历十月十六日，瑶族祭祀男女老少都要穿上自己民族的节日盛装，聚居在一起唱歌、跳舞，欢度盘王节。他们唱的歌是以《盘王歌》为主的乐神歌，跳长鼓群舞，一般为双人或四人对舞。盘王节作为历史悠久、分布广泛的大众节庆活动，集瑶族传统文化之大成，是一种增强民族向心力、维系民族团结的人文盛典。

15. 苗族花山节

农历正月初二至初七是云南屏边、蒙自、河口等地苗族人民一年一度的花山节，节日当天人们要穿上节日盛装到高山上选择挺直高大的青松或柏树，或在举行花山集会活动的地方竖起木杆当作"花杆"，并在距杆顶1米左右处扎以鲜花、彩旗，然后举行对山歌、跳芦笙舞、斗牛、跳狮子舞、爬花杆等活动。花山节是苗族人民现实生活中不可缺少的一个重要组成部分，是苗族人民展示民族风情的节日。

16. 布朗族宋坎节

西双版纳傣族自治州的布朗族会在每年农历四月十四日至十六日举行宋坎节，人们结队到佛寺去堆沙塔、插花、浴佛，并举办泼水祝福、丢包游戏、打竹球活动，载歌载舞欢庆节日。布朗族人的服装、饮食文化等充分展示了布朗族的民族风情。

17. 彝族百诗佳节

每年的农历二月八日是彝族群众的百诗佳节。文艺队表演《快乐彝家人》《跳起来》《彝乡情》等具有浓郁彝族风情的文艺节目，反映了彝族人民美好的生产生活情景。庆典活动期间进行打陀螺、丢包、射弩等比赛，组织开展土特产品展销活动，倚邦、蛮砖、莽枝、革登4座古茶山的普洱茶供不应求。

18. 哈尼族嘎汤帕节

嘎汤帕节是西双版纳哈尼族的年节，时间在每年1月2~4日。节庆期间，男女青年要表演传统的竹筒舞、长竹竿舞和各种展示哈尼族风情的文娱节目。开展荡秋千、打陀螺、射弩等比赛和游春活动，在山上对歌，尽情娱乐，以辞旧迎新。

19. 腾冲火山热海文化旅游节

腾冲火山热海文化旅游节于每年 10 月 1 日左右在云南保山市腾冲市举行，历时 4~8 天。节日旨在展示保山市对外开放和旅游业的发展成就，推介保山市富有特色的旅游产品，开展经贸洽谈和招商引资活动，吸引更多的中外游客到保山市，让更多的人了解保山市，让保山市通过火山热海旅游节的举办不断走向全国、走向世界，从而推动保山市对外开放和保山市旅游产业的发展。节庆期间，不仅能欣赏到史诗般的开幕式文艺演出，还能欣赏到民族民间文艺展演，内容丰富多彩，其中包括高黎贡山部落的上刀山下火海、傈僳族三弦舞、腾越古韵表演和玉雕作品展等。此外，还将进行舞狮、女子洞经、傈僳族演唱、茶艺等民间民俗表演，游客可尽情享受腾越文化大餐。

20. 德宏葫芦丝文化旅游节

葫芦丝文化旅游节着力挖掘葫芦丝文化、打造葫芦丝品牌，以发展葫芦丝经济、建设葫芦丝之乡为思路，逐渐涌现出一批葫芦丝制作和演奏人才，让葫芦丝之乡充满浓郁的民族特色，成为德宏州的一张靓丽名片。

21. 茶马古道乡村文化旅游节

茶马古道乡村文化旅游节以那柯里深厚的普洱茶文化、古道文化和马帮文化为依托，通过开展乡村文化旅游活动，带动那柯里以及宁洱县乡村旅游产业的发展。游客可体验深厚的普洱茶文化、古道文化和马帮文化，感受中国最美休闲乡村、全国文明村、全国民族团结示范村、全国美丽宜居村庄的乡愁气息。

22. 普洱茶节

依托得天独厚的产区优势，普洱茶节已成为一个具有国际性、开放性、公益性的茶界盛会。打造普洱市"世界茶源·中国茶城·普洱茶都"的城市形象，促进普洱茶产业发展，打造专业商贸展会平台，集茶产业与科技成果展示、茶产品展销、国内外商贸洽谈采购、茶学术交流、普洱茶制作技艺传承、茶旅游、茶交易平台等内容为一体，展现世界茶源和全球农业文化遗产保护地的独特魅力。

23. 中国磨憨-老挝磨丁边境文化旅游节

中国与老挝两国边境地区的部分官员、边民和文艺团体同台表演节目，载歌载舞欢庆佳节。能够容纳万人的中老泰国际赶摆场被挤得水泄不通，两国商人忙着出售自己带来的土特产和美食，大量从外地赶来的宾客，尽情地购买土特产并享用美食。节日搭建起了文化与经济融合的平台，有助于推进两国边境地区经济、文化、旅游等多领域的交流与合作，促进边境贸易、旅游产业更好更快地共同发展与繁荣。

24. 中越（文山）国际商贸旅游交易会

与越南河江省、宣光省、老街省和我国红河州、百色市、黔西南州以及国内外的相关协会、商会合作，设置中越特色商品展区、汽车展、珠宝展、三七展、根艺展等特色展区和系列旅游文化展示。举行中越（文山）跨境旅游合作交流会，与越南邻省旅游行政主管部门和企业代表就跨境旅游定期会晤机制、跨境旅游应急救援协作机制、旅游文化宣传协作机制、跨境旅游线路打造、旅游车辆互通合作等事宜进行交流研讨，组织安排越南及苗族文艺表演、中越商品展销、中越（文山）跨境旅游合作交流会、创意文山文化产业博览会、中越（文山）国际商贸旅游交易会汽车展等系列活动。

第四节 线路产品体系建设

在旅游线路设置上，考虑到省内市场、国内市场以及特色跨境旅游及专项旅游爱好者的需求，拟将云南边境线路产品分为省内线路、国内线路、跨境线路、专项线路四大类型。

一、省内线路

1. 边境沿线

云南陆疆边境地区自然资源丰富，民族文化灿烂。依托边境资源优势和区位条件，整合云南陆疆边境地区旅游资源，设计6条云南边境地区省内边境沿线旅游线路，拟将其打造为云南边境旅游的经典走廊，如图7-2所示。

1）线路：普洱市-景洪市-勐海县-澜沧县-孟连县-西盟县-沧源县（普洱-沧源旅游线）。

依托资源：东洱河水库、松山自然保护区、观音山、小黑江旅游线、茶马古道、西双版纳哈尼文化园、西双版纳万达傣文化风情园、西双版纳热带雨林自然保护区、勐海章朗村布朗族山寨、打洛森林公园、翁丁佤族原始群居村落、沧源崖画谷风景旅游区等。

评价：本线路自然和人文资源较丰富，沿线少数民族较多，利于游客体验不同的民族风情，感受丰富的少数民族文化。

2）线路：普洱市-景洪市-勐腊县-江城县-绿春县-金平县-河口县（普洱-河口旅游线）。

依托资源：东洱河水库、松山自然保护区、观音山、小黑江旅游线、西双版纳热带雨林自然保护区、西双版纳国家公园、中国科学院西双版纳热带植物园、西双版纳傣族园、西双版纳勐景来景区、南腊河野趣漂流度假区、黄连山国家级自然保护区、金平勐拉温泉、南溪河漂流度假区、花鱼洞国家森林公园等。

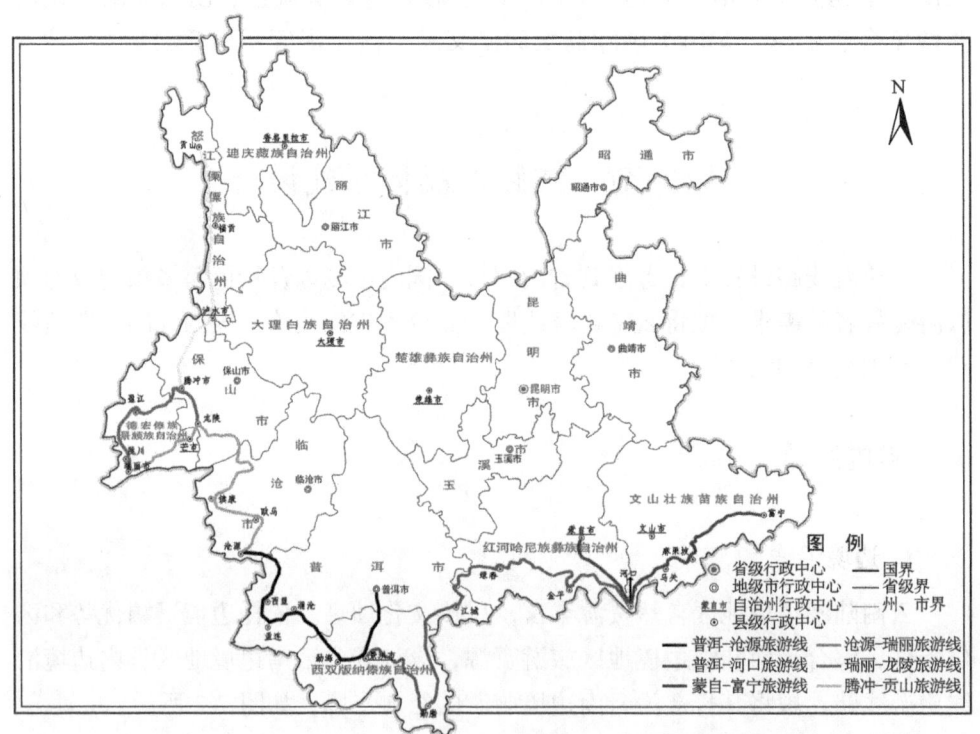

图 7-2　云南边境地区省内边境沿线旅游线路布局（详见书末彩图）
线路 2）中的普洱市-景洪市与线路 1）重合，未单独着色画线，本书余同

评价：本线路人文和自然资源丰富，具有独特的边境民族风情，利于游客体验边境优美风光。

3）线路：蒙自市-河口县-马关县-麻栗坡县-富宁县（蒙自-富宁旅游线）。

依托资源：南湖风景区、碧色寨景区、缘狮洞、老山作战纪念馆、大王岩岩画、清华洞旅游区、普阳瀑布等。

评价：本线路历史遗迹较多，人文资源丰富，沿线的少数民族文化独特，利于游客体验不同的民族风情和文化。

4）线路：沧源县-耿马县-镇康县-龙陵县-芒市-瑞丽市（沧源-瑞丽旅游线）。

依托资源：翁丁佤族原始群居村落、沧源崖画谷风景旅游区、沧源佤山风景名胜区、勐巴娜西珍奇园、邦腊掌热矿泉旅游度假区、瑞丽莫里热带雨林、扎朵瀑布、边寨喊沙、一国两寨、大等喊民族村等。

评价：本线路人文、自然资源丰富，少数民族较多，利于游客体验不同的民族文化。

5）线路：腾冲市-泸水市-福贡县-贡山县（腾冲-贡山旅游线）。

依托资源：腾冲火山地热国家地质公园、热海温泉、怒江大峡谷、腊乌岩瀑布、听命湖、五趾山、亚坪高山河源湿地、福贡傈僳村寨、碧罗雪山、丙中洛景区、怒江第一湾、滴水岩月亮大瀑布、嘎娃嘎普雪山、石门摩崖石刻等。

评价：本线路 A 级景区较多，自然资源丰富，少数民族较多，利于游客体验不同的民族文化。

6）线路：瑞丽市-陇川县-盈江县-腾冲市-龙陵县（瑞丽-龙陵旅游线）。

依托资源：一国两寨、大等喊民族村、邦腊掌热矿泉旅游度假区、世界珍稀植物桫椤群风景区、腾冲火山地热国家地质公园、热海温泉、勐马温泉、热水塘温泉、丙赛温泉、龙窝寨温泉、大盈江、户宛温泉、皇阁寺、玉兔佛塔等。

评价：本线路为环线，自然条件优良，温泉资源丰富，区域内少数民族较多，利于游客在康体养生的同时体验不同的民族风情。

2. 陆路线路

云南交通运输设施建设成效显著，综合交通网络建设持续优化，为充分发挥区位优势，昆明市逐步构建"2+1+X"交通枢纽体系（张长生，2018）。依托云南陆疆边境资源条件以及省内现有的陆路交通条件，以昆明市为起点设计 7 条边境地区省内陆路旅游线路，如图 7-3 所示。

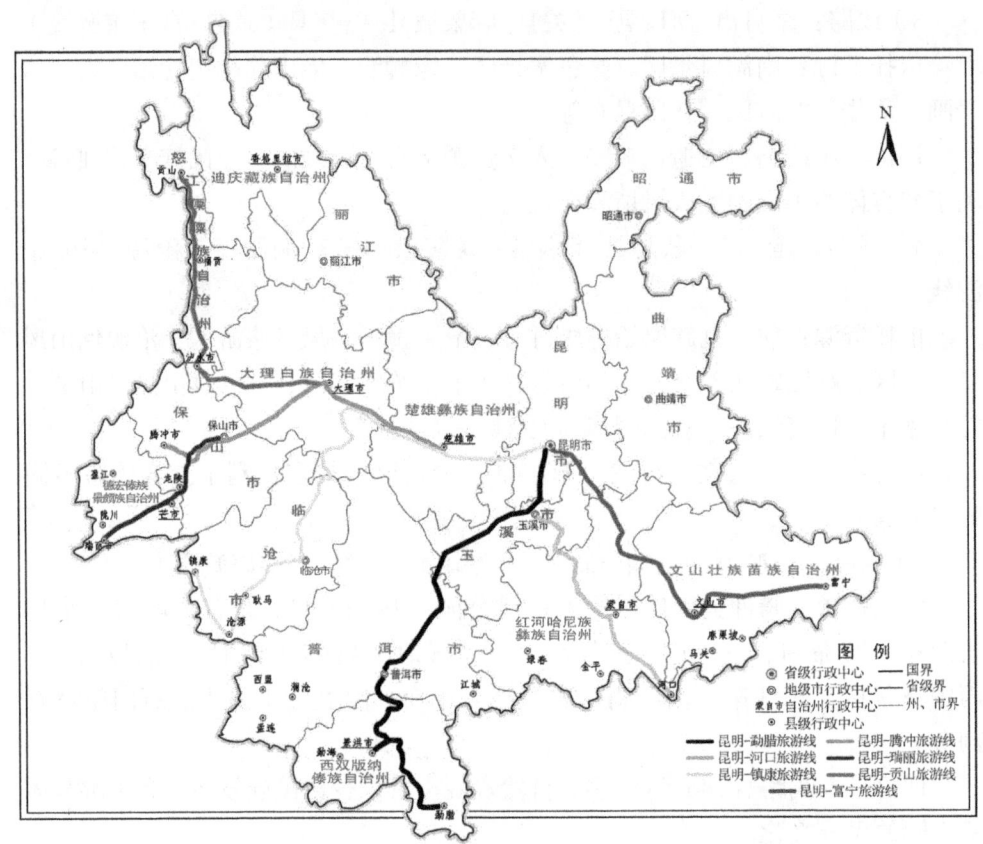

图 7-3　云南边境地区省内陆路旅游线路布局（详见书末彩图）

1）线路：昆明市-玉溪市-普洱市-景洪市-勐腊县（昆明-勐腊旅游线）。

依托资源：滇池、抚仙湖、星云湖、东洱河水库、松山自然保护区、观音山、小黑江旅游线、西双版纳热带雨林自然保护区、西双版纳国家公园、中国科学院西双版纳热带植物园、西双版纳傣族园、西双版纳勐景来景区、南腊河野趣漂流度假区等。

评价：本线路人文和自然资源丰富，利于游客体验独特的边境民族风情和优美的边境风光。

2）线路：昆明市-玉溪市-蒙自市-河口县（昆明-河口旅游线）。

依托资源：滇池、抚仙湖、星云湖、建水古城、团山村、米轨小火车、朱家花园、建水文庙、南湖风景区、碧色寨景区、缘狮洞等。

评价：本线路历史遗迹和人文资源丰富，利于游客体验不同的民族风情和文化。

3) 线路：昆明市-楚雄市-临沧市（临翔区）-耿马县-沧源县-镇康县（昆明-镇康旅游线）。

依托资源：滇池、禄丰世界恐龙谷、彝人古镇、翁丁佤族原始群居村落、沧源崖画谷风景旅游区、沧源佤山、镇康南伞口岸国门公园等。

评价：本线路人文和自然资源丰富，少数民族较多，利于体验不同民族文化。

4) 线路：昆明市-楚雄市-大理市-保山市-腾冲市（昆明-腾冲旅游线）。

依托资源：滇池、禄丰世界恐龙谷、彝人古镇、大理洱海及周边古镇、古村落、保山温泉、古镇古村、腾冲火山地热国家地质公园、热海温泉、高黎贡山国家公园、勐巴娜西珍奇园等。

评价：本线路人文和自然资源丰富，民族风情浓郁，温泉和地热资源丰富，利于游客进行康体养生活动。

5) 线路：昆明市-楚雄市-大理市-保山市-龙陵县-芒市-瑞丽市（昆明-瑞丽旅游线）。

依托资源：滇池、禄丰世界恐龙谷、彝人古镇、大理洱海及周边古镇、古村落、保山温泉、古镇古村、腾冲火山地热国家地质公园、热海温泉、高黎贡山国家公园、勐巴娜西珍奇园、边寨喊沙、一国两寨、莫里热带雨林、扎朵瀑布、大等喊民族村等。

评价：本线路沿途的自然资源丰富，沿瑞丽江进行水上观光等活动。

6) 线路：昆明市-楚雄市-大理市-泸水市-福贡县-贡山县（昆明-贡山旅游线）。

依托资源：滇池、禄丰世界恐龙谷、彝人古镇、苍山、洱海、大理古城、喜洲古镇、北海湿地、怒江大峡谷、腊乌岩瀑布、听命湖、五趾山、亚坪高山河源湿地、福贡傈僳村寨、碧罗雪山、丙中洛景区、怒江第一湾、滴水岩月亮大瀑布、嘎娃嘎普雪山、石门摩崖石刻等。

评价：自然资源丰富、A级景点较多，风光秀丽，气候适宜，非常适合自驾游。

7) 线路：昆明市-文山县-富宁县（昆明-富宁旅游线）。

依托资源：滇池、普者黑、坝美、清华洞旅游区、普阳瀑布等。

评价：自然资源丰富，边境风光秀美，适合自驾游。

3. 航空线路

随着云南现代化的旅游航空运输体系建成，必将进一步促进云南旅游业蓬勃发展，实现云南旅游"二次创业"，把云南建设成为国内外知名的国际旅游胜地。依据云南现有的航空条件，设计10条云南边境地区省内航空旅游线路，如图7-4所示。

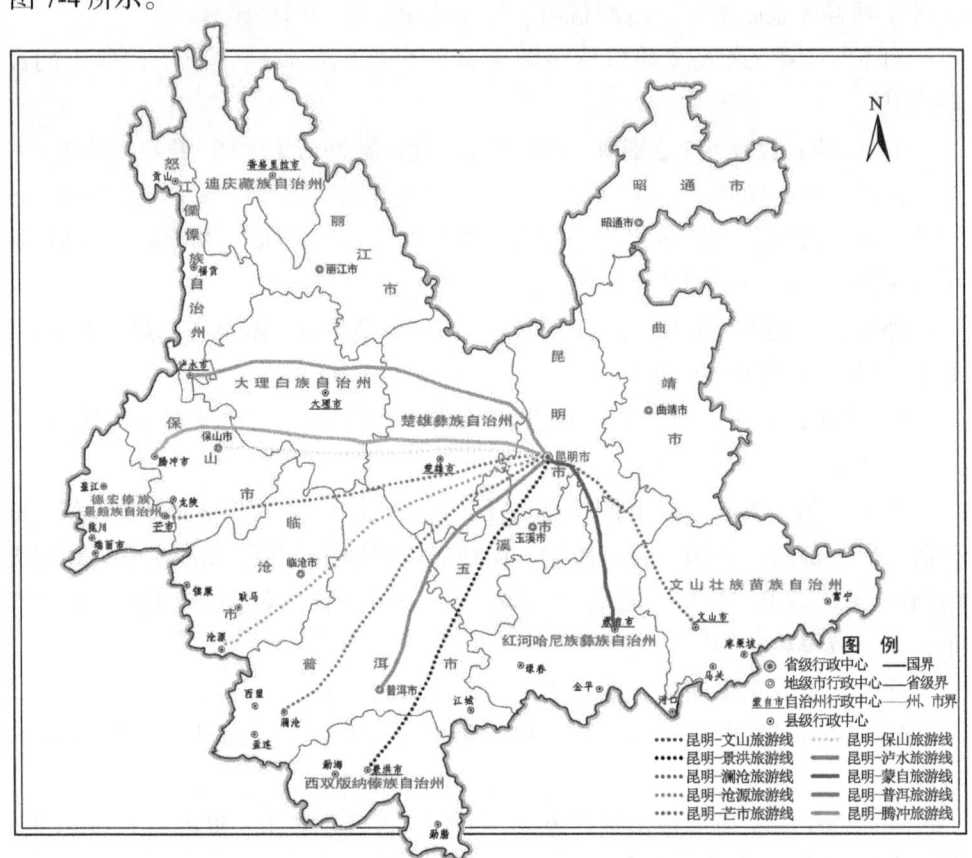

图7-4　云南边境地区省内航空旅游线路布局（详见书末彩图）

1）线路：昆明市-景洪市（昆明-景洪旅游线）。

依托资源：西双版纳热带雨林自然保护区、西双版纳国家公园、中国科学院西双版纳热带植物园、西双版纳傣族园、西双版纳勐景来景区等。

评价：利于游客体验傣族风情、感受佛教文化、观赏神奇的热带雨林风光。

2）线路：昆明市-芒市（昆明-芒市旅游线）。

依托资源：边寨喊沙、一国两寨、莫里热带雨林、扎朵瀑布、大等喊民族村等。

评价：利于游客体验傣家风情、感受佛教文化，以及游览边寨体验中缅两国文化的差异。

3）线路：昆明市-文山市（昆明-文山旅游线）。

依托资源：普者黑、坝美村、三腊瀑布、文笔塔、仙人洞、广南八宝风景区、老君山风景区、青龙山等。

评价：自然资源丰富，环境优美，利于游客体验不同的少数民族风情和文化。

4）线路：昆明市-沧源县（昆明-沧源旅游线）。

依托资源：翁丁佤族原始群居村落、沧源崖画谷风景旅游区、沧源佤山等。

评价：利于游客体验少数民族文化和优美的自然风光。

5）线路：昆明市-保山市（昆明-保山旅游线）。

依托资源：腾冲火山地热国家地质公园、热海温泉、高黎贡山国家公园、勐巴娜西珍奇园等。

评价：温泉、地热资源丰富，利于游客进行康体养生活动。

6）线路：昆明市-澜沧县（昆明-澜沧旅游线）。

依托资源：酒井乡达保老寨、翁基布朗族老寨、柏联普洱茶庄园、柏联景迈山庄园等。

评价：利于游客体验少数民族村寨文化和普洱茶文化。

7）线路：昆明市-腾冲市（昆明-腾冲旅游线）。

依托资源：腾冲火山地热国家地质公园、热海温泉、高黎贡山国家公园、勐巴娜西珍奇园等。

评价：温泉、地热资源丰富，利于游客进行康体养生活动。

8）线路：昆明市-普洱市（昆明-普洱旅游线）。

依托资源：孟连宣抚司署、北回归线标志园、茶马古道、中华普洱茶文化产业园、西盟佤部落旅游区、里坎瀑布景区、阿佤山云海等。

评价：利于游客体验不同的少数民族文化和普洱茶文化。

9）线路：昆明市-沪水市（昆明-泸水旅游线）。

依托资源：碧罗雪山、丙中洛镇、怒江大峡谷等。

评价：利于游客体验傈僳族的民族文化，观赏优美的自然风光。

10）线路：昆明市-蒙自市（昆明-蒙自旅游线）。

依托资源：长桥海国家湿地公园、黄连山国家级自然保护区、碧色寨火车站、南湖风景区等。

评价：利于游客体验不同的少数民族文化和优美的自然风光。

4. 水路线路

云南水路交通作为综合交通的补充，其功能是内通外联，优势互补。云南陆疆边境旅游要充分发挥水运成本低、运量大、运价优的特点，设计3条云南边境地区省内水路旅游线路，如图7-5所示。

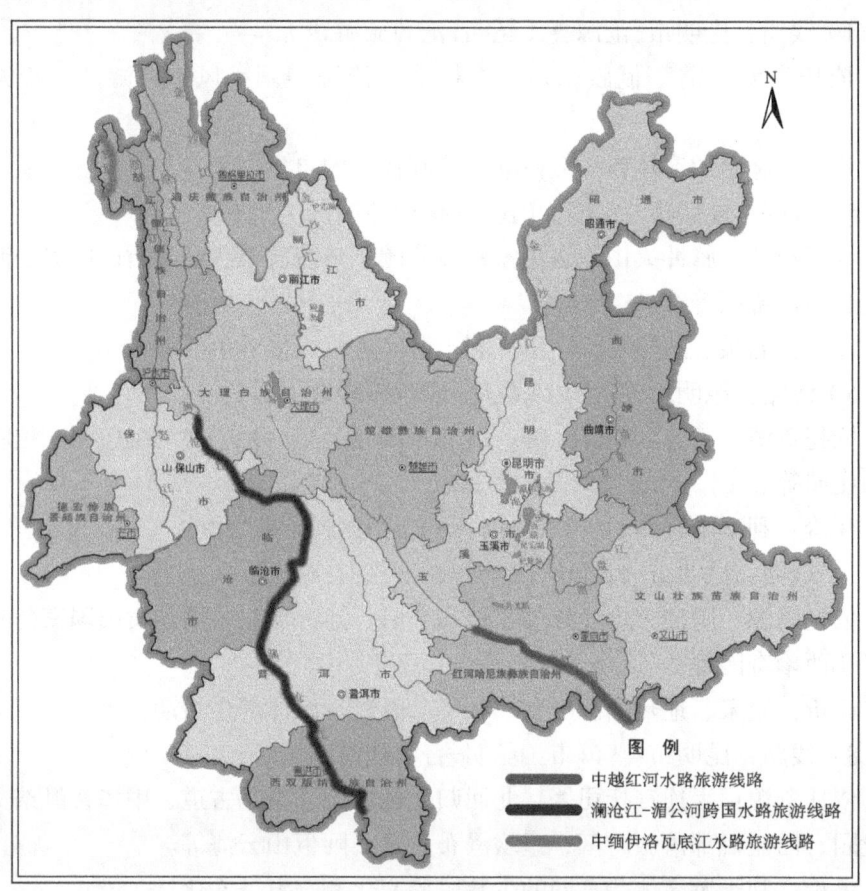

图7-5 云南边境地区省内水上旅游线路布局（详见书末彩图）

1）线路：澜沧江-湄公河跨国水路旅游线路。

依托资源：澜沧江流域资源。

评价：跨境线路，商贸运输通道，利于游客沿线进行各种水上娱乐活动，观赏沿途优美的自然风光。

2）线路：中越红河水路旅游线路。

依托资源：红河。

评价：利于游客沿线进行各种水上娱乐活动，观赏沿途优美的自然风光。

3）线路：中缅伊洛瓦底江水路旅游线路。

依托资源：伊洛瓦底江[①]。

评价：有保存完好的秘境风光，利于游客沿线进行水体观光、徒步、跨境游览等活动。

二、国内线路

云南地处中国西南边疆，借助国家交通发展机遇，云南连通中国内陆和通向周边国家的公路、铁路日趋完善。借助云南与贵州、广西、四川等省份相邻的区位优势，设计5条云南边境地区国内旅游线路，如图7-6所示。

1）线路：成都市-昆明市-景洪市-勐海县-澜沧县-孟连县-西盟县-沧源县（成都-沧源旅游线）。

依托资源：石林、滇池、西双版纳热带雨林自然保护区、西双版纳国家公园、中国科学院西双版纳热带植物园、西双版纳傣族园、西双版纳勐景来景区、勐海章朗村布朗族山寨、打洛森林公园、翁丁佤族原始群居村落、沧源崖画谷风景旅游区、勐梭龙潭、佤山天池等。

评价：本线路是由成都市经昆明市至西双版纳州，沿线自然和人文资源较丰富，少数民族比较多，游客可以体验不同的民族风情和丰富的少数民族文化。

2）线路：成都市-昆明市-景洪市-勐腊县-江城县-绿春县-金平县-河口县（成都-河口旅游线）。

依托资源：滇池、西双版纳热带雨林自然保护区、西双版纳国家公园、中国科学院西双版纳热带植物园、西双版纳傣族园、西双版纳勐景来景区、南腊河野趣漂流度假区、黄连山国家级自然保护区、金平勐拉温泉、南溪河漂流度假区、花鱼洞国家森林公园等。

---

① 伊洛瓦底江中国境内为独龙江。

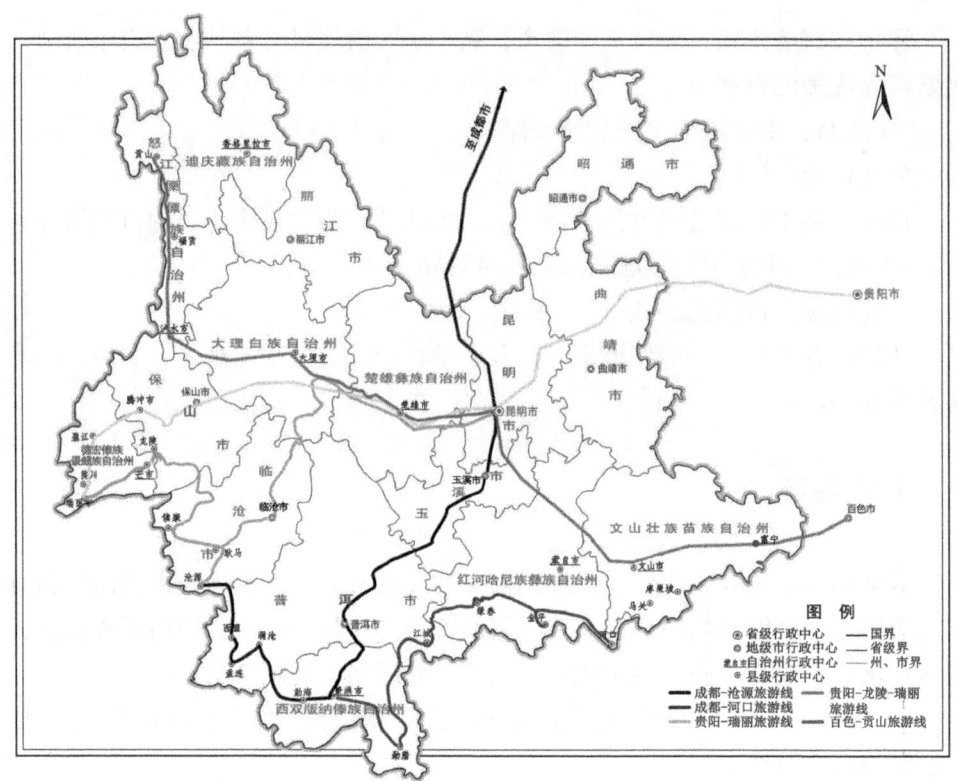

图 7-6　云南边境地区国内旅游线路布局（详见书末彩图）

评价：本线路人文和自然资源丰富，独特的边境民族风情，以及优美的边境风光，可以给游客带来精彩的旅游体验。

3）线路：贵阳市-昆明市-临沧市（临翔区）-耿马县-沧源县-镇康县-龙陵县-芒市-瑞丽市（贵阳-龙陵-瑞丽旅游线）。

依托资源：翁丁佤族原始群居村落、沧源崖画谷风景旅游区、沧源佤山、勐巴娜西珍奇园、邦腊掌热矿泉旅游度假区、莫里热带雨林、扎朵瀑布、边寨喊沙、一国两寨、大等喊民族村等。

评价：本线路人文、自然资源丰富，少数民族较多，利于游客体验不同民族文化。

4）线路：贵阳市-昆明市-楚雄市-保山市-腾冲市-盈江县-陇川县-瑞丽市（贵阳-瑞丽旅游线）。

依托资源：滇池、腾冲火山地热国家地质公园、热海温泉、勐马温泉、热水塘温泉、丙寨温泉、龙窝寨温泉、象雄王国遗址、大盈江、户宛温泉、皇阁寺、玉兔佛塔、边寨喊沙、一国两寨、大等喊民族村、勐巴娜西珍奇园、邦腊掌热矿泉旅游度假区等。

评价：本线路区域内湿地、温泉、森林等自然资源丰富，利于游客进行康体养生、休闲度假等活动。

5）线路：百色市-富宁县-昆明市-大理市-泸水市-福贡县-贡山县（百色-贡山旅游线）。

依托资源：滇池、石林、大理古城、苍山、洱海、喜洲、双廊、怒江大峡谷、腊乌岩瀑布、听命湖、五趾山、亚坪高山河源湿地、福贡傈僳村寨、碧罗雪山、丙中洛景区、怒江第一湾、滴水岩月亮大瀑布、嘎娃嘎普雪山、石门摩崖石刻等。

评价：本线路的自然资源丰富，A级景区和少数民族较多，利于游客观赏优美的自然风光，体验不同的民族文化。

三、跨境线路

云南作为"一带一路"倡议的重要门户，与周边的东南亚、南亚国家互动频繁，发展中缅边境旅游市场基础良好。云南通过保山市、临沧市、普洱市和西双版纳州等州（市）与缅甸实现旅游互动互通，边境旅游环境不断优化。依托云南与缅甸的区位条件和资源条件，从陆路、航空和水路三方面设计中缅跨境旅游线路，如图7-7所示。

1. 中缅跨境线路

（1）陆路旅游线路

1）线路：腾冲市-猴桥-密支那。

依托资源：腾冲火山地热国家地质公园、热海温泉、高黎贡山国家级自然保护区、和顺古镇、北海湿地、大睡佛、千尊佛、敏宋、史迪威公路等。

评价：缅甸境内景色秀丽，佛教文化氛围浓厚，适合自驾游。

2）线路：瑞丽市-八莫-密支那-猴桥-腾冲市。

依托资源：边寨喊沙、一国两寨、大等喊民族村、勐巴娜西珍奇园、邦腊掌热矿泉旅游度假区、大睡佛、千尊佛、敏宋、史迪威公路、腾冲火山地热国家地质公园、热海温泉、高黎贡山国家级自然保护区等。

评价：中缅边境独特的边寨风光，浓郁的佛教文化，适合自驾游。

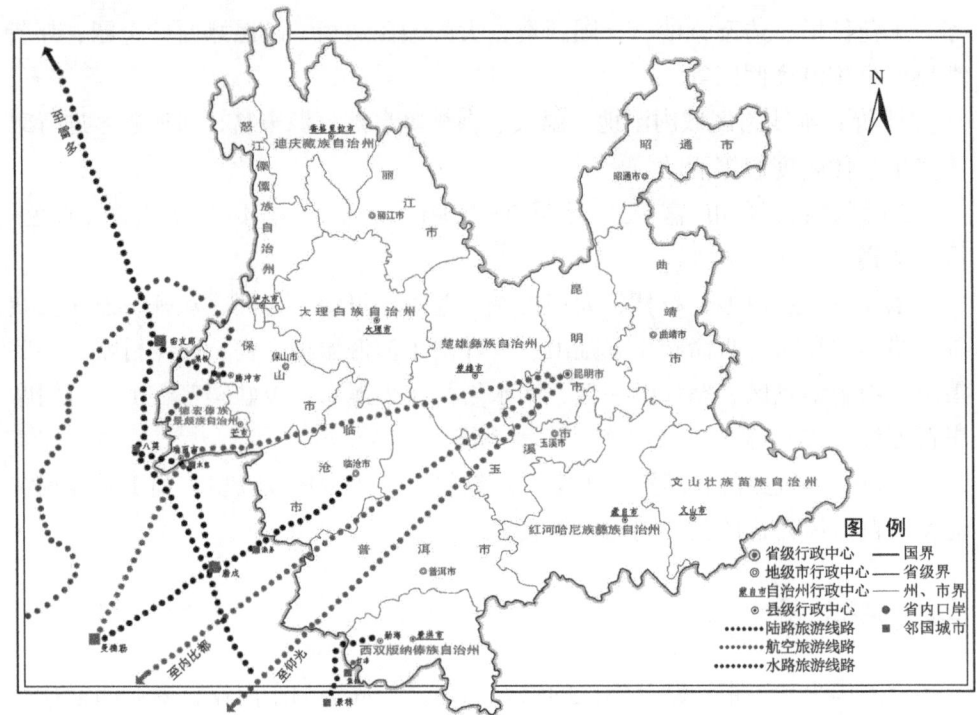

图 7-7 中缅跨境旅游线路布局(详见书末彩图)

3)线路:瑞丽市-腊戍-曼德勒。

依托资源:边寨喊沙、一国两寨、大等喊民族村、勐巴娜西珍奇园、邦腊掌热矿泉旅游度假区、曼德勒皇宫、马哈木尼佛塔、乌本桥、马哈伽纳扬僧院、曼德勒山等。

评价:独特的边寨风光,浓郁的佛教文化,人文景观丰富,适合自驾游。

4)线路:临沧市-滚弄-腊戍-曼德勒-蒲甘。

依托资源:临沧耿马孟定芒团景区、沧源司岗里崖画谷、临沧沧源翁丁原始部落文化旅游区、曼德勒皇宫、马哈木尼佛塔、乌本桥、马哈伽纳扬僧院、曼德勒山、瑞山都塔、阿南达寺、瑞喜宫塔等。

评价:人文景观丰富,游客可以体验到浓郁的佛教文化。

5)线路:勐海县-打洛口岸-孟拉-景栋。

依托资源:景真八角亭、独树成林、打洛森林公园、巴达野生茶树王、曼峦回清真寺、勐邦水库、曼短佛寺、勐景来景区、打洛口岸、站佛、中心寺庙、百年神树、弄栋湖等。

评价：景点比较分散，但交通便利，适合自驾游。

6) 线路：昆明市-瑞丽市-木姐-腊戍-曼德勒-仰光。

依托资源：边寨喊沙、一国两寨、大等喊民族村、曼德勒皇宫、马哈木尼佛塔、乌本桥、马哈伽纳扬僧院、曼德勒山、瑞山都塔、阿南达寺、瑞喜宫塔、仰光大金塔、世界和平塔、皇家湖公园、仰光中国城、茵雅湖等。

评价：本线路为滇缅公路沿线，交通便利，在国内外具有较大的影响力。

7) 线路：瑞丽市-八莫-密支那-雷多。

依托资源：边寨喊沙、一国两寨、大等喊民族村、大睡佛、千尊佛、敏宋、史迪威公路等。

评价：本线路为史迪威公路沿线，交通便利，在国外游客中具有较大的影响力，适合自驾。

(2) 航空旅游线路

1) 线路：昆明市-仰光。

依托资源：仰光大金塔、世界和平塔、皇家湖公园、仰光中国城、茵雅湖等。

评价：利于游客体验热带的自然风光，感受缅甸的佛教文化。

2) 线路：昆明市-内比都。

依托资源：内比都和平塔等。

评价：缅甸新首都，利于游客体验热带的自然风光，感受缅甸的佛教文化。

3) 线路：昆明市-瑞丽市-曼德勒。

依托资源：曼德勒皇宫、因瓦古城、乌本桥、曼德勒山、马哈木尼佛塔等。

评价：利于游客体验热带的自然风光，感受缅甸的佛教文化。

(3) 水路旅游线路

线路：中缅伊洛瓦底江水路旅游线路。

依托资源：伊洛瓦底江。

评价：跨境线路，利于游客进行各种水上娱乐活动，观赏中缅边境优美的自然风光。

2. 中老跨境线路

自 1992 年中国政府开放公民赴老挝进行边境旅游以来，中老边境旅游稳步推进。2011年边境旅游全面恢复以来，云南大力发展与老挝的边境旅游合作。云南通过普洱市、西双版纳州、红河州等州（市）与老挝进行旅游往来，边境旅游呈现出繁荣的景象。依托云南与老挝的区位条件和资源条件，从陆路、航空和水路三方面设计中老跨境旅游线路，如图7-8所示。

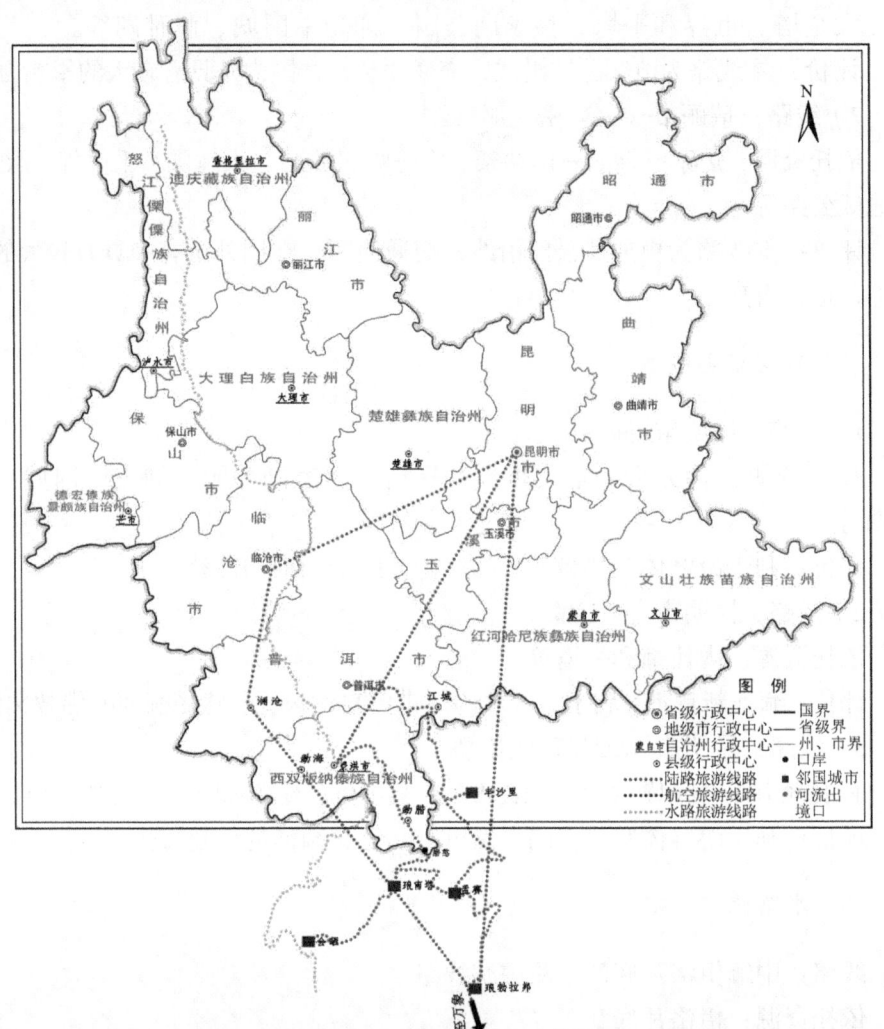

图7-8　中老跨境旅游线路布局（详见书末彩图）

（1）陆路旅游线路

1）线路：景洪市-勐腊县-磨憨-孟赛-琅勃拉邦-万象。

依托资源：西双版纳热带雨林自然保护区、西双版纳国家公园、中国科学院西双版纳热带植物园、西双版纳傣族园、西双版纳勐景来景区、野象谷、望天树景区、南腊河野趣漂流度假区、香通寺、光西瀑布、浦西山、王宫博物馆、迈佛寺、万象凯旋门、西蒙寺、佛像公园、玉佛寺、索巴琅寺、湄公河边公园等。

评价：属于边贸线路，优美的自然风光，浓郁的佛教文化，适宜开展沿边陆路旅游。

2）线路：景洪市-勐腊县-磨憨-琅南塔-会晒。

依托资源：西双版纳热带雨林自然保护区、西双版纳国家公园、中国科学院西双版纳热带植物园、西双版纳傣族园、野象谷、西双版纳勐景来景区、望天树景区、南腊河野趣漂流度假区、蓬普佛塔、琅南塔博物馆、南哈河国家公园、金三角、君考马尼拉寺、卡诺堡垒、会晒小镇等。

评价：沿线自然景观秀美，适宜观光旅游。

3）线路：普洱市-江城县-丰沙里-孟赛-琅勃拉邦-万象。

依托资源：普洱国家公园、勐梭龙潭景区、中华普洱茶文化产业园、墨江北回归线标志园、浦西山、王宫博物馆、迈佛寺、万象凯旋门、西蒙寺、佛像公园、玉佛寺、索巴琅寺、湄公河边公园等。

评价：人文景观和自然景观较集中，适宜观光旅游。

（2）航空旅游线路

1）线路：昆明市-万象。

依托资源：万象凯旋门、西蒙寺、佛像公园、玉佛寺、索巴琅寺、湄公河边公园等。

评价：利于游客感受老挝的佛教文化，体验不同的民族风情和热带风光。

2）线路：昆明市-琅勃拉邦。

依托资源：浦西山、王宫博物馆、迈佛寺等。

评价：利于游客感受佛教文化，体验不同的民族风情。

3）线路：景洪市-琅勃拉邦。

依托资源：西双版纳热带雨林自然保护区、西双版纳国家公园、中国科学院西双版纳热带植物园、西双版纳傣族园、西双版纳勐景来景区、浦西山、王宫博物馆、迈佛寺等。

评价：利于游客感受佛教文化，体验不同的民族风情和热带风光。

4）线路：景洪市-万象。

依托资源：西双版纳热带雨林自然保护区、西双版纳国家公园、中国科学院西双版纳热带植物园、西双版纳傣族园、西双版纳勐景来景区、万象凯旋门、西蒙寺、佛像公园、玉佛寺、索巴琅寺、湄公河边公园等。

评价：利于游客感受佛教文化，体验不同的民族风情和热带风光。

（3）水路旅游线路

线路：澜沧江-湄公河跨国水路旅游线路。

依托资源：西双版纳热带雨林自然保护区、西双版纳国家公园、中国科学院西双版纳热带植物园、曼谷泰国大王宫、老挝万象的寺庙和古塔等。

评价：利于游客进行各种水上娱乐活动，观赏中老边境优美的自然风光。

3. 中越跨境线路

自 1950 年中国和越南正式建立外交关系以来，两国一直保持着睦邻友好关系。边境旅游全面恢复以后，2011 年云南借助《国务院关于支持云南省加快建设面向西南开放重要桥头堡的意见》的政策优势积极争取国家有关部门的支持，大力发展中越边境旅游。依托云南与越南的区位条件和资源条件，从陆路、航空和水路三方面设计中越跨境旅游线路，如图 7-9 所示。

（1）陆路旅游线路

1）线路：蒙自市-河口县-河内。

依托资源：大围山国家公园、滇越铁路五家寨人字桥、中越铁路大桥、南溪河风景区、花鱼洞国家森林公园、沙坝、猫猫村、滇越铁路、还剑湖、河内大教堂、三十六行街、巴亭广场、胡志明墓等。

评价：沿线人文景观较多，适合自驾游。

2）线路：文山市-麻栗坡县-河江。

依托资源：普者黑、坝美、西华公园、仙人洞、老君山风景名胜区、广南八宝风景区、三腊瀑布、大王岩岩画、老山作战纪念馆、河江-桥、禁山祠等。

评价：优美的自然景观，交通便利，可进行自驾游。

（2）航空旅游线路

线路：昆明市-河内。

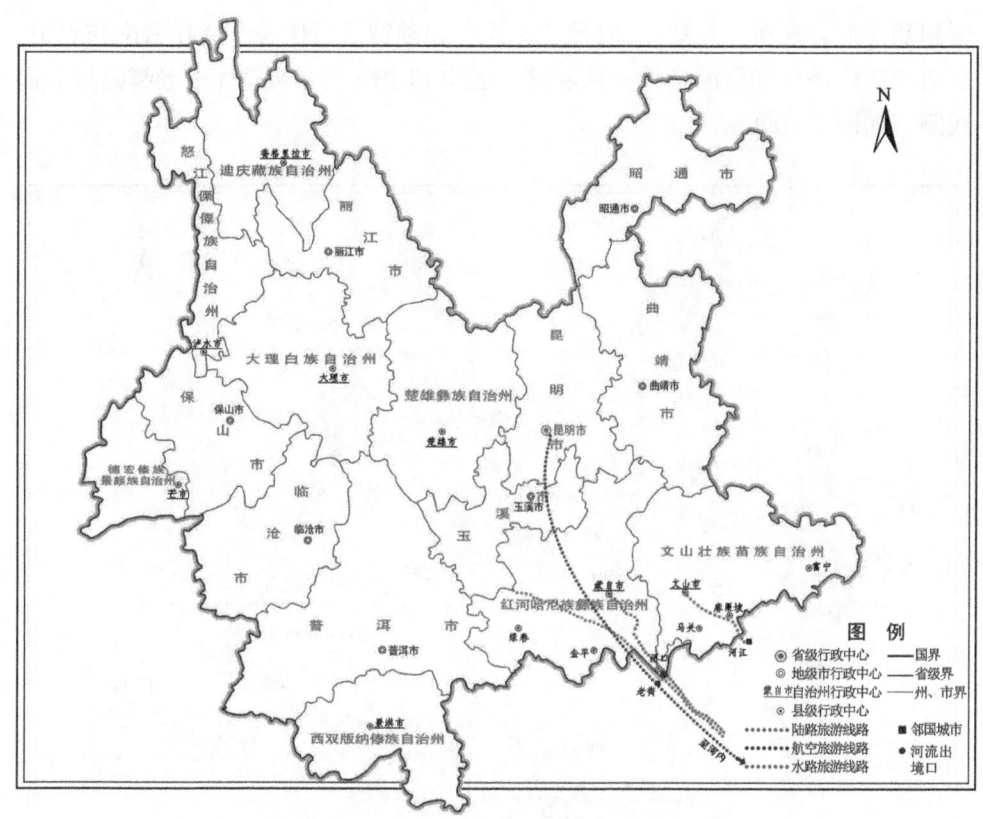

图 7-9 中越跨境旅游线路布局（详见书末彩图）

依托资源：河内大教堂、三十六行街、巴亭广场、胡志明墓等。

评价：利于游客体验越南的民族风情，感受不同的异域文化。

（3）水路旅游线路

线路：中越红河水路旅游线路。

依托资源：红河哈尼梯田、建水古城、团山村、米轨小火车、建水文庙、南湖风景区、碧色寨景区、缘狮洞、花鱼洞国家森林公园、中越铁路大桥、河口南溪河风景区、南溪河漂流、越南街等。

评价：利于游客进行各种水上娱乐活动，观赏中越边境优美的自然风光。

4. 中老越跨境环线

云南与越南、老挝、缅甸三国接壤，与泰国、柬埔寨、印度、孟加拉国等国相邻，拥有连接"三亚"、肩挑"两洋"的独特区位优势。依托云南与老挝、越南的区位条件和资源条件，从陆路、航空和水路三方面设计中老越跨境旅游线路，如图7-10所示。

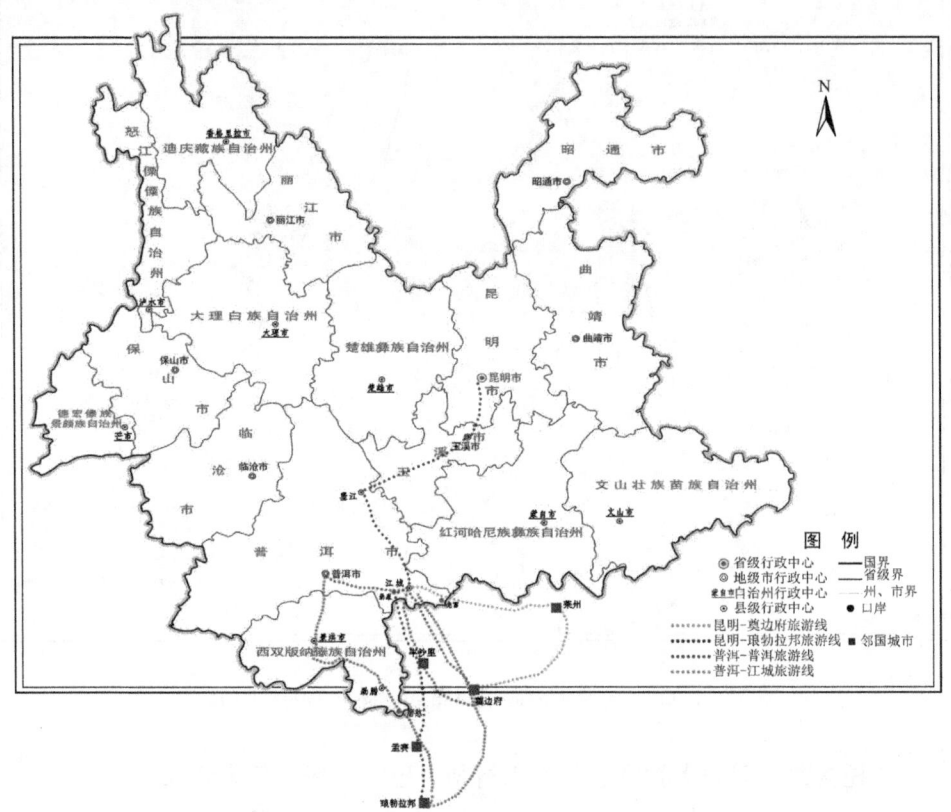

图 7-10　中老越跨境旅游线路布局（详见书末彩图）

1）线路：普洱市-江城县-丰沙里-奠边府-江城县-普洱市（普洱-普洱旅游线）。

依托资源：普洱国家公园、勐梭龙潭景区、中华普洱茶文化产业园、墨江北回归线标志园、丰沙里原始森林、普登山国家保护区、奠边府大捷遗址、梯田景观、喀斯特风光、洋紫荆等。

评价：沿线景色优美，交通便利，适合自驾游。

2）线路：普洱市-景洪市-勐腊县-磨憨-孟赛-琅勃拉邦-奠边府-江城县（普洱-江城旅游线）。

依托资源：普洱国家公园、勐梭龙潭景区、中华普洱茶文化产业园、墨江北回归线标志园、南腊河野趣漂流度假区、西双版纳热带雨林自然保护区琅勃拉邦王宫、普西山景区、湄公河等。

评价：老挝和越南境内风景优美，线路距离较远，但交通便利，利于游客进行自驾游。

3）线路：昆明市-玉溪市-墨江县-江城县-勐康-丰沙里-孟赛-琅勃拉邦（昆明-琅勃拉邦旅游线）。

依托资源：勐烈古镇、勐烈湖湿地公园、南麓山森林公园、洛捷彝族民俗村、整董傣族民俗旅游小镇、一眼望三国公园、天山、琅勃拉邦王宫、普西山景区、湄公河等。

评价：本线路利于游客跨境探秘，领略异域风情，品三国文化，体验哈尼十月年、打摸搓等哈尼族风情。

4）线路：昆明市-玉溪市-墨江县-江城县-龙富-莱州-奠边府（昆明-奠边府旅游线）。

依托资源：勐烈古镇、勐烈湖湿地公园、南麓山森林公园、洛捷彝族民俗村、整董傣族民俗旅游小镇、一眼望三国公园、奠边府战役纪念雕塑、莱州梯田等。

评价：本线路利于游客跨境探秘，领略哈尼十月年、打摸搓等哈尼族风情，参加中老越三国丢包狂欢节等活动。

四、专项线路

旅游专项线路分为五个主题线路：温泉健康旅游线路、滇西抗战红色经典旅游线路、少数民族风情旅游线路、"茶马古道"文化旅游线路、自驾游线路，如图 7-11 所示。

1. 温泉健康旅游线路

1）线路：昆明市-楚雄市-大理市-保山市（隆阳区）-腾冲市-龙陵县-芒市-瑞丽市。

主要资源：以温泉旅游资源为主，包括荷花温泉、腾冲热海温泉、和顺柏联 SPA 温泉、"玛御谷"悦椿温泉村、樱花谷森林温泉、龙陵邦腊掌温泉、法帕温泉、景成地海温泉等。

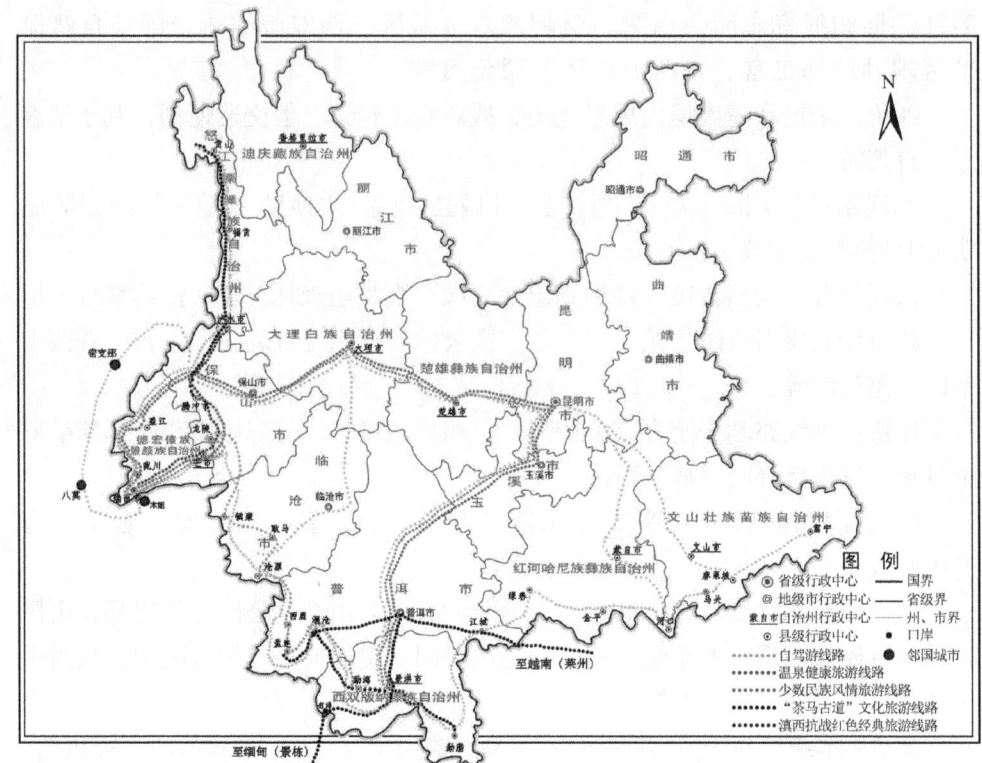

图 7-11　云南边境地区专项旅游线路（详见书末彩图）

评价：线路多有丰富多样的温泉，不仅可让游客深度体验温泉旅游，还可感受侨乡文化等。

2）线路：陇川县-瑞丽市-芒市-腾冲市。

主要资源：以温泉旅游资源为主，包括腾冲热海温泉、龙陵邦腊掌温泉、和顺柏联 SPA 温泉、荷花温泉、凤凰温泉、龙安新马温泉、法帕温泉、热水潭、"玛御谷" 悦椿温泉村、景成地海温泉等。

评价：线路拥有丰富多样的温泉，利于游客深度体验温泉旅游，是一条深度体验的水路线路。

3）线路：昆明市-玉溪市（峨山县）-普洱市-景洪市。

主要资源：以温泉旅游资源为主，包括象鼻温泉、小街温泉、大龙潭温泉、普洱思茅度假村、天龙温泉等。

评价：线路着眼于丰富多样的温泉旅游资源，还可让游客深度体验疗养饮浴、生态旅游、休闲度假等。

2. 滇西抗战红色经典旅游线路

线路：泸水市-腾冲市-龙陵县-芒市-瑞丽市。

主要资源：有片马抗英纪念馆、龙陵松山抗战遗址、畹町南洋华侨机工抗日纪念碑、沧源班洪抗英纪念碑、昌淦桥遗址、惠通桥遗址、松山抗战战场遗址、腾冲保卫战战场遗址、腾冲国殇墓园、三台山战役遗址、黑山门战役遗址等。

评价：颂扬革命烈士精神和传播红色文化，让游客主要体验革命先烈奋勇抗战的远征文化。

3. 少数民族风情旅游线路

1）线路：昆明市-玉溪市-普洱市-景洪市-勐海县-澜沧县-孟连县-西盟县-沧源县。

主要资源：以民族生活、村寨文化为主，包括西双版纳曼迈桑康风景区、绿春东仰风情园、澜沧拉祜风情旅游区、南糯山万亩古茶园、西双版纳春城勐海，以及傣族、拉祜族、布朗族、佤族等多个少数民族生活的村寨等。

评价：利于游客深度体验丰富深厚的民族文化，欣赏少数民族风情。

2）线路：昆明市-楚雄市-大理市-保山市-盈江县-陇川县-瑞丽市-芒市-龙陵县-镇康县-耿马县-沧源县-西盟县-孟连县-澜沧县。

主要资源：以民族文化为主，包括瑞丽文化广场、西双版纳傣族园、澜沧拉祜风情旅游区、边寨喊沙、一寨两国、耿马孟定芒团景区、沧源翁丁原始部落景区，以及景颇族、阿昌族、傈僳族、德昂族、佤族等多个少数民族生活的村寨等。

评价：线路承载着独特的民族文化，利于游客感受深厚的民族文化。

4. "茶马古道"文化旅游线路

1）线路：景洪市-勐海县-澜沧县-孟连县。

主要资源：以"茶马古道"文化为主，包括茶马古道风景区、国内第一条全实景茶马古道特色植物 4A 级景区、南糯山古茶园、营盘山茶园、景迈山古茶园、哈尼族村寨、傣族村寨、孟连娜允神鱼节、孟连勐马温泉等。

评价：利于游客探寻马帮的足迹，回味普洱茶的魅力，品味地道的普洱茶，学习普洱茶文化知识。

2）线路：腾冲市-泸水市-福贡县-贡山县。

主要资源：以"茶马古道"文化为主，包括腾冲古茶园、和顺古镇、腾冲热海温泉、六库茶园、泸水瓦姑村茶园等。

评价：利于游客探寻茶马古道印迹，泡火山温泉，回味茶的无穷魅力。

3）线路：普洱市（思茅区）-景洪市-打洛-景栋市。

主要资源：营盘山茶园、茶文化博览园、茶马古道遗址公园、茶马古道旅游小镇、茶马古道风景区、国内第一条全实景茶马古道特色植物 4A 级景区、南糯山古茶园、景栋佛寺、基督教堂等。

评价：品茶马古道文化，享异国风情。

4）线路：普洱市（思茅区）-景洪市-勐腊县。

主要资源：营盘山茶园、茶文化博览园、茶马古道遗址公园、茶马古道旅游小镇、茶马古道风景区、望天树景区等。

评价：利于游客探寻马帮的足迹，学习茶文化知识。

5）线路：普洱市（思茅区）-澜沧县-孟连县。

主要资源：营盘山茶园、茶文化博览园、茶马古道遗址公园、茶马古道旅游小镇、景迈山古茶园、孟连娜允神鱼节、孟连勐马温泉等。

评价：利于游客探寻马帮的足迹，品味地道茶，学习茶文化知识。

6）线路：普洱市（思茅区）-江城县-莱州。

主要资源：营盘山茶园、茶文化博览园、茶马古道遗址公园、茶马古道旅游小镇、越南莱州黑水河流域等。

评价：利于游客品味普洱茶，揽异国风采。

5. 自驾游线路

1）线路：腾冲市-泸水市-福贡县-贡山县。

主要资源：固东银杏村、北海湿地公园、樱花谷、六库镇蛮蚌村及本土特色饮食、片马旅游小镇、登埂温泉、石月亮、怒江大峡谷，以及丙中洛雪山、独龙江特色奇异的自然风光、民族风情及原始的生态环境等。

评价：线路拥有丰富多样的旅游资源，利于游客体验温泉、特色饮食、雪山观光旅游等，是一条深度体验的自驾游线路。

2）线路：普洱市-澜沧县-孟连县-西盟县-沧源县-耿马县-镇康县。

主要资源：景迈山内原生态布朗族村落的茶文化、布朗族民俗文化、南滚河国家级自然保护区、班洪抗英纪念碑、佛殿山景区、勐梭龙景区、沧源佤族特色文化、沧源崖画谷风景旅游区、南传上座部佛教经典建筑广允缅寺，以及保存完好的佤族原始村落，还有南滚河国家公园、孟定清水河口岸、者卖古竹城遗址、周边的傣族村寨、忙丙乡马鞍山茶、省级非物质文化"阿数瑟"、万亩连片茶园、少数民族风情、天然大氧吧、蚌孔跨国草山等。

评价：线路拥有茶文化、民俗文化等多元文化，是一条集观光、休闲、度假为一体的深度体验的自驾游线路。

3）线路：景洪市-勐海县-澜沧县-西盟县-沧源县-耿马县-镇康县。

主要资源：热带雨林植被、具有傣族建筑特色的干栏式村寨、热带雨林野象谷、曼瓦瀑布的热带雨林自然风光、傣族村寨、南传佛教文化、贺开古茶园、勐海布朗山班章三垛山茶庄园、景迈山内原生态布朗族村落、南滚河国家级自然保护区、班洪抗英纪念碑、佛殿山景区、勐梭龙潭景区、沧源崖画谷风景旅游区、南传上座部佛教经典建筑广允缅寺、保存完好的佤族原始村落、南滚河国家公园、孟定清水河口岸、者卖古竹城遗址及周边的傣族村寨、忙丙乡马鞍山茶、省级非物质文化"阿数瑟"、万亩连片茶园、少数民族风情、蚌孔跨国草山等。

评价：边境腹地氧吧，利于游客品味多元文化。

4）线路：绿春县-金平县-河口县-马关县-麻栗坡县-富宁县。

主要资源：哈尼族山寨阿倮坡头村、哈尼族服饰传习馆、金水河热带雨林景观、苗族瑶族少数民族风情，以及金水河口岸和河口口岸独特的边境异域风情、农垦文化、滇越米轨文化、瑶族文化及亚热带自然风光、瑶山乡水槽村丰富独特的瑶族文化、老山自卫反击战遗址、老君山林海、溶洞群、猫猫跳峡谷、云海、珍稀植物、天保口岸、架街天湖壮景风景区等。

评价：展现边境异域风情，利于游客品味苗瑶两族文化。

第八章

边境旅游产业体系建设

第一节　旅游产业要素建设

一、旅游基本要素

1. 住宿设施

根据各地具体旅游发展程度引进相应规模酒店集团以提升住宿业水平。以经济发展程度和游客集散人数为划分依据，构建中心城镇、特色小镇和口岸区三类住宿设施建设区。实现以度假型、商务型和经济型酒店为基础，大力发展特色民宿、主题酒店、民居客栈、汽车旅馆，并在沿边重点景区和主要区域积极引入国际高端连锁酒店等住宿服务体系，全面提升边境旅游住宿水平；加大星级住宿设施评定力度，管理部门与行业协会密切合作对各住宿单位进行服务水平常态化监督，以此形成结构合理的多层次旅游住宿体系和服务质量评价体系（表 8-1）。

表 8-1　住宿设施建设

规划等级	主要地区	建设建议
中心城镇	泸水市、腾冲市、瑞丽市、芒市、景洪市、河口县、沧源县、江城县、西盟县、勐腊县	该类地区经济较发达，交通便利、基础设施条件好，因此以国际高端连锁酒店、星级酒店、主题酒店、经济型酒店建设为主，以满足各层次游客住宿需求
特色小镇	贡山县、福贡县、龙陵县、盈江县、耿马县、澜沧县、孟连县、勐海县、绿春县、金平县、马关县、富宁县、麻栗坡县	该类地区基础设施建设尚不完备，游客集聚程度低，因此以星级酒店、经济型酒店及民宿客栈建设为主，并对已有各级别酒店酌情进行装修改造，满足游客需求
口岸区	陇川县、镇康县、片马镇、猴桥镇、畹町镇、打洛镇、磨憨口岸、金水河镇、天保镇、田蓬镇、孟定镇	口岸地区作为各种资源流向的节点，游客众多，现有住宿设施不能满足日益增长的边境游客数量，因此重点在县级、各乡镇区域内建设经济型酒店、主题型民宿客栈，并对已有各级别酒店酌情进行装修改造，满足游客需求

2. 餐饮设施

按照《旅游餐馆设施与服务等级划分》（GB/T 26361—2010）和其他各项餐饮行业卫生及服务标准，并突出云南边境地区饮食特点，在综合参考各类旅游客源地区域游客餐饮偏好的基础上开展边境旅游地区餐饮业活动（表8-2）。在旅游餐饮标准化建设方面，边境各地以实际旅游发展水平为基础，进行标准化旅游餐饮规划；在旅游餐饮特色化建设方面，以打造生态、绿色、健康、文明的餐饮品牌为重点，深入挖掘民族风味和地方小吃，加快小区域独有菜系的开发与推广，积极开发绿色健康的食品、饮品。构建由原材料生产加工、菜品策划传播、多元实体销售、便捷配送经营、密集网点分销等多业态组成的旅游餐饮业链条，形成高中低档相结合的旅游餐饮体系，推动各州（市）旅游餐饮标准化、品牌化、特色化发展（表8-3）。

表 8-2　标准餐饮建设

地区类型	主要区域	建设条件
州（市）首府及区域副中心	景洪市、芒市、泸水市、腾冲市	该类地区经济基础较好，客流量大
沿边口岸城镇	瑞丽市、河口县、陇川县、镇康县、沧源县、片马镇、猴桥镇、畹町镇、打洛镇、磨憨镇、金水河镇、天保镇、田蓬镇	该类地区经济发展水平相对较弱，但游客受边境位置吸引，客流量较大
其他县（市）	贡山县、福贡县、龙陵县、盈江县、耿马县、西盟县、澜沧县、孟连县、勐海县、勐腊县、江城县、绿春县、金平县、马关县、麻栗坡县、富宁县	该类地区经济发展条件一般，旅游资源开发进展较缓

表 8-3　特色餐饮建设

特色饮食	规划建议	主要区域
贡羊、酸竹菜、怒江鱼生、荞砂饭等	深入挖掘独龙族、傈僳族、普米族等地方民族餐饮文化特色；在边境各县（市）建设餐饮服务单位超过200家；适量投放独龙牛、独龙鸡、乌骨羊、酸竹菜、佛掌参、蝉花等稀有特产，吸引游客就地消费	贡山县、福贡县、泸水市
耿马毫崩、沧源红茶烧肉、佤族鸡肉饭、卵石鲜鱼汤、佤族酸肉、镇康酸扒菜等	紧扣"原生态、健康绿色、民族风味"三个主题，深度开发地方饮食文化和佤族、布朗族等饮食特色，打造1~2个餐饮节庆，建设多元化、多层次的餐饮体系，增强餐饮新引力。形成重点商户、餐饮街区、餐饮体系的"点、线、面"餐饮构成模式	镇康县、耿马县、沧源县、西盟县、孟连县
紫米菠萝饭、香茅草烤鱼、傣味撒丕、炸牛皮、全虫宴、勐海竹筒鸡等	深入挖掘边境特色餐饮，从餐饮食材、器皿、制作工艺、饮食文化、就餐环境、民族菜品体系等系统及交叉视角，构建民族及异域餐饮体系。重点挖掘民族传统美食制作技艺和传统美食品种，加大傣味、哈尼味、景颇味等本地菜系、民族特色菜品的研发和推广力度，形成高、中、低档次相结合的本地特色旅游餐饮体系	景洪市、勐海县、勐腊县、芒市、陇川县、瑞丽市、盈江县
壮族花米饭、三七汽锅鸡、苗家狗汤锅、腊科火腿、麻栗坡沙糕等	开发苗族、壮族特色菜品及越南异域风味小吃，将餐饮与三七、石斛等中药食材结合，开发生态旅游餐饮产品，深入挖掘中药的食用功能，打造特色食材、养生保健等餐饮旅游产品	马关县、麻栗坡县、富宁县

续表

特色饮食	规划建议	主要区域
过桥米线、绿春戈奎蘸水鸡、绿春白旺、哈尼族竹筒鸡、金平臭豆腐、河口魔芋豆腐、清蒸乳饼、越南小卷粉等	提高接待规模、接待档次、卫生状况水平、服务水平、就餐环境等；努力实现餐饮品牌建设，各地区域性风味菜肴，哈尼族等少数民族口味及河口、越南小吃等都应打出各自边境饮食品牌	河口县、金平县、绿春县
大救驾、腾冲干腌菜、赶马肉、稀豆粉、蒸饵丝、龙陵油鸡枞、龙陵石斛等	培育特色餐饮街区，推广边境美食旅游线路，打造边境特色美食品牌。加大对"保山小粒咖啡""保山小绿豆""保山甜柿""腾冲果脯""腾冲饵丝""腾冲红花油茶""龙陵石斛"等地理标志产品的公用品牌的包装和推广	腾冲市、龙陵县
江城大粽粑，江城大黄鱼、牛肉酸菜等	依托瑶族美食及李仙江水产打造江城特色饮食	江城县
澜沧薏仁米、富邦腊肉、澜沧拉祜族火灰焖鱼等	打造拉祜族民族特色食品并结合本地特色开展餐饮业	澜沧县

3. 购物设施

依据各县（市）具体经济发展情况和实地考察结果，在旅游景区及主要城镇规划建设特色旅游产品购物点及大型购物中心，争取在各一类、二类口岸及口岸机场设立免税购物店，在吸引各地游客边境游的同时也可带动跨境旅游的发展。大力推广具有本地特色，尤其是传统老字号旅游商品，培育和打造以药材、雕刻、咖啡、茶叶等为代表的旅游特色商品品牌，扶持、做大做强一批旅游商品开发、销售企业；按照相应标准，构建合作销售旅游商品机制，实现边境旅游区域内旅游购物产品的联动营销（表8-4）。

表8-4 购物设施建设

地区类型	主要区域	特色产品	建设建议
市（州）首府及区域副中心	景洪市、芒市、泸水市、腾冲市	香料、药材、陶器、水果、腾冲宣纸、少数民族服饰、普米族"笃笆"、独龙族"邦秘"等	以市区繁华商业街、游客服务中心、车站等游客聚集场所、主要旅游景区为依托，推动建立集生产、销售和物流于一体的专业化旅游购物中心，售卖区域内各类特色商品；在机场、港口等区域建立免税区，满足跨境游客购物需求

续表

地区类型	主要区域	特色产品	建设建议
沿边口岸城镇	瑞丽市、河口县、陇川县、镇康县、沧源县、片马镇、猴桥镇、畹町镇、打洛镇、磨憨镇、金水河镇、天保镇、田蓬镇	瑞丽珠宝、河口木雕、陇川户撒刀、片马三宝、滇红茶、德昂族腰篱、佤族服饰、越南工艺品等	了解边境旅游者消费需求，明确商品的定位；打造边境旅游商品且在旅游咨询中心、旅游集散中心、饭店、重点景区开设地区特色旅游商品专柜；在口岸地区建立旅游免税购物区，满足边境游客购物需求，主要宣传、展示和售卖边境特色旅游商品
其他县市	贡山县、福贡县、龙陵县、盈江县、耿马县、西盟县、澜沧县、孟连县、勐海县、勐腊县、江城县、绿春县、金平县、马关县、麻栗坡县、富宁县	贡山大理石、耿马蔗糖、盈江草果、盈江藤器、西门鸡蛋果、勐海茶叶、西双版纳咖啡、江城紫胶、金平菌类、哈尼族食品、拉祜族饰品、马关核桃、"老山"系列产品、富宁八角等	以县域内部特色商品为销售重点，在县城中心、游客集散地、主要景区、交通线路沿线设立购物点，扩大商品销售范围

4. 休闲娱乐产业

边境旅游休闲娱乐项目建设要符合国家颁布的《旅游娱乐场所基础设施管理及服务规范》（GB/T 26353—2010）、《大型游乐设施安全规范》（GB 8408—2018）、《消防安全标志设置要求》（GB 15630—1995）、《旅游服务基础术语（GB/T 16766—1997）》等基本旅游休闲娱乐设施管理规范，在旅游休闲娱乐区域设置接待设施、信息服务设施、公共设施、安全设施、专项娱乐设施等基础内容（表8-5）。

表8-5 休闲娱乐产业建设

设施类型	具体内容
接待设施	收银处、计价收费设备、问询处、行李及贵重物品保管处等
信息服务设施	电子显示导览屏、公共广播、引导标牌、安全标志和设施服务安全提示牌等
公共设施	公用电话、照明设施、环保垃圾箱、旅游厕所、残障人士专用设施等
安全设施	应急照明灯、医疗急救药品、医疗救护器材、应急交通工具、应急通信系统、安全指引标志
专项娱乐设施	根据休闲娱乐项目设置的不同增加相应专项娱乐设施

按照《旅游娱乐场所基础设施管理及服务规范》（GB/T 26353—2010）和其他旅游娱乐场所管理规范进行边境旅游休闲娱乐项目规划，并重点打造边境旅游区内如泼水节、火把节、胞波节、长街宴等特色浓郁且具备一定知名度的

民族节庆和演艺活动；建设民族活动设施、精选主题民族歌舞表演、开展民族体育项目、安排团队户外等活动；运用民族医药、传统手法提供体验式服务；与国内外知名企业合作，引进国际知名主题游乐园；培育、扶持、规范一批演艺娱乐场所，做大做强一批旅游娱乐企业。充分发挥边境地区外界干扰少、生活节奏慢的当地生活习惯，结合餐饮、住宿等其他旅游要素，适当配备如音乐吧、书吧、水吧等休闲娱乐设施（表 8-6）。

表 8-6 休闲娱乐项目建设

规划主题	娱乐项目	区域	规划建议
民族节庆	在各节庆相应时间内开发如哈尼族长街宴、佤族木鼓舞、傈僳族阔时节、拉祜族扩塔节等以民族文化为主题适宜游客亲身参与的节庆活动	贡山县、福贡县、沧源县、景洪市、绿春县、西盟县、孟连县	各县少数民族文化内涵深厚，文化旅游资源丰富，将少数民族文化适当包装后为游客呈现文化演出活动，满足游客娱乐需求；以知名节庆活动为重点，在节庆活动时间段策划相关娱乐活动；在各县策划至少 1 台大型民族歌舞演出，展现各民族文化内涵，既满足游客需要，又实现传统民族文化复兴与发展
实景演绎	《红河印象》《梦幻腾冲》《国旗下的老山》《坡芽歌书》《句町神韵》《太阳鸟母》《雨林童话》《族印·司岗里》《云岭天籁》等舞台演出活动	腾冲市、芒市、麻栗坡县、金平县、沧源县	依托沿边主要城镇与景区，安排大中型文化演出活动，创建如实景剧、舞台剧，丰富地区特色演绎活动。支持传统文化、手工艺的传习场所和传统民俗活动场所建设。加强实景活动策划组织，实行政府引导、市场运作的模式，增强游客的参与性和娱乐性
度假休闲	澜沧江·湄公河六国风情园、万达西双版纳国际度假区、陇川国际温泉庄园、盈（江）梁（河）绿色生态文化旅游区等休闲度假园区	泸水市、龙陵县、盈江县、陇川县、耿马县、澜沧县、勐腊县、富宁县	引进国内外大型娱乐企业，利用当地宜人的自然环境、众多的旅游景点，配合住宿、餐饮等旅游要素，建立大型休闲度假园区；开发一批集体验性、参与性、娱乐性为一体的休闲度假主题娱乐园区
跨境娱乐	扩建瑞丽市一寨两国景区、勐海县勐景来景区；新建江城县一眼望三国景区；在河口县、马关县边境一线与越南共建同类景点	瑞丽市、镇康县、河口县、马关县、勐海县、江城县	与他国直接接壤县（市）可在边境线附近开发以一寨两国等为主题的娱乐休闲活动，新建或配合已有类似主题景区，进行缅甸、老挝、越南等异国风情娱乐活动展示，并吸引游客参与，丰富游客娱乐活动

二、旅游拓展要素建设

新形势下，旅游产业要素正在逐渐发生变化。以"商、养、学、闲、情、奇"为代表的拓展旅游要素正日渐走入旅游活动当中。"商"是指商务旅游,包括商务旅游、会议会展、奖励旅游等旅游新需求;"养"是指养生旅游,包括养生、养老、养心、体育健身等;"学"是指研学旅游,包括修学旅游、科考、培训、拓展训练、摄影、采风、各种夏/冬令营等活动;"闲"是指休闲度假,包括乡村休闲、都市休闲、度假等各类休闲旅游新产品和新要素;"情"是指情感旅游,包括婚庆、婚恋、纪念日旅游、宗教朝觐等各类精神和情感的旅游新业态、新要素;"奇"是指探奇,包括探索、探险、探秘、游乐、新奇体验等探索性的旅游新产品。

云南边境地区丰富的人文、自然、社会性旅游资源正是开展上述旅游活动的理想之地。景洪市、腾冲市、芒市、瑞丽市等地经济发展良好,腾冲火山热海、芒市勐巴娜西珍奇园等优秀景区的建设适合商务旅游、会议会展等商务旅游活动的开展;勐海勐景来景区、沧源佤山风景区、金平勐拉温泉等地风景秀丽、环境清幽,是养生旅游的好去处;腾冲热海风景区、龙陵邦腊掌温泉养生度假区、西双版纳旅游度假区等地的自然和人文环境最适合旅游者休闲度假;中国科学院西双版纳热带植物园、腾冲高黎贡山、西盟佤族文化旅游区不仅是旅游景区,其繁多的动植物资源、民族文化资源等也恰好切合以科考、培训等为主的研学旅游活动;在情感旅游活动中,怒江石月亮景区、景洪市各类佛教文化景区等都可满足婚庆拍摄、宗教朝觐等活动需求;探奇旅游讲究求新求奇、惊险刺激,尚未充分开发的怒江州各类旅游资源、边境各地神秘的热带雨林区域都是探险旅游者心中的圣地。旅游拓展要素为进一步打造旅游新业态,调整旅游产品结构指明了方向。同时,它切合了游客新兴的出游需求,以及旅游业转型升级和供给侧改革的发展要求,进一步拓宽了旅游发展空间,着力打造旅游经济增长新引擎,将成为经济新常态下旅游业发展的重要着力点。

第二节 旅游产业融合发展

一、产业融合理论

1. 产业融合的定义

产业融合的研究最早是从技术视角展开的,美国学者 Rosenberg(1963)

在对美国机器工具产业演化的研究中发现同一技术向不同产业扩散的现象，并把这种现象定义为"技术融合"。Brand（1988）最早提到 Negreouponte 在 1973 年开始使用该词，学术界对产业融合的讨论始于 Negreouponte 对数字技术的出现导致产业交叉现象的关注。此后，许多学者从各自专业的角度广泛展开对产业融合问题的研究，取得了一些研究成果。从产业视角出发，植草益（2001）认为产业融合就是通过技术创新和放宽限制来降低行业间的壁垒，加强行业企业间的竞争合作关系。1997年，欧洲委员会发布的《关于电信、媒体和信息技术部门的融合及其对监管的影响的绿皮书》则称产业融合是技术网络平台、市场、产业联盟与合并三个角度的融合；该定义的出现使得产业融合的内涵得到了拓展性的表述，加上《关于电信、媒体和信息技术部门的融合及其对监管的影响的绿皮书》中对相关产业融合管制问题的提及，也使得产业融合这一定义更加有意义和具有综合性。周振华（2002）较早对产业融合的现象和本质进行了系统研究，在产业融合这一概念的界定上，他认为产业融合就是以数字融合为基础，为适应产业增长而发生的产业边界的收缩或消失。马健（2006）则将产业融合的定义概括为由于技术进步和放松管制，发生在产业边界和交叉处的技术融合，在经过不同产业或行业之间的业务、组织、管理和市场的资源整合后，改变了原有产业产品和市场需求的特征，使得产业内的企业之间竞争合作关系发生改变，从而导致产业界限的模糊化甚至重划产业界限。

2. 产业融合的类型

根据不同的研究目的，学术界对产业融合进行了不同角度的划分。Greenstein 和 Khanna（1997）从技术与产品两个层面来进行分类，并通过引进替代与互补两种作用机制，从技术融合与产品融合视角解释了产业融合的产生。技术融合又可进一步分为技术替代融合与技术整合或补充融合。从产品视角可以分为替代型融合、互补型融合和结合型融合。Malhotra（2001）从功能融合和机构融合的角度出发，将产业融合分为高功能和高机构融合、高功能和低机构融合、低功能和高机构融合。Hacklin 等（2005）依据融合技术的新奇性程度将产业融合分为应用融合、横向融合和潜在融合。

国内学者主要是从产业和市场视角来进行分类，从宏观层面对产业融合现象进行了描述。从市场角度可以分为供给方面融合和需求方面融合，供给方面主要是技术融合，需求方面主要是产品融合。马健（2006）根据产业融合的程度和市场效果，将产业融合分为完全融合、部分融合和虚假融合。聂子龙和李浩（2003）提出产业融合有四种主要形式：高新技术的渗透融合、产业间的延伸融合、产业内部的重组融合、全新产业取代传统旧产业进行融合。胡汉辉和邢华（2003）将产业融合分为产业渗透、产业交叉、产业重组三种形式。胡永佳（2008）根据产业融合的方向，将产业融合分为横向融合、纵向融合和混合融合；根据产业融合的结果，将产业融合分为吸收型融合和扩展型融合。

二、总体思路与目标

实施产业融合发展战略，强化全域旅游的发展理念，根据"一带、三圈、四廊、六轴、十二区"的云南边境旅游发展空间布局，充分发挥和释放旅游产业的综合带动功能，全面推进云南边境区域旅游产业与新型城镇化、美丽乡村、民族文化、边境商贸、民族村寨、产业扶贫以及其他相关产业融合发展，大力发展休闲度假、康体健身、民族旅游、乡村旅游、养生养老、跨境旅游、特色旅游商品贸易等边境旅游产品开发，拓展旅游发展新领域，带动云南边境地区健康服务业、养老服务业、休闲农业、商品加工业等旅游新业态发展，进一步推动旅游产业转型升级，构建综合实力强、带动功能强、产业贡献强的边境旅游产业体系，着力推进边境地区全域旅游发展，促进云南旅游强省建设。

以"旅游+"战略为突破口，以旅游产业融合理念为指引，通过"旅游+城镇""旅游+村寨""旅游+文化""旅游+边境商贸""旅游+农业"等产业融合方式，突破传统旅游业的各项要素，拓展旅游发展新领域，多元创新、融合发展，通过5~10年的融合发展，让旅游服务功能渗透到各产业领域，构建带动功能强的边境旅游产业体系，形成旅游业全面融合发展的新格局，实现以下目标。

1）全面促进旅游与各行各业以及相关产业融合发展，推动旅游业与第一、第二、第三产业的融合发展。

2）构建健全的边境旅游产业体系，形成以旅游核心产业体系与相关产业体系互相支撑、互相融合的全业态体系和全产品系统。

3）统筹乡村与城镇、景区与景区周边空间的整体协调发展，促进旅游特色村寨与旅游城镇建设、景区建设与周边环境建设相融合，努力实现边境旅游发展的全空间、全景化、全方位建设。

三、融合发展主要内容

本节主要从边境旅游产业与城镇化建设产业、乡村建设产业、民族文化产业、商贸活动产业、民族村寨旅游扶贫产业以及其他相关产业六个方面融合发展来分析云南边境地区旅游产业融合的主要内容（图 8-1）。

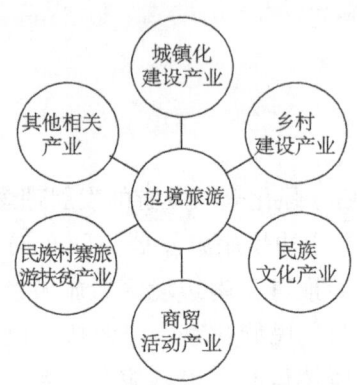

图 8-1　边境旅游产业融合的主要内容

1. 促进边境旅游产业与城镇化建设产业融合发展

按照云南建设旅游强省和新型城镇化要求，形成云南边境旅游城镇集群，建设中国边境优秀旅游目的地和休闲型旅游目的地，构建景洪市、瑞丽市、芒市、腾冲市、蒙自市、文山市等多个边境区域中心旅游城市、边境旅游城镇、边境旅游特色小镇三级边境旅游城镇体系。通过推进边境旅游城市、特色小镇的建设，形成一批主题鲜明、交通便利、服务配套、环境优美、吸引力强，受广大旅游者欢迎的新型边境旅游城镇；使一批发展势头好的边境旅游城镇发展成为"中国优秀旅游城镇"，并在国内外具有一定的知名度，充分挖掘、保护和利用云南独特的民族文化和历史文化资源（表 8-7）。着力推进边境城镇规划与旅游发展高度统一，统筹边境城镇旅游发展，发挥边境城镇和口岸城市以点带面的辐射作用，使边境城镇布局更加科学，城镇旅游功能和公共服务设施更加完善。

表 8-7　边境旅游产业与城镇化建设产业融合发展的主要内容和措施

建设类型	建设地点	主要内容	主要措施
边境区域中心旅游城市	景洪市、瑞丽市、芒市、腾冲市、蒙自市、文山市	构建边境旅游集散中心体系	重点将边境各城市建设成为边境区域旅游集散中心，完善城市基础设施和服务设施

续表

建设类型	建设地点	主要内容	主要措施
边境旅游城镇	贡山县城、福贡县城、泸水市、腾冲市、盈江县城、陇川县城、镇康县城、耿马县城、沧源县城、西盟县城、孟连县城、澜沧县城、勐海县城、勐腊县城、江城县城、绿春县城、金平县城、河口县城、马关县城、麻栗坡县城、富宁县城	打造一批边境旅游城镇综合体 完善一批边境旅游城镇公共服务体系	重点建设沿边地区重点节点城镇，培育一批"沿边旅游型、边境口岸型、跨境文化型"特色型城镇，推进边境少数民族城镇、村寨发展 建立沿边地区 PPP 模式管理机构；完善边境地区的城镇旅游服务体系和旅游公共基础设施建设，增强边境旅游城镇的公共服务能力和接待能力
边境旅游特色小镇	泸水市片马镇，贡山县独龙江乡，瑞丽市畹町镇、姐相乡，耿马县孟定镇，腾冲市和顺镇，沧源县勐来乡、勐角乡、勐董镇、班洪乡，镇康县南伞镇，西盟县勐卡镇，江城县整董镇、勐康镇、龙富镇，景洪市勐罕镇（橄榄坝）等	建设一批边境旅游特色小镇	加快推进"中国优秀旅游城镇"建设，推动边境口岸型特色小镇建设，积极发展进出口贸易、加工贸易、边境游和民族传统手工业。由省级财政部门提供专项规划资金，同时利用好社会资金，着力解决旅游特色小镇建设过程中资金不足的问题

2. 促进边境旅游产业与乡村建设产业融合发展

边境乡村旅游与美丽乡村建设要对边境乡村旅游融合和保护吸引力进行重塑，把资源特色型的乡村旅游融合发展纳入边境旅游发展规划中，重点发展边境中心村、保护民族特色乡村，明确边境乡村的旅游功能和未来特色化发展方向，着力建设一批边境旅游特色村，建立健全一批边境乡村的旅游基础设施，重点保护和传承边境乡村特色传统文化，培养一批边境乡村旅游专业人才（表8-8）。

表 8-8　边境旅游产业与乡村建设产业融合发展的主要内容和措施

建设类型	主要内容	主要措施
边境旅游特色乡村	建设培育一批边境旅游特色乡村	发展中心村、保护特色村、整治空心村；打造一批集乡村休闲、农事体验、农家乐、特种养殖等于一体的具有代表性的边境乡村旅游示范点
	建立完善一批边境乡村旅游基础设施	做好农村饮水安全、农村电网改造升级、公路网络建设；完善村落空间布局、道路和街巷景观、村民的空间活动场所、公共服务设施和工程景观等方面的融合建设

续表

建设类型	主要内容	主要措施
边境乡村旅游人才	培养一批边境乡村旅游专业人才	做好新生代农村劳动人口、农村闲置劳动力和边缘劳动力的旅游就业安置；采取岗位培训、职业教育、异地交流学习等多种方式培养专业旅游人才
边境旅游民族村寨	重点保护和传承边境乡村特色传统文化	充分发挥传统村落、民族村寨的特色，挖掘文化内涵，发展生态优势，开发形式多样、特色鲜明的乡村旅游产品，建设特色景观旅游名村

3. 促进边境旅游产业与民族文化产业融合发展

按照创新、协调、绿色、开放、共享的发展理念，将边境旅游产业和民族文化产业做成品牌形象突出、产业结构优化、空间布局合理、产品种类丰富、人文关系和谐的战略性支柱产业，完成旅游产业和民族文化产业的转型升级。通过文化创新不断给旅游产业注入新的元素，巩固和增强品牌竞争力，使产业结构和融合空间布局更加合理，旅游服务质量水平大幅提升，做成使游客高度满意的高品质旅游目的地。依托边境民族文化资源优势和文化产业基地建设，通过高水平的创意策划，精心培育一批民族文化、节庆文化、旅游演艺等民族文化旅游产品，提升建设一批边境民族文化旅游基地，不断丰富边境旅游产品和服务的文化内涵（表8-9）。

表8-9 边境旅游产业与民族文化产业融合发展的主要内容和措施

建设类型	建设地点	主要内容	主要措施
民族文化旅游产品	勐海县、勐腊县、盈江县、陇川县、腾冲市、河口县、富宁县、贡山县、福贡县	提升建设一批边境民族文化旅游基地	创新文化旅游产品，建设西双版纳傣族文化旅游基地、德宏景颇族文化旅游基地、临沧佤族文化旅游基地、红河哈尼族文化旅游基地、文山壮族文化旅游基地、怒江傈僳族文化旅游基地、贡山独龙族文化旅游基地等一批文化旅游基地
节庆文化旅游产品	贡山县、福贡县、沧源县、景洪市、绿春县、西盟县、孟连县	打造一批边境旅游节庆文化品牌	以傣族泼水节、景颇族目瑙纵歌节、佤族摸你黑狂欢节、中老越三国丢包狂欢节等知名节庆活动为重点，打造边境旅游文化节庆品牌，在节庆活动时间段策划相关娱乐活动
旅游演艺产品	腾冲市、芒市、麻栗坡县、金平县	重点培育一批精品边境旅游演艺品牌	依托边境主要城镇与景区，挖掘地区民族文化，培育一批如《红河印象》《梦幻腾冲》《老山颂》《坡芽歌书》《句町神韵》《太阳鸟母》等大中型实景演艺活动，将沿边少数民族文化适当包装呈现为受大众游客欢迎的文化演出活动

4. 促进边境旅游产业与商贸活动产业融合发展

紧抓国家推进沿边开发、共建"一带一路"、加快大湄公河次区域经济合作和孟中印缅国际合作等重大发展机遇，以重点开发开放试验区、边境经济合作区和国家级口岸、边境城市为依托，重点建设沿边旅游经济带，积极建设推进边境旅游试验区与跨境旅游合作区，发展培育一批边民互市贸易区，加快建设边境旅游商品购物中心，积极开展跨境物流、进出口商贸、边境贸易活动，提升云南边境旅游的影响力（表8-10）。

表8-10 边境旅游产业与商贸活动产业融合发展的主要内容和措施

建设类型	建设地点	主要内容	主要措施
边境旅游试验区与跨境旅游合作区	瑞丽市、磨憨镇、河口县、临沧市、腾冲市、普洱市、麻栗坡县、片马镇等	积极推进边境旅游试验区和跨境旅游合作区建设	积极建设瑞丽中缅国家级边境旅游试验区、磨憨中老国家级边境旅游试验区、河口中越国家级边境旅游试验区三大国家级边境旅游试验区、临沧耿马（孟定）边境旅游试验区、腾冲边境旅游试验区、普洱绿三角边境旅游试验区、麻栗坡（天保）边境旅游试验区、片马边境旅游试验区五大省级边境旅游试验区，以及滇西-缅北跨境旅游合作区、滇西南-缅东跨境旅游合作区、西双版纳-老挝跨境旅游合作区、滇东南-越北跨境旅游合作区四大跨境旅游合作区
边民互市贸易区	片马口岸、猴桥口岸、瑞丽口岸、畹町口岸、孟定清水河口岸、勐康口岸、思茅港、景洪港、磨憨口岸、打洛口岸、河口口岸、金水河口岸、天保口岸、都龙口岸等	发展培育一批边民互市贸易区	在云南边境有条件的口岸推广先进地区的经验，规范发展边民互市，加强边民互市贸易市场建设，加快推进边民互市场地、查验区、物流贸易区和农副产品出入境基础设施建设，扩大边民互市贸易交易品种，提高交易额度
边境旅游商品购物中心	瑞丽口岸、景洪港、畹町口岸、磨憨口岸、西双版纳嘎洒国际机场、腾冲机场、福贡机场、金水河口岸、都龙口岸等	加快建设边境旅游商品购物中心，积极开发特色旅游商品	以旅游景区、主要商业街、游客服务中心等游客聚集地为依托，推动建立集生产、销售和物流于一体的专业化旅游购物中心，售卖具有边民民族特色的绿色食品、地方土特产、民族工艺品等各类商品；在机场、港口等区域建立免税区，满足跨境游客购物需求
边境特色服务贸易企业	泸水市、盈江县、沧源县、西盟县、勐腊县、江城县、河口县、麻栗坡县等	大力发展边境特色服务贸易业，加快产业转型升级	做大做强旅游、运输、建筑等传统服务贸易，逐步扩大中医药、服务外包、文化创意、电子商务等新兴服务领域出口，支持和培育特色服务贸易企业发展

5. 促进边境旅游产业与民族村寨扶贫产业融合发展

以改善云南边境民族村寨民生为核心，把经济发展、民族文化传承、生态保护与旅游发展有机结合起来。以民族村寨特色民居保护和改造为重点，加强基础设施建设，改善人居环境和旅游发展环境。选取有条件的边境民族村寨发展旅游产业，促进少数民族群众增收，增强自我发展能力。以保护和传承民族文化为主线，加强村寨公共文化设施建设，开发边境民族村寨旅游文化产品。增进各民族交流、交往、交融，使民族特色旅游村寨成为云南旅游的名片、团结和谐的示范、展现美丽中国的窗口（表8-11）。

表8-11 边境旅游产业与民族村寨旅游扶贫产业融合发展的主要内容和措施

建设类型	主要内容	主要措施
边境旅游特色民族村寨	开发和保护传统民居建筑	根据云南边境民族村寨传统民居的不同类型，采取保护、改建等不同方式，保护传统民居建筑风貌，挖掘传统民居建筑特色，传承传统建筑形式及优秀建造技艺
	新建、改建具有特色的旅游客栈与餐馆	根据不同民族的风俗习惯、建筑风格，鼓励、支持农户新建和改建一批各具特色的旅游客栈与特色餐馆，指导村寨房屋外观改造，规范标牌、标识设置
	开发边境民族村寨、民族文化旅游产品	搭建群众性文化活动平台，建设体现民族特色、地方特点的标志性公共建筑，保护传统文化的真实性和完整性，尊重村民作为文化遗产所有者的主体地位，鼓励村民按照传统习惯开展乡社文化活动，促进民族语言、文字、服饰、习俗等传统文化传承
边境旅游扶贫重点村	改善旅游接待服务设施	加大边境农村危房改造、环境综合治理的力度，完善边境民族村寨的基础设施建设，增强其旅游发展能力
	一对一帮扶行动	促进旅游规划单位一对一帮助贫困村编制旅游规划，因地制宜地支持和促进贫困村旅游建设发展

6. 促进边境旅游产业与其他相关产业融合发展

以建设云南旅游强省为目标，以转方式、调结构为主线，以转型升级提质增效为重点，加快推进边境旅游与三次产业融合发展，建设一批边境休闲农业与乡村旅游示范点，打造一批沿边旅游产业园区和工业旅游示范点，创新一批特色鲜明的边境旅游新产品，形成一批典型的旅游产业新业态，建立边境旅游与第一、第二、第三产业全方位、深层次、宽领域的融合发展格局（表8-12）。

表 8-12　边境旅游产业与其他产业融合发展的主要内容和措施

融合发展方向	主要内容	主要措施
推进边境旅游产业与第一产业的融合	休闲农业与乡村旅游示范点	推进边境旅游产业与高原特色农业深度融合，着力打造 10 个以上休闲农业区，建设 50 个全国休闲农业与乡村旅游示范点，进一步拓展农业休闲功能，延伸农业产业链条，提升农业附加值
推进边境旅游产业与第二产业的融合	旅游产业园区和工业旅游示范点	充分挖掘边境工业旅游资源，重点推进以医药、花卉、民族商品、珠宝玉石、食品加工为特色的旅游产业园区和专项工业旅游示范点建设，着力开发工业旅游产品；重点发展旅游商品加工业、旅游装备加工业和制造业等旅游工业新业态
推进边境旅游产业与第三产业的融合	服务业示范点	推动边境旅游产业与体育产业、康体养生业融合发展，积极开发自驾越野、球类运动、户外运动等边境运动休闲类旅游产品，积极发展以康体疗养、美容保健、养生养老等为主要内容的特色医疗旅游；利用云南边境丰富的动植物资源优势，发展科考旅游、修学旅游等；也可利用云南面向南亚东南亚辐射中心的地理优势，发展边境旅游、边境贸易活动等；积极推进旅游服务示范点建设

四、产业融合发展路径

1. 边境旅游产业与城镇化建设产业融合发展路径

（1）构建边境旅游集散中心体系

边境旅游集散地是为旅游者提供中转集散作用的城镇，它对边境周围的旅游景区景点的辐射作用能极大地带动边境地区旅游产业的发展。今后一段时间内，重点将瑞丽市、景洪市、芒市、腾冲市、蒙自市、文山市建设成为云南二级边境旅游集散中心，在此基础上逐步建设发展区域中心旅游城市、边境旅游城镇、旅游特色小镇三级边境旅游城镇体系，完善各边境城镇的基础设施和服务设施，进一步优化边境旅游市场结构，提升云南边境旅游品质。

（2）打造一批边境旅游城镇综合体

加快沿边地区重点节点城镇建设，培育一批基础条件好、发展潜力大、吸纳人口多的特色小城镇，持续推进"沿边旅游型、边境口岸型、跨境文化型"特色城镇发展，积极推进边境少数民族城镇、村寨发展。注重传承与弘扬边境和跨境民族文化，打造沿边国门形象，提升沿边地区文化竞争力。建立沿边地区 PPP 模式管理机构，从研究设计、项目储备、争议协调等方面推动各类资本以多元模式参与沿边城镇市政基础设施建设。探索引进外来资本建立沿边城镇建设股权投资基金。在沿边城镇发展建设过程中融入旅游理念，从旅游可持续发展、生态建设的角度出发，完善边境城镇基础设施和公共服务体系，树立边境旅游城镇的品牌形象。

（3）建设一批边境旅游特色小镇

特色小镇建设是云南实施旅游强省战略的重要内容，也是实现旅游与城镇建设相融合的重要途径。依托云南独特的边境资源条件，加快建设特色小镇，加快培育特色产业，增强边境旅游特色小镇辐射带动作用，使边境旅游特色小镇成为各县域经济，特别是边境少数民族地区发展的新亮点。围绕云南辐射中心建设和全方位对外开放战略的实施，推动边境口岸型特色小镇依托"两种资源、两个市场"，完善口岸服务功能，积极发展进出口贸易、加工贸易、边境旅游和民族传统手工业，繁荣边境经济。云南先后确定了在未来几年建设 60 个旅游小镇、200 个旅游名村的任务，每年由省级财政部门提供专项规划资金，同时引导社会资金流入，着力解决旅游特色小镇建设过程中资金不足的问题，政府的大力支持使旅游特色小镇的建设开展得到了有力保障。

（4）完善一批边境旅游城镇公共服务体系

在未来云南边境城镇建设的过程中需要积极完善边境地区的城镇旅游标识系统、管理服务系统、安全救助系统、咨询服务系统、旅游语言无障碍系统、旅游集散体系、信息服务体系建设和旅游公共基础设施，最大限度地增强边境旅游城镇的公共服务能力和接待能力。

2. 边境旅游产业与乡村建设产业融合发展路径

（1）建设培育一批边境旅游特色乡村

依据"产业兴旺、生态宜居、乡风文明、治理有效、生活富裕"的乡村振兴战略的总体要求[1]，以改善边境乡村环境为基础，以美化边境村容村貌为重点，打造一批集乡村休闲、农事体验、农家乐、特种养殖等于一体的具有代表性

---

[1] 中共中央 国务院关于实施乡村振兴战略的意见[EB/OL]. http://www.gov.cn/zhengce/2018-02/04/content_5263807.htm[2018-02-04].

的边境乡村旅游的示范点。按照发展中心村、保护特色村、整治空心村的要求，着力推进贡山县丙中洛镇雾里村、泸水市上江镇龙塘村、福贡县匹河乡知子罗村、沧源县勐角乡翁丁村、耿马县贺派乡景颇新寨、镇康县南伞镇白岩村、腾冲市固东镇银杏村、腾冲市和顺镇大庄社区、龙陵县龙江乡弄岗村、陇川县章凤镇赖瓦村、盈江县太平镇石梯村、瑞丽市勐卯镇喊沙村、景洪市勐罕镇曼远村、勐腊县勐腊镇曼龙勒村、勐海县西定乡章朗村、金平县勐拉乡顶岗村、绿春县大兴镇俄批村、河口县南溪镇安家河村、富宁县剥隘镇丰洞村、马关县金厂镇罗家坪村、麻栗坡县猛硐乡铜塔村委会响水村等一批边境少数民族特色村的建设。

（2）建立完善一批边境乡村旅游基础设施

边境乡村建设重点为基础设施和公共服务设施建设，要在为边境地区农村提供极其短缺的公共产品方面加大力度，加快农村饮水安全建设，继续实施农村电网改造升级工程，完善农村公路网络，重点解决沿边乡村"最后一公里"问题，从而从硬件设施上改善边境农民生活和旅游基础条件。边境乡村的旅游基础设施建设，可以重点从村落空间布局、道路和街巷景观、村民的空间活动场所、公共服务设施和工程景观的融合等方面入手，有效改善边境农村居民的生态环境和人居环境。

（3）培养一批边境乡村旅游专业人才

在"老、少、边、穷"的边境乡村地区发展旅游过程中，将伴随许多就业门槛低、工作方式灵活的岗位需求，可使大量新生代农村劳动人口获得就业机会，还使一些扮演农村闲置劳动力和边缘劳动力角色的中老年人受惠，可以在边境乡村旅游开发中获得"亦农亦旅"的就业机会。在旅游与边境乡村建设融合的过程中需要做好相应的专业人才培养，通过岗位培训、职业教育、异地交流学习等方式提高边境乡村旅游从业人员的文化素质，培养"农家乐"发展急需的综合型和专业型旅游人才，吸引边境乡村剩余劳动力参与旅游开发。

（4）重点保护和传承边境乡村特色传统文化

充分利用当地人文资源的独特性，不断挖掘边境少数民族特色文化内涵，从中探寻边境乡村发展的文脉、生活习惯的演变、民俗风情的沿革，实现乡村文化资源与边境旅游的良好互动。同时，在提升自然村落功能的基础上，保持乡村风貌、民族文化和地域文化特色，保护有历史、艺术、科学价值的传统村落、少数民族特色村寨和民居。在边境乡村旅游的开发过程中，旅游者对边境乡村传统文化展现出的浓厚兴趣，能激发边境村民的民族自豪感，从而使其关注当地传统文化的保护和传承。

3. 边境旅游产业与民族文化产业融合发展路径

（1）提升建设一批边境民族文化旅游基地

为促进边境民族文化资源向旅游产品转变，创新文化旅游产品，做强做大边境文化旅游新业态，云南应重点建设西双版纳傣族文化旅游基地、德宏景颇族文化旅游基地、临沧佤族文化旅游基地、红河哈尼族文化旅游基地、文山壮族文化旅游基地、怒江傈僳族文化旅游基地、贡山独龙族文化旅游基地等多个边境文化旅游基地项目。

（2）打造一批边境旅游节庆文化品牌

云南边境地区主要分布着傣族、佤族、景颇族、傈僳族、怒族、壮族等多个少数民族。云南凭借多民族的优势被称为活的"民俗博物馆"，边境地区种类繁多的民族节庆活动为边境旅游发展创造了天然的优势条件。目前，云南边境节庆旅游发展态势良好，培育了一批成熟的节庆旅游产品，如傣族泼水节、景颇族目瑙纵歌节、佤族摸你黑狂欢节、中老越三国丢包狂欢节等。未来边境节庆旅游的发展应继续加强中外合作，跨境联合成立旅游节庆组委会，在各国轮流举办少数民族节庆，扩大边境旅游文化节庆的影响力，使节庆旅游成为边境旅游的推手和品牌。

（3）重点培育一批精品边境旅游演艺品牌

云南边境旅游与演艺事业互动态势良好，在云南文化市场上涌现出了《勐巴拉娜西》《梦幻腾冲》《目瑙纵歌》等一批个性卓然、极富云南边境少数民族特色的演艺节目，这为云南其他边境地区旅游演艺品牌的培育和发展提供了借鉴与经验。边境地区少数民族需充分发掘中外边境少数民族风俗、文化，培育一批精品边境旅游演艺品牌，在云南各大跨境旅游试验区内设立文艺演出点，进行中外巡演，助推文化旅游融合发展。

4. 边境旅游产业与商贸活动产业融合发展路径

（1）积极推进边境旅游试验区和跨境旅游合作区建设

截至2018年底，云南经国务院批准对外开放的国家级一类口岸19个、二类口岸 6 个[①]，开通了滇越铁路、昆曼公路等多条交通干线，有国家级重点开发开放试验区、国家级边境经济试验区、跨境经济合作区和沿边金融综合改革试验区等重要对外开放合作平台，区域合作机制不断健全。云南边境地区应该及时抓住机遇，以边境州（市）的一、二类口岸为依托，结合瑞丽、勐腊（磨憨）、河口等国家重点开发开放试验区和边境经济合作区的建设经验，按照沿边跨境旅游经济带建设布局，进一步建设和培育瑞丽中缅国家级边境旅游试验区、磨憨中老国家级边境旅游试验区、河口中越国家级边境旅游试验区、临沧耿马（孟定）边境旅游试验区、腾冲边境旅游试验区、普洱绿三角边境旅游试验区、麻栗坡（天保）边境旅游试验区、片马边境旅游试验区八大边境旅游试验区，以及滇西-缅北跨境旅游合作区、滇西南-缅东跨境旅游合作区、西双版纳-老挝跨境旅游合作区、滇东南-越北跨境旅游合作区四大跨境旅游合作区，在边境旅游试验区和跨境旅游合作区内试行免税、退税政策，积极推进区内跨境物流、进出口贸易、边境商贸活动。

（2）发展培育一批边民互市贸易区

在云南边境有条件的口岸推广先进地区的经验，规范发展边民互市，加强边民互市贸易市场建设，加快推进边民互市场地、查验区、物流贸易区和农副产品出入境基础设施建设，扩大边民互市贸易交易品种，提高交易额度。为支持云南边境贸易发展，政府应对边民互市贸易区的边贸政策、扶贫政策、民族政策给予各项优惠，加大对边境地区财政转移支付力度，继续支持边境小额贸易企业发展能力建设，并督促地方规范资金使用，确保将资金落实到基层一线地区，大力促进边境小额贸易企业发展。

（3）加快建设边境旅游商品购物中心，积极开发特色旅游商品

云南边境旅游资源丰富，可供旅游商品开发的资源条件较好，具有开发前

---

① 云南省推进口岸提效降费工作 已完成所有口岸收费公示[EB/OL].http://news.sina.com.cn/c/2018-11-12/doc-ihnstwwq8285509.shtml[2018-11-12].

景的旅游商品涉及绿色食品系列、地方土特产系列、民族工艺品系列等。根据云南边境旅游资源状况，可对边境民族文化进行深挖，开发少数民族绣件、饰物、纺织件等旅游纪念品系列，茶叶、咖啡等旅游食品和土特产系列，边境少数民族服装服饰、民族民俗工艺品、民族声像制品等民族商品，登山、生活旅游日用品和具有异国风情的旅游商品，不断丰富旅游商品的种类，满足旅游者的多层次需求。为加大对边境旅游商品开发的扶持力度，并根据边境民族文化资源状况特色、特征、开发现状、市场需求发展趋势，制定符合实际及特色的边境特色旅游商品开发规划，同时制定相应的旅游商品开发优惠政策。

（4）大力发展边境特色服务贸易业，加快产业转型升级

支持沿边重点地区结合区位优势和特色产业，做大做强旅游、运输、建筑等传统服务贸易，逐步扩大中医药、服务外包、文化创意、电子商务等新兴服务领域出口，培育特色服务贸易企业加快发展。支持沿边重点地区开展加工贸易，扩大具有较高技术含量和较强市场竞争力的产品出口，创建出口商品质量安全示范区。推进沿边重点地区金融、教育、文化、医疗等服务业领域有序开放，逐步实现高水平对内对外开放；有序放开育幼养老、建筑设计、会计审计、商贸物流、电子商务等服务业领域外资准入限制。对外经贸发展专项资金安排向沿边重点地区服务业企业倾斜，支持各类服务业企业通过新设、并购、合作等方式，在境外开展投资合作，加快建设境外营销网络，增加在境外的商业存在。支持沿边重点地区服务业企业参与投资、建设和管理境外经贸合作区。支持沿边重点地区发挥地缘优势，推广电子商务应用，发展跨境电子商务。

5. 边境旅游产业与民族村寨旅游扶贫产业融合发展路径

（1）保护和改造一批边境旅游特色民族村寨

以边境民族特色旅游村寨为平台，乡村旅游为龙头，大力培育具有当地自然资源和人文资源优势的产业，带动周边第一、第二、第三产业发展。第一，要重点关注传统民居建筑的保护和开发。传统民居建筑是民族村寨之形，云南边境民族村寨传统民居类型多样，在旅游开发过程中一定要挖掘其特色、传承其技艺、保护其风貌。第二，鼓励、支持农户新建和改建一批具有特色的旅游

客栈与餐馆。住宿和饮食作为旅游发展的两大基本要素，在满足旅游者体验、改善旅游地民生等方面发挥着不可替代的作用。在建设客栈和餐馆的过程中，可以在符合各民族风俗习惯和建筑风格的基础上进行适当改良，并通过统一设置标牌、标识来规范化其经营。第三，开发边境民族村寨、民族文化旅游产品。搭建群众性文化活动平台，建设体现民族特色、地方特点的标志性公共建筑，保护传统文化的真实性和完整性，尊重村民作为文化遗产所有者的主体地位，鼓励村民按照传统习惯开展乡社文化活动，促进民族语言、文字、服饰、习俗等传统文化的传承。

（2）帮扶和发展一批边境旅游扶贫重点村

加强边境民族村寨公共基础设施建设，优先建设交通干道、重点旅游景区连接村寨的道路。全面实施改路、改水、改厕、改房、改栏等"五改"工程，完善村庄最基本的公共设施，改善农村最基本的生产生活条件和人居环境，构建优美乡村环境。加强村寨环境污染综合整治。此外，还可以通过开展一对一帮扶行动解决部分难题。例如，促进旅游规划单位一对一帮助贫困村编制旅游规划，因地制宜地支持和促进贫困村旅游建设发展。

6. 促进边境旅游产业与其他相关产业融合发展

（1）推进边境旅游与第一产业的融合

重点在于推进"农旅融合"，利用边境旅游与农业的资源、产品和经营优势，通过农业生产与边境旅游、休闲、观光等服务业的相互渗透、有机融合而演化出来的农业旅游新业态。针对云南多数旅游资源集中在边境少数民族地区、农村、山区的特点，在推动"农旅融合"的发展过程中，大力发展边境农业休闲和边境乡村旅游，积极推进边境农庄经济建设与发展，在特色小镇的基础上发展一批具有代表性的边境特色村镇，推进农副土特产品向旅游商品转化。同时，培育发展农业旅游企业市场主体，引导边境社区居民参与旅游开发，不断创新农业旅游和乡村旅游产品。以品牌创建为突破，积极开展"全国休闲农业与乡村旅游示范县、示范点""全国特色景观旅游示范镇（村）"的创建工作，充分发挥示范带动作用。推进边境旅游与高原特色农业深度融合，着力打造10个以上休闲农业区，建设50个全国休闲农业与乡村旅游示范点，进一步拓展农业休闲功能，延伸农业产业链条，提升农业附加值。

（2）推进边境旅游与第二产业的融合

重点在于推进"工旅融合"，在云南边境地区重点建设培育一批以烟草、生物、钢铁、电力、医药、花卉、民族商品、珠宝玉石、食品等为特色的旅游产业园区和10个工业旅游示范点，积极发展工业遗产旅游和工业园区旅游，建设发展一批旅游商品加工业、旅游装备加工业和制造业，开发特色旅游工业品、纪念品和户外旅游装备用品等，不仅可以促进云南边境旅游发展空间拓展，也将促进云南边境工业产业链延伸和附加值增加，从而促进边境旅游业和工业的可持续发展。

以云南边境州（市）的大型企业为载体，深入挖掘工业设计、生产和营销过程中的现代旅游元素，充分利用边境大型水电站建设形成的水体景观，积极开发集科普、博览、观光、购物和体验于一体的工业旅游产品和库区旅游项目；以边境各州（市）的工业园区为依托，合理规划布局，加快引进国内外高尔夫用品、酒店用品、户外用品、旅游房车、通用航空器等生产加工企业，大力发展旅游装备制造业；大力扶持一批咖啡、茶叶、工艺品、生物制药、花卉精油等旅游商品生产企业，加快其形成工业化、规模化和产业化的生产加工能力。

（3）推进边境旅游与第三产业的融合

主要是推进边境旅游与服务业（包括流通服务、生产性服务、生活性服务和社会服务等）的融合发展，充分发挥旅游业作为第三产业的龙头带动作用，创新融合互动发展模式，有效提高第三产业发展的协调性和综合竞争力，全面提升云南现代服务业发展水平。

云南边境地区可以利用其大量富有特色、适合开展户外运动的自然人文资源，推动边境旅游与体育产业的融合发展，以自驾越野、球类运动、户外运动等体育旅游业态为重点，积极开发边境运动休闲类旅游产品，将一些边境少数民族体育活动融入旅游线路中，积极争取在边境中心城市举办国内外大型体育赛事，建设高原训练体育基地，打造边境体育旅游品牌。借助边境地区良好的自然生态环境、丰富的温泉地热和民族医药医疗资源，加快引进国内外新兴医疗技术和手段，积极发展以康体疗养、美容保健、养生养老等为主要内容的特色医疗旅游。利用云南边境丰富的动植物资源优势，发展科考旅游、修学旅游等，也可利用云南立足西南、面向南亚东南亚辐射中心的地理优势，发展边境旅游、边境贸易活动等，以及利用广播电视、新闻出版、信息通信等现代传媒渠道，通过文艺创作、影视拍摄、微博微信等手段和平台，全方位宣传和推介边境旅游。大力推动旅游产业与服务业实现融合互动发展，努力形成资源共享、市场共建、互为支撑、互利共赢的良好局面。

五、产业融合发展主要对策

1. 政府主导，市场化运作

坚持政府主导、市场为辅的管理原则，积极行使政府行政管理职能，从而营造一个有利于旅游产业融合发展的良好环境。通过转变政府职能，加强各级旅游部门和市直相关职能部门在政策、战略规划、建设管理和协调服务等方面的协作，为旅游产业融合创造条件。同时，发挥市场的作用，以市场发展规律为原则，以旅游企业为主体开展旅游产业融合发展工作。鼓励、引导和支持有思路、有实力、有前景的旅游企业或集团参与到旅游产业融合的具体项目中，形成多渠道、多元化的产业融合发展格局。企业既可以参与具体的旅游项目建设，也可以承揽整个旅游项目的开发；既可投资旅游相关经营性项目，也可投资基础性项目。

2. 创新旅游产业融合发展体制机制

云南旅游产业融合的工作机制创新要根据旅游与其他产业融合的具体特点对云南边境产业融合机制进行创新和健全完善，形成领导牵头、部门分工协作、社会共同参与的工作机制。

推动产业融合管理体制的改革，应从"大旅游、大产业、大市场"的角度，建立统一、协调、高效的管理体制，改变旅游资源多头管理、政出多门、职能交叉的现状，促进旅游产业融合可持续发展。完善云南边境旅游产业融合发展的协调保障机制，要打破部门分割、管理多头的局面，整合资源，突破地区、部门、行业、所有制等的障碍壁垒，实现多产业与旅游的无缝对接。可通过成立专门的边境旅游产业融合发展办公室，充分调动省直和各地方相关部门资源，加强部门之间的协调合作，定期组织召开会议，及时解决发展过程中的各类问题。还可通过联合、重组、兼并等方式组建旅游产业融合集团企业，并且采用市场化的运作模式。推动产业融合监督约束机制，需要综合运用司法、政协组织、公众舆论等监督手段，对旅游与其他产业融合工作进行监督，在旅游与边境地区各相关产业的融合过程中制定严格规范的工作制度和约束，同时成立监督部门，给予企业和社区居民监督权力。

3. 统筹规划，有效融合

充分利用云南边境旅游资源优势，根据地域特色，由上而下、层层递进对边境地区旅游产业和城镇化建设产业、乡村建设产业、民族文化产业、商贸活动产业、民族村寨旅游扶贫产业以及其他相关产业进行系统性旅游产业融合发展总体规划和年度计划，加强边境各州（市）旅游总体发展规划与城镇建设规划、文化产业发展规划、土地利用总体规划等各类规划的衔接，促进各方的工作在目标、发展思路、措施、步骤、空间布局等方面能够有机结合，使资源得到有效整合和优化配置。云南边境旅游产业融合发展要坚持"农旅文商"四位一体，统筹城镇建设与乡村建设的发展模式，以农业、商业为基础，以边境民族文化为特色，推进边境地区旅游发展。在总体规划的指导下，统筹配置公共资源，合理推进"产城一体化""产镇一体化"建设。

4. 整合要素，集聚发展

整合优质发展要素，引导第二、第三产业与现代服务业和房地产逐步向边境各州（市）转移，推动边境社会经济发展，利用优质产业带动边境城镇和乡村发展，同时利用一些云南旅游重点项目建设拉动边境地区经济增长。开展产业融合型旅游，在产业聚集区因时、因地制宜开展旅游项目，扶植相关企业发展。通过政府和企业的共同努力，以全新的经营理念和经营模式，提高旅游服务效率，增强旅游产业融合发展的能力，促进区域间合作共赢的局面，提高边境地区旅游的综合竞争力。

边境地区的旅游产业应发挥其旅游的综合性、整合力，推进旅游产业与多产业和行业融合互动发展，重点突出旅游产业与农业、城镇化建设产业、乡村建设产业、民族文化产业、商贸活动产业、民族村寨旅游扶贫产业等的融合发展。把旅游业放在加快推进城镇化、农业现代化、信息化的格局中加强谋划；顺应现代产业融合发展趋势，发挥旅游产业综合性强、关联度高、产业链长的优势，深度挖掘边境民族文化，依托边境各州（市）、城镇、民族村寨等整合联动相关产业资源，寻找旅游产业与相关产业的交叉点、融合点，加快旅游产业与农业、文化、体育、商业、地产、城乡建设等紧密结合、无缝对接、融合发展，从产品、要素、管理、市场等方面的融合与共享方面大力培育旅游新业态，以旅游产业为主的，积极带动发展空间较大的文化产业、乡村农业、工业旅游、商务会展业、旅游地产等特色产业，实现产业间的互融共生，构建旅游产业融合发展新格局。

5. 建立健全管理标准和规章制度

建立健全旅游产业融合发展的管理标准和规章制度，制定具有可操作性的实施细则。此外，旅游产业融合发展的管理必须借助法律手段实现规范化建设，应该制定旅游产业融合的管理规范，对开发和经营过程中的责任、义务、权利等做出进一步明确说明，对旅游产业融合过程中出现的不合理现象、不认真落实现象、责任推诿现象等做出具体规范。对旅游产业融合的市场规范、环境卫生、安全管理等制定相关法令法规，保障在旅游产业融合发展过程中有据可依、有章可循，进而实现旅游产业融合的规范化。

根据旅游产业与各产业关联的特性，在融合建设过程中要健全完善考核督查机制。结合现行的有关项目审批管理、文化振兴与保护、民族村寨旅游扶贫等政策措施，积极探索旅游产业融合的新方式，建立旅游产业集约评价考核机制，完善旅游产业融合工作考核指标体系和考评方法，把旅游产业融合工作纳入目标管理考核范围，作为评价各级领导干部实绩的重要依据，加大监督考核力度，切实调动各级各部门的积极性。

第九章

边境旅游公共设施建设

第一节 旅游交通

交通运输业作为国民经济发展的基础性产业,是加快旅游资源开发、促进旅游产业发展的重要依托(黄柯等,2007),对于当前推进区域旅游业转型升级工作具有决定性意义。在国家推进云南对外大通道建设和全省加快"五网"建设的历史机遇下,云南边境旅游交通建设应结合全省综合交通体系建设规划,围绕《云南省公路水路邮政交通运输"十三五"发展规划》,积极推动沿边高速(高等级)公路和沿边城乡基础交通设施建设;积极争取推动一批连接旅游景区、旅游城镇、旅游特色村的边境旅游公路建设,全面提升边境旅游通达能力;积极推进边境旅游城市慢行绿道、休闲广场建设,营造良好的边境城乡旅游环境。以打造无缝对接、便捷舒适、服务优质的旅游交通体系为重点,进一步完善公路、铁路、航空、水运一体化旅游客运服务体系,强化交通设施的旅游服务功能,开发航空观光、自驾车、房车露营旅游等新产品,积极发展旅游新业态。

一、公路

以主要口岸为枢纽点,增强口岸附近主要城镇公路通达性,最终实现云南边境地区 8 个州(市)25 个县(市)的公路交通网络、边境地区与省内其他地区公路交通网络、边境区域与境外公路交通网络全覆盖的全方位交通体系。首先,对连接云南边境地区范围内各县(市)间、主要景区与城市、主要景区间道路交通实现高等级化(高速公路、国省干线)。其中沿边高速公路起于泸水市,经腾冲市、盈江县、陇川县、瑞丽市、芒市、耿马县、沧源县、西盟县、孟连县、勐海县、景洪市、江城县、绿春县、元阳县、河口县、马关县止于富宁县(表 9-1)。其次,加快云南边境旅游规划区与境外国家间公路交通建设,实现跨境公路网络建设(表9-2)。

表 9-1　云南边境区域旅游公路建设

修建类型	路线	建议
高速公路	腾冲市-泸水市；腾冲市-盈江县-陇川县-瑞丽市；河口县-文山市；马关县-文山市；金水河口岸-金平县-蔓耗镇；绿春县-江城县；临沧市-孟定清水河口岸；镇康县-清水河口岸；耿马县-沧源县；文山市-天保口岸；景洪市-勐海县	重点建设国家高速公路网，同时提升云南沿边各县（市）主要城镇间高速公路网络建设；加强边境地区与外界公路交通联系，引导热点旅游区域游客延伸旅游范围；对于重点口岸地区，修建其与相邻城镇间高速公路，实现客流、货流的便捷出入
沿边高速公路	泸水市-腾冲市-盈江县-陇川县-瑞丽市-芒市-耿马县-沧源县-西盟县-孟连县-勐海县-景洪市-江城县-绿春县-元阳县-河口县-马关县-富宁县	"一边"高速公路规划线路覆盖云南边境各主要县（市），密集沿边各地高速交通网络密度，促进区域间交通通达度建设，缩短公路交通运行时长
国省公路	泸水市-福贡县-贡山县；河口县-马关县-麻栗坡县；元阳县-绿春县；绿春县-金平县；西盟县-澜沧县-孟连县；通海县-绿春县	加快推进高等级道路新建与改造工作，提高道路服务水平，不断优化和改善路网结构；优先建设县际通道、旅游公路、口岸公路，实现区域内4A以上级景区间一级、二级国道干线公路互通；加大干线公路危桥改造力度和安保设施建设，提高整体道路交通水平

表 9-2　云南边境-出境旅游公路建设

路段	建设性质	建议
芒市-腊戍-曼德勒	改建	推动跨境公路建设，加强云南边境旅游区与缅甸、老挝、越南及南亚国家等的公路交通体系建设，推动跨境旅游发展
瑞丽市-木姐-曼德勒-皎漂	新建	
瑞丽市-八莫	改建	
孟定清水河口岸-腊戍-曼德勒	改建	
天保口岸-河江-海防	改建	

二、铁路

铁路特别是高速铁路具有快捷、稳定、安全等诸多优点，为缩短游客时间成本、扩大游客空间范围、提升地区旅游吸引力等提供了便利（郭建科等，2016）。云南为打破部分州（市）铁路里程为"零"的尴尬局面，铁路交通网络建设正迅速展开，尤其是对以沿边口岸为重要节点，加快云南边境地区铁路对铁路沿线边境城镇的旅游带动作用。对于出境铁路的建设主要结合泛亚铁路网项目规划，在多国政府的沟通协调下努力实现境内外线路对接，形成区域性铁路网建设。在具体工作上，各国需统一铁路建设硬件参数，力争全部或大部分铁路按照中国高铁标准进行建设（表9-3）。

表9-3 云南边境-铁路交通建设

路线	内容
1. 玉溪市-普洱市-磨憨口岸 2. 蒙自市-文山市-天保口岸	修建玉溪市-普洱市-磨憨口岸铁路。作为泛亚铁路中段的重要组成部分，玉磨铁路的修建将提升滇中地区至边境地区的通达性，便利游客沿铁路线进行游览工作，丰富了游客前往西双版纳州等传统旅游区域的交通选择方式 修建文山市-河口岸、天保口岸铁路，加强城市与口岸联系，进而带动滇东南沿边地区经济、社会、旅游事业的发展
1. 瑞丽市-木姐-腊戍-曼德勒 2. 保山市-芒市-瑞丽市 3. 芒市-猴桥口岸	加速建设已开工的泛亚铁路大瑞段，结束保山市、德宏州两地不通铁路的历史困境，增强滇西南地区与内陆较发达地区的联系，方便游客乘坐铁路直达边境沿途景点及发展跨境旅游
1. 保山市-腾冲市-密支那 2. 保山市-泸水市 3. 临沧市-普洱市 4. 临沧市-孟定清水河口岸	加快滇西地区与外界铁路交通联系，以保山市、临沧市为主要铁路交通节点，通过铁路交通干线向北、西、南等方向拓展，使社会、经济、旅游等活动受益于铁路建设

三、航空

目前，在已出台的《云南省航空业发展规划（2018—2030年）》中，云南省明晰了构建"两网络、一枢纽、四板块"的总体发展布局，提出依托全省民用运输机场，打造枢纽、次枢纽和支线机场协同发展的机场网络体系，稳步推进新建、改扩建和迁建等机场建设工程；同时，也提出了强化航空运输业，提升航空客运服务品质，积极培育通用航空市场等具体要求。在边境旅游发展中，一方面要加快云南边境旅游区域内各主要城市机场的新建或改扩建，提升通航与保障能力。结合云南地形复杂、部分沿边陆地交通不便的特点，加快景区所在地区机场建设。另一方面根据主要旅游客源市场位置，多渠道引进各层次航空公司继而新开或增开邻国首都、主要城市与区域内各自城市的航线，新开或增开云南有机场城市间航线，航线应满足直飞和环飞等多种需求，并增加航班班次（图9-1和表9-4）。

第九章 边境旅游公共设施建设 | 279

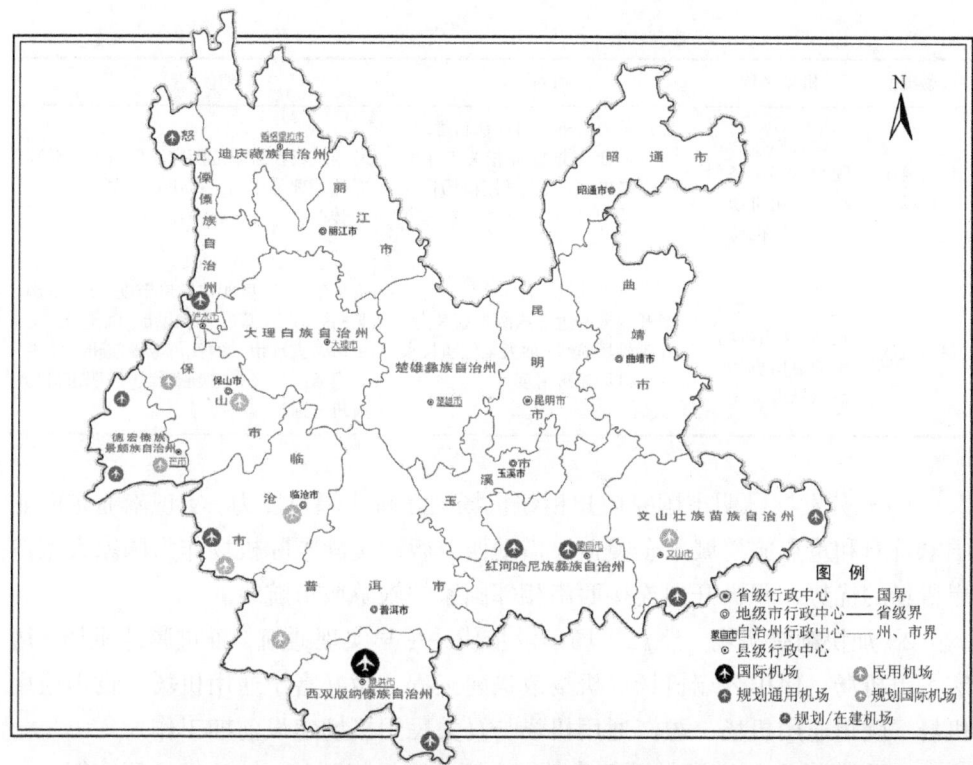

图 9-1 云南边境旅游航空交通布局（详见书末彩图）

表 9-4 云南边境旅游-航空运输建设

机场类型	机场名称	建设内容	建议路线
国际机场	西双版纳嘎洒国际机场	增加景洪市至规划区内其他州（市）主要机场航线，实现区域主要城市航线全覆盖；新增景洪市至邻国主要机场直飞航线	景洪市-文山市、蒙自市、芒市、泸水市、沧源县、保山市、腾冲市直飞航线；景洪市至全国主要城市航线；景洪市至缅甸、越南、老挝各主要城市直飞航线
规划国际机场	德宏芒市机场、腾冲机场	德宏芒市机场新开通 15 条国内航线及 3 条国际航线；腾冲机场新开通 10 条国内航线及至少 1 条国际航线	开通两机场直飞缅甸、泰国、老挝等国主要城市；新增国内市场直飞/经停航班至北京、上海、成都、西安、西双版纳、天津等城市航班；新增边境旅游规划区内航班环飞路线；加快机场扩建进度并实现通航
规划/在建机场	马关民用机场、怒江机场、勐腊机场、孟定机场、蒙自机场、元阳机场	加快在建机场建设进度并做好机场运行、管理、安全等各项规划，为尽快实现机场运转做好准备；加快规划机场落地实施进度	民用机场开通直飞/经停至省内各机场环飞航线，开通直飞昆明市航线

续表

机场类型	机场名称	建设内容	建议路线
规划通用机场	贡山通用机场、陇川通用机场、盈江通用机场、富宁通用机场	加快各通用机场内外基础建设、业务制定与推广等相关工作的有序推进，在实现通用机场自身发展的同时，尽可能地拉动地方经济	通用机场在航域范围内发挥航拍、测绘、农林管理等作用，尽快实现向民用机场的转型
民用机场	文山机场、临沧机场、保山机场、沧源佤山机场、澜沧景迈机场	新开通云南边境旅游规划区内、外各机场航线；加大至昆明长水国际机场航班密度	增加沧源县-昆明市航班密度；新增沧源县-芒市、普洱市、保山市、临沧市、文山市、大理市、丽江市等地航班，实现省内航线环飞；加快澜沧县-昆明市机场航班开通工作

1）充分发挥昆明市国家门户枢纽机场国际航线辐射能力，实现南亚东南亚国家首府和重点旅游城市全覆盖；借助西双版纳嘎洒国际机场作为国家大型口岸机场的优势，积极开通连接西南相邻国家的旅游城市航线。

2）加快勐腊机场、怒江机场建设步伐并尽早实现通航，推进腾冲机场、德宏芒市机场、保山云瑞机场等机场改扩建工程，做好富宁通用机场、贡山通用机场、陇川通用机场、盈江通用机场与马关民用机场建设前期工作。

3）积极争取国家民航政策支持，申请南亚航权开放、航油保税等政策在云南落地，争取扩大72小时过境免签、国际通程航班等政策和业务范围，进一步增强云南民航国际辐射能力。逐步加大云南至老挝、越南、缅甸、泰国等国家首府和重点经济、旅游城市航班密度。

四、水路

加快云南边境旅游区域内水运航道的拓宽、清淤、治理等工程建设，加强船舶通航合作与保障能力，促进游客及相关旅游所需产品的游览、观光、运输能力。

对外加快澜沧江-湄公河国际水运航道、中缅陆水联运通道、中越红河国际航道的建设，加强观光游轮通航合作与安全保障，促进澜沧江-湄公河国际旅游航运及琅勃拉邦、会晒等沿江港口的发展；加快中缅瑞丽江航道建设工程、红河港及李仙江梯级库群航运基础设施建设进度，做好怒江-萨尔温江通航项目前期准备工作①。

对内重点推进澜沧江-湄公河对外开放水域（国内段）四级航道整治、澜沧江-湄公河航道等级提升工程、澜沧江-湄公河重要港口（思茅港、景洪港、关累港、临沧港）建设；实现沿河各港口旅游航运联合发展态势（图9-2和表9-5）。

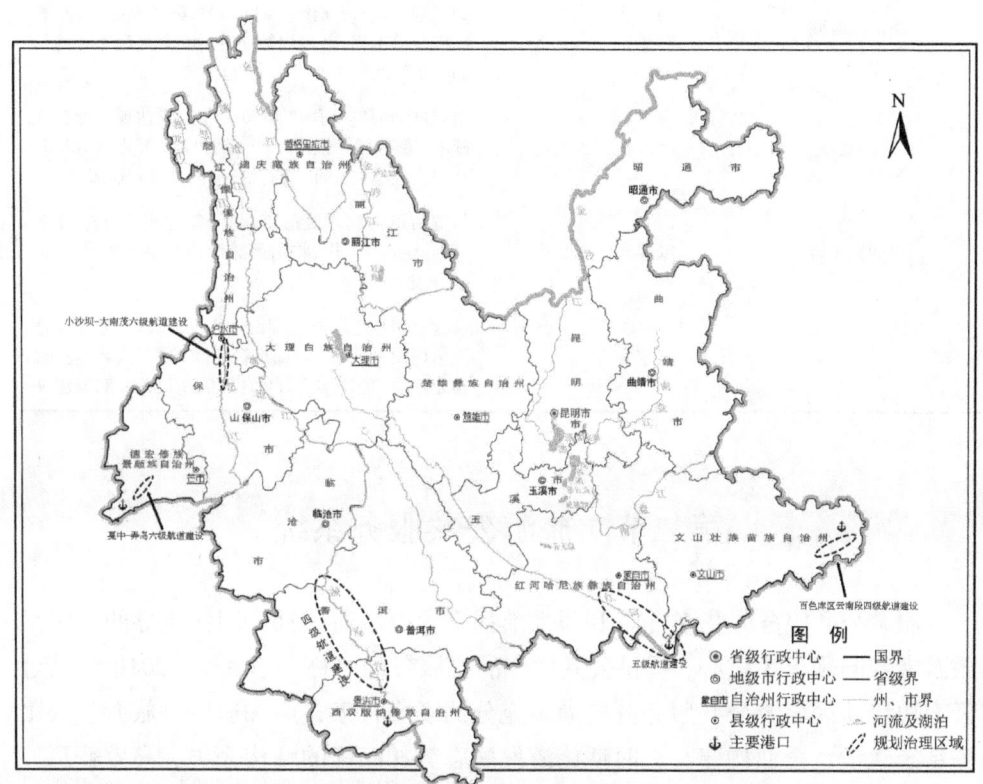

图 9-2　云南边境旅游水路交通布局（详见书末彩图）

表 9-5　云南边境旅游-水路交通建设

水域河流	流经区域	建设内容
龙川江-瑞丽江流域	腾冲市、龙陵县、芒市、瑞丽市	加快瑞丽江戛中-弄岛六级航道改造提升工程，增加可通过船舶吨位；实施龙川江基础航运设施建设工程，以便开展滨水及游船旅游

---

① 《云南省公路水路邮政交通运输"十三五"发展规划》。

续表

水域河流	流经区域	建设内容
怒江流域	贡山县、福贡县、泸水市	整合怒江沿江旅游资源，重点开展小沙坝-大南茂六级航道建设，打造以短途客运和游览观光为重点的边境旅游水运体系
澜沧江流域	勐海县、景洪市、勐腊县	通过依托澜沧江-湄公河流域及景洪港、关累港、勐罕港等，新建澜沧江244号界碑-关累港-临沧港四级航道工程，开展以短途客运和游览观光为重点的旅游航运
红河流域	河口县	研究推动河口-河内约400公里航道达到五级航道标准；新建国际性港口——河口港，客货航运取道红河，经越南安沛、越池、河内最终到达海防
李仙江流域	绿春县、江城县	拓宽河道达到六级航道水平，修建码头并进行库区航运整治工作，将沿河旅游资源进行整合并统一开发
右江流域	富宁县	续建富宁港工程与基础设施建设，以富宁港和过船设施建设为核心，全面推进库区、内河流域等基础设施建设，加快推进百色库区云南段四级航道建设

第二节　旅游公共服务系统

旅游公共服务是指在非营利属性前提下，由政府或社会团体主导的以满足旅游者共同需求为核心，提供公共性产品或服务的总称（李爽等，2010）。结合云南边境地区旅游公共服务开展尚不充分的现实背景，为加速推进旅游公共服务系统建设，全面构建与新时期旅游发展态势相匹配的结构完善、高效普惠、集约共享、便利可及、全域覆盖、标准规范的旅游公共服务体系，推动旅游公共服务网络化、标准化、普及化、全域化、现代化、国际化发展，是云南边境地区目前开展高品质边境旅游活动的内在要求和必经之路。旅游公共服务规划作为一项系统工程由游客服务中心、旅游解说系统、旅游引导标识系统、自驾车旅游服务系统、旅游厕所多方面构成，各子系统密切联系、互为依托才能使旅游公共服务系统实现突破发展。

一、游客服务中心

加快编制完成"云南省游客服务中心建设标准与要求"，依照"方便游客、分合有序、功能配套、规范服务"的原则，在主要旅游城镇、口岸城市、口岸区域建设集信息咨询、宣传展示、集散换乘、住宿餐饮、路况预告等功能于一体的游客服务中心。设置专项游客服务中心，包括在游客集中的机场、车站、码头、大型交通线路服务区等建设旅游信息咨询柜台，特别是已建成旅游客运站地区可进行客运站服务化改造，依据实地情况配置国际游客服务中心；在大型饭店、星级宾馆、购物中心、金融机构、休闲区域等旅游服务单位设置旅游服务咨询柜台（图9-3和表9-6）。

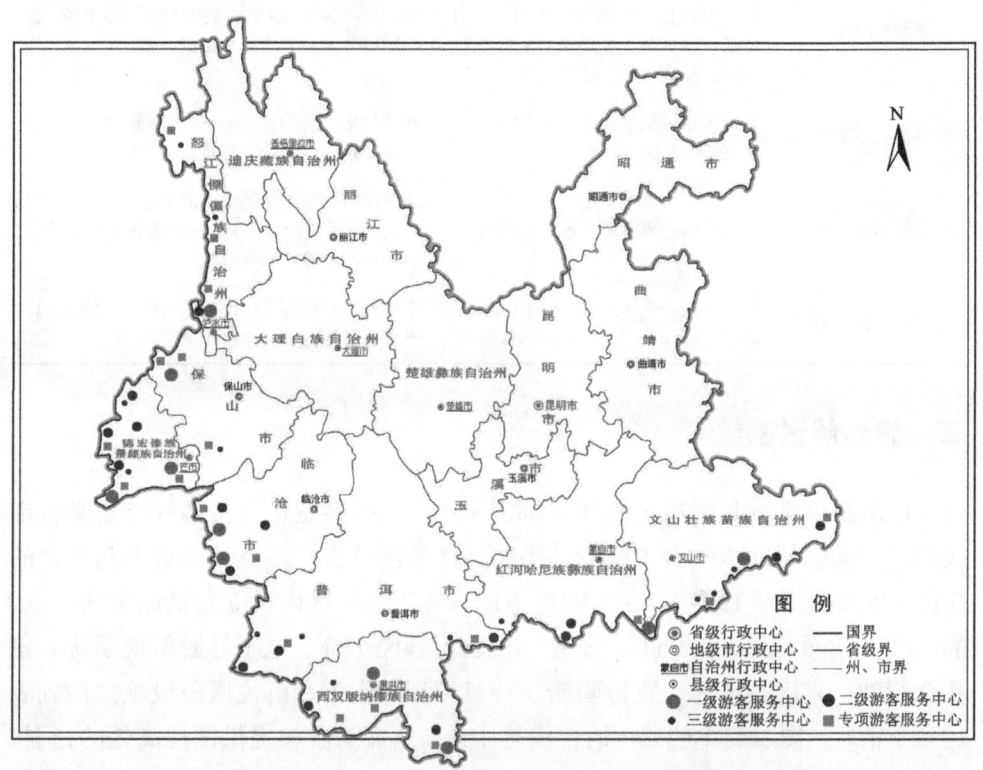

图9-3　云南边境旅游主要游客服务中心布局（详见书末彩图）

表9-6　云南边境旅游规划-游客服务中心建设

建设类型	建设区域	建设内容
一级游客服务中心	瑞丽市、芒市、泸水市、景洪市、腾冲市、沧源县、河口县、天保口岸、磨憨口岸、孟定清水河口岸	建设集游客咨询大厅、旅游资源展示区、餐饮服务、应急住宿、综合培训、票务销售、游客集散、停车场、公共厕所为一体的综合型服务机构

续表

建设类型	建设区域	建设内容
二级游客服务中心	富宁县、金平县、江城县、勐腊县、孟连县、盈江县、镇康县、耿马县，以及金水河口岸、打洛口岸、章凤口岸、那邦口岸、片马口岸、南伞口岸、永和口岸、孟连（勐阿）口岸、田蓬口岸	建设集游客咨询大厅、旅游餐饮住宿、票务销售、公共厕所等为一体的综合型服务机构
三级游客服务中心	马关县、麻栗坡县、绿春县、勐海县、西盟县、澜沧县、陇川县、贡山县、福贡县、龙陵县，以及勐康口岸、都龙口岸、勐满口岸	建设集游客咨询大厅、旅游餐饮、停车场、公共厕所等为一体的综合型服务机构
旅游信息咨询柜台	规划区域各机场、车站、码头、主要交通服务区	建设包括旅游信息服务、咨询服务、票务信息、路况信息等在内的服务机构
国际游客服务中心	规划区内边境口岸、各国际机场	建设面向国际游客的旅游服务中心，提供外语咨询、货币兑换、外事对接等服务并配套建设旅游厕所、停车场等设施
旅游服务咨询柜台	规划区内各大型饭店、星级宾馆、购物中心、金融机构、休闲区域等	主要提供景点信息咨询、散客组团、交通信息、导游服务等内容

二、旅游解说系统

旅游解说系统是指通过媒体或特定表达方式将特定信息传播并传达至特定接收者中间，帮助接收者了解相关事物的性质或特点，以此达到服务与教育的功能（吴必虎等，1999）。在云南边境地区各主要景区内设立包括旅游区（点）的 LED（light emitting diode，发光二极管）解说字幕、电子导游解说系统、景物介绍牌、景区宣传片、宣传画册、沙盘模型等咨询和解说服务设施。做到表达科学清晰、图示简单明确、语言满足中外，从而为游客提供便捷高效的指引、导向和解说服务（表 9-7）。

表 9-7 云南边境旅游规划-旅游解说系统建设

项目	建设内容
LED 解说字幕	利用 LED 字幕的滚动性、灵活性等特点，以文字形式在景区服务中心、主要客流集散地自动循环播放当地主要景点概况介绍、旅游线路及实时路况、特色美食与购物、当地天气等，并实时更新
电子导游解说系统	开发设计"云南省边境旅游"手机 APP 软件，并与微信、微博、QQ 等常用软件进行绑定，通过二维码的扫描实现园区"导游、导览、导购和导航"等掌上实时操作功能

续表

项目	建设内容
景物介绍牌	在景区内具体景物前设置景物详细介绍牌，按照不同景物类型灵活标明其由来、出处、年限、观赏方法等内容
景区宣传片	将边境旅游区域范围内主要景区的自然景观、人文景观、民俗文化等拍摄成影像资料并以旁白方式进行艺术加工，赠予游客作为纪念
宣传画册	以边境旅游区域整体为单位，拍摄区域内主要景点代表风光，全方位地展现区域内边疆风情、壮丽景色、文化魅力等旅游资源，通过后期加工制作成宣传画册，配上简单易懂的解说词，使游客通过观赏画册能够了解到边境旅游的魅力，扩大宣传和影响力
沙盘模型	在城镇游客中心显著位置安放本地区主要景区沙盘模型，通过立体化方式展现景区的设计、特色等，加强游客的认识；在景区内部游客中心显著位置安放本景区沙盘模型，则更加细致生动，可提高游客的游览兴致

三、旅游引导标识系统

按照《旅游景区公共信息导向系统设置原则规范》（GB/T 31384—2015），推动沿边各县（市）完善交通道路、交通关键节点、景区交通要道、景区内部的旅游交通导览引导系统，将旅游引导标识设施与区域交通基础设施统一规划、设计。重点提升高速公路、国道、省道、旅游专用道路，以及旅游景区、旅游度假区、乡村旅游点等游客集中区域的旅游引导标识体系，结合区域人文特征和旅游特色，实现旅游交通标识的设置规范、清晰明确、快速识别、服务中外（表9-8）。

表 9-8　云南边境旅游规划-旅游引导标识系统建设

项目	建设内容
交通标识牌	①在边境旅游涉及区域的各高速公路、国道、景区间等主要交通道路设立景区导向指示牌；②在沿边各景区内各游览线路和功能分区的交叉口设置指示牌标示；③在自驾游和慢行游线路设置路线指示图标，以便为游客提供正确的交通引导
景区全景图	在沿边景区各门口、景区所在地各级游客服务中心、主要客流集散地设立巨幅景区全景游览图，方便游客对景区产生初步认识
景区导览图	在沿边景区入口、景区各主要岔路口、景区内部主要景点、售票处等处设置不同规格景区游览线路示意图或部分景点游览图
服务区域指示牌	在停车场、码头、房车营地、购物点、休息处、厕所等公共服务区域邻近位置树立指示牌来指引游客前往
危险区域警示牌	①在水域旁设立"水深危险"等字样的指示牌；②在景点内树林、草场等易燃区域设置"请勿吸烟""严禁明火"等字样的指示牌

四、自驾车旅游服务系统

参照《休闲露营地建设与服务规范 第二部分：自驾车露营地》（GB/T 31710.2—2015）、《汽车露营营地开放条件和要求》（TY/T 4001—2013）和《汽车旅游营地等级划分与评定》（DB 53/T 417—2012）等相关标准的规定与要求，借鉴《云南省露营地与自驾游专项规划（2016—2030年）》的相关内容，结合云南边境地区开发建设的实际与需要，制定云南边境旅游自驾车露营地规划。根据露营地位置可分为道路依托型露营地、景区依托型露营地、乡村依托型露营地、城镇依托型露营地，各类露营地建设包括宿营设备、车辆服务设施、自驾车游客服务设施、营地辅助设施等。为游客提供自驾游线路导航、交通联系、安全救援和汽车维修保养等配套服务以满足日益增长的自驾车游客需求，推动云南边境旅游的发展。因此，在完善自驾车旅游线路的基础上，云南边境地区及规划区外沿线共规划建设78个自驾车和房车露营基地，具体营地建设情况详见表6-11。

五、旅游厕所

贯彻落实《旅游厕所质量等级的划分与评定》（GB/T 18973—2016），对云南沿边州（市）内主要城市（城镇）、旅游景区、游客集散区域、游客服务中心、自驾车露营地等旅游厕所进行建设和提升。厕所需达到造型景观化、设计人性化、数量科学化的要求，并安排专人进行清洁，实现"数量充足、干净无味、实用免费、管理有效"的目标（表9-9）。

表9-9 云南边境旅游规划-旅游厕所建设

建设位置	建设性质	建设等级	厕所性质	厕所数量/个	投资总额/亿元
区域内主要城市游客集散区域	新建/改建	3A	水冲厕所	300	0.60
区域内乡村、小镇	新建	2A	生态厕所	300	0.30
区域内主要交通沿线服务区	新建/改建	3A	水冲厕所	270	0.50
区域内景区入口	新建	3A	水冲厕所	150	0.45

续表

建设位置	建设性质	建设等级	厕所性质	厕所数量/个	投资总额/亿元
区域内景区游客中心服务	新建	3A	水冲厕所	100	0.30
区域内自驾车和房车露营地	新建	3A	生态厕所	100	0.30

第三节　智慧旅游发展

一、边境智慧旅游发展思路

智慧旅游概念作为近年来出现的概念无论是在学术界还是在实地规划层面都得到了诸多关注，公认的定义目前仍处于讨论中。本质内涵包括以下三个方面：①面向游客的服务。智慧旅游以游客体验为中心，满足游客个性化需求。②面向旅游机构的管理变革。智慧旅游创新了旅游企业的服务模式和旅游信息传播，提高了政府旅游管理部门的管理效能。③信息技术深度融合。物联网、云计算、移动通信等在内的智能技术对智慧旅游的实现起到了基础性作用（廉同辉和余菜花，2016）。

为深入贯彻落实《云南省加快推进旅游产业转型升级重点任务》，全面推进云南旅游数字化建设和落实"一部手机游云南"的工作目标，智慧旅游建设工作已成为边境地区推动旅游产品业态创新、发展模式变革、管理服务提升等方面的重点。目前，云南边境地区智慧旅游发展起步较晚、发展较缓，部分州（市）仍处于初级探索阶段。造成此结果的原因，一方面是受限于当地经济、科技、教育等条件；另一方面则归结于部分地区对旅游智慧化工程及其对旅游发展产生的促进作用认识不够全面，对于推进旅游智慧化的重要性、紧迫性的认识还需要进一步提高。推进智慧旅游事业，首先做到旅游数据的科学收集与处理，为智慧旅游大数据工程有序推进增添动力；其次坚持推进移动互联网、智能物联网等项目建设，为智慧旅游提供科技支撑平台；再次实现智慧旅游营销的精准与智能，为游客参与旅游活动提供游览、支付等方面的便利；最后加强政府部门的引导与监督，提高政府部门行业管理效能。

二、边境智慧旅游整体构架建设

1. 集成信息服务

旅游统计数据是开展智慧旅游活动的坚实基础。各地旅游行政部门、交通部门、旅游企业、景区管理部门、酒店、商场等智慧旅游服务提供主体,应树立数据收集意识,对牵扯旅游活动的数据进行科学高效合理的收集与初步处理,强化政府与企业、部门与企业、核心旅游企业与辅助旅游企业之间的数据互通互联、共享和查询,加强数据资源的分析与利用,提升旅游信息化应用水平。建立旅游信息数据处理中心,聘用高级数据处理分析人才,实现旅游数据的合理收集与运用,为合理开展边境旅游活动提供依据。

2. 强化技术支撑

电子信息技术是作为开展智慧旅游活动的重要支撑。受现实条件制约,云南边境智慧旅游活动技术水平较低,所涉地区各级通信管理局、通信工程质量监督中心等单位在技术方面应予以大力支持,支持和推动中国铁塔股份有限公司、中国移动通信集团有限公司等相关企业加快网络基础设施建设,配合旅游管理部门做好智慧旅游服务工作。一是提升公共信息技术:通过旅游咨询网站、手机报、手机APP、微信公众号等移动端客户服务,运用近场通信技术(near field communication, NFC),为游客提供旅游信息查询、交流互动等服务。二是精确移动定位技术:开发基于位置服务(location based service, LBS)的软件、程序并及时更新,为游客提供查询位置、交通路线、酒店住宿、餐饮预订等服务。三是开发虚拟导游技术:整合景点景区文字介绍、图像资料和语音解说等内容并结合移动定位技术,将信息输入移动终端,当景点位置与游客位置重合时,虚拟导游技术将自动被激活,进行虚拟解说。四是实现旅游检测活动:利用全球定位系统(global positioning system, GPS)、射频识别(radio frequency identification, RFID)等技术进行旅游活动监测,实现从景区停车场、门禁系统到观景点、旅游餐饮、旅游购物等场所人员、物料的全方位监管。

3. 精准运营策略

旅游企业运营是开发智慧旅游活动的关键环节。在数据保障和技术支撑的前提下，可以为旅游企业的运营活动提供更精准化的游客信息。各旅游单位应及时了解统计数据背后包含的信息并及时调整营销策略。可从游客的历史消费记录得出每类游客的出游时间、游览方式、消费偏好等信息，继而制定相应精准化、定制化配套产品，既可满足游客需求又可实现企业收益。旅游行业的运营管理也可从智慧旅游中得到启发，真实合理的数据集成可在创新管理方法、简化工作流程、提高工作效率、节约管理成本等方面提供依据。

4. 智能行政管理

行政部门管理是开发智慧旅游活动的现实保障。以绿色、智能、客观为特征的信息技术可加强政府部门对各旅游从业单位的管理，提高旅游管理的科学化和智能化水平。政府相关部门应实现数据资源的开放和共享，建立旅游政务信息资源共享目录，实现政务资源的共享和协同，全面提高行业管理效能。

三、边境智慧旅游实体项目构建

1. 基础数据中心建设

建设云南边境智慧旅游数据库首先应实现数据中心层级化构建，包括省级旅游数据中心、边境区域旅游数据中心、边境州（市）旅游数据中心、边境县（市）及口岸旅游数据中心四级（五类）单位，做到数据实时对接、互联互通和快速更新；其次在数据内容方面，数据收集内容应包括建立健全旅游统计年鉴数据库、旅游企业直报数据库、国内旅游抽样调查基础数据库、国外游客入境花费调查基础数据库、旅游产业基础数据库等多项内容；在数据收集标准方面，需制定统一的数据采集汇总、共享交换的标准，实现各级别政府数据、企业数据、社会数据的采集、汇总、处理和共享；在数据处理结果方面，应面向旅游活动主体需求。例如，方便边境旅游管理部门加强对旅游市场主体的服务和监管，为边境旅游从业部门进行旅游市场细分、精准营销、旅游战略制定提供依据等（图9-4）。

2. 综合服务平台建设

云南边境旅游综合服务平台的建立初衷是服务边境旅游者。结合目前云南

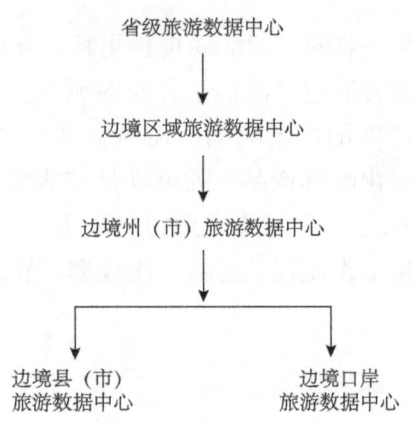

图 9-4 基础数据中心建设层级示意图

开展的"一部手机游云南"旅游数字化建设工作,重点开发云南边境智慧旅游手机 APP、智慧旅游体验点、智慧旅游地图等项目,通过旅游要素企业数字化建设推动公共服务数据及第三方平台数据接入,为游客提供详实易用的数字"导游、导览、导购和导航"服务,游客可通过使用手机、平板电脑等便捷通信工具,配合区域内配套的无线 WiFi 服务,全方位查询云南边境旅游信息。

(1)边境旅游 APP 平台

在 APP 或绑定页面内,提供包括旅游出行、旅游景区、旅游住宿、旅游餐饮、旅游娱乐、旅游票务等在内的基础旅游数字化建设和数据接入服务,以及边境旅游区实时天气、路况、游客数量查询等公共旅游数据接入服务。游客下载 APP 并根据需求在 APP 内进行手触操作就可全面了解整个边境旅游区内的各种旅游服务信息,还可进行住宿、餐饮等实时预订和支付工作,出示电子凭证即可办理相关手续。

(2)智慧旅游体验点

在边境各县(市)各城市游客集散区域及景区游客服务中心设置以 46 寸触摸查询机为主要载体的智慧旅游体验点实现即时体验、信息发布、景区推荐、广告展演等功能,可用三维(3 dimensions,3D)、虚拟现实(virtual reality,VR)、增强现实(augmented reality,AR)等技术使游客虚拟游览各景区景点。其不仅是智慧旅游的展示平台,也可通过覆盖全国的智慧旅游体验点联网工程,实现跨区域、跨省客源地旅游营销。

（3）智慧旅图

在云南边境旅游区各主要城镇游客集散中心、景区游客中心、交通枢纽点等区域免费投放纸质旅游地图供游客取阅，在图中标出景区、车站、机场、餐厅、酒店、商场等游客高频出现区域，通过手机对各项图标、文字等信息的扫描即可连接智慧旅游数据中心获取对应信息，实现游客对旅游活动的自导自览。

3. 综合管理平台建设

通过智慧旅游综合管理平台实现对旅游市场主体的监管和指导突发事件应急处理能力的提升。各州（市）、县（市）管理部门给予游客提出建议和投诉的空间，着重开通现场、电话、短信、网络、手机等旅游服务投诉渠道，使游客需求在第一时间传达至旅游管理部门，进而对旅游经营主体加以规范和整治。对主要旅游目的地、重点旅游景区、宾馆、饭店等场所进行实时数据和影像采集工作，以便实现对景点景区、宾馆饭店、旅游集散地、旅游线路或区域的突发事件、客流预测预警等的指挥、调控功能。此外，应将监管应急平台与安监、医疗、公安、运输、质检、气象、边防等部门进行数据对接，实现应急事件的联动处理，提高处理突发事件的能力。

第十章

边境旅游市场营销与运营

第一节　品牌塑造与市场整合营销

一、文脉地脉分析

云南边境旅游品牌塑造是一项社会化的系统工程，不仅仅是一句宣传语或口号，更重要的是从全域发展、产业融合、区域合作、对外开放的角度找到云南边境旅游的核心价值和品牌定位，以形成持久的生命力和影响力，游客才能从品牌形象宣传语中看到云南边境旅游的内涵和外延。马聪玲和倪鹏飞（2008）在对国内外旅游品牌概念进行评述的基础上，界定了城市旅游品牌的概念，通过把城市旅游品牌分解为功能感知要素和情感体验要素两大类，共计13项基本要素，形成了旅游品牌评价的三级指标体系。朱红红（2009）运用品牌经济学的分析方法和工具对品牌延伸进行经济分析，重点解决品牌延伸条件问题；张文娟（2010）深化了市场营销理论在旅游业中的应用，并结合旅游业的发展规律，构建了基于区域整体利益的旅游目的地品牌营销理论体系。刘嘉毅（2013）对国内文化旅游品牌相关文献进行梳理，研究主要聚焦于文化旅游品牌的内涵及效应与价值分析、文化旅游品牌塑造、文化旅游品牌传播、文化旅游品牌冲突与解决途径、文化旅游品牌支持系统、文化旅游品牌运营与开发模式、文化旅游品牌资产测度与价值评价体系等内容。因此，需基于文脉地脉分析，深度挖掘云南边境旅游资源，再以核心旅游资源、重大旅游项目和拳头旅游产品为重点进行旅游品牌塑造。云南边境旅游区文脉地脉分析如下。

1. 云南边境旅游区地脉分析

（1）地理概况

云南边境旅游区坐标范围约为 97°31′E～106°12′E，21°09′N～28°23′N，地处中国西南部，陆地边境与越南、老挝、缅甸3个国家接壤，与泰国和柬埔寨通过澜沧江-湄公河相连，与孟加拉国、印度等南亚国家邻近。其包括怒江州、保山市、德宏州、临沧市、普洱市、西双版纳州、红河州、文山州8个边境州（市）的泸水市、福贡县、贡山县、腾冲市、龙陵县、芒市、盈江县、陇川县、瑞丽市、镇康县、耿马县、沧源县、孟连县、澜沧县、西盟县、江城县、景洪市、勐海县、勐腊县、金平县、绿春县、河口县、马关县、富宁县、麻栗坡县共25个边境县(市),土地面积为9.25万平方公里,占全省土地总面积的23.47%。国界线长4060公里,其中中缅段1997公里,中老段710公里,中越段1353公里,具有"南下越老达泰柬,西接缅甸连印巴"的先天区位优势,是我国面向南亚、东南亚、中东、南欧和非洲五大区域开放的前沿通道。从整体来看,其北依广袤的亚洲大陆,南连位于太平洋和印度洋之间的东南亚半岛,是亚洲大陆腹地与东南亚、南亚次大陆连接的"链环"。

(2) 自然环境

云南边境旅游区地域跨度大,自然地理条件复杂多样,多为高寒山区、山区和半山区,自西向东的怒江高山峡谷区、滇西南中低山宽谷区、滇南中低山丘陵河谷区和滇东南中低山谷区,构成了边境地区多层次、复杂的地貌特征,海拔从西北到东南逐渐降低,海拔差距达4570米,地形由山地向喀斯特地貌逐渐变化。云南所有从亚热带到寒温带的7个气候带,在其边境地区均有表现,但大部分地区主要处于亚热带和北热带,光能充足,热量丰富,降水丰沛。云南边境地区生物种类繁多,具有"动植物的王国""人类的生态家园""生物资源物种基因库""物种基因库""绿色宝库"之称;烟草、甘蔗、水果、茶叶、橡胶等热带、亚热带经济作物众多,怒江、澜沧江、元江纵贯规划区,水资源占全省总量的一半。喀斯特地貌溶洞景观、河流湖泊景观、地热温泉、田园景观、热带雨林景观等自然景观丰富,自然生态良好,为旅游业发展奠定了良好基础。

(3) 交通区位

云南边境旅游区是我国连接南亚东南亚的重要通道,是国家孟中印缅经济走廊、中国-东盟自由贸易区合作的重要节点,扮演着区域国际商贸通道、民族文化交流的重要角色,成为中国西南民族经济文化交流的重要走廊。目前,已有昆明市-保山市-芒市-瑞丽市、昆明市-磨憨口岸、昆明市-河口口岸3条我国连接南亚东南亚国家的重要交通大动脉,成为云南对外开放的重要通道。随着"八出省、五出境"铁路、"七出省、五出境"公路,以及澜沧江-湄公河国际航道、中越红河水运通道、中缅陆水联运通道"三出境"水运大通道和国内国际航空网络的完善,将形成沿边铁路、公路与航空、水运等运输方式的有机衔接格局和便捷高效、通达内外的立体式多样化综合交通运输体系。交通成为云南边境旅游区发展的引擎和撬动云南边境旅游发展的有力杠杆。

2. 云南边境旅游区文脉分析

（1）旅游区位

从国际层面来看，云南边境旅游区是孟中印缅旅游圈的重要组成部分，是通往南亚东南亚的重要过境地，是我国面向南亚东南亚重要的陆路旅游辐射中心；从国家层面来看，云南边境旅游区是大西南旅游圈的重要组成部分；从省级层面来看，云南边境旅游区是云南旅游的重要组成部分和黄金旅游线路的主要分布区。作为一省连三国（越南、老挝、缅甸）的旅游区，能够实现双方或多方的区域旅游合作，成为我国对外旅游形象推广的重要展示窗口。

（2）文化区位

独特的地理区位决定了云南边境旅游区历史悠久、文化底蕴深厚和多元文化交融。从国际层面来看，云南边境旅游区处于南亚东南亚文化区，缅甸、老挝、越南等异域风情文化、商贸文化在此交汇；从国家层面来看，其处于西南文化区，民俗文化、中原文化、边境文化、腾越文化、抗战文化交汇于此；从省级层面来看，壮族、苗族、哈尼族、彝族、傣族、景颇族、傈僳族等23个少数民族的民族文化、宗教文化、古茶文化、侨乡文化等相互交融。总体来看，云南边境旅游区文化类型丰富，文化底蕴深厚，文化区位良好，旅游开发市场价值较高。

（3）人文景观

云南边境旅游区内人文景观旅游吸引力强、历史悠久、文化内涵深厚、表现形式多样，成为云南边境旅游的重要旅游资源，主要包括以下类型。

1）历史古迹景观。主要有片马抗英纪念馆、驼峰航线通道及飞机坠毁遗址、片马人民抗英胜利纪念碑、松山抗战遗址、李根源故居、腾冲国殇墓园与滇西抗战纪念馆、茶马古道、曼飞龙塔、景真八角亭、孟连宣抚司署、石佛洞遗址、班洪抗英纪念碑、边民互市街、和顺图书馆、滇西军都督府旧址及叠园集刻、绮罗文昌宫等。

2）宗教文化景观。主要有广允佛寺、曼春满佛寺、曼短佛寺、糯福教堂、大等喊村弄奘寺、姐勒大金塔、允燕佛塔，以及基督教、天主教在传播过程中与地方文化融合后形成的景观等。

3）文学与艺术景观。主要有沧源崖画、石门摩崖石刻、大王岩岩画等。

4）民族、民俗风情景观。主要有壮族、苗族、哈尼族、彝族、傣族、景颇族、傈僳族等少数民族的陇端节、花山节、苦扎扎节、新米节、火把节、密枝节、泼水节、关门节、开门节、澡塘会、阔时节、刀杆节等民俗节日、婚丧嫁娶习俗，以及干栏式建筑、木楞房、蘑菇房等民族建筑景观。

5）口岸景观。主要有瑞丽口岸、磨憨口岸、河口口岸、那邦口岸、猴桥口岸、关累口岸、打洛口岸、思茅港、景洪港、畹町口岸、姐告口岸、南伞口岸、片马口岸等口岸边贸风光。

二、旅游品牌塑造

1. 品牌总体形象定位

通过上面对云南边境旅游区的地脉、文脉进行分析梳理，立足沿边资源禀赋优势和地缘特色，可将其资源特色简练地概括为"边、文、生、闲"。

边——神秘边境：主要依托云南边境旅游区与越南、老挝、缅甸三国毗邻，与泰国和柬埔寨山水相连，以及与孟加拉国、印度等南亚国家邻近的先天边境区位优势，突出神秘的边境风光、奇趣的边境贸易和独特的口岸风光；构建八大边境旅游试验区、四大跨境旅游合作区和"三圈"（滇缅跨境旅游合作圈、滇老跨境旅游合作圈、滇越跨境旅游合作圈），以中老越三国庄园旅游度假村、南伞中缅跨国溶洞旅游景区、中国-东盟国际旅游文化产业园等项目为支撑，形成边境风情体验旅游品牌。

文——多元文化：主要依托云南边境旅游区独特的文化区位，以少数民族文化、异域风情文化、民俗文化为主，以中原文化、商贸文化、抗战文化、腾越文化、古茶文化、侨乡文化、宗教文化为辅，多元文化相互交融，形成丰富多彩的历史古迹、宗教文化、文学艺术和民族民俗等人文景观，以西双版纳佛文化旅游产业园、中华普洱茶文化产业园、西双版纳南传佛教历史文化旅游区和西盟佤族部落旅游区等项目为支撑，形成民族风情文化旅游品牌。

生——生态养生：主要依托云南边境旅游区优美的自然环境、丰富的自然景观、丰富而独特的动植物资源和原始热带雨林资源，以"生态养生"为主题，以普洱茶城生态康体旅游度假区、普洱野鸭湖国际高端医疗养生基地、澜沧"知了"温泉养生谷、腾冲"天下和顺"养生养老旅游项目、龙陵邦腊掌旅游度假区养老社区等项目为支撑，形成生态养生旅游品牌。

闲——休闲度假：丰富的生态旅游资源、多元文化旅游资源为休闲度假旅游创造了良好的外在环境和内在依托，成为休闲旅游的"两翼"。以"休闲度假"为主题，依托西双版纳国际温泉养生休闲度假区、西双版纳高端休闲养生旅游度假区、沧源国际旅游度假区、龙川江国际生态旅游度假区、澜沧江国际生态文化旅游度假区等项目为支撑，形成休闲度假旅游品牌。

因此，综合以上"边、文、生、闲"四大旅游名片，综合云南边境旅游区旅游资源的地域性、文化性和民族性，将其整体旅游品牌形象塑造为"西南休闲度假地，边疆风情文化园"。以下宣传口号可供参考：

多彩中国境，云南最风情

国境之南，七彩边陲

畅游云南边境，体验民族风情

千年丝路明珠，边境休闲之都

游七彩云南边境，享异域生活情怀

西南明珠，风情云南

游云南边境，享多国风情

走进多情山水，拥抱异域风情

民族风，云南魂，三国韵，沿边情

云之边，醉西南——云南边境游

西南境之景，云南最有情

探彩云南之秘境，寻多民族之风情

地角西南，蔚为大观

西南门户秘境，云南边关风情

2. 品牌解读

"西南休闲度假地，边疆风情文化园"的品牌形象将资源特色与市场定位紧密结合起来。从资源特色上来讲，"休闲度假"与"风情文化"的主题背后蕴含了神秘的边境旅游资源、多元的文化资源、独特的生态资源和丰富的休闲度假旅游资源，体现了旅游资源特色；从市场定位上来讲，"西南"和"边疆"一方面凸显了规划区位于我国西南边疆的地理区位，另一方面也暗含了云南边境旅游市场主要面向西南、南亚东南亚，充分利用了其独特的地缘区位优势。"西南休闲度假地"旨在转变云南边境地区作为旅游过境地的形象，通过一系列精品旅游项目的带动，将其建设成为休闲度假旅游目的地；"边疆风情文化园"充分依托边境区位优势，展示了边境地区的异域风情和民族文化，形成了边疆风情文化体验园。整体看来，"西南休闲度假地，边疆风情文化园"的整体旅游品牌形象既简洁凝练，又意蕴深厚；既突出了资源特色，又结合了市场定位。

三、市场整合营销

1. 营销思路

（1）市场细分：找准目标，重点营销

云南边境旅游客源市场广泛，具有国内旅游市场、入境旅游市场和出境旅游市场三大类客源市场，每一类旅游者所关注的旅游资源和旅游产品有所不同，因此要通过市场细分，找准目标群体，进行重点营销。在近期，针对省内旅游者、国内（含港澳台地区）旅游者，以及来自南亚、东南亚、东亚国家等边境邻近国家和地区的游客进行重点推广；在中期，可积极开拓旅游市场，吸引欧美、大洋洲经济发达国家和地区的游客以及第三国游客入境，重点营销具有云南民族特色的旅游产品。

（2）品牌定位：打造一个品牌，四大卖点

在对外推广宣传方面，统一打造"西南休闲度假地，边疆风情文化园"的旅游品牌，将"边境风情体验""民族文化体验""生态养生""休闲度假"四大主题旅游项目作为主要卖点，以此推动云南边境旅游发展。

（3）目标实现：加强生态和文化保护，开拓市场

生态资源和文化资源是云南边境旅游发展中的重要旅游资源，要实现旅游

的可持续发展，就要加强生态和文化保护，不断进行旅游产品提档升级，积极开拓旅游市场。

2. 营销策略

对于云南边境旅游来说，市场整合营销就是在该区域内旅游产品同质化、市场饱和化、竞争激烈化的大背景下所产生的最佳优化营销策略。通过对云南边境地区旅游资源的高度整合，在营销上突破行政区划和国界的壁垒，跨界融合、突出重点、点线面结合、多元发展、统一品牌、多渠营销、品牌共塑、市场共享，从而提升营销效果，以较低的成本形成强大的宣传攻势和促销高潮，在"西南休闲度假地，边疆风情文化园"旅游品牌下谋求云南沿边地区整个旅游价值链营销效果的最大化。根据云南边境旅游市场的发展现状，要统一品牌形象，找好品牌定位，建立和完善"政府、媒体、企业、中介"四位一体的宣传体系，形成强大的宣传合力，并注重营销方式创新，采用事件营销、热点营销、体验营销等创意营销手段，在降低营销成本的同时，提高宣传营销的现代感与亲和力，从而塑造云南边境旅游的良好形象。因此，通过整合营销手段，建议采用以下方式进行营销。

（1）智慧营销为主打，提高知名度

随着互联网时代的到来，旅游线上、线下的交易已成为一种普遍的交易方式，而游客散客化趋势也更加明显，"互联网+旅游"深度融合的智慧旅游营销已成为不可阻挡的营销潮流。因此，云南边境旅游要实现区域建设一体化、品牌统一化的目标，就必须以智慧营销为主打，迅速提高云南边境旅游产品和项目的知名度，具体营销建议见表10-1。

表 10-1 云南边境旅游智慧营销建议

营销方式		营销内容
线上智慧营销	建立门户网站	结合云南边境旅游发展实际，合理规避国内主流旅游电商平台已经覆盖的领域，在提供部分网上预订功能的同时，将其建设成为游客了解云南边境地区旅游的整体形象以及意见反馈的窗口，实现资源的共享与互换。同时，为了满足游客个性化的搜索需求，应丰富官方网站内容，设计图说云南边境、虚拟云南边境旅游等版块，多样化、全方位地展示云南边境旅游

续表

营销方式		营销内容
线上智慧营销	旅游信息推广	在旅游贴吧、旅游官方微博（新浪和腾讯）、人人网、开心网、天涯社区等互动网站，发布云南边境旅游的精美照片，通过跟帖等行动，引发旅游者的兴趣。另外，还可在旅游论坛等相关主题中，制作有针对性的帖子，如云南边境自助游攻略、游览纪要等，并注册大量"用户"对帖子定期跟帖互动，使其长期处于热帖行列，以增加游客对云南边境旅游的持续关注
	建设一个智慧旅游公共服务平台	建设云南边境旅游统一的智慧旅游公共服务平台，以便为游客提供旅游前的咨询服务、旅游中的安全管理以及旅游后的意见反馈，从而从整体上提高游客在云南边境地区游览的服务体验。该平台主要包括：建设统一受理、分级处理的旅游投诉处置平台；提升旅游公共产品和设施、旅游投诉和旅游救援等公共信息网络查询服务；运用互联网，建立旅游诚信信息交流平台，加强对区域内旅游企业信用的监管；积极运用互联网开展旅游应急救援等
	建设电子商城和加盟团购	以"云南边境旅游区"为单位，与权威旅游电子商务网站合作，如去哪儿网、同程旅游、欣欣旅游等，推出"云南边境旅游旗舰馆"；在天猫商城以及京东商城等权威网络交易平台开通云南边境旅游旗舰馆，并邀请云南边境地区相关旅游企业入驻，拓宽销售渠道。另外，目前在网络营销的方式中，网络团购呈现出异常火爆的发展态势，所以云南边境地区可加盟如窝窝、美团、糯米等网络团购商，将旅游产品放到团购网站进行销售，以增加旅游产品的销售量
线下智慧营销	建设官方自媒体营销平台	就国内来讲，微博、微信仍是目前最重要的两个自媒体传播渠道，所以云南边境旅游区应开设微博官方账号、微信公众号，充分利用这两个自媒体平台的相关功能，对云南边境地区重新整合后的旅游形象、旅游线路、旅游资源等要素进行积极推广，让游客重新认知云南边境旅游整体形象。此外，考虑到先天的边境区位优势，从入境旅游者的角度出发，在营销推广时也可迎合外国游客的网络使用习惯，在脸书（Facebook）、推特（Twitter）以及优兔网（YouTube）开设账号，利用国外社交媒体和视频网站进行国际市场旅游营销
	手机移动APP营销	近年来，德宏州、西双版纳州、怒江州、普洱市等地已分别推出了手机旅游APP，但各州（市）所推出的APP大多只整合了自身的旅游景点以及相关服务，所以云南边境自助旅游终端就需要对怒江州、德宏州、保山市、临沧市、普洱市、西双版纳州、红河州、文山州8个州（市）25个边境县（市）的所有旅游资源进行整合，在此基础上设计导游、导览、导购和导航"四导"服务，在为游客提供便利的同时，也能促进云南边境旅游整体形象的提升。此外，通过对云南边境地区旅游线路的更新以及组合推广，不仅能够再一次提升边境县（市）旅游线路的品质，也能带动旅游发展滞后地区的发展
	其他方法	由政府部门牵头，通过技术引进和资金投入，在云南边境地区建设一批智慧旅游景区，实现免费WiFi、智能导游、电子讲解、在线预订、信息推送等功能全覆盖，促进边境旅游发展

（2）品牌营销为核心，提升美誉度

品牌是一项无形的资产，为了进一步落实"西南休闲度假地，边疆风情文化园"的旅游品牌，使之成为"看得见，摸得着"的真实体验，则可将此旅游品牌与经济实体相结合，实现无形资产的增值。具体而言，就是通过无形资产投资、品牌延伸、企业规模扩张等多种形式，使云南边境旅游品牌获得最大价值。根据云南边境地区的具体情况，精心打造西双版纳高端休闲养生旅游度假区、普洱茶城生态康体旅游度假区、澜沧江国际生态文化旅游度假区、中老越三国庄园旅游度假村、西双版纳佛文化旅游产业集聚区等能够体现品牌价值的旅游项目，通过精品项目带动，旅游产品体验，让云南边境地区"西南休闲度假地，边疆风情文化园"的旅游品牌形象深入人心。

（3）节事营销为重点，增强趣味性

为进一步提升云南边境地区的影响力，可冠名或赞助各种重大国际性、区域性文化、体育、经贸活动，在活动过程中统一使用云南边境旅游相关标识、名片、口号，权威助推品牌落地。

此外，还可冠名策划大型活动，如"重走滇缅路——自驾车集结赛"、河口中越国际自行车赛、史迪威公路全国汽车越野锦标赛、云南边境学术研讨会、云南边境民族音乐节等，在活动举办之前，要制定详细的营销计划，如活动前如何造势？活动中如何广泛宣传？以及活动后如何后续报道？这样才能达到营销推广的目的。此外，还可根据活动的群众反映情况，筛选2~3个活动进行集中打造并永久性举办，力将其打造成为具有国家乃至国际影响力的活动。活动举办地则可根据每年主题的不同，在区域内各州（市）相应场所举办，这样集中化的宣传，不但能扩大云南边境旅游的影响力，还能在游客心中塑造统一的旅游形象。此外，各州（市）也可以在"西南休闲度假地，边疆风情文化园"品牌的支撑下进行自身的节事庆祝与活动策划。具体节事营销建议如下。

1）"水花放，傣家狂"——西双版纳泼水节：泼水节是傣族最隆重的节日，也是云南少数民族中影响面最大、参加人数最多的节日，以此节庆为契机，按照泼水节传统时间——傣历四月中旬（即农历清明前后十天左右，阳历4月13~15日），在西双版纳州景洪市由云南边境地区联合举办以"水花放，傣家狂"为主题的泼水节。借此机会，邀请泰国、老挝、缅甸、越南、柬埔寨等国的相关领导人和相关行业人物出席，以促进区域合作、民族团结。节庆内容可包括

划龙舟、放高升、文艺表演、泼水以及丢包和物资交流。借此机会，可通过印发宣传册、播放视频、赠送纪念品、歌舞表演等方式大力推广云南边境旅游产品，给国内外游客留下深刻印象。

2）目瑙纵歌——狂欢中国·德宏：目瑙纵歌节是景颇族最盛大的传统节日，数万人踩着同一个鼓点起舞，规模宏大，震撼力极强，是中国西部地区的民族狂欢节，有"天堂之舞""万人狂欢舞"的美称。只要有场地，全世界的人都可以一起进行目瑙纵歌，它是世界上最壮观的集体歌舞。因此，根据活动安排，选择每年的 2~3 月，在德宏州策划举办盛大的目瑙纵歌狂欢节，邀请来自缅甸、印度、泰国、英国、日本等国家，以及全国景颇族聚居地的代表欢聚一堂，共庆佳节。以"团结和谐、开放发展"为主题，通过祭祀、歌舞表演、物资和信息交流，大力推广云南边境旅游产品和项目，同时促进边境地区对外开放。

3）"茶香中国，茶韵人生"——中国普洱茶节：作为承载中华传统文化的大众饮品，普洱茶有着几千年的历史传承。自 1993 年首届中国普洱茶节举办以来，中国普洱茶节已连续举办 15 届，已成为一个具有国际性、开放性、公益性的茶界盛会，为弘扬普洱茶文化，提升普洱茶的知名度与认知度，推进普洱茶产业的快速发展，促进边疆民族地区经济社会的和谐发展起到了积极的作用。因此，普洱市可凭借其作为普洱茶发源地和主产地的优势，将中国普洱茶节作为一个长久的、可持续的节日传承下去，策划"团结、奋进、振兴""团结、开放、发展""创新、务实、开放、发展""振兴普洱茶产业、弘扬普洱茶文化""绿色发展、妙曼普洱"等不同主题的中国普洱茶节，打造"世界茶源·中国茶城·普洱茶都"品牌，通过中国普洱茶节的借势营销，带动云南边境旅游的宣传。

4）中缅胞波狂欢节、中缅边交会：中缅胞波狂欢节以"开发、开放、吉祥、共欢、发展、友谊"等为节日主题，紧紧围绕建设西南开放国际文化交流窗口的目标，依托瑞丽市多民族聚居、同一民族跨境而居、多元文化交汇融合的有利条件，以节庆活动为纽带，充分发挥辐射中心和试验区作用，积极开展区域性、国际性文化经贸交流活动，努力把瑞丽市建设成为与西南周边国家交流合作经济贸易窗口、文化交流窗口、友好往来窗口以及睦邻安邻富邻示范区。通过中缅胞波狂欢节，以中缅歌舞展演、中缅啤酒狂欢夜、中缅民族体育锦标赛（藤球、扭棍、顶杠）、中缅商品展销、车展等形式促进中缅交流和开放，大力推广云南边境旅游产品。中缅边交会的全称为中缅边境贸易交易会,于每年 12 月中下旬在瑞丽市和缅甸木姐轮流举办。届时按照传统惯例邀请德宏州各县(市)、保山市代表团,以及缅甸、泰国、孟加拉国、印度等东南亚和南亚国家的商会、企业,还可邀请云南其他边境州(市)的旅游企业参会,通过产品展销、印发宣传册等方式,促进云南边境旅游的宣传和推广。

5)中越(文山)国际商贸旅游交易会:是云南与周边国家联合举办的系列展会之一,是云南深入贯彻落实开放发展理念,主动融入国家"一带一路"倡议和沿边开放战略,积极参与云南面向南亚东南亚辐射中心建设,以及加强与越南特别是河江省经济文化交流的重要平台。借此契机,主要邀请云南省政府相关领导和越南河江省、宣光省、老街省代表出席,以及文山州边境县(市)及云南其他边境县(市)的旅游企业、协会参会,通过中越商品展销、中越(文山)投资贸易合作交流会、跨境旅游合作交流会、创意文山文化产业博览会等活动,促进中越合作交流和云南对外开放。

6)"云南边境挑战赛"自驾车集结赛/国际自行车赛/汽车越野锦标赛策划:举办大型运动赛事,活动方式不限,重点是通过多种运动方式以及活动造势,对内将怒江州、德宏州、保山市、临沧市、普洱市、西双版纳州、红河州、文山州 8 个州(市)进行线路串联,对外与老挝、缅甸、越南联动拓宽旅游市场,让"西南休闲度假地,边疆风情文化园"的品牌深入人心。活动策划需要注意如下几点:①在宣传上要大力造势,强势宣传,聚集人气。②在营销上要跨区域、跨国界合作,共同营销,利益共享。③在线路的设计上可以重温经典线路,也可借势推出新兴旅游线路,或以旅游产品的主题为背景,推出民族风情体验游、热带雨林体验游、边境体验游等。总之,目的是要体现区域旅游特色,对线路进行组合推广,从而树立云南边境旅游整体形象,带动沿线经济,促使发展缓慢景区快速起步。④在主题选择上建议对该项赛事进行精心合力打造,力将其打造成为具有国际乃至世界影响力的体育赛事,在此基础上可每年根据营销目标需求,推出适应的赛事主题,如"穿越热带雨林""探秘云南边境""重访茶马古道""重走滇缅公路""探秘神奇三江并流地"等。

(4)多种媒介相组合,扩大影响力

目前来看,虽然智慧营销已成为旅游营销的重要方式。但对于经济欠发达、技术相对落后、资金相对缺乏的云南边境地区而言,传统的媒体营销仍然发挥着不可替代的作用。关于云南边境旅游品牌的推广，要有清楚的认识，旅游品牌是旅游生产者为了便利旅游消费者对其产品或服务的识别，进而建立的能够与旅游消费者进行全面沟通，以文字、图案、术语、标志或以它们的组合为载体，在旅游者心目中形成的一种综合体验和认知。这就决定了塑造云南边境旅游品牌是一项综合性、系统性、战略性的工程。这就要求做好如表10-2所示的基础工作，并在此基础上进行媒介组合推广。

表10-2　云南边境旅游媒介推广建议

媒介策略		媒介选择与建议	
主流媒体迅速提升		旅游经济本身是注意力经济，旅游品牌的感召力和影响力需要借助强有力的媒体宣传与推广。因此，云南边境旅游区可在如下电视媒体投放宣传广告。 ①高端拉动：中央电视台； ②强势媒体，一举成名：凤凰卫视、湖南卫视、东方卫视等； ③目标市场，高效命中：云南卫视、重庆卫视、四川卫视、安徽卫视、陕西卫视、北京卫视、东方卫视、浙江卫视等主要目标市场的电视媒体； ④旅游传媒，广泛传播：在《海峡两岸》《走遍中国》《经典人文地理》等节目进行重点投放； ⑤广播电台，直达内心：选择《云南电台旅游广播》《中国之声》等，开辟云南边境旅游专栏； ⑥影视助推：选择云南边境一些风光较好或者具有纪念意义的城市或城镇，拍摄一系列有关云南边（跨）境的影视节目，利用大众喜闻乐见的影视形式，将节目以双语形式投入我国及东南亚国家，将云南边（跨）境旅游推向国内旅游市场，并渗透到东南亚旅游市场	
户外广告全力推进	户外广告	在省内高速公路、一级公路、城市出入口等重要地段，云南以及目标客源市场的车站、机场、公交站牌等显著位置，设置了云南边境旅游公益广告与墙体广告	利用公共基础设施，推动云南边境旅游品牌落地
	电子媒体	在昆明市、北京市、上海市、杭州市等主要城市商业中心的电子大屏幕上播放介绍云南边境旅游的形象宣传片、精美照片、最新活动等宣传信息	
交通工具移动推广	地铁火车广告	选择在中国云南或四川、重庆、贵州、广州、安徽、陕西，以及老挝、缅甸、越南等地区的公交站牌、地铁站、火车站、机场候机厅等，设置云南边境旅游公益广告牌与宣传广告展出云南边境地区旅游的精美景点图片、总体宣传口号和各景区宣传口号	
	航空广告	在昆明长水国际机场、西双版纳嘎洒国际机场，以及瑞丽航空有限公司等航班的机载电视媒体上投放视频广告； 进一步与相关航空公司联合推出"云南边境游"专题彩绘飞机，使之成为云南边境旅游靓丽的空中名片	
网络媒体立体渗透		与国内外权威旅游电子网站建立合作关系。例如，云游网、去哪儿网、驴妈妈旅游、欣欣旅游等，并推出云南边境旅游专栏，立体化撬动网络市场	

续表

媒介策略	媒介选择与建议
平面媒体亲情营销	在平面媒体方面，选择云南主要旅游杂志（如《云南画报》《云南旅游》《旅游派》《假日旅游》）等、国内主要旅游杂志（如《中国城市旅游》《中国旅游报》《摄影旅游》等），以及核心市场杂志，开设"云南边境"旅游专题，将云南边境旅游品牌宣传的触角伸向全国； 在高铁杂志《旅伴》和云南航空机载杂志开辟刊中刊，吸引更多商旅客源关注云南边（跨）境旅游； 制作《云南边境旅游手册》《云南边境旅游地图》《云南边境旅游攻略》《缅甸手记》《中缅境旅游手册》《越南印记》《中老边境旅游手册》等系列旅游宣传品，并免费向行业内外发放，从而起到广而告之的宣传作用
品牌标识深入人心	推出带有"云南边境旅游"标识的系列纪念品，并在各旅游集散中心免费发放，如明信片、书签、U盘、T恤衫、装饰品等； 全面推进"云南边境旅游"标识进入旅游景区、旅游星级饭店、旅行社等企业，使旅游品牌得到全方位推广

1）设计云南边境地区统一的品牌识别系统，如道路标识、地标景点标识、危险警示标识等。

2）选定云南边境旅游区总体宣传口号。

3）以高度资源整合为基础，策划云南边境旅游统一的标识。

4）根据目标市场以及发布平台的特点，设计差异性平面广告与多媒体广告。

5）设计云南边境旅游区统一导游线路、旅游地图、旅游宣传手册与音像制品。

6）印制带有宣传口号与图标的办公用品，如便签、信纸、信封、明信片、台历、挂历等。

（5）联合营销为纽带，形成全域旅游

"联合营销"是实现云南边境旅游整合营销的基础，它通过整合云南边境地区8个州（市）所辖的25个边境县（市）的旅游资源和宣传促销资金，从而形成资源共整合、线路共推广、资金共筹措、品牌共享有的良好营销态势。营销资金可由政府投资、参与"联合推介"的企业出资和云南旅游发展专项基金共同组成，这种联合推广方式不但能够集中各州（市）的有限财力，还能有效地加强该区域整合营销相应领导机构的号召力，迅速树立在后续执行方面的威信，为宣传云南边境旅游品牌奠定坚实的基础。此外，要对云南边境地区营销渠道进行整合，以"整"为前提，以"合"为目标，在传统营销方式的基础上，充分融入新媒体与新技术，拓宽云南边境旅游的营销渠道。具体来说，一方面，整合云南边境及跨境旅游线路，尽早开通中国临沧市-缅甸腊戌-曼德勒-邦桑佤族文化体验国际旅游环线，促进中缅边境长线游和深度游，努力构建"临沧市-滚弄-腊戌-曼德勒-密支那"等跨境旅游环线；同时，以缅甸为基点，深化与南亚东南亚国家的旅游合作，扩大对外交流，共同促进双边经济的发展，开放旅游市场，允许双方企业出境到对方投资，或采取品牌经营等方式联手开展边境旅游，延伸旅游产业链，繁荣边境经济；加强旅游促销合作，构建资源共享、信息互通的旅游促销机制，加大双边边境地区的旅游景点建设、旅游资源宣传推介和线路营销，做到产品互推、客源互送。另一方面，通过与国内外，尤其是老挝、缅甸、越南等地区的大型旅行社、旅游酒店、航空公司、会展公司、旅游景区景点进行合作，通过景点串联，共同塑造边境及跨境旅游精品线路，实行联合推广，以对内联盟、对外区域合作的方式，形成全域发展的共赢局面。

第二节 近期行动

一、近期目标

1. 工作重点

近期（2019～2020年）是云南边境旅游总体空间布局与项目体系建设初步成型期。其工作重点主要如下。

1）将沿边开发开放旅游产业辐射带、跨境旅游合作圈、边境旅游试验区、跨境旅游合作区、边境旅游城市、边境旅游小镇、边境民族村寨作为规划项目安排的不同层次，并针对不同的空间层次进行符合云南实际和具有可操作性的项目设计，优选一批特色突出、优势明显、前景广阔的地区，将其打造为中国边境旅游示范地，构建中国西南边境旅游长廊与新兴旅游经济增长带。

2）摸清边境旅游产业体系的核心产业体系与相关产业体系，构建边境旅游全业态体系和全产品系统，针对各边境旅游地不同层次的旅游体验和服务需求设计兼具本土特色与中国特色的项目与产品，围绕云南边境自然风光、民族文化等资源特色进行旅游产品体系组合提升，将云南边境旅游地区打造为集边关文化与民族文化体验、自然观光、生态休闲、康体度假于一体的综合性旅游目的地。

3）集成性整合与运用国家关于边境地区发展、旅游产业发展以及相关行业发展的相关政策，包括各类指导性、惠民性的沿边经济发展政策，出入境政策，边民管理政策，区域合作政策，边境地区城镇、乡村与民族村寨建设政策，旅游产业政策，以及各类相关的交通政策、用地政策、投融资政策、财税政策、环境保护与生态文明建设政策等，梳理并整合云南边境旅游发展提升切实需要的政策，构建云南边境旅游发展的政策体系。

4）借鉴国内发展情况较为成熟的边境地区的体制机制及运营方式经验，并结合欧盟经济共同体的先进理念与做法，依据云南边境地区实际情况创新相应的体制机制，以云南边境旅游试验区、跨境旅游合作区、边境旅游集散中心、边境旅游城市的建设为龙头引领，拓展边境旅游的辐射空间，逐步辐射到边境民族乡村地区，促进与相关产业的融合发展，提高边境旅游业对沿边城市国民经济和社会发展的贡献，促进云南边境旅游结构的提升和完善，共创云南沿边各边境州（市）旅游发展的春天。

2. 行动目标

围绕把云南建成"民族团结进步示范区、生态文明建设排头兵、面向南亚东南亚辐射中心"的战略定位和建设云南旅游强省的总体目标，促进边境地区旅游资源开发利用，优化云南边境旅游空间布局和产品结构，提高沿边地区旅游业国际化、现代化水平，创新边境旅游发展的体制机制，增强与邻国的政治互信、人文交流与友好往来，将旅游业培育成为云南边境地区的先导产业，使边境地区成为云南旅游产业发展的新亮点、新常态下经济增长的新引擎，通过开展边境旅游来实现云南边境地区的经济、文化、社会、生态环境保护等方面的繁荣和协调发展。

1）经济目标：促进重点开发开放试验区、跨境经济合作区、边境旅游试验区、跨境旅游合作区的发展，扩大外部需求，增加边境地区的发展活力，培育新的经济增长点，不断优化产业结构；促进旅游人次与旅游直接收入的增长，带动生态休闲农业、特色制造业、民族文化产业、边境贸易与跨境物流及相关产业的发展，促进沿边社区居民收入的提高，实现边境地区创收增收、脱贫致富的经济目标。

2）文化目标：积极发展边境地区民族文化产业，促进沿边各民族文化遗产的保护，加快云南边境民族文化在国内及国际上更广阔的范围内传播，深度挖掘沿边各少数民族的文化内涵，实现其文化资源向文化资本的转化，塑造一批民族文化特色典型符号和国际国内知名的民族节庆活动，实现边境地区少数民族文化保护与传承。

3）社会目标：促进与邻国的政治互信、人文交流与友好往来，使旅游业成为睦邻、安邻、富邻的示范产业，使边境地区成为"旅游外交"的重要阵地；促进边境山地民族社区居民增收致富，实现全面同步小康社会和人的全面发展；增进相互理解和对和平的认识，实现边境地区稳定和谐的社会目标。

4）生态环境目标：强化界河、界湖、界山等跨界旅游资源与环境的保护，提高人们的生态意识和环保理念，加快沿边地区传统生态文化理念的传播，完善环境保护与生态文明建设的相关政策，落实生态补偿机制，促进环境保护，强化相关机构的生态意识与能力建设，实现边境地区生态良好、环境优美的生态建设目标。

二、主要任务

1. 着力打造重大项目

（1）重点建设一批国家旅游度假区

顺应现代旅游休闲度假发展的大趋势，充分发挥云南边境丰富的旅游资源、独特的立体气候、优美的生态环境和日益凸显的区位比较优势，积极推动腾冲温泉旅游度假区、西双版纳国际温泉养生休闲度假区、沧源国际旅游度假区等一批休闲度假旅游区创建国家级旅游度假区，形成以国家级（含省级）旅游度假区为引领，以休闲度假旅游为主题特色，具有旅游产品多样化、休闲度假品质高、游客接待数量大、旅游服务质量好，并辐射带动周边旅游区的休闲度假旅游集群区，带动边境旅游产业转型升级和提质增效。近期主要顺应当下健康养生、乡村休闲等市场需求，重点建设养生养老、温泉度假、乡村休闲度假等类型的国际旅游度假区，推动边境传统旅游度假产品向高端休闲疗养和康体养生方向转变。

（2）大力推进一批生态旅游示范区

抓住云南被列为国家公园试点省的重大机遇，充分借鉴国外国家公园建设和管理的先进理念，在云南省人民政府规划的国家公园基础上建设一批生态旅游示范区，大力推进西双版纳生态旅游示范区、普洱太阳河生态旅游示范区、怒江大峡谷生态旅游示范区、保山高黎贡山生态旅游示范区等 7 个边境生态旅游示范区的建设发展，形成具有云南边境特色的国家公园体系，近期重点推进西双版纳生态旅游示范区和大围山生态旅游示范区的建设。云南边境地区生物多样性丰富、生态环境良好、生态区位非常重要，边境地区生态旅游示范区要在保护为前提的基础上重点建设游客服务中心、内部交通系统、自然环境和生物多样性资源环境保护系统等。通过整合管理资源，实施一批保护项目，加大生态旅游产品开发力度，努力把生态旅游示范区建设成云南边境生态旅游的高端产品。

（3）改造提升一批精品旅游景区

面向国内外旅游消费需求新变化，把改造提升传统旅游景区和新建旅游项目相结合，更加突出世界性、唯一性和独特性的旅游资源比较优势，加快改造提升一批传统旅游景区，推进旅游景区重点项目建设，加大创建国家 5A、4A 级景区力度，促进边境旅游功能不断完善和服务设施国际化发展。着力打造一批以观光游览、文化体验、生态旅游、康体健身、休闲度假等为重点，景区主题与特色、产品与项目、管理与服务、质量与效应并重，且具有较强市场吸引力的精品旅游景区，以精品景区带动周边旅游集群发展，进一步提升边境旅游的核心竞争力，增强旅游发展综合实力。

（4）规划建设一批特色旅游产业园

规划建设一批边境特色旅游产业园项目,包括西双版纳佛文化旅游产业园、中华普洱茶文化产业园、景迈山普洱茶产业休闲园、中国-东盟国际旅游文化产业园、龙陵黄龙玉文化产业园、瑞丽国际珠宝翡翠产业园、芒市后谷咖啡产业园 7 个项目，近期重点建设西双版纳佛文化旅游产业园，推动边境旅游向优势区域或主要集散中心城市集群发展，建设成区域旅游增长极，增强边境旅游发展的竞争力，加快旅游产业结构的优化升级，打造云南面向东南亚集综合服务功能于一体的大型边境旅游产业园。

2. 加快旅游景区景点建设

景区景点是全域旅游的重要支撑。在景区供给侧改革方面，一是对原有的景区进行扩建和修缮以丰富景区内容和旅游项目；二是确保新开发的景区最大限度地发掘其特色，避免景区的同质化和刻板化。

坚持"整治、创建、提升"三个并重，围绕"景区业态、内涵品质、综合功能、配套设施、管理服务、生态环境"六个重点，提升改造一批边境传统景区，深度挖掘、整合旅游资源，新建一批边境 5A、4A 级景区，着力打造以观光游览、文化体验、生态旅游、康体健身、休闲度假等为重点，具有较强市场吸引力的精品旅游景区；推进边境旅游景区重点项目建设，不断提升景区发展质量，努力使景区生态环境更美、文化特色更明、服务品质更优、综合效益更好、市场竞争力更强，实现社会效益、经济效益、文化效益和生态效益的有机统一，促进旅游功能不断完善和服务设施国际化发展。在巩固提升中国科学院西双版纳热带植物园国家 5A 级景区基础上，积极推动西双版纳傣族园等旅游景区创建国家 5A 级景区，并推动一批景区创建国家 4A 级景区，力争到 2020 年建成 5 个国家 5A 级景区、50 个国家 4A 级景区。

3. 建设完善旅游城镇体系

围绕全面建成小康社会的旅游新需求，充分发挥旅游业在城乡统筹、脱贫攻坚和带动就业方面的积极作用，推动边境旅游与城乡建设融合发展，实现以城带乡、城乡一体化发展格局。按照"旅游活动全域化、旅游配套全景化、旅游监管全覆盖、社区居民全参与、旅游成果共分享"的工作要求和"创建一批、成熟一批、命名一批、动态管理"的工作思路，全面启动云南边境特色旅游城市、边境旅游风情小镇、边境民族文化特色村创建工作，着力打造一批旅游城市综合体，加快建设一批具有云南特色的全域旅游目的地，进一步释放边境旅游产业综合功能。

按照"历史底蕴深、文化有特色、市场前景好、辐射带动大"的原则，积极推进边境旅游开发与城镇建设融合，建设培育边境旅游风情小镇，鼓励和支持具备条件的旅游小镇开展全国特色景观旅游名镇创建工作，全面启动建设一批边境旅游名镇；发挥边境地区生态景观良好、文化特色浓郁、街区风貌特色突出、具有较高品质旅游资源和产品的优势，努力打造一批个性主题鲜明、交通便利、服务配套、环境优美、吸引力强、受广大旅游者喜爱的边境民族文化特色村；因地制宜地打造一批休闲度假型、文化娱乐型、商业旅游型等不同主题的城市旅游业态集聚区，加快建设和完善景洪市勐罕镇、腾冲市区、建水县城、瑞丽市区、丘北县城、思茅区茶马古城、弥勒市红河水乡、西盟县佤族部落狂欢城、沧源县摸你黑文化狂欢城 9 个边境旅游城市综合体,完善城市综合服务功能,提升城市品位和竞争力;着力构建集旅游观光、民族文化、休闲度假、商贸流通、游客集散和旅游商品加工等为一体的新型边境旅游城镇体系,进一步提升边境旅游城镇的集聚力和吸引力,带动周边区域旅游集群发展,成为边境旅游的新亮点。到 2020 年,争取建成一批边境旅游名镇、边境特色旅游小镇与边境旅游特色村寨。

4. 加快推进旅游企业集聚发展

坚持统筹协调、分类指导和市场化运作,针对边境旅游企业"小散弱差"的突出问题,围绕边境旅游产业要素,加大市场主体培育力度,推动边境旅游企业集聚发展,打造一批具有一定影响力和知名度的旅游企业,形成结构合理、优势互补、实力强大、管理科学的现代旅游企业体系,提升边境旅游企业的核心竞争力。

(1)做大做强综合型龙头旅游企业

鼓励大型国有企业和有实力的民营企业依托自身行业资源优势和人才优势,整合内部资源,延伸产业链条,优化资产结构,扩大投资规模,实现全产业链经营。以云南湄公河集团等大企业为重点,推动跨地区、跨行业兼并重组,打造跨界融合的大型产业集团和产业联盟,做大做强 5 家左右的大型综合型龙头旅游企业。鼓励大型旅游企业集团全方位探索金融支持旅游发展模式,全面加快产业融合步伐,积极争取通过上市挂牌、发行债券等方式进入资本市场融资。

(2)做优做精专业型骨干旅游企业

以旅行社、旅游饭店、旅游餐饮、旅游景区、旅游运输、旅游商品等一批边境旅游服务企业为重点,支持有实力的要素旅游企业创新商业经营模式,增强技术创新能力,不断提升发展规模、服务质量和综合效益,做优做精 50 家业主明确、竞争优势明显的边境旅游骨干企业。其中,重点培育扶持 5 家精品度假酒店企业、5 家旅游交通运输企业、10 家旅行社企业、10 家重点旅游景区企业、10 家旅游商品生产和购物企业、5 家本土餐饮企业、5 家旅游娱乐企业,推动边境骨干旅游企业品牌化管理、连锁化经营、人性化服务和特色化发展。

（3）做特做活中小型特色旅游企业

积极鼓励支持边境中小型旅游企业开发自主知识产权、打造民族文化特色和旅游品牌，以新技术引进、新业态培育、乡村旅游建设等为重点，通过资金投入、政策支持等方式，扩大经营规模，提升服务质量，提高管理水平和竞争能力，做特做活150家具有发展潜力的成长型中小型边境旅游企业。大力发展云南边境地区精品客栈和农家乐，实行等级评定和制度管理，研究出台相关配套政策措施，引导和扶持一批特色民居客栈和精品农家乐发展，为边境乡村旅游发展和旅游扶贫工作提供有力载体与抓手。

5. 提升旅游产品

坚持市场导向、满足需求、做大增量的原则，着力开发和培育会展商务、养老养生、户外运动、科考探险、医疗保健、研学旅游等边境旅游新业态和旅游装备制造，不断推出新亮点和新热点，构建良好的旅游氛围并形成旅游支撑力，提供旅游休闲空间，满足观光休闲、商务需求、学习求知、研学旅行、医养保健等多元需求，致力于构建体验内容多元、项目活动丰富、整体氛围良好、游客满意度高的边境旅游区。

（1）推出一批会展旅游产品

顺应会展业快速发展的趋势，充分利用云南边境旅游资源优势，积极引进优秀会展公司和品牌会展，借助国内外先进的经验和管理方式以及强大的办展实力来激活和规范云南边境会展市场，同时为本土的会展企业提供学习和模仿的机会，通过与优秀会展企业的竞争来提升自身的实力；通过整合现有边境会展资源，培育有影响力的品牌展会，对已有展会进行转型升级，同时结合自身独特优势，走"特色、精品"发展之路，打造特色品牌会展；加强会展业与旅游业等相关产业的融合发展，推动边境会展数量逐年上升、规模逐年扩大、收入逐年提高，构建一批不同类型、具有一定知名度和影响力的旅游展会。

（2）推出一批养老养生旅游产品

发挥云南边境地区丰富的中医药、民族医药、生物保健、温泉康疗等特色旅游资源，重点依托乡村和景区，启动建设一批类型多样的养老养生旅游项目，大力发展温泉康疗养老旅游产品和乡村休闲养老旅游产品；盘活社会养老养生资源，重视医养健结合，开展健康管理和适合老年人的健身运动，开拓新兴服务，整合养老配套产业链；根据《云南省养老旅游发展专项规划（2016—2030年）》，制定符合边境实际情况的养老养生旅游标准体系和指导意见，提高养老养生旅游智慧化水平。到 2020 年，基本建立布局合理、配套完善、服务齐全的养老旅游体系，实现接待养老旅游者在 1250 万人次左右，养老旅游收入突破 212 亿元，努力把养老养生旅游培育成为边境旅游经济新的增长点。

（3）推出一批医疗健康旅游产品

围绕云南边境地区康体旅游的发展方向和空间布局，积极开发医疗旅游产品；积极引进国际前沿医疗技术、挖掘传统医药发展潜力，重点开发生物保健和中医药健康旅游产品；将优质医疗技术、完善服务设施和优美休闲环境结合起来，着力打造以治疗、康复、保健为重点，以休闲度假为补充的"养体养心"医疗健康旅游产品，为建设边境医疗健康旅游目的地提供有力支撑。

（4）推出一批户外运动旅游产品

发挥云南边境地区资源优势，建设一批户外运动公园和一批连接旅游景区景点的沿江河湖泊或山峰峡谷的自行车道、越野跑道、登山步道、漂流河道，形成以人为本的边境慢游交通系统；开发一批边境城市健身绿道、休闲步道、骑行道，形成体育旅游休闲集聚区；重点发展登山、攀岩、徒步、越野跑、皮划艇、潜水、垂钓、帆船、自行车、定向运动等户外运动产品；加大体育旅游赛事培育，继续举办并提升澜沧江国际水域公开游泳比赛、泼水节期间体育邀请赛等体育赛事，培育打造 5 个左右国内知名的跨境体育旅游品牌。

（5）推出一批文化节庆旅游产品

依托云南边境地区悠久深厚的文化历史、丰富多彩的民族风情和节庆民俗，建设 25 个文化旅游融合发展示范景区，培育一批具有典型地方特色和文化氛围的品牌节庆；提升西双版纳傣族泼水节、临沧佤族摸你黑狂欢节、怒江生态旅游养生美食节、瑞丽中缅胞波节等节庆活动的国际性、参与性和体验性，扩展现有民族赛装活动的形式和内容，策划举办七彩云南（国际）民族赛装文化节，着力培育 5 个国内一流、国际知名的旅游节庆品牌和 10 个云南特色节庆活动，使节庆品牌成为地方知名旅游产品，成为边境旅游新的增长点。

（6）鼓励发展其他旅游新业态

依托泛亚铁路的建设开通，积极开发高铁沿线旅游产品，大力发展高铁旅游；深入推进边境旅游业与城镇建设、乡村建设、生态建设、文化建设、工业发展和对外开放等融合发展；鼓励各州（市）大胆创新，积极开发研学旅游、科普教育、探险探秘、影视旅游、购物旅游等产品，大力发展旅游装备制造，全面丰富边境旅游产品供给。

6. 提高旅游产业国际化水平

（1）推进人员往来便利化

用足用活用好边境旅游异地办证、昆明长水国际机场 72 小时过境免签、境外旅客离境退税等优惠政策，进一步争取国家支持，争取把"简化出入境程序、提高口岸通关便利化程度、自主审批入境自驾车旅游线路、第三国人员口岸签证"等纳入国家通关一体化改革试点，推动边境旅游通关便利化。

（2）启动实施跨境旅游合作区和边境旅游试验区建设

以贯彻落实《国务院关于支持沿边重点地区开发开放若干政策措施的意见》精神为契机，积极争取国家支持，规划建设滇西-缅北跨境旅游合作区、滇西-缅东跨境旅游合作区、西双版纳-老挝跨境旅游合作区、滇东南-越北跨境旅游合作区四大跨境旅游合作区，启动建设瑞丽中缅国家级边境旅游试验区、磨憨中老国家级边境旅游试验区、河口中越国家级边境旅游试验区三大国家级边境旅游试验区，以及临沧耿马（孟定）边境旅游试验区、腾冲边境旅游试验区、普洱绿三角边境旅游试验区、麻栗坡（天保）边境旅游试验区、片马边境旅游试验区五大省级边境旅游试验区，努力将"两区"打造成为功能齐全、开放度高、管理有序、繁荣发展的跨国界旅游示范区和国际旅游目的地。

（3）加强口岸建设

加快完善沿边重点地区口岸服务功能，建设服务沿边地区开发开放的重要开放门户和跨境通道枢纽，创新口岸监管模式，提升通关便利化水平；整合现有监管设施资源和查验场地，推进口岸监管场所规范化建设；积极推广区域通关一体化监管模式，加快电子口岸通关服务平台和国际贸易"单一窗口"建设，推动实行信息互换、监管互认、执法互助的通关监管模式；实施属地管理、前置服务、后续核查等方式将口岸通关现场非必要的执法作业前推后移；积极争取援外资金，协助周边国家改善口岸基础设施建设；支持在重点口岸建设多式联运物流监管中心；建设一批以跨境物流产业为核心的口岸城镇。重点建设 8 个边境口岸（昆明长水国际机场、天保口岸、河口口岸、瑞丽口岸、畹町口岸、磨憨口岸、猴桥口岸、孟定清水河口岸），加快建设 10 个边境口岸（西双版纳嘎洒国际机场、金水河口岸、打洛口岸、章凤口岸、那邦口岸、片马口岸、南伞口岸、永和口岸、孟连口岸、田蓬口岸），规划建设 6 个边境口岸（德宏芒市机场、腾冲机场、勐康口岸、都龙口岸、关累口岸、勐满口岸）。

7. 完善旅游产业体系配套建设

（1）升级改造旅游交通

1）公路方面：以主要口岸为枢纽点，增强口岸附近主要城镇公路通达性。实现云南边境地区各县（市）公路交通网络、边境地区与省内其他地区公路交通网络、边境区域与境外公路交通网络全覆盖的全方位交通体系；推动境内高速公路向沿边州（市）全通达，并逐步覆盖至边境重点县（市）以及重点口岸，依托高速公路通道网络，扩大沿边州（市）之间高速公路网络覆盖面；推动沿边县（市）公路网建设，实现边境地区范围内各县（市）间、主要景区与城市、主要景区间道路交通高等级化，提高道路服务水平，不断优化和改善路网结构；推动跨境公路建设，加强云南边境旅游区与缅甸、老挝、越南及南亚国家的公路交通体系建设，推动跨境旅游发展；优先建设县际通道、旅游公路、口岸公路，实现区域内 4A 级景区间二级公路互通；继续实施沿边地区建制村公路通畅工程，加大干线公路危桥改造力度和安保设施建设，完善公路客货运枢纽及配套设施，提高运输能力和服务水平，加强沿边公路与铁路、航空、水运等运输方式之间的有机衔接，构建便捷高效、通达内外的多式联运综合交通运输体系。

2）铁路方面：以沿边口岸为重要节点加快铁路交通网络建设，加快云南边境地区铁路路网对铁路沿线边境城镇的旅游带动作用。修建文山市-河口口岸、天保口岸铁路，加强内陆城市与口岸联系，进而带动滇东南沿边地区经济、社会、旅游事业的发展；作为泛亚铁路中段重要组成部分，玉溪市-普洱市-磨憨口岸铁路的修建将提升滇中地区至边境地区的通达性，便利游客沿铁路线进行游览工作，丰富游客前往西双版纳州等传统旅游区域交通选择方式；修建保山市-芒市-瑞丽市、瑞丽市-木姐-腊戌-曼德勒、芒市-猴桥口岸铁路，加速建设已开工的泛亚铁路大瑞段，结束保山市、德宏州两地不通铁路的历史困境，增强滇西南地区与内陆较发达地区的联系，方便游客乘坐铁路直达边境沿途景点及发展跨境旅游；修建保山市-腾冲市-密支那、保山市-泸水市、临沧市-普洱市、临沧市-孟定清水河口岸铁路，加快滇西地区与外界铁路交通联系，以保山市、临沧市为主要铁路交通节点，通过铁路交通干线向北、西、南等方向拓展，加速边境地区旅游事业联动发展；援建国外段缅甸清水河口岸-腊戌-曼德勒-马圭-皎漂陆路通道项目，推动跨境铁路建设，加强云南边境旅游区与缅甸铁路交通体系建设，推动跨境旅游发展。

3）航空方面：丰富和完善昆明长水国际机场与沿边州（市）和重点县（市）航线，发挥昆明市的国家门户枢纽机场国际航线辐射能力，推动与南亚东南亚国家的航权开放，重点开辟沿边地区与周边毗邻国家主要城市航线，并增加航班班次，构建以昆明长水国际机场为枢纽、沿边地区城市支线为辅助、面向南亚东南亚国家的航空网络体系；借助西双版纳嘎洒国际机场作为国家口岸和云南第三大机场的优势，积极开通连接西南相邻国家的旅游城市航线；加快勐腊机场、怒江机场建设，推进腾冲机场、德宏芒市机场、保山云瑞机场等机场改扩建，做好富宁通用机场、马关民用机场与贡山通用机场、陇川通用机场、盈江通用机场建设前期工作，提升通航与保障能力，加快景区所在地区机场建设；争取国家民航政策支持，增强云南民航国际辐射能力，加快发展面向缅甸、老挝、越南区域枢纽机场，合理发展沿边地区支线机场和通用机场。

4）水路方面：改善澜沧江-湄公河国际水运航道、中越红河水运通道、中缅陆水联运出境通道的建设，加快构筑"三出境"水运大通道；加强观光游轮通航合作与安全保障，促进澜沧江-湄公河国际旅游航运及琅勃拉邦、会晒等沿江港口的发展；加快中缅瑞丽江航道建设工程、红河港及李仙江梯级库群航运基础设施建设进度，做好怒江-萨尔温江通航项目前期准备工作；推进澜沧江-湄公河对外开放水域（国内段）四级航道整治、澜沧江-湄公河航道等级提升、澜沧江-湄公河重要港口（思茅港、景洪港、关累港、临沧港）建设等工程；加快边境旅游区域内水运航道的拓宽、清淤、治理等建设，加强船舶通航合作与保障能力，促进游客及相关旅游所需产品的游览、观光、运输能力，加强水利基础设施建设；完善沿边地区国际航运网络，优化与内河、界河港口协同布局，提高港口利用效率。

(2）建设多样化的旅游住宿业体系

在现有酒店业发展基础上调整边境旅游住宿业产品结构与档次，以经济发展水平和游客集散人数为划分依据，构建中心城镇、特色小镇和特色口岸，实现以度假型、商务型和经济型酒店为基础，大力发展特色民宿、主题酒店、民居客栈、汽车旅馆，并在沿边重点景区和主要区域积极引入国际高端连锁酒店的国际化、特色化、品牌化、多样化住宿服务体系，全面提升边境旅游住宿水平；在统一规划下，按照边境旅游住宿设施建设标准和接待服务标准，根据环境条件、景观效果和文化特色，分步新建一批国际知名品牌度假酒店、度假村及旅游别墅和公寓；积极引进国内外知名品牌酒店公司，管理现有的6家国家标准5星级饭店和20家国家标准4星级饭店，不断提高饭店管理、服务和营销水平；改造提升区域内现有的35家经济型酒店和22家特色民居客栈；加大星级住宿设施评定力度，管理部门与行业协会密切合作对各住宿单位进行服务水平常态化监督，形成结构合理的多层次旅游住宿体系和服务质量评价体系；监管好达标的旅游野营地、家庭式旅馆、旅游出租房，规范发展其他旅游住宿设施；发展汽车旅馆、自驾车和房车露营地。

(3）提升旅行社服务能力

加强边境旅行社自身软硬件设施建设，尝试新的领域建设，如涉足航空、交通、景区、住宿、餐饮、会展、房产等领域，实现集团化、品牌化、连锁化经营；以互联网为平台开展在线旅游运营服务，加快提高线上旅游营销能力，推进边境旅行社网络化经营；在边境旅行社企业中开展旅游标准化工作，加强企业标准体系建设，做好旅行社A级评定，对现有三星级及以下星级旅行社进行规范化管理，强化退出机制；加强旅行社诚信体系建设，培育旅行社诚信意识、品牌意识、服务意识，提升既有旅行社业务与服务能力，促进旅行社转型升级；在边境地区制定优惠政策引进国内知名品牌旅行社，推进旅行社的国际化与优质化，构建一批提供优质服务的4星、5星级旅行社。

(4）实施餐饮专项旅游系统工程

挖掘边境地区民族餐饮和地方特色餐饮，以打造生态、绿色、健康、文明的餐饮品牌为重点，培育具有旅游吸引力的边境饮食城镇及饮食街区，形成兼有酒店餐饮、社会餐饮、特色餐饮系列于一体的边境旅游餐饮服务体系；构建由原材料生产加工、菜品策划传播、多元实体销售、便捷配送经营、密集网点分销等多业态组成的旅游餐饮业链条，形成高中低档相结合的旅游餐饮体系，推动各州（市）旅游餐饮标准化、品牌化、特色化发展；举办国际知名的餐饮博览会，以及名吃评选、美食节等活动，促进旅游餐饮、喜庆餐饮、节假日餐饮的发展；选用当地绿色生态、健康养生食材，采用地道独特的烹饪手法，积极开发与推广小区域独有菜系，保证边境游客的饮食健康和美食的吸引力；培育一批地方特色美食企业；边境各地以实际旅游发展水平为基础进行旅游餐饮标准化建设，按统一的服务标准向游客提供服务，确保对游客的服务质量。

（5）健全旅游购物体系

推进沿边州（市）各级中心城镇的购物设施和购物环境建设，同时依据各县（市）具体经济发展情况在旅游景区及主要城镇规划建设特色商业街和旅游购物点，设立国际知名品牌商品专卖；在边境旅游试验区、跨境旅游合作区争取建设免税区，在河口口岸、磨憨口岸、瑞丽口岸等口岸以及文山普者黑机场、西双版纳嘎洒国际机场、德宏芒市机场、腾冲机场、临沧机场等机场口岸设立出境免税店，在吸引各地游客边境游的同时也可带动跨境旅游的发展；研发加工特色、特别是传统老字号旅游商品，培育和打造以药材、咖啡、茶叶、红木、手工艺品等为代表的边境旅游特色商品品牌，扶持、做大做强一批边境旅游商品开发与销售企业。到2020年，争取建成不同层次的边境旅游购物场所，以满足各类游客的旅游购物需求。

（6）开发多元化旅游娱乐项目

按照《娱乐场所管理条例》《云南省营业性歌舞娱乐场所管理条例》《旅游特色街区服务质量要求》（LB/T 024—2013）等规范的相关要求进行边境旅游休闲娱乐项目建设，在旅游休闲区域设置接待设施、信息服务设施、公共设施、安全设施、专项娱乐设施等基础内容；重点打造泼水节、中缅胞波狂欢节、中国普洱茶节等特色浓郁的边境民族节庆和体育竞技活动；建设边境文化交流展览馆（包含历史沿革展示，茶叶、翡翠、红木、手工工艺品等文化展示和加工体验区，民族服饰展示，以及民俗展示体验馆等），建设民族风情广场，开辟灯光夜市、酒吧、咖啡馆一条街等；精选民族乐器演奏、艺术表演、舞蹈、演唱等；开展山地自行车越野、瑜伽、富氧健身、飞艇娱乐、真人秀、民族茶道等活动；开设理疗康体美容厅，运用民族医药、传统手法提供足疗、理疗及美容等服务,按照《温泉企业服务质量等级划分与评定》(LB/T 016—2011)的相关要求发展高品质的养生娱乐相结合的温泉 SPA 项目;引进国际知名主题游乐园,培育、扶持、规范一批演艺娱乐场所,做大做强一批边境旅游娱乐企业。

8. 健全旅游公共服务体系

(1)旅游厕所

按照《旅游厕所质量等级的划分与评定》(GB/T 18973—2016)中 A 级厕所建设的标准,对边境主要城市(城镇)、主要旅游景区、主要乡村旅游点、旅游小镇、游客休息站、自驾车线路的旅游厕所进行建设和提升,改建不合格、不标准、低等级旅游厕所,保证旅游厕所建设数量充足、布局合理、设施完善、干净无味、免费使用、管理规范,并全部达到 A 级以上标准,建设管理达到国内先进地区水平;落实业主单位建设责任,将旅游厕所纳入 A 级景区的创建和评定工作;加大边境厕所建设资金投入力度,开展厕所技术创新,推进厕所无障碍化;完善边境旅游厕所管理服务平台,将所有的旅游厕所纳入平台管理,实现厕所信息电子化、厕所管理实时化、厕所查询网络化、厕所评价动态化;加大"以商建厕、以商管厕、以商养厕"厕所管理模式的创新和应用,推动通过市场化手段开展厕所建设、管理,实现旅游厕所建设管理的市场化、长效化;推动开发边境旅游厕所服务地图。到 2020 年,在巩固提升已建旅游厕所的基础上,再努力新建一定数量的旅游厕所。

(2)房车自驾车营地

依托边境地区主要交通干道、旅游专线公路和主要旅游景区,对自驾车露营地进行选址和布点,打造一批道路依托型、目的地依托型房车自驾游产品,并按照统一标准规划建设一批具有复合功能的自驾车和房车露营地,即建设露营地必备的基础设施——环卫设施、给排水设施、电力设施、通信设施、医疗设施、消防设施、出入口设施、标志标识设施、内部道路设施;旅游服务设施——宿营设施、游客中心、露营地公共服务设施、车辆服务设施等;有针对性和选择性地建设特色住宿设施、特色餐饮商业设施、休闲娱乐设施、户外运动设施、商务会议设施等。

在完善自驾车和房车露营地配备设施的基础上,推进景区景点、道路、租赁、自驾定制、救援等房车自驾游产品管理服务系统建设,构建具有云南特色的房车自驾游产品体系；完善房车自驾游产品标准体系，出台房车自驾游产品发展实施意见和配套支持政策，通过自驾游与露营地的发展，带动边境旅游户外产业、旅游装备制造和旅游休闲产业的发展，进一步推动边境旅游产业转型升级和供给侧改革；优先建成12条跨国精品自驾旅游线路，通过精品自驾旅游线路的辐射带动，促进边境州（市）精品自驾旅游线路的开发，以带动边境地区自驾游产业的全面发展。到2020年，努力建成房车自驾游运营服务系统，再新建一批自驾车和房车露营地，在将自驾车旅游产品打造为云南边境龙头精品旅游产品的基础上，突破主要交通干线限制，延伸边境州（市）"内联外拓成网络"的交通格局，力争实现沿边地区及与邻国地区内部的无障碍跨区域流动。

（3）旅游服务和集散中心

1）按照统一的标准，在边境主要旅游城镇、旅游景区点、旅游特色乡村等建设集宣传、展示、咨询、服务等多功能于一体的旅游咨询服务中心，并且提升主要旅游景区旅游咨询服务中心的规模和档次，为游客提供规范、便捷的服务。

2）分层次（昆明市、重点集散城市、重点口岸）建设旅游集散中心，包括以昆明市为辐射核心的一级旅游集散中心，以云南重要交通枢纽、重要州（市）、县（市、区）为中心的二级旅游集散中心，以边境州（市）重点口岸及通道为中心的三级旅游集散中心，形成三级旅游集散中心体系。包括建设"一站式"旅游公共服务中心，主要由集散中心、咨询中心、信息中心、出入境办证"一条龙"服务中心、旅游投诉服务中心、旅游救护中心和旅游演艺、旅游购物、旅游厕所、旅游停车场等构成；建设旅游客运中心、旅游服务大厅、信息化服务平台等项目，建立健全旅游管理服务、旅游信息咨询、旅游电子交易、旅游应急救援等功能。到2020年，在巩固提升已建旅游咨询服务中心的基础上，再新建一批旅游咨询服务中心，实现重点旅游景区、旅游城镇及旅游线路旅游咨询服务全覆盖，全面提升旅游接待服务质量和水平。争取在重点集散城市、口岸等地建成与之相匹配的旅游集散中心。

（4）旅游标识系统

完善沿边各县（市）主要交通干道、交通关键节点、景区交通要道等旅游标识和服务指引标志，建成沿边地区规范统一的旅游公共标识系统，将旅游引导标识设施与区域交通基础设施统一规划、设计；重点提升高速公路、国道、省道、旅游专用道路，以及旅游景区、旅游度假区、乡村旅游点等游客集中区域的旅游引导标识体系；在口岸、交通节点、高速公路服务区、自驾车露营地线路沿线、旅游景区、旅游城镇、旅游特色村等设立清晰明确、快速识别、服务中外的旅游告示牌；完善 3A 级以上旅游景区、旅游城镇、旅游特色村的路标和景观引导标识；完善旅游景区的景点说明、景区导览图、安全警示等。

（5）智慧旅游体系

以"一部手机游云南"为建设目标，以"游客旅游体验自由自在、政府管理服务无处不在"为出发点和落脚点，积极运用现代数字技术，着力打造"世界一流、国内领先"的云南旅游大数据中心、旅游综合服务平台、旅游综合管理平台（简称"一中心两平台"），率先推出数字旅游"云南版"，力争到 2019 年底系统化的"一中心两平台"全面建成并持续运营，推动边境旅游产品业态创新、发展模式变革、管理服务提升，为边境旅游产业转型升级及旅游强省建设提供强有力的支撑和保障。

推动"一中心两平台"建设，加快推进云南旅游大数据中心建设，全面汇集接入和动态实时采集"吃住行游购娱"边境旅游要素企业，公安、交通、工商、航空、铁路、测绘、通信、气象、边防、金融等旅游关联公共服务领域，以及互联网、在线旅行社（online travel agency，OTA）等第三方平台的数据信息，通过汇集、存储、清洗、建模、计算，集中开展对各类数据信息的有效转化和合理应用，形成云南智慧边境旅游的"中枢"和"大脑"，为云南边境旅游数字化建设发展提供基础数据信息支撑；推动"吃住行游购娱"边境旅游要素企业开展数字化建设，实现与"一中心两平台"的对接，指导边境地区现有旅游信息平台参照"一中心两平台"的建设要求和服务标准，对系统进行提升改造并统一接入省级平台；推动公共服务数据的接入和应用，完善信息资源整合与交互的标准和规范，通过协定相关数据的接口协议，推动公安、交通、工商、航空、铁路、测绘、通信、气象、边防、金融等部门按照协议要求，向省级平台实时提供和输出旅游关联公共服务数据信息，实现部门间业务流程和数据的互联互通；推动第三方平台数据接入和开发，完善信息资源整合与交互的标准和规范，通过协定相关数据的接口协议，搭建畅通的共建、链接、交换渠道，全面接入互联网服务企业和旅游电子商务企业等第三方数据；制定"一部手机游云南"网络保障计划，支持和推动中国铁塔股份有限公司、电信运营商加快网络基础设施建设，尽快实现边境地区范围移动通信网络的全覆盖，实现 WiFi

信号对边境地区宾馆饭店、景区景点、乡村旅游点等主要旅游目的地和机场、车站、高铁、主要交通沿线、旅游休闲街区、游客休息站点等重点旅游集散地的覆盖。

9. 加强旅游市场营销与监管

（1）旅游联合营销

边境旅游联合营销要以旅游资源分析和市场需求为基础，加快培育边境旅游产品体系，准确定位目标客源市场；对边境旅游整体形象进行设计、策划和宣传，并培育成品牌；以边境旅游线路、产品为载体，利用传统媒介、网络等新兴媒介进行目标客源市场营销，完善旅游促销手段，分阶段落实营销计划，努力形成"大旅游、大合作、共发展"的旅游宣传促销格局。

1）边境旅游形象建设：边境旅游形象要以核心旅游资源、重大旅游项目和拳头旅游产品为重点进行旅游品牌塑造，综合"边、文、生、闲"四大旅游名片，结合云南边境旅游区旅游资源的地域性、文化性和民族性，塑造其整体旅游品牌形象。此外，旅游形象建设要以边境旅游线路统筹为核心，探索建立"资源开发建设统一、产品价格销售统一、服务质量标准统一、宣传促销统一"的旅游线路统筹机制。

2）确定边境旅游市场营销推广方案：近期云南边境旅游市场营销须由政府主导，进行统一计划、部署、执行和控制，筹备专项资金，经费使用主要包括：品牌形象推广、宣传品制作和投放、营销系统建立与维护、边境旅游组织补贴。除了政府主导边境旅游市场营销活动外，还需通过8个方面来实施营销推广方案：①以重点产品、线路带动，稳步快速地建立相对成熟的产品线路体系；②加强网络营销力度，积极运用新媒体提高云南边境旅游认知度；③在一级、二级旅游集散中心建立高端旅游形象展示中心，配合多个营销中心，全方位培育市场；④边境州（市）、县（市）积极参与国际旅游交易会等旅游推介活动；⑤开展大型招商活动，主动联络有实力的投资商；⑥制作具有吸引力的宣传品及礼品；⑦举办大型项目奠基仪式，制造营销噱头；⑧开展国际文化节庆与少数民族文化节庆。

（2）加强边境旅游市场管理

建立云南边境旅游市场监督管理长效机制；推进边境旅游综合行政执法改革，在边境各州（市）、县（市）成立相应的执法支队，加强执法队伍建设，依法严格监管旅游市场；推进标准化建设，出台边境旅游市场管理办法，建立涵盖旅游要素各领域的标准体系，加大国家标准、行业标准和地方标准的贯标力度；建立边境旅游市场监管平台，推广使用旅游团队电子名单表、电子合同和电子行程单，用信息化手段实现旅游团队动态监管；加强对边境旅游购物企业、酒店业和旅行社的调控和监管，健全边境旅游导游人员管理制度，完善旅游市场准入退出机制；依法监管旅游市场价格，加强对边境旅游线路与消费项目的监管；加强旅游诚信建设，建立边境旅游经营者和从业人员信用评价机制，推行大众评价和社会监督，引导形成优胜劣汰的正向引导机制，营造旅游诚信环境；强化各级政府责任，对经营服务、经营资质、法律责任等进行严格管理和约束。

10. 加大城乡旅游环境整治力度

按照"因地制宜、突出特色、属地管理、全民参与"的原则，在主要旅游道路交通沿线、重点旅游城镇、旅游特色村实施边境城乡旅游环境整治工程，推动城乡面貌和卫生环境的根本性改善。

（1）整治边境城镇旅游环境

以边境旅游城市、边境旅游重点县、边境旅游小镇为重点，加强旅游城镇生态环境绿化美化，建设和提升一批城镇休闲公园，新增绿地面积，营造生态景观。加大边境旅游城镇的环境卫生整治力度，在游客集中的景区入口、机场、车站、码头、城市中心广场、旅游购物场所等增设环卫设施，加强垃圾和污水处理，确保卫生环境干净整洁。

（2）整治边境乡村旅游环境

围绕边境民族特色旅游村寨、旅游古村落、旅游扶贫村建设，全面整治和优化边境乡村旅游环境。重点清理村庄道路沿线、公共场所、周边游览区等可视范围内暴露的垃圾杂物、污染水体、标语广告、围园篱笆、沙石木料、柴草粪肥等。整治村庄各类管线，包括供电、通信、有线电视等各类线路，尽量做到管线入地。拆除有碍景观的破旧建筑和违章建筑，打造边境特色民居民宿。加大对城乡环境整治的宣传力度，引导农村居民建设美丽家园，倡导农村居民养成整洁、卫生、文明、健康的生活习惯，改善农村普遍存在的"脏乱差"现象。

（3）整治边境道路沿线旅游环境

在游客集中通行的高速公路、旅游干线、旅游专线和景区之间连接道路，全面加强生态建设和环境绿化美化工作。重点对道路两旁景观视线范围内的道路边坡、裸露山体和荒山荒坡进行生态绿化，规模化栽种具有地方特色、景观效果好的植物树种，争取把边境地区主要旅游交通道路建设成为绿色旅游廊道。加大对主要旅游交通沿线卫生整治力度，提高游客休闲站、旅游厕所的清洁水平，规范设置旅游交通标识和广告牌，争取做到边境地区主要旅游交通沿线无暴露垃圾，无白色污染，无乱搭乱建、乱披乱挂和乱堆乱放的现象。对损坏的路面、道路边坡、安全设施及时进行整修更换，提高道路通行能力，确保边境旅游道路畅通无阻。

三、主要保障措施

1. 加强组织领导，强化边境旅游发展保障机制建设

（1）加强组织领导

各级党委、政府和相关部门要进一步提高认识，强化边境旅游发展意识，加强对旅游工作的组织领导，加大统筹协调力度，实行党政齐抓、部门统筹、上下联动、动态管理、属地负责的领导体制，建立"横向统筹协调、纵向层层落实"的工作机制，确保边境旅游发展的各项工作领导有力、组织有序、统筹有方、推进有效。各级党委、政府要把边境旅游发展工作列入重大事项予以推进，主要领导亲自谋划、亲自部署、亲自推动，分管领导具体负责、深入推进、协调落实，相关部门要发挥部门职能主动配合做好工作，形成党委领导、政府负责、各部门分工落实的工作格局，合力推进规划的实施。要深化旅游行政管理体制改革，鼓励边境旅游重点县（市、区）优化内部设置，进一步加强旅游行政管理部门，并在人财物方面给予支持。

（2）强化规划引领

《"十三五"旅游业发展规划》《"十三五"全国旅游公共服务规划》《云南省国民经济和社会发展第十三个五年规划纲要》《云南省旅游产业"十三五"发展规划》等规划为云南边境旅游发展提供了诸多参考及努力方向，在强化规划引领的基础上，注重与自驾车露营地、养老养生旅游、乡村旅游与旅游扶贫等各类旅游专项规划的衔接。边境州（市）和县（市、区）要建立旅游项目库，高水平编制项目建设规划。建立重大旅游项目规划省级审查制度，凡投资在50亿元以上的旅游重大项目须纳入云南省城乡规划委员会审查，确保项目建设质量。

（3）加强执行力度

各相关牵头单位要制定具体实施计划和工作方案，确定年度推进的任务、时序和预期目标，确保各项工作有力有序推进。各级旅游部门要加强规划执行力度，确保规划实施横向到边、纵向到底，并加强规划实施的跟踪评估，提高规划实施的效率和效果。各级相关部门要按照边境旅游发展的总体要求，明确分行业分部门的责任和目标，进一步强化责任落实、联动推进。

实行目标责任机制、实施评估机制和奖惩机制，做到有目标、有计划、有措施、有检查、有奖惩地落实各项工作任务，推进重大重点项目建设。对工作到位、成绩突出的给予通报表扬，对重视度不够、责任不落实、不能如期完成任务的要严肃问责。

2. 加强政策扶持，完善边境旅游产业发展促进机制

（1）加大政策支持力度

为保证边境旅游发展举措的有效实施，要进一步加大政策支持力度。在用好用活现有政策的基础上，建议国家、省在边境地区实行相对特殊的政策，争取在管理政策、财税政策、金融政策、投融资政策、土地政策、人才政策、旅游规制和监管政策等方面给予支持，有力推进边境地区旅游规划建设与发展。加大财政对边境旅游建设发展的引导性资金投入，积极推进边境旅游基础设施和公共服务设施建设，切实加强财税政策支持，适当减免边境旅游项目公共服务产品税费。边境各州（市）发展和改革委员会、国土资源局等有关部门，进一步落实简政放权，简化旅游项目审批程序，提高审批效率，保证旅游项目建设用地，促进旅游项目落地建设。各级金融机构要加强对边境旅游产业的信贷支持，鼓励边境旅游企业发展债券融资、资产融资、上市融资、投资基金、小额贷款和融资担保，鼓励支持保险资金以股权、债权、资产证券化等方式参与边境旅游开发建设。积极争取扩大72小时过境免签范围，协调简化出入境旅游手续，提高通关便利化程度。制定实施更加积极的边境旅游就业促进和旅游惠民、便民政策等。

（2）完善旅游产业发展促进机制

创新边境旅游产业土地利用机制，积极探索边境旅游重大重点项目参照国家重大交通、能源、水利和军事等用地规划管理模式，推动城乡建设用地增减挂钩试点、低丘缓坡土地综合开发利用试点项目向边境旅游重大重点项目倾斜。完善边境旅游利益分配机制，以构建和谐社会为目标，统筹兼顾投资企业、社区居民、旅游者等利益相关者的诉求，建立公平合理的利益分配机制，确保各旅游利益相关者的合法权益，增强边境旅游建设发展的内在动力和活力。完善边境旅游生态文明建设机制，积极探索生态旅游区建设模式，制定生态环境保护准则与评价标准，推进生态环境建设市场化运作，开展旅游循环经济试点工作，探索低碳旅游和低碳经济模式。完善边境旅游综合监管机制，形成政府管理、企业自律、社会监督、法律强制等方式相结合的监管体系，为边境旅游建设发展营造良好的社会环境。

3. 加强市场化运作，增强边境旅游建设融资能力

（1）大力招商引资

围绕边境旅游发展建设的重点工程和项目，做好项目包装策划，做实项目可行性研究，推出有吸引力的项目，激发社会资本和市场力量参与旅游项目开发建设的积极性。坚持"政府引导支持、企业投资经营、民众放心消费、参与各方受益"的市场化运作模式，充分利用全省各级、各部门的招商渠道，借助各级政府驻外机构、行业协会、商会等平台的地缘和客户资源优势，创新旅游项目招商方式和途径，加大边境旅游项目的招商引资和社会融资力度。用足用活现有的边境相关政策，积极出台新的旅游招商政策和措施，优化投资环境，多渠道吸引国内外知名企业投资开发或运营管理旅游项目。

（2）加大金融支持

以政府注资发起、社会募资参与、专业机构管理的方式，抓紧设立云南边境旅游发展基金，推动设立多种类型的旅游产业投资基金和股权投资基金。鼓励各类国有和民营银行加大对边境旅游重大项目建设的信贷支持额度。支持旅游企业在主板、创业板、新三板上市或挂牌。指导有条件的旅游企业发行各类企业债券，开发推出资产证券化产品。鼓励上市企业和综合实力强的大中型旅游企业跨地域、跨行业进行股权投资，大力开展并购和重组工作。继续推动旅游组合保险发展，鼓励保险公司开发与旅游有关的各类保险产品。支持边境旅游项目运用 PPP 模式，鼓励旅游企业和从业人员开展"个体创业""大众创业""平台创业"，推广众筹方式，吸引更多的民间资本参与边境旅游开发建设。

（3）营造良好的投融资环境

营造亲商、厚商、爱商的良好投资环境，简化边境旅游项目审批环节和办事程序，提高项目建设审批效率，促进项目尽快落地建设，让投资商进得来、留得住、能发展。坚持招商选资，有针对性地挑选国内外有实力、水平高、业绩好、讲诚信和有社会责任感的企业开展重点招商和上门招商。

4. 完善基础支撑，提升边境旅游服务质量和水平

（1）完善基础支撑

以全省"五网"建设为契机，进一步优化边境航空、铁路、公路、水运的布局。完善旅游环飞航线，加快构建覆盖边境地区主要旅游目的地和集散地的通用、通勤航空网络。加快建设一批连接边境旅游度假区、旅游景区、旅游名镇、旅游名村的旅游公路和环线断头路，推动通往 4A 级以上旅游景区的连接公路达到二级公路以上标准。深入实施旅游厕所革命，抓紧新建 1000 座旅游厕所并实现免费开放，确保边境旅游厕所建设达到全国中上水平。围绕边境旅游景区和重点旅游城镇乡村，新建和改建一批游客服务中心。在边境交通主干线和主要旅游道路上新建和改造提升一批游客休息站、旅游标识标牌，确保通往各级旅游度假区、3A 级以上旅游景区、边境旅游小镇、特色旅游村的高速公路出口和二级公路沿线设有明确、规范的旅游标识系统。

（2）提升旅游服务质量和水平

正确引导旅游企业的诚信经营、旅游从业人员的诚信服务，不断提升旅游服务质量和水平，营造诚实守信、优质服务的边境旅游环境和氛围。完善旅游综合服务和公共服务体制机制，规范旅游市场秩序，强化对旅游服务质量的引导、监管、评价和改善，及时妥善处理游客的诉求，保护游客的合法权益，塑造边境旅游目的地的良好形象。加大文明旅游宣传，积极倡导文明旅游方式，正确引导游客遵守国家文明旅游行为规范，遵守社会公共秩序和社会公德，爱护旅游资源和设施，自觉保护生态环境，共同创造文明和谐的边境旅游环境和氛围。

5. 注重生态建设，营造良好的边境旅游环境

（1）加强生态环境保护

坚持保护与开发并重，切实加强对自然生态、田园风光、古镇古街等资源环境的保护，依托河流流域治理、退耕还林、垦地植被恢复造林、城乡基础设施建设等项目，不断提升现有民族村寨、民族展览馆和文化展示中心的旅游功能，努力营造吸引力强、民族文化特色浓郁、可持续发展的良好生态文化环境。

（2）营造良好的旅游市场环境

深入贯彻实施相关法律法规，进一步强化边境旅游市场监管，完善旅游监管体系，建立健全省、州（市）、县（市、区）三级旅游综合协调、联合执法监管、违法行为查处等信息共享和跨部门跨区域联合执法机制，加大边境旅游执法力度，维护旅游市场秩序。加强旅游投诉统一受理机构建设，搭建以边境县（市）旅游投诉机构为支撑、覆盖各个旅游消费环节的旅游投诉受理平台，努力营造良好有序的边境旅游市场环境。

（3）营造良好的旅游安全环境

建立健全旅游安全法规、安全管控、安全预警、安全救援、安全保险等一体化的边境旅游安全保障服务体系，增强旅游防灾应对能力，努力营造良好的边境旅游安全环境。以旅游交通、旅游设施、旅游餐饮安全为重点，严格安全标准，完善安全设施，加强安全检查，落实安全责任，消除安全隐患，建立健全边境旅游安全保障机制，强化旅游安全风险防范。加强旅游道路，特别是桥梁、隧道等交通安全和食品安全监督检查，加强景区安全防护和消防设施建设，重点景区要配备专业的医疗和救援队伍。完善边境旅游安全提示预警制度，重点旅游地区要建立安全监测和预警系统。建立健全边境旅游紧急救援体系，增强应急处置能力，完善旅游安全服务规范，对从业人员及游客开展安全风险防范及应急救助技能培训。严格执行安全事故报告制度和重大责任追究制度，搞好旅游保险服务，增加保险品种，扩大投保范围，提高理赔效率。

6. 加强跨境旅游合作，促进边境旅游产业深化发展

（1）加强云南与老挝的旅游合作

充分利用双方两地历史文化、人文景观、生态旅游等资源，推动双方旅游业联动发展，整合双方旅游资源，丰富当地的旅游产品，促进沿边口岸旅游文化和经济的健康发展，探索跨境旅游体系建设和边境旅游发展。随着中国云南-老挝北部合作工作组、澜沧江-湄公河旅游城市合作联盟、大湄公河次区域旅游发展战略，以及中越、中老、中缅跨境经济合作区建设项目合作机制的不断形成，加深了中国与老挝航运、航空及陆路运输的合作，进一步推动了云南与老挝北部跨境旅游的开展。

依托拟建的中国磨憨-老挝磨丁跨境经济合作区、磨憨口岸和西双版纳州丰富的旅游资源和成熟的旅游品牌，推动西双版纳州2县1市与老挝北部6省（琅南塔省、丰沙里省、乌多姆赛省、博胶省、琅勃拉邦省、华潘省）相应区域内建设跨境旅游合作园区。随着普洱市旅游产业及相关区域交通基础条件的改善，适时通过环线打造在普洱市江城县择地建设新的跨境旅游合作区，以十层大山为标志性景观，依托口岸、节点城镇、交通要道，打造层次丰富的中老越三国边地旅游环线。中老跨境旅游合作区的建设，为深化双方合作发展发挥了重要作用，加速推动了云南与老挝边境旅游的发展。

（2）加强云南与越南的旅游合作

充分利用依托澜沧江-湄公河合作机制开展的旅游合作基础，抓住昆河经济走廊建设不断推进的机遇，依托河口口岸、金水河口岸、河口边境经济合作区、中国河口-越南老街跨境经济合作区，利用红河州和越南北部丰富的旅游资源，不断完善中越五省联合工作组合作机制，进一步提高跨国旅游的通达性和通关便利化程度，降低旅游成本，规划更加富有吸引力的跨国旅游线路，打造滇越跨国旅游区形象，推动在红河州13县（市）和越南北部9省（老街省、莱州省、河江省、山萝省、永福省、安沛省、宣光省、奠边省、富寿省）相应区域内建设跨境旅游合作园区，促进云南-越北地区旅游经济的发展。

云南与越南老街省、河江省、莱州省、奠边省联合工作组合作机制是滇越双方为在边境管理、口岸建设、经贸、旅游、交通等领域加强互惠合作，促进边境和谐发展而举行的一项定期会晤机制，每年在中国云南和越南轮流举行。

近年来，云南与越南河江省、老街省、莱州省、奠边省四省积极贯彻两国"长期稳定，面向未来，睦邻友好，全面合作"方针和"好邻居、好朋友、好同志、好伙伴"精神，全面落实云南与越北边境4省联合工作组第4次会议达成的各项共识，双方政治互信不断增强，友好往来进一步扩大，各领域的互利合作持续深化，取得了实实在在的成效。在今后的发展中，双方要积极开展互为目的地的旅游宣传和联合促销活动，开拓跨境旅游线路，参与和支持对方举办的旅游节庆活动，开展旅游教育培训交流与合作，建立旅游行政部门合作会谈机制，为云南与越南北部各省加强旅游合作创造良好的条件。

（3）加强云南与缅甸的旅游合作

中缅两国旅游资源各有特点，旅游合作条件优越，前景广阔。中缅已经建交近70年，中缅两国长期稳固的友好关系为两国的合作奠定了基础。利用双方政府形成的中缅经贸洽谈会、中缅胞波狂欢节及各种旅游合作备忘录等系列合作事项，强化云南与缅甸政府高层的互访、合作交流，在合作会议、论坛上达成统一共识，共建双赢的旅游合作框架，共同做好旅游规划、联合推出多条跨境旅游线路、互相支持双方互为旅游目的地宣传促销、做好区域旅游人员培训工作等。随着大湄公河次区域旅游合作的推进，云南与缅甸旅游合作对话不断加强，云南的旅游行政管理部门和旅游企业，不遗余力地将缅甸作为旅游目的地进行宣传，推出近年来逐渐成熟的一周四国陆路游和澜沧江-湄公河黄金旅游水路观光线路，吸引了大量中国游客到缅甸旅游。

依托瑞丽国家重点开发开放试验区、瑞丽边境经济合作区、畹町边境经济合作区、姐告口岸、畹町口岸、筹建中的中缅瑞丽-木姐跨境经济合作区和德宏州内丰富的旅游资源，推动在瑞丽市和腊戍相应区域内建设跨境旅游合作园区，并适时扩大到全德宏州和缅甸掸邦范围内。依托猴桥口岸和腾冲市内丰富的旅游资源，推动在腾冲市和缅甸密支那相应区域内建设跨境旅游合作园区，并适时扩大到保山市和缅甸克钦邦等相应区域内。通过跨境旅游合作区的建设，针对国际、国内两大市场，实现游客的无障碍流动，使沿边地区成为新热点和亮点，成为推动云南旅游经济发展的新增长极。

第十一章

边境旅游发展政策保障体系及政策建议

第一节　各项政策及其与边境旅游的相关性分析

强化对旅游政策的系统研究,能够更好地把握和利用政策的核心与关键内容,使其现实意义发挥到最大。以往研究文献对旅游政策的研究主要集中在旅游政策的历史演进(唐晓云,2014)、旅游政策与旅游目的地空间演进互动机制(王慧娴和张辉,2015a)、旅游政策变迁及其空间效应(韩卢敏等,2016)、旅游政策供需矛盾(张辉和成英文,2015)、旅游政策评估模型构建与政策变量分析(王慧娴和张辉,2015b)等方面,云南边境旅游的发展同样离不开对现有相关政策的系统整合研究,对边境旅游政策的全面性收集分析,有利于更好、更全面地了解与利用相关的政策与规划,充分提高利用国家和省级层面政策红利的效率,能够更好地促进沿边地区旅游业提质增效发展。由于以往对边境旅游发展重视不够,政策支撑方面没有系统的考虑,大多是针对非常具体的某一领域或行业出台政策。另外,各个部门的政策也是站在各自立场制定的,缺少整体的统一谋划。因此,要实现沿边地区旅游业的跨越式发展,就不能零敲碎打,而应该进行全面性的政策分析集成,综合施策。对当前有关促进云南沿边开发开放、边境旅游发展各主要方面政策的相关性分析,可对沿边开发开放、边境旅游的有关政策形成系统的深入了解,为云南开展边境旅游规划提供依据,同时这也是边境旅游专项规划的重点内容之一。

一、区域合作政策与边境旅游

2011年5月,国务院发布的《国务院关于支持云南省加快建设面向西南开放重要桥头堡的意见》中指出:①建设重要的沿边开放经济带:以边境经济合作区、跨境经济合作区建设为重点,完善跨境交通、口岸和边境通道等基础设施,加快形成沿边经济带;建设瑞丽沿边重点开发开放试验区,积极支持符合条件的地区按程序申请设立海关特殊监管区域;重点发展外向型特色加工制造业;规范并促进边民互市贸易区(点)的发展,积极发展保税物流、跨境旅游。②巩固发展睦邻友好关系:贯彻周边是首要的外交方针,进一步发展与周边国家睦邻友好、互利发展的外交关系;加强对云南省外事工作的指导和协调,为其开展对外交流与合作提供政策便利,支持周边国家在昆明设立领事机构,吸引国际组织、跨国公司在云南设立办事机构、研发机构和企业总部；设立云南大湄公河次区域教育联盟秘书处，扩大云南高校招收外国留学生规模。③全面提升对外经贸合作水平：充分利用中国-东盟自由贸易区平台，进一步加强中国-东盟湄公河流域开发合作机制、大湄公河次区域合作机制，提升孟中印缅合作层次；支持云南省与东南亚、南亚国家和亚洲开发银行等国际组织建立全方位、多层次的经贸合作机制；积极开拓东南亚、南亚市场，合理扩大矿产品等资源性产品进口，支持机电、化工、纺织、日用品、成套设备、特色产品和互补型农产品等优势产品出口；加强检验检疫，不断提升进出口产品质量水平；将云南出口货物人民币结算退（免）税试点扩大到省内所有边境口岸和指定的重点通道；加大外事协调力度，实施好《大湄公河次区域便利客货跨境运输协定》等协议；进一步提高利用外资便利化程度；充分利用中国-东盟投资合作基金，扩大云南与周边国家经济技术合作。④推动旅游业跨越式发展：充分利用和挖掘云南自然、历史文化资源，以文化丰富旅游内涵，促进文化与旅游的融合；把云南建成国内一流、国际知名的旅游目的地；将云南有条件的旅游城市机场建成对外开放口岸；简化游客出入境手续，研究推动大湄公河次区域内人员往来正常、有序开展，适时研究推进相关出入境便利措施；对云南省符合国家产业政策和供地政策的重大旅游产业项目，在新增建设用地计划指标安排上予以倾斜。

2014年8月，国务院印发的《国务院关于促进旅游业改革发展的若干意见》中指出，围绕丝绸之路经济带和21世纪海上丝绸之路建设，在东盟-湄公河流域开发合作、大湄公河次区域经济合作、中亚区域经济合作、图们江地区开发合作以及孟中印缅经济走廊、中巴经济走廊等区域次区域合作机制框架下，采取有利于边境旅游的出入境政策，推动中国同东南亚、南亚、中亚、东北亚、中东欧的区域旅游合作。

2016年1月，国务院印发的《国务院关于支持沿边重点地区开发开放若干政策措施的意见》中指出：①加快推动互联互通境外段项目建设：加强政府间磋商，充分利用国际国内援助资金、优惠性质贷款、区域性投资基金和国内企业力量，加快推进我国与周边国家基础设施互联互通建设；重点推动中南半岛通道、中缅陆水联运通道、孟中印缅国际大通道、东北亚多式联运通道以及新亚欧大陆桥、中蒙俄跨境运输通道、中巴国际运输通道建设。②加快推进互联互通境内段项目建设：将我国与周边国家基础设施互联互通境内段项目优先纳入国家相关规划，进一步加大国家对项目建设的投资补助力度，加快推进项目建设进度。③加强口岸基础设施建设：支持在沿边国家级口岸建设多式联运物流监管中心，进一步加大资金投入力度，加强口岸查验设施建设，改善口岸通行条件。

二、沿边经济发展政策与边境旅游

1. 国家层面

2013 年 11 月，十八届三中全会通过的《中共中央关于全面深化改革若干重大问题的决定》中指出，加快沿边开放步伐，允许沿边重点口岸、边境城市、经济合作区在人员往来、加工物流、旅游等方面实行特殊方式和政策；建立开发性金融机构，加快同周边国家和区域基础设施互联互通建设，推进丝绸之路经济带、海上丝绸之路建设，形成全方位开放新格局。

2015 年 4 月，国务院印发的《国务院关于改进口岸工作支持外贸发展的若干意见》中指出：①加强口岸基础设施建设：利用多种资金渠道，加强边境口岸改造及查验设施建设，改善边境口岸通行条件；统筹使用援外资金，对国际运输大通道所涉及毗邻国家口岸基础和查验设施建设的援助优先予以安排，确保我国与毗邻国家边境口岸通行能力相当以及跨境基础设施互联互通。②支持地方依托口岸发展经济：依托口岸优势，建设海关特殊监管区域、边境经济合作区、跨境经济合作区及现代物流园区等平台和载体，打造集综合加工、商贸流通、现代物流、文化旅游等于一体的口岸经济增长极；完善免税店政策，优化口岸免税店空间布局，促进免税业务健康发展；规范边民互市贸易，支持边境地区发展特色优势产业，促进边贸与产业互促互动；继续发挥边境贸易资源能源通道作用，支持边境贸易企业参与大宗资源能源产品经营。③促进与周边国家口岸互联互通：将边境口岸合作事务纳入与邻国签署的共建"一带一路"合作备忘录等协议，与毗邻国家围绕重点口岸开展合作；建立健全我国与毗邻国家口岸合作机制，加强双边在口岸对等设立、工作制度、安全防范、便利通关和基础设施建设等方面的沟通与协作。④加快沿边地区口岸开放步伐：将沿边重点开发开放试验区、边境经济合作区、跨境经济合作区建成我国与周边合作的重要平台，允许沿边重点口岸、边境城市、经济合作区在人员往来、加工物流、旅游等方面实施特殊方式和政策；支持边境地区完善口岸功能，推进边境口岸城镇化建设，促进城镇、产业与口岸经济协同可持续发展；研究制定边民通道管理办法，规范云南、广西等省（区）边民通道管理，支持"一口岸多通道"监管模式创新。

2. 省级层面

2016年11月，云南省人民政府办公厅印发的《云南省边境经济合作区管理办法》中指出了云南省边境经济合作区管理办法的总则、行政管理、投资和经营、设立与升级、政策支持等内容，为云南省边境经济合作区的优化、可持续发展引导了方向。

三、出入境管理政策与边境旅游

1. 国家层面

2011年5月，国务院印发的《国务院关于支持云南省加快建设面向西南开放重要桥头堡的意见》中指出，简化游客出入境手续，研究推动大湄公河次区域内人员往来正常、有序开展，适时研究推进相关出入境便利措施。

2014年8月，国务院印发的《国务院关于促进旅游业改革发展的若干意见》中指出，研究促进外国人入境过境旅游签证便利化措施，推动符合规定条件的对外开放口岸开展外国人签证业务，逐步优化完善外国人72小时过境免签政策，推动外国人72小时过境免签城市数量适当、布局合理；统筹研究部分国家旅游团入境免签政策，优化邮轮出入境政策；为外国旅客提供签证和入出境便利，不断提高签证签发、边防检查等出入境服务水平。

2. 省级层面

1992年8月，云南省人民政府办公厅印发的《云南省中越、中老边境地区人员出入境管理规定》涉及总则，中方人员出入境，越方、老方及第三方人员入出境，处罚以及附则等内容，为云南省边境旅游的开展奠定了基础。

四、城镇建设政策与边境旅游

1. 国家层面

2014年8月，国务院印发的《国务院关于促进旅游业改革发展的若干意见》中指出，推动乡村旅游与新型城镇化有机结合，合理利用民族村寨、古村古镇，发展有历史记忆、地域特色、民族特点的旅游小镇，建设一批特色景观旅游名镇名村；加强规划引导，提高组织化程度，规范乡村旅游开发建设，保持传统乡村风貌；加强乡村旅游精准扶贫，扎实推进乡村旅游富民工程，带动贫困地区脱贫致富。

2016年2月，国务院印发的《国务院关于深入推进新型城镇化建设的若干意见》中指出，加快特色镇发展：因地制宜、突出特色、创新机制，充分发挥市场主体作用，推动小城镇发展与疏解大城市中心城区功能相结合、与特色产业发展相结合、与服务"三农"相结合；发展具有特色优势的休闲旅游、商贸物流、信息产业、先进制造、民俗文化传承、科技教育等魅力小镇，带动农业现代化和农民就近城镇化；提升边境口岸城镇功能，在人员往来、加工物流、旅游等方面实行差别化政策，提高投资贸易便利化水平和人流物流便利化程度。

2016年7月，住房和城乡建设部、国家发展和改革委员会、财政部等部委联合发布的《住房城乡建设部 国家发展改革委 财政部关于开展特色小镇培育工作的通知》中提出了特色小镇培育的指导思想、原则和目标以及培育要求，同时在组织领导和支持政策方面明确提到三部委负责组织开展全国特色小镇培育工作，明确培育要求，制定政策措施，开展指导检查，公布特色小镇名单；省级住房城乡建设、发展改革、财政部门负责组织开展本地区特色小镇培育工作，制定本地区指导意见和支持政策，开展监督检查，组织推荐；县级人民政府是培育特色小镇的责任主体，制定支持政策和保障措施，整合落实资金，完善体制机制，统筹项目安排并组织推进。镇人民政府负责做好实施工作。

2016年10月，住房和城乡建设部印发的《住房城乡建设部关于公布第一批中国特色小镇名单的通知》第一批中国特色小镇名单中认定北京市房山区长沟镇等127个镇为第一批中国特色小镇，其中云南省边境州（市）的红河州建水县西庄镇、德宏州瑞丽市畹町镇和非边境地区的大理州大理市喜洲镇入选。

2017年1月，国务院发布的《"十三五"促进民族地区和人口较少民族发展规划》指出：①推进以人为核心的新型城镇化：充分考虑大部分民族地区地广人稀、地处边疆的特点，坚持因地制宜、固土守边的原则，研究制定推进新型城镇化的特殊政策措施；统筹大中城市、小城镇发展，建立健全城市群发展协调机制；加强城镇规划建设管理，推进公用设施建设，提升服务功能；加快中心城市建设，增强辐射带动能力，运用政府和社会资本合作等方式，有效缓解市政建设资金压力；支持中小城市、重点镇、特色镇发展，重点建设一批边贸重镇、产业大镇、工业强镇和旅游名镇；优化城市空间结构和管理格局，加快推进绿色城市、智慧城市、人文城市、海绵城市建设；加快城镇产业集聚和人口集中，吸引各类企业向县城和中心镇汇聚，增强城镇可持续发展能力；全面深化户籍制度改革，建立健全农业转移人口市民化机制，加快推进农业转移人口市民化；加大城市棚户区改造力度；充分尊重农牧民意愿，完善收益形成与返还机制，促进农牧民就近就地城镇化；围绕国家新型城镇化综合试点，培育发展一批山地城镇、生态城镇、旅游城镇等特色城镇，积极探索边境地区、集中连片特困地区、人口较少民族地区新型城镇化的有效路径。②推进以民族文化为载体的新型城镇化建设：根据不同民族地区的自然历史文化禀赋、区域差异性和不同民族的文化形态多样性，发展有历史记忆、文化脉络、地域风貌、民族特点的美丽城镇，形成建筑风格、产业优势、文化标识独特的少数民族特色小镇保护与发展模式；在旧城改造中，重视保护历史文化遗产、民族文化风格和传统建筑风貌，促进功能提升与民族文化保护相结合；在新城新区建设中，注重融入传统民族文化元素，与原有城市自然人文特征相协调；加强历史文化名城名镇、历史文化街区、民族特色小镇的文化资源挖掘和整体文化生态保护，打造魅力特色旅游文化街区，推进民族特色突出、历史底蕴厚重、时代特色鲜明的新型民族特色城镇化建设。

2017年2月，国家发展和改革委员会、国家开发银行发布的《国家发展改革委 国家开发银行关于开发性金融支持特色小（城）镇建设促进脱贫攻坚的意见》明确了七方面任务，包括加强规划引导、支持发展特色产业、补齐特色小（城）镇发展短板、积极开展试点示范、加大金融支持力度、强化人才支撑、建立长效机制。在加大金融支持力度方面，该意见要求，开发银行加大对特许经营、政府购买服务等模式的信贷支持力度，特别是通过探索多种类型的PPP模式，引入大型企业参与投资，引导社会资本广泛参与；发挥开发银行"投资、贷款、债券、租赁、证券、基金"综合服务功能和作用，在设立基金、发行债券、资产证券化等方面提供财务顾问服务；发挥资本市场在脱贫攻坚中的积极作用，盘活贫困地区特色资产资源，为特色小（城）镇建设提供多元化金融支持。

2017年4月，住房和城乡建设部、中国建设银行联合下发的《住房城乡建设部 中国建设银行关于推进商业金融支持小城镇建设的通知》中提到，各级住房城乡建设部门、建设银行各分行要充分认识商业金融支持小城镇建设的重要意义，坚持用新发展理念统筹指导小城镇建设，加强组织协作，创新投融资体制，加大金融支持力度，确保项目资金落地，全面提升小城镇建设水平和发展质量。

2017年3月，住房和城乡建设部发布的《城市设计管理办法》提出：①通过城市设计，从整体平面和立体空间上统筹城市建筑布局、协调城市景观风貌，体现地域特征、民族特色和时代风貌。②开展城市设计，应当符合城市（县人民政府所在地建制镇）总体规划和相关标准；尊重城市发展规律，坚持以人为本，保护自然环境，传承历史文化，塑造城市特色，优化城市形态，节约集约用地，创造宜居公共空间；根据经济社会发展水平、资源条件和管理需要，因地制宜，逐步推进。

2. 省级层面

2017年4月，云南省人民政府办公厅发布的《云南省人民政府关于加快特色小镇发展的意见》中提到，2017~2019年，由省发展和改革委员会每年从省重点项目投资基金中筹集不低于300亿元作为资本金专项支持特色小镇建设，实现资本金全覆盖，并向贫困地区、边境地区、世居少数民族地区和投资规模大的特色小镇倾斜。

五、乡村建设政策与边境旅游

1. 国家层面

2014年8月，国务院印发的《国务院关于促进旅游业改革发展的若干意见》中提到，推动乡村旅游与新型城镇化有机结合，合理利用民族村寨、古村古镇，发展有历史记忆、地域特色、民族特点的旅游小镇，建设一批特色景观旅游名镇名村；加强规划引导，提高组织化程度，规范乡村旅游开发建设，保持传统乡村风貌；加强乡村旅游精准扶贫，扎实推进乡村旅游富民工程，带动贫困地区脱贫致富；统筹利用惠农资金加强卫生、环保、道路等基础设施建设，完善乡村旅游服务体系；加强乡村旅游从业人员培训，鼓励旅游专业毕业生、专业志愿者、艺术和科技工作者驻村帮扶，为乡村旅游发展提供智力支持。

2017年3月，农业部、财政部联合发布的《农业部 财政部关于开展国家现代农业产业园创建工作的通知》中指出，推进适度规模经营，建设新型经营主体创业创新孵化区；鼓励引导家庭农场、农民合作社、农业产业化龙头企业等新型经营主体,重点通过股份合作等形式入园创业创新,发展多种形式的适度规模经营,搭建一批创业见习、创客服务平台,降低创业风险成本,提高创业成功率,将产业园打造成为新型经营主体"双创"的孵化区;提升农业质量效益和竞争力,建设现代农业示范核心区;加快农业经营体系、生产体系、产业体系转型升级,推进质量兴农、效益兴农、竞争力提升,树立农业现代化建设的标杆,将产业园打造成为示范引领农业转型升级、提质增效、绿色发展的核心区。

2. 省级层面

2014 年 7 月,云南省文化厅发布的《中共云南省委 云南省人民政府关于推进美丽乡村建设的若干意见》整体上勾勒出了美丽乡村建设的总体要求、重点任务和保障措施等。2016 年 2 月,《云南省美丽宜居乡村建设行动计划(2016—2020 年)》指明了乡村建设的总体要求、着力实施七大行动、强化保障机制等内容,为美丽乡村建设指明了方向,提供了机制保障建议。

六、文化产业政策与边境旅游

1. 国家层面

2011 年 5 月,国务院印发的《国务院关于支持云南省加快建设面向西南开放重要桥头堡的意见》中指出,加强边境地区广播影视基础设施建设,增强少数民族语言节目的译制和制作能力,实现广播电视村村通;加大对民族文化的传承和保护力度,加强对文物和非物质文化遗产的保护与开发利用,建设博物馆、科技馆、艺术交流中心、影视基地等文化项目;充分利用云南省丰富的文化资源,加快推进民族文化产业发展;深化与东南亚和南亚国家的文化交流合作,大力发展文化贸易。

2016 年 5 月,《国务院办公厅转发文化部等部门关于推动文化文物单位文化创意产品开发的若干意见》中指出,促进文化创意产品开发的跨界融合,将文化创意产品开发作为推动革命老区、民族地区、边疆地区、贫困地区文化遗产保护和文化发展、扩大就业、促进社会进步的重要措施。

2016 年 12 月,国务院发布的《"十三五"脱贫攻坚规划》中指出,积极发展特色文化旅游:依托当地民族特色文化、红色文化、乡土文化和非物质文化遗产，大力发展贫困人口参与并受益的传统文化展示表演与体验活动等乡村文化旅游；开展非物质文化遗产生产性保护，鼓励民族传统工艺传承发展和产品生产销售；坚持创意开发，推出具有地方特点的旅游商品和纪念品。

2017年2月，在全国文化产业工作会议上发布的《文化部"十三五"时期文化发展改革规划》中指出：①全面加强边境地区文化建设：以边境县为主体，以县、乡、村三级为重点，以公共文化服务体系建设为主要方面，全面加强边境地区文化建设，推动文化稳边、固边、兴边；加强边境地区公共文化设施建设，改造提升设施条件，增加多层次、多语种文化产品供给，加强网络建设和数字资源建设；鼓励文艺工作者深入边境地区开展采风创作和慰问演出，丰富边民文化生活；加大文化人才、文化科教支边力度，加强人才培训；挖掘和保护边境特色文化资源，扶持特色文化产业发展；建立边境地区文化市场执法协作机制，加大违法案件查办力度，维护文化安全；支持边境地区与周边国家和地区开展形式多样、内容丰富的文化交流与合作，发展文化边贸。②加强边境县公共文化设施建设；建设边疆万里数字文化长廊，基本实现边境地区公共数字文化网络全覆盖；实施边疆博物馆提升工程；实施"春雨工程"，开展文化志愿者边疆行活动；支持边境地区建设具有富民效应和示范效应的文化产业园区基地，鼓励发展传统工艺和文化旅游，支持搭建外向型展会平台，开展原创动漫边疆推广工作；实施文化睦邻工程，积极开展跨境文化交流和贸易合作。

2017年5月发布的《国家"十三五"时期文化发展改革规划纲要》指出，发扬红色传统、传承红色基因，用好革命历史类纪念设施、遗址和各类爱国主义教育示范基地等红色资源；大力强化全社会文物保护意识，加强世界文化遗产、文物保护单位、大遗址、国家考古遗址公园、重要工业遗址、历史文化名城名镇名村和非物质文化遗产等珍贵遗产资源保护，推动遗产资源合理利用；加强馆藏文物保护和修复；健全非物质文化遗产保护制度；推进非物质文化遗产生产性保护；鼓励金融机构开发适合文化企业特点的文化金融产品；加强对外文化贸易公共信息服务，分领域、分国别发布国外文化市场动态和文化产业政策信息；支持开展涉外知识产权维权工作。将文化用地纳入城乡规划、土地利用总体规划，在国家土地政策许可范围内，优先保证重要公益性文化设施和文化产业设施、项目用地。

2. 省级层面

2016年4月，中共云南省委、云南省人民政府联合发布的《中共云南省委云南省人民政府关于着力推进重点产业发展的若干意见》中指出，推进文化创意和设计服务与相关产业融合发展，着力发展新闻传媒、出版发行印刷、歌舞演艺、影视音像、文化休闲娱乐等文化产业；积极发展具有民族特色和地方特色的传统文化艺术，鼓励创造优秀文化产品；推进旅游与文化深度融合，提升旅游发展文化内涵，加快建设历史文化旅游区、红色文化旅游区、主体文化游乐园、民族文化旅游基地，着力打造文化旅游节庆品牌和精品演艺产品，以"南博会""旅交会"为重点加快会展业发展，拓展旅游文化新业态。

2017年4月，《云南省人民政府办公厅转发省文化厅等部门关于推动文化文物单位文化创意产品开发的实施意见》中指出：①促进文创产品开发的跨界合作：支持文化资源与创意设计、旅游等有关产业跨界合作，提升文化旅游产品和服务的设计水平，开发具有地域特色、民族风情、文化品位的旅游商品和纪念品；鼓励文化单位和企业依托优秀演艺、影视等资源开发文化创意产品，延伸产业链条；推动优秀文化资源与新型城镇化、美丽宜居乡村建设相结合，使之更多融入公共空间、公共设施、公共艺术的规划设计，丰富城乡文化内涵，优化社区人文环境。②推进旅游和文化的深度融合：充分利用文化文物资源发展旅游文化产品业态，大力组织互动性强、参与性强、体验性强的文化旅游活动，培育民族文化节庆品牌和旅游演艺品牌，积极开发具有地方和民族特色的旅游工艺品、纪念品；推动旅游文化产业要素集聚发展，重点建设一批旅游文化产业集聚区、休闲度假区、主题文化游乐园、旅游文化休闲街区、旅游文化商品加工和装备制造基地；鼓励支持旅游文化企业参与文化创意产品开发和经营，推动旅游文化企业跨地区、跨行业、跨所有制兼并和重组，做大做强龙头企业，做精做优骨干企业，做特做活特色企业。

七、旅游产业政策与边境旅游

1. 国家层面

2015年1月，国家旅游局印发的《关于促进智慧旅游发展的指导意见》强调，智慧旅游建设的主要任务包括夯实智慧旅游发展信息化基础、建立完善旅游信息基础数据平台、建立游客信息服务体系、建立智慧旅游管理体系、构建智慧旅游营销体系、推动智慧旅游产业发展、加强示范标准建设、加快创新融合发展、建立景区门票预约制度、推进数据开放共享。

2017年7月，交通运输部发布的《交通运输部 国家旅游局 国家铁路局 中国民用航空局 中国铁路总公司 国家开发银行关于促进交通运输与旅游融合发展的若干意见》中提出，完善旅游交通基础设施网络体系；健全交通服务设施旅游服务功能；推进旅游交通产品创新；提升旅游运输服务质量；强化交通运输与旅游融合发展的保障措施等。此文件的发布为"旅游+交通"发展理念指明了道路，有利于边境地区旅游资源的多元化，拓宽了旅游资源范围，更有利于边境地区旅游经济的发展与提升。

2017年4月，交通运输部印发的《推进交通运输生态文明建设实施方案》阐述了交通运输生态文明建设的总体要求、建设原则、重点任务和保障措施，从优化交通运输结构、加强交通运输生态保护和污染综合防治、推进交通运输资源节约循环利用、强化交通运输生态文明综合治理能力4个方面提出了推进交通运输生态文明建设的15项重点任务，并制定了强化交通运输生态文明组织领导、多渠道筹措绿色发展资金、加强生态文明宣传教育3项保障措施。

2017年3月，国务院办公厅转发的《中国传统工艺振兴计划》中提出，依托乡村旅游创客示范基地和返乡下乡人员创业创新培训园区(基地)，推动传统工艺品的生产、设计等和发展乡村旅游有机结合；鼓励在传统工艺集中的历史文化街区和村镇、自然和人文景区、传统工艺项目集中地，设立传统工艺产品的展示展销场所，集中展示、宣传和推介具有民族或地域特色的传统工艺产品，推动传统工艺与旅游市场的结合；在非物质文化遗产、旅游等相关节会上设立传统工艺专区。

2. 省级层面

2013年9月，《中共云南省委 云南省人民政府关于建设旅游强省的意见》提到，以中国-东盟自由贸易区、大湄公河次区域、孟中印缅地区的旅游合作为重点，完善政府、企业和有关组织多元合作主体互动机制，着力打造不同资源特色的精品跨国旅游区，推动建立大湄公河次区域无障碍旅游区，构建"资源共享、客源互送、信息互通、要素流动、互利互惠"的区域性国际旅游交流与合作发展格局。

八、各类相关政策

1. 交通

2014年8月,国务院印发的《国务院关于促进旅游业改革发展的若干意见》指出,完善旅游交通服务:高速公路、高速铁路和机场建设要统筹考虑旅游发展需要;完善加油站点和高速公路服务区的旅游服务功能,加快推进高速公路电子不停车收费系统(ETC)建设;将通往旅游区的标志纳入道路交通标志范围,完善指引、旅游符号等标志设置;推进旅游交通设施无障碍建设与改造;重点旅游景区要健全交通集散体系;增开旅游目的地与主要客源地之间的列车和旅游专列,完善火车站、高速列车、旅游专列的旅游服务功能,鼓励对旅游团队火车票价实行优惠政策。加强高铁车站与城市、景区的交通衔接;支持重点旅游城市开通和增加与主要客源地之间的航线,支持低成本航空和旅游支线航空发展,鼓励按规定开展国内旅游包机业务;规划引导沿江沿海公共旅游码头建设,增开国际、国内邮轮航线。制定旅游信息化标准,加快智慧景区、智慧旅游企业建设,完善旅游信息服务体系。

2017年2月发布的《中国民用航空发展第十三个五年规划》中指出,稳步推进新增运输机场布局;增加中西部地区机场数量,提高机场密度,扩大航空运输服务覆盖。

2016年12月,国家发展和改革委员会、交通运输部联合印发的《关于进一步贯彻落实"三大战略"发挥高速公路支撑引领作用的实施意见》中指出,加快建设长江中游、成渝、滇中、黔中,以及"一带一路"两大核心区高速公路网,推进核心城市、重要城镇间的直通互联;围绕新亚欧大陆桥、中蒙俄、中国—中亚—西亚、中国—中南半岛、中巴、孟中印缅等"一带一路"国际经济走廊,强化内蒙古、新疆、云南等省(区)的重要沿边陆路口岸与国内高速公路网络的连接,提高内外交通互联互通水平。

2017年2月,国务院印发的《"十三五"现代综合交通运输体系发展规划》指出,发挥广西、云南开发开放优势,建设云南面向南亚东南亚辐射中心,构建广西面向东盟国际大通道,以昆明、南宁为支点,连接上海至瑞丽、临河至磨憨、济南至昆明等运输通道;逐步构建衔接东南亚、南亚的西南国际运输走廊;推进滇中等城市群城际铁路建设,形成以轨道交通、高速公路为骨干,普通公路为基础,水路为补充,民航有效衔接的多层次、便捷化城际交通网络;

建设昆明等国际性综合交通枢纽，强化国际人员往来、物流集散、中转服务等综合服务功能，打造通达全球、衔接高效、功能完善的交通中枢；推进大理、曲靖等综合交通枢纽建设，优化中转设施和集疏运网络，促进各种运输方式协调高效，扩大辐射范围；推进瑞丽、磨憨、河口等沿边重要口岸枢纽建设。

2017年3月，国家发展和改革委员会、交通运输部联合下发的《面向南亚东南亚辐射中心综合交通运输发展规划（2017—2030年）》指出，瑞丽、磨憨、河口列为沿边重要口岸枢纽，将在"十三五"期间开工建设。

2. 用地

2011年5月，国务院印发的《国务院关于支持云南省加快建设面向西南开放重要桥头堡的意见》中指出，对云南年度建设用地计划实行倾斜，改革完善建设用地审批制度，简化手续，保障重点工程建设用地。支持探索水电站、水库等重大能源和水利基础设施建设涉及的淹没区及生态修复整体绿化的用地方式改革；支持建立耕地保护补偿机制，充分调动基层政府和农民保护耕地积极性，鼓励通过市场化的耕地占补平衡模式合理有序地开发利用土地资源。

2014年8月，国务院印发的《国务院关于促进旅游业改革发展的若干意见》指出，优化土地利用政策；坚持节约集约用地，按照土地利用总体规划、城乡规划安排旅游用地的规模和布局，严格控制旅游设施建设占用耕地；改革完善旅游用地管理制度，推动土地差别化管理与引导旅游供给结构调整相结合；编制和调整土地利用总体规划、城乡规划和海洋功能区规划时，要充分考虑相关旅游项目、设施的空间布局和建设用地要求，规范用海及海岸线占用；年度土地供应要适当增加旅游业发展用地；进一步细化利用荒地、荒坡、荒滩、垃圾场、废弃矿山、边远海岛和石漠化土地开发旅游项目的支持措施；在符合规划和用途管制的前提下，鼓励农村集体经济组织依法以集体经营性建设用地使用权入股、联营等形式与其他单位、个人共同开办旅游企业，修建旅游设施涉及改变土地用途的，依法办理用地审批手续。

2015年11月，国土资源部、住房和城乡建设部、国家旅游局联合印发的《关于支持旅游业发展用地政策的意见》指出，积极保障旅游业发展用地供应，明确旅游新业态用地政策，加强旅游业用地服务监管。

2016年8月，住房和城乡建设部、国土资源部联合下发的《住房城乡建设部 国土资源部关于进一步完善城市停车场规划建设及用地政策的通知》指出，供应工业、商业、旅游、娱乐、商品住宅等经营性用地配建停车场用地的，应当以招标、拍卖或者挂牌方式供地。标底或者底价不得低于国家规定的最低价标准。

3. 投融资

2011年5月，国务院印发的《国务院关于支持云南省加快建设面向西南开放重要桥头堡的意见》指出：①金融政策：鼓励银行业金融机构为符合国家政策的重大基础设施建设项目提供信贷支持；鼓励和引导外资银行到云南设立机构和开办业务；支持符合条件的大中型优势企业在国际资本市场上市和发行债券；支持符合条件的境内外保险机构在昆明设立区域性总部、后援服务中心、培训基地等。②投资与产业政策：中央安排的公益性建设项目，取消县以下（含县）及集中连片困难地区市地级配套资金；支持云南利用中国-东盟投资合作基金、中国-东盟专项信贷资金建设有关项目；实行差别化产业政策，对云南具有特色优势的项目适当给予倾斜；对于边境地区技术水平先进的清洁载能工业给予优惠政策。

2014年8月，国务院印发的《国务院关于促进旅游业改革发展的若干意见》中指出，加大财政金融扶持：抓紧研究新形势下中央财政支持旅游业发展的相关政策，做好国家旅游宣传推广、规划编制、人才培养和旅游公共服务体系建设；国家支持服务业、中小企业、新农村建设、扶贫开发、节能减排等专项资金，要将符合条件的旅游企业和项目纳入支持范围；政府引导，推动设立旅游产业基金；支持符合条件的旅游企业上市，通过企业债、公司债、中小企业私募债、短期融资券、中期票据、中小企业集合票据等债务融资工具，加强债券市场对旅游企业的支持力度，发展旅游项目资产证券化产品；加大对小型微型旅游企业和乡村旅游的信贷支持。

2016年1月，国务院发布的《国务院关于支持沿边重点地区开发开放若干政策措施的意见》中指出，拓宽融资方式和渠道，完善金融组织体系，鼓励金融产品和服务创新，防范金融风险。

2017年4月，中国银行业监督管理委员会发布的《中国银监会关于提升银行业服务实体经济质效的指导意见》中指出，银行业金融机构要进一步拓展消费金融业务，积极满足居民在大宗耐用消费品、新型消费品以及教育、旅游等服务领域的合理融资需求。此外还明确指出，为休闲农业、乡村旅游等新产业新业态提供有效金融服务；积极满足居民在旅游等服务领域的合理融资需求。

4. 财税

2011年5月，国务院印发的《国务院关于支持云南省加快建设面向西南开放重要桥头堡的意见》中指出，国家加大转移支付和投资力度，支持云南桥头堡建设和发展；加大边境地区专项转移支付力度，加强边界日常维护和边界管控，促进边境贸易发展，改善边境地区民生；研究中小企业信贷增量奖励政策，加大涉农信贷增量奖励支持力度，鼓励地方出台相应补贴和奖励政策；加大对云南贫困地区的贷款贴息支持力度；鼓励地方政府开展优势特色农业保险保费补贴试点工作。

2016年3月23日，国家税务总局下发了《关于全面推开营业税改征增值税试点的通知》，文件中明确提到自2016年5月1日起，在全国范围内全面推开营业税改征增值税试点，建筑业、房地产业、金融业、生活服务业等全部营业税纳税人，纳入试点范围。至此，营业税退出历史舞台，增值税制度将更加规范。营业税改增值税是指以前缴纳营业税的应税项目改成缴纳增值税，增值税只对产品或者服务的增值部分纳税，减少了重复纳税的环节，是党中央、国务院根据经济社会发展新形势，从深化改革的总体部署出发做出的重要决策，目的是加快财税体制改革、进一步减轻企业赋税，调动各方积极性，促进服务业尤其是科技等高端服务业的发展，同时有利于促进边境旅游产业和消费升级、培育新动能、深化供给侧结构性改革。

5. 环保

2016年11月，国务院发布的《国务院关于印发"十三五"生态环境保护规划的通知》中指出，维护修复城市自然生态系统：加强城市周边和城市群绿化，实施"退工还林"，成片建设城市森林；大力提高建成区绿化覆盖率，加快老旧公园改造，提升公园绿地服务功能；推行生态绿化方式，广植当地树种，乔灌草合理搭配、自然生长；加强古树名木保护，严禁移植天然大树进城。发展森林城市、园林城市、森林小镇；到2020年，城市人均公园绿地面积达到14.6平方米，城市建成区绿地率达到38.9%。

6. 旅游人才

2011年5月，国务院印发的《国务院关于支持云南省加快建设面向西南开放重要桥头堡的意见》指出，逐步提高云南机关事业单位职工工资水平，落实艰苦边远地区津贴动态调整机制，中央财政按规定政策给予适当补助；支持中央国家机关、重点院校、科研院所、大型企业选派人才对云南实施人才帮扶；在实施边远贫困地区、边疆民族地区和革命老区人才支持计划时，加大对云南省人才和智力支持力度。

2014年8月，国务院印发的《国务院关于促进旅游业改革发展的若干意见》中指出，实施"人才强旅、科教兴旅"战略，编制全国旅游人才中长期发展规划，优化人才发展的体制机制；加强旅游学科体系建设，优化专业设置，深化专业教学改革，大力发展旅游职业教育；建立完善旅游人才评价制度，培育职业经理人市场；推动导游管理体制改革，建立健全导游评价制度，落实导游薪酬和社会保险制度，逐步建立导游职级、服务质量与报酬相一致的激励机制；加强与高等院校、企业合作，建立一批国家旅游人才教育培训基地，加强导游等旅游从业人员培训，不断提高素质和能力；鼓励专家学者和大学生等积极参加旅游志愿者活动；把符合条件的旅游服务从业人员纳入就业扶持范围，落实好相关扶持政策；支持旅游科研单位和旅游规划单位建设，加强旅游基础理论和应用研究。

7. 旅游安全

2014年8月，国务院印发的《国务院关于促进旅游业改革发展的若干意见》中指出，加强旅游道路特别是桥梁、隧道等交通安全和食品安全监督检查，对客运索道、大型游乐设施等旅游场所特种设备定期开展安全检测；完善旅游安全服务规范，旅游从业人员上岗前要进行安全风险防范及应急救助技能培训；旅行社、景区要对参与高风险旅游项目的旅游者进行风险提示，并开展安全培训；景区要加强安全防护和消防设施建设；按照属地管理原则，建立健全旅游景区突发事件、高峰期大客流应对处置机制和旅游安全预警信息发布制度，将其纳入当地统一的应急体系；重点景区要配备专业的医疗和救援队伍，有条件的可纳入国家应急救援基地统筹建设。

8. 旅游市场诚信

2014年8月，国务院印发的《国务院关于促进旅游业改革发展的若干意见》中指出，加强市场诚信建设：在社会诚信体系建设中，加快完善旅游相关企业和从业人员诚信记录；行业协会要完善行业自律规则和机制，引导会员企业诚信经营；建立严重违法企业"黑名单"制度，加大曝光力度，完善违法信息共享机制；加强旅游市场综合执法，依法严厉打击"黑导游"和诱导、欺骗、强迫游客消费等行为，依法严肃查处串通涨价、哄抬价格和价格欺诈的行为，积极营造诚实守信的消费环境，引导旅游者文明消费；充分发挥旅游者、社会公众及新闻媒体的监督和引导作用，推进旅游服务质量提升；推动景区景点进一步做好文明创建和文明旅游宣传引导工作，加大景区文明旅游执法，杜绝乱刻乱画、随地吐痰、乱丢垃圾等行为。

第二节　边境旅游运行的政策集成框架

一、边境旅游发展政策的现状与问题

1. 边境旅游发展政策的现状

根据目前我国边境旅游相关政策的出台情况，可以简单地归纳出边境旅游有关政策存在的现状和问题。边境旅游发展政策现状主要如下。

1) 国家和省级政府层面都对边境旅游的发展较为重视，提出了较为可行的政策措施，政策导向也较为明确。例如，2017年5月，国务院办公厅在印发的《兴边富民行动"十三五"规划》中明确提出，在项目、资金和政策上对边境地区旅游业予以倾斜支持，大力发展"多彩边境"旅游和跨境特色旅游，积极扶持一批对脱贫致富带动力强的重点景区；推动建设边境旅游试验区、跨境旅游合作区和全域旅游示范区，开发具有边境地域特色、民族特色的旅游项目、主题酒店和特色餐饮，办好民族风情节；支持边境地区特色文化产业和旅游业融合发展，开发高品质特色旅游产品，提升文化旅游层次和水平；打造丝绸之路、茶马古道、环喜马拉雅等国际精品旅游线路，加强重点旅游城市和景点建设。该规划不仅为我国边境旅游的发展提供了强有力的政策指导，更预示着边境旅游在我国即将面临一次跨越式的大发展。此外，根据《国务院关于加快发展旅游业的意见》制定的《国民旅游休闲纲要（2013—2020年）》已于2013年2月由国务院办公厅正式发布，此纲要的出台进一步促进了大众旅游消费，增强了国民旅游休闲意识，提高了休闲参与度，同时为边境旅游的大力发展和体验"美丽中国"的梦想带来了重大机遇。

2) 简化了入境手续，重新启动异地办证政策。2005年，为了遏制边境地区游客出境参与赌博活动，公安部等13部委停止了全国所有边境地区异地办证

业务，这一要求对边境旅游活动的开展起到了阻碍作用，边境旅游发展变得缓慢。2009年初，经公安部、监察部、国家旅游局联合考察评估，我国边境异地办证业务再次启动。2013年，公安部、监察部和国家旅游局等14部委下发了《关于规范边境地区边境旅游异地办证工作的意见》（幸岭和徐燕，2014），更加加快了办理边境旅游通行证的速度，随着签证手续的简化，打通与周边地区无障碍的旅游，将是未来的重要趋势。

3）推动口岸建设，加快沿边地区开发开放。截至2016年底，云南省有一类口岸16个，二类口岸7个，共计23个。这些口岸作为连接我国与邻近国家的桥梁和纽带，为促进边境地区的开发开放及推动我国与周边国家的睦邻友好关系发挥了重要作用。《中华人民共和国国民经济和社会发展第十三个五年规划纲要》中明确表示，推进边境城市和重点开发开放试验区等建设；加强基础设施互联互通，加快建设对外骨干通道；大力推进兴边富民行动，加大边民扶持力度；推动中蒙俄、中国-中亚-西亚、中国-中南半岛、新亚欧大陆桥、中巴、孟中印缅等国际经济合作走廊建设，推进与周边国家基础设施互联互通，共同构建连接亚洲各次区域以及亚欧非之间的基础设施网络。

2. 边境旅游发展政策存在的问题

改革开放以来，我国及云南边境旅游得到了长足的发展，这与我国及云南边境旅游政策的制定与实施是密切相关的，在以往研究成果的基础上，结合云南边境旅游的发展实际，总结出其政策的制定与实施仍存在以下问题。

1）《边境旅游暂行管理办法》有待完善，尚未真正适应新时期边境旅游发展的需要。1997年10月颁布实施的《边境旅游暂行管理办法》已较为陈旧，在旅游发展的新形势下，我国边境旅游发生了许多新的变化、新的情况，现行的政策办法大都针对出入境旅游进行规范管理，在政策的具体实施方面提及较少。因此，应加快《边境旅游暂行管理方法》的修订，以适应边境旅游发展的需要。在细则方面，目前仅有1998年由国家旅游局、外交部、公安部、海关总署联合发布的《中俄边境旅游暂行管理实施细则》，而与边境其他国家合作发布的边境旅游管理细则均尚未出台。

2）亟待联合相关部门，共同关注边境旅游的可持续发展。边境地区是涵盖多元文化、政治、经济制度的复杂地域系统，这就决定了边境旅游政策制定的特殊性，除了涉及旅游业，还涉及社会治安、边境治理、国家安全、综合管理、国际国内的法律调控、生态保护、土地利用等诸多方面。因此，在制定边境旅游相关政策过程中，需要各部门紧密协调配合，以边境旅游产业提质增效发展为着力点，全方位加大对边境地区旅游发展的扶持力度。

3）边境旅游开放政策仍显不足，吸引外国游客力度不强。总体来讲，我国边境地区旅游政策的制定往往把重心放在将游客"输出"，鲜有政策着眼于将外国游客"引进"。因此，在制定边境旅游相关政策上，应在考虑边境各地区实际情况的基础上，给予更多的投融资、财税、用地、人才培养等优惠政策，以便完善边境地区旅游基础服务设施建设，延长国外游客在目的地的逗留时间，增加其旅游消费，进而通过边境旅游促进本地经济的发展。此外，在边境旅游通关方面，应尽早统一通关证件，简化通关程序，为国外游客的出入境提供更多的便利。

4）在地方边境旅游政策制定方面，各边境邻近省份的政策体系还有待加强。我国边境旅游业现有的可参照管理规定主要有《边境旅游暂行管理办法》和《中俄边境旅游暂行管理实施细则》。各边境邻近省份制定的相关边境旅游政策，大多停留在 20 世纪 90 年代初期，近年来少有针对其做出更新与修订。目前，我国边境旅游迎来了新的发展契机，各边境省份应根据省份内部边境旅游发展的实际情况相应地制定出符合本身边境旅游发展实际的边境旅游发展政策，以便更好地推动云南各边境州（市）及我国其他边境地区旅游的长远发展（葛全胜和钟林生，2014）。

3. 边境旅游发展有利政策分析

在综合以上针对边境旅游相关政策内容分析的基础上，对边境旅游政策进行框架集成，进而分析边境旅游相关政策存在的现状及问题。通过分析可知，对边境旅游发展较为有利且可以直接利用的政策主要如下。

1）在区域合作政策与边境旅游方面。①依据《国务院关于支持云南省加快建设面向西南开放重要桥头堡的意见》，建设瑞丽沿边重点开发开放试验区，积极支持符合条件的地区按程序申请设立海关特殊监管区域；重点发展外向型特色加工制造业；规范并促进边民互市贸易区（点）的发展，积极发展保税物流、跨境旅游；推进与周边国家的贸易便利化合作，加快云南电子口岸建设，推进通关便利化，改善对外贸易软环境，提高口岸通行能力；继续支持口岸联检设施、查验货场等基础设施建设，提高监管水平。②依据《国务院关于促进旅游业改革发展的若干意见》，采取有利于边境旅游的出入境政策，推动中国同东南亚、南亚、中亚、东北亚、中东欧的区域旅游合作。③依据《国务院关于支持沿边重点地区开发开放若干政策措施的意见》，充分利用国际国内援助资金、优惠性质贷款、区域性投资基金和国内企业力量，加快推进我国与周边国家基础设施互联互通建设；支持在沿边国家级口岸建设多式联运物流监管中心，进一步加大资金投入力度，加强口岸查验设施建设，改善口岸通行条件。

2）在沿边经济发展政策与边境旅游方面。①依据2013年颁布的《中共中央关于全面深化改革若干重大问题的决定》，加快沿边开放步伐，允许沿边重点口岸、边境城市、经济合作区在人员往来、加工物流、旅游等方面实行特殊方式和政策。②依据《国务院关于改进口岸工作支持外贸发展的若干意见》，依托口岸优势，建设海关特殊监管区域、边境经济合作区、跨境经济合作区及现代物流园区等平台和载体，打造集综合加工、商贸流通、现代物流、文化旅游等于一体的口岸经济增长极；促进与毗邻国家口岸合作机制，加强双边在口岸对等设立、工作制度、安全防范、便利通关等方面的有力合作，并支持"一口岸多通道"监管模式创新。③依据《国务院关于支持沿边重点地区开发开放若干政策措施的意见》，促进沿边要素流动便利化；大力推进边境地区贸易方式转变；加强基础设施建设，提高支撑保障水平；加大财税等支持力度，促进经济社会跨越式发展；鼓励金融创新与开放，提升金融服务水平；提升旅游开放水平，促进边境旅游繁荣发展。

3）在城镇建设政策与边境旅游方面。①依据《国务院关于促进旅游业改革发展的若干意见》，推动乡村旅游与新型城镇化有机结合，合理利用民族村寨、古村古镇，发展有历史记忆、地域特色、民族特点的旅游小镇，建设一批特色景观旅游名镇名村。②依据《国务院关于深入推进新型城镇化建设的若干意见》，推动小城镇发展与疏解大城市中心城区功能相结合、与特色产业发展相结合、与服务"三农"相结合。提升边境口岸城镇功能，在人员往来、加工物流、旅游等方面实行差别化政策，提升投资贸易便利化水平和人流物流便利化程度。③依据《住房城乡建设部关于公布第一批中国特色小镇名单的通知》，云南省边境地区的红河州建水县西庄镇、德宏州瑞丽市畹町镇和非边境地区的大理州大理市喜洲镇入选，重点发展以上地区的"旅游+特色小镇"模式。④依据《"十三五"促进民族地区和人口较少民族发展规划》，重点建设一批边贸重镇、产业大镇、工业强镇和旅游名镇；培育发展一批山地城镇、生态城镇、旅游城镇等特色城镇，积极探索边境地区、集中连片特困地区、人口较少民族地区新型城镇化的有效路径；加快特色产业发展，发挥少数民族特色村镇自然风光优美、民族风情浓郁、建筑风格独特的优势，促进特色产业发展与特色民居保护、民族文化传承、群众就业增收、生态环境保护、民族特色旅游融合发展；加强特色村镇旅游基础设施建设，完善旅游服务功能。⑤依据《西部大开发"十三五"规划》，推动边境口岸型城镇云南省河口县河口镇的健康发展。⑥依据《云南省人民政府关于加快特色小镇发展的意见》中提到的 2017~2019 年，由省发展和改革委员会每年从省重点项目投资基金中筹集不低于 300 亿元作为资本金专项支持特色小镇建设，实现资本金全覆盖，并向贫困地区、边境地区、世居少数民族地区和投资规模大的特色小镇倾斜。积极为边境特色小镇的建设申请资金支持。

4）在乡村建设政策与边境旅游方面。①依据《国务院关于促进旅游业改革发展的若干意见》，合理利用民族村寨、古村古镇，发展有历史记忆、地域特色、民族特点的旅游小镇，建设一批特色景观旅游名镇名村。②依据《农业部 财政部关于开展国家现代农业产业园创建工作的通知》，加快推进农业现代化。③依据《云南省美丽宜居乡村建设行动计划（2016—2020 年）》，着力实施"美丽乡村建设"的七大行动、强化保障机制。

5）在文化产业政策与边境旅游方面。①依据《国务院关于支持云南省加快建设面向西南开放重要桥头堡的意见》，加强边境地区广播影视基础设施建设，同时加强对文物和非物质文化遗产的保护与开发利用，建设博物馆、科技馆、艺术交流中心、影视基地等文化项目；充分利用云南省丰富的文化资源，加快推进边境民族旅游文化产业发展。②依据《国务院关于印发"十三五"脱贫攻坚规划的通知》，依托民族特色文化、红色文化、乡土文化和非物质文化遗产，大力发展边境贫困人口参与并受益的传统文化展示表演与体验活动等乡村文化旅游。③依据《文化部"十三五"时期文化发展改革规划》，全面加强边境地区文化建设；鼓励文艺工作者深入边境地区开展采风创作和慰问演出，丰富边民文化生活；加大文化人才、文化科教支边力度，加强人才培训；挖掘和保护边境特色文化资源，扶持特色文化产业发展；建立边境地区文化市场执法协作机制，加大违法案件查办力度，维护文化安全；支持边境地区与周边国家和地区开展形式多样、内容丰富的文化交流与合作，发展文化边贸；同时，支持边境地区建设具有富民效应和示范效应的文化产业园区基地，鼓励发展传统工艺和文化旅游，支持搭建外向型展会平台，开展原创动漫边疆推广工作；实施文化睦邻工程，积极开展跨境文化交流和贸易合作。④依据《中共云南省委 云南省人民政府关于着力推进重点产业发展的若干意见》，推进旅游与文化深度融合，提升旅游发展文化内涵，加快建设历史文化旅游区、红色文化旅游区、主体文化游乐园、民族文化旅游基地，着力打造文化旅游节庆品牌和精品演艺产品，拓展旅游文化新业态。

6）在旅游产业政策与边境旅游方面。①依据 2015 年国家旅游局印发的《关于促进智慧旅游发展的指导意见》，应在发展边境旅游过程中，夯实智慧旅游发展信息化基础、建立完善旅游信息基础数据平台、建立游客信息服务体系、建立智慧旅游管理体系、构建智慧旅游营销体系、推动智慧旅游产业发展、加强示范标准建设、加快创新融合发展、建立景区门票预约制度、推进数据开放共享等。②依据《关于促进交通运输与旅游融合发展的若干意见》，在发展边境旅游过程中，进一步强化交通发展与旅游融合发展的保障措施。

7）在其他各类相关政策与边境旅游方面。①依据《中国民用航空发展第十三个五年规划》，云南地区续建沧源佤山机场、澜沧景迈机场，新建红河机场、元阳机场、怒江机场，改扩建西双版纳嘎洒国际机场、丽江三义国际机场、大理机场、德宏芒市机场、保山云瑞机场、临沧机场、普洱思茅机场、文山普者黑机场、腾冲机场，迁建昭通机场，为云南边境旅游的提质增效发展提供基础设施保障。②依据《"十三五"现代综合交通运输体系发展规划》，加强贫困地区市（地、州、盟）之间、县（市、区、旗）与市（地、州、盟）之间高等级公路建设，实施具有对外连接功能的重要干线公路提质升级工程。加快资源丰富和人口相对密集贫困地区开发性铁路建设。在具备水资源开发条件的农村地区，统筹内河航电枢纽建设和航运发展。③依据《关于支持旅游业发展用地政策的意见》，在边境旅游发展过程中，明确旅游新业态用地政策，主要涉及引导乡村旅游规范发展，促进自驾车和房车露营地旅游有序发展，支持邮轮、游艇旅游优化发展，促进文化、研学旅游发展。

基于以上分析可知，区域合作政策、沿边经济发展政策、文化产业政策、城镇建设政策、乡村建设政策、旅游产业政策等为云南边境旅游发展及边境旅游整体规划的实施与开展在地缘优势、经济发展、产业支撑、资源拓展等方面提供了一定的政策支持。

鉴于边境地区旅游是一个综合复杂的地域系统，需要出入境管理、法律、旅游治安、口岸经济、生态补偿、市场诚信、通关、人才培养、旅游用地等政策的支撑。目前，国家和省级政府部门在这些方面的出台稍显不足，不能给边境地区旅游的发展提供可靠的支持。国家和省级政府部门需尽快完善尚属薄弱环节的边境旅游相关政策，包括出入境管理政策、与各边境国家的旅游管理细则、边境旅游相关法律政策、边境旅游治安管理政策、口岸经济区建设政策、人才培养与管理政策、生态保护补偿政策、产业政策、旅游用地政策、投融资政策、财税政策、通关政策、环保政策、旅游市场诚信政策、旅游安全政策以及与边境旅游发展有直接关系的其他政策等。

二、政策集成框架

边境旅游政策体系是由一系列相互联系的边境政策组成的整体，为了便于对其进行针对性的合理利用，将若干边境政策体系进行集成，同时对边境地区相关政策有选择、有针对性地在相应兼容度的基础上进行汇集，进而形成边境政策集群。这不是简单的各种政策的累积和叠加，而是根据边境工作的根本实际需要，不断地进行遴选、优化和组合，促使边境政策体系长期处于高效运行状态，从而不断地提高边境地区工作的质量和效率。

通过出台在人员往来、车辆往来、产品开发、管制开放、管理协调等方面的政策支持措施，以推动形成政策合力，为边境旅游发展营造一个好的政策环境。当然，许多政策还需要通过各个沿边地区，特别是拟设立跨境旅游合作区和边境旅游试验区的地方结合自身发展的实际，在政策集成框架下，提出更具可操作性的政策措施。例如，要区分哪些是需要中央层面推动的政策，哪些是需要省级层面推动的政策，还要弄清哪些是需要和对方国家协商制定的政策。除了提出"实打实"的扶持政策，还特别需要在创新管理方式上下功夫，通过政策创新、制度创新，推动沿边地区边境旅游发展迈上新的台阶。争取把边境旅游合作区打造成为"游客往来便利、服务优良、管理协调、吸引力强"的重要国际旅游目的地。具体政策体系包括基础层、核心层和拓展层（图11-1）。

1. 基础层

基础层边境旅游政策主要涉及与边境旅游开展紧密相关的政策体系，在更大程度上为边境旅游的开展与实践创造良好的制度环境。一般来讲，可以把主要政策体系看作旅游产业发展过程中的投入要素，主要投入要素分为土地、资金、劳动力三大板块。土地板块主要涉及旅游用地政策；资金板块包括投融资政策、财税政策；劳动力板块主要包括就业政策等。综上可知，边境旅游基础层政策大致涉及交通建设、旅游用地、投融资、财税、就业及其他相关政策。

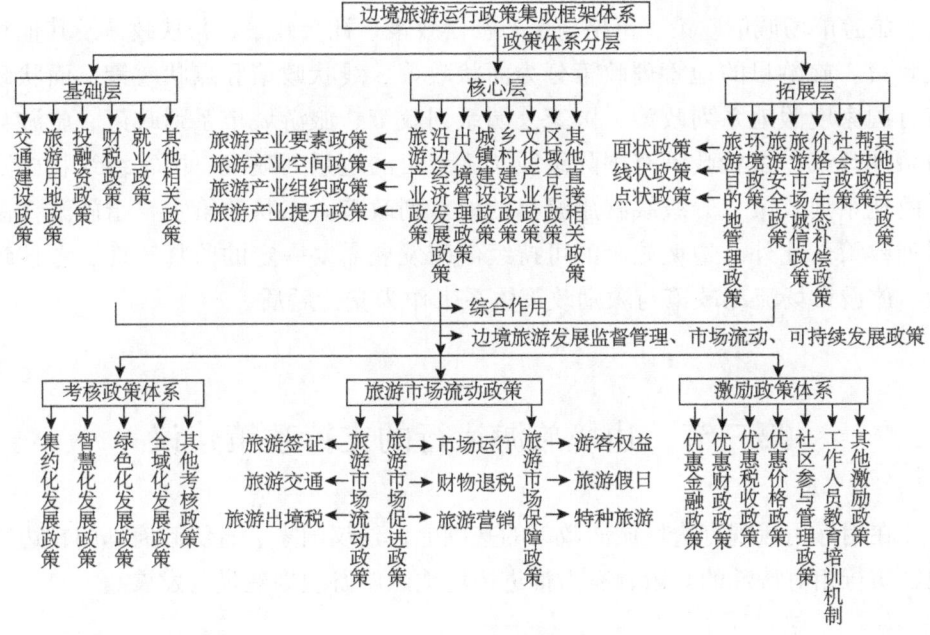

图 11-1 边境旅游运行政策集成框架体系图

2. 核心层

核心层边境旅游政策体系是边境旅游发展的主心骨，是直接推动边境旅游重点领域发展的政策。边境旅游核心层政策建设的总体原则是切实落实和用足用好现有有利于边境旅游规划发展的政策，完善薄弱政策，补全缺位政策。具体来讲主要涉及旅游产业政策、沿边经济发展政策、出入境管理政策、城镇建设政策、乡村建设政策、文化产业政策、区域合作政策及其他直接相关政策。在旅游产业要素政策方面主要涉及旅游用地相关政策、旅游人才相关政策、旅游资本相关政策、旅游技术相关政策；在旅游产业空间政策方面主要涉及旅游企业跨国经营相关政策、旅游企业跨地区经营相关政策；在旅游产业组织政策方面主要涉及旅游企业一体化经营相关政策、旅游行业组织相关政策；在旅游产业提升政策方面主要涉及旅游产业品牌营销相关政策、旅游产业市场运作相关政策。

3. 拓展层

拓展层边境旅游政策主要是指对边境旅游的发展起间接支撑作用的一系列政策体系。具体来讲，主要涉及旅游目的地管理政策、环境政策、旅游安全政策、旅游市场诚信政策、价格与生态补偿政策、社会政策、帮扶政策及其他相关政策。旅游目的地管理政策分为面状政策、线状政策和点状政策，面状政策有国家度假地系列政策、国家公园系列政策、旅游城市系列政策、旅游县域系列政策。线状政策有国际级线状旅游目的地系列政策、国家级线状旅游目的地系列政策、升级线状旅游目的地系列政策。点状政策主要指旅游村镇系列政策。此外，边境旅游的可持续健康发展需要一定的监督管理、考核政策、旅游市场流动政策与激励政策体系来作为支持后盾。

第三节　边境旅游运行的支持政策建议

在用好用活现有边境旅游政策的基础上，建议国家、省级政府部门在边境地区实行相对特殊的政策，有力推进边境地区旅游规划建设与发展。

一、管理政策

1. 争取国家政府的支持政策

第一，请求公安部在边境地区内放宽出入境限制，中方人员持边境通行证，各方居民持身份证、居民证、边民证等边境地区管理机构认可的有效证件，车辆凭行驶证、驾乘人员凭驾驶员身份证等边境地区管理机构认可的有效证件，可以在特定的边境地区内自由通行；对第三国人员进入合作区实行单一签证，国际游客持护照及有效签证可自由选择异地口岸出入境；对区域内固定从事生产、经营和管理的人员，到对方区域的停留时间不予限制。

第二，扩大合作落地签证范围，延长停留时间。对第三国人员进入边境地区实行落地签证，开放落地签证种类为商务（含工作）签证、入境许可和过境签证3种；给予商务签证停留期90天，入境签证停留期30天，过境签证区内停留72小时的政策；给予东盟各成员国公民到边境地区旅游免签证待遇。

第三，请求财政部通过专项财政补贴和放宽政策限制等方式（李飞，2013），支持云南边境口岸通关设施、检验检疫基础设施和通关软环境建设，提升云南边境口岸通关能力和效率。

第四，从国家层面推动中国、越南、老挝、缅甸四国间国际便利运输协定的落实，实现自驾车旅游及团队旅游的跨国直达运输；简化双方跨境自驾车办证手续和降低相关费用，实现双方跨境自驾车旅游无障碍。

第五，请求公安部放宽对边境旅游异地口岸出入境政策限制，允许双方人员、车辆、货物自由选择口岸出入境，允许双方出入境的交通运输工具由最先抵达和最后离开的口岸进行检查后即可放行。

第六，请求交通运输部支持加快推进中国-东盟自由贸易区、澜沧江-湄公河旅游城市合作联盟、大湄公河次区域跨境客货便利化运输进程。支持瑞丽-木姐、河口-老街、磨憨-磨丁三对口岸探索完善通关查验新模式，对信用评价较高的诚信企业进出口货物实行"绿色快速通关"政策；支持推动昆明-仰光、昆明-河内、昆明-曼谷、昆明-万象货物转口及贸易便利化，优化云南边境交通运输布局，发挥整体优势和组合效率，加快边境旅游区内部形成便捷、通畅、高效、安全的综合运输体系；批准中国孟定清水河口岸-缅甸清水河口岸等相关口岸与对方国家实现对等开放和对第三国人员及货物开放；支持田蓬口岸、沧源口岸、南伞口岸等二类口岸打造升格为一类口岸。

第七，请求公安部允许在边境地区内设立第三国人员入境签证机构，在一类口岸设立口岸签证机关，授权口岸签证业务；同意云南将边境旅游相关业务权限下放至口岸所在地的县级公安机关，简化和降低有关办证手续和费用。

第八，请求商务部允许合作双方外资企业与之合资或以其他方式在边境地区内经营旅游业务；中方允许在边境地区内注册的符合条件的中外合资旅行社，从事出境旅游业务。

第九，请求国家加大对云南"走出去"的政策扶持力度，放宽云南党政干部因公出访越南、老挝、缅甸等毗邻国家的管理政策，给予省内边境地区相关州（市）人民政府审批和管理本行政区域处级及以下人员赴越南、老挝、缅甸等毗邻国家因公出国（境）任务的权限和对方国家相应级别人员合法入境的审批权限。

2. 争取省政府的支持政策

第一，建议云南省文化和旅游厅建立与对方国相关省、邦旅游合作机制，加快中方与对方国边境旅游的发展研究，出面协调对方国驻中国大使馆（昆明总领馆）在沿边州（市）设立领事代办机构，方便中国赴对方国游客的签证办理。实现国内游客通过边境城市出境和邻国游客进入边境城市签证的便利化。

第二，请求云南省公安厅进一步推动口岸落地签和跨境旅游合作区内 72 小时免签政策的实施。

第三，开通边境旅游异地办证（郭向阳等，2017），凡持中华人民共和国有效身份证，可申请办理《中华人民共和国边境旅游专用通行证》（边境旅游专用），由出入境管理机构负责办理。

二、财税政策

1. 争取国家政府的支持政策

第一，请求国家加大财政部对边境地区的转移支付力度。建立边境地区转移支付的稳定增长机制，完善转移支付资金管理办法，支持边境地区小额贸易企业发展能力建设，并督促地方规范资金使用，确保将资金落实到基层一线地区，大力促进边境小额贸易企业发展。

第二，强化中央专项资金支持。请求财政部加大对云南边境地区基础设施、配套设施、接待设施等方面的支持力度。提高文化和旅游部专项建设资金投入边境地区的比重，提高对公路、铁路、民航、通信等建设投资补助标准和资本金注入比重。国家专项扶持资金向边境地区倾斜。

第三，请求财政部加大税收优惠力度。国家在边境地区鼓励发展的内外资投资项目、国内不能生产的自用设备及配套件和备件的进口，继续在规定范围内给予免征关税的优惠。加强与边境地区周边国家磋商，积极稳妥推进避免双重征税协定的谈签和修订工作。

第四，对边境地区内资鼓励类产业、外商投资鼓励类产业及优势产业的项目，在政策规定范围内免征关税。

2. 争取省政府的支持政策

第一，对边境地区开展旅游活动的一些重点关键性区域，在计划年限内从省旅游发展专项资金中统筹资金给予补助。

第二，对入驻民族自治地方跨境设立的旅游合作区内的新办企业，经报云南省人民政府同意，可以享受减征或免征属于地方分享的企业所得税的税收优惠，具体免税范围由跨境旅游合作区人民政府提出，并报经云南省人民政府批准实施。

三、金融政策

1. 争取国家政府的支持政策

第一，请求财政部支持各类金融机构到国家级的边境地区和跨境旅游合作区设立分支机构，将在区内各类银行已设立的支行升格为一级分行；优选条件成熟的民族乡村地区，支持组建农村商业银行。

第二，请求财政部鼓励各银行业金融机构建立贷款审批快速通道，把边境旅游的基础设施和项目建设列为业务发展与信贷支持重点领域；争取政策性银行援外优惠贷款、优惠出口买方信贷、出口基地建设贷款、国际物流基础设施建设贷款等信贷资源向边境地区倾斜。

第三，积极推动保险机构与东盟、南亚国家开展跨境旅游保险交流合作，为对方国家保险公司在本国开展风险评估、资信调查、勘察定损提供便利；支持保险资金以债权、股权等形式，投资基础设施建设；以财税优惠鼓励扶持股权投资基金、风险投资基金入驻边境地区，积极推动和鼓励边境地区符合条件的企业到全国中小企业股权转让系统挂牌融资；鼓励运用银行间债券市场非金融企业债券融资工具，拓宽融资渠道，降低融资成本。支持边境地区设立开发基金。

第四，鼓励边境地区内企业与境外机构的经济往来使用人民币计价结算，推动边境地区金融机构开展人民币现钞跨境调运业务；大力发展出口信用保险，支持云南与周边国家开展国际贸易、投资与合作，支持跨境贸易人民币结算业务承保；简化边境地区内企业人民币跨境投资审批手续，适度放宽出入境人员携带的人民币限额。

2. 争取省政府的支持政策

第一，建立灵活授信制度。鼓励金融机构结合边境地区企业的内在发展规律和经营特点，制定恰当的企业信用评定和授信办法，灵活评定其信用等级，科学确定授信额度，满足企业跨越式发展的资金需求。提高边境地区内规模大、效益好、辐射力强的企业的授信额度，鼓励企业做大做强，形成具有地方特色和创新能力的沿边产业发展集聚区。

第二，鼓励边境州（市）设立旅游融资平台，加大担保资金投入，引进民间资金，完善旅游企业担保机制。支持设立小额贷款公司和担保公司，鼓励担保机构开展再担保业务，建立有效的担保资本补偿机制、风险规避机制和联合自律机制，增强担保机构可持续发展的能力。

四、投融资政策

1. 争取国家政府的支持政策

第一,加大中央财政性投资投入力度,向边境地区民生工程、基础设施、生态环境等领域倾斜。中央安排的公益性建设项目,取消县以下(含县)以及集中连片特殊困难地区市(地)级配套资金。

第二,鼓励类、允许类外商投资项目省级核准权下放跨境旅游合作区主管部门。州级权限内除国家限制类或国家有明确要求的行业、省属企业投资项目和涉重金属污染项目外,其他建设项目的环评审批权和"三同时"验收审批权下放边境地区主管部门。征收占用林地申请由跨境旅游合作区主管部门直报省主管部门办理。

第三,请求国家设立边境旅游发展引导专项基金,引导、扶持发展潜力大、实力较强的旅游企业参与建设边境旅游。

2. 争取省政府的支持政策

第一,对省级政府部门安排的公益性建设项目,争取中央加大投资比例,省直有关部门给予倾斜支持。对边境地区的基础设施建设、社会事业发展、特色产业培育、民生改善等重大项目,统筹纳入有关规划,对具备条件的项目优先审批、核准,优先安排资金。

第二,实行有差别的产业政策,促进边境地区旅游优势产业发展。扩大边境地区外商投资优势产业目录范围。

第三,拓宽旅游企业融资渠道,鼓励、引导有条件的旅游企业采取多种形式上市融资。

五、土地政策

1. 争取国家政府的支持政策

请求住房和城乡建设部将新增建设用地指标适当向旅游项目倾斜,对边境旅游相关项目向国家主管部门申请办理先行用地手续。

2. 争取省政府的支持政策

第一,创新土地管理方式,进一步完善建设用地审批制度,简化程序,保障边境旅游试验区、跨境旅游合作区重点工程建设用地。实施差别化土地政策，适当降低边境旅游试验区、跨境旅游合作区建设用地的基准地价；对国家重大建设项目的控制性工程和有工期要求急需开工的工程，可向国家主管部门申请办理先行用地。

第二，合理调整用地结构和布局，对符合国家产业政策和供地政策的重大旅游产业项目，在新增建设用地计划指标安排上给予倾斜；赋权于边境旅游试验区、跨境旅游合作区省属主管部门对土地利用总体规划进行评估修改。

第三，创新土地资源利用方式，在严格保护耕地和生态环境的前提下，开展土地综合利用开发试点，拓展建设用地新空间。探索农村集体土地管理制度改革，开展城乡建设用地增减挂钩试点，规划推进农村集体经营性建设用地流转，探索农村宅基地退出机制。

六、人才政策

1. 争取国家政府的支持政策

第一，请求财政部对到边境地区工作的高级工程技术人员、研究人员每年免征部分个人所得税。提高实施艰苦边远地区津贴的范围、类别和标准。

第二，请求人力资源和社会保障部探索边境地区重要岗位公开选拔机制。加大沿边地区干部与中央部委、省直部门、大型企业的相互交流挂职。争取与中共中央组织部、共青团中央委员会联合开展"博士团"服务边境地区经济社会建设。

2. 争取省政府的支持政策

第一，加强培养旅游专业人才。为支持旅游职业教育发展，支持中国内陆相关院校在沿边重点地区开设分校或与当地院校合作开设旅游相关专业，培养旅游专业人才。

第二，以提高教育质量为核心，奠定人才培养基础。着力加快普及学前教育，扩大高中阶段教育规模，致力于建设区域性高水平大学；进一步优化高等院校专业结构。支持云南高等院校、研究机构开展针对云南边境问题的研究，打造一批云南边境问题研究特色基地，培养引进一批有影响力的云南边境问题研究专家，为云南边境旅游发展提供智力支撑。

第三，着力搭建人才引进平台。要为吸引人才营造适宜的政策环境，切实为国内外人才在边境地区提供良好的工作和生活条件。

第四，根据各边境地区的发展实际，共同建立双方旅游培训合作机制，促进旅游人才培养和交流。

七、旅游规制和监管政策

从边境旅游宏观管理角度，请求国家和云南省人民政府制定有利于规范旅游市场秩序和旅游行业管理的边境旅游规制政策体系（罗明义，2008），主要包括建立健全边境旅游市场法律规制体系，依法规范和维护边境旅游市场公平的竞争环境，促进边境旅游市场机制作用的有效发挥；建立健全边境旅游行政规制，通过产业政策、规章制度、行业标准等，发挥政府对边境旅游发展的引导和旅游经济的宏观调控作用；建立健全边境旅游行业规制，加强边境旅游行业的自律，规范边境旅游企业经营行为，保护旅游者消费权益，促进边境旅游市场的公平竞争。从保障边境旅游业健康发展的角度，国家和云南省人民政府需制定边境旅游监管政策体系，主要包括建立健全边境旅游市场监管政策，明确政府监管边境旅游市场的职能和内容，统筹建立边境旅游市场监管队伍，避免"多头执法"和监管空白；建立健全边境旅游行业反腐败政策，严厉打击边境旅游企业乱收费或旅游服务质价不符、旅游从业人员索要小费和回扣，以及边境旅游行业管理人员以权谋私、收受贿赂等腐败行为，建立良好的旅游市场秩序和行业管理秩序。与此同时，请求云南各州（市）旅游发展委员会、各县（市、区）人民政府制定并出台关于建立边境旅游市场监督管理长效机制与监管平台，推进边境旅游综合行政执法改革和标准化建设，完善边境旅游市场准入退出机制等有关的政策与法规。

第十二章

体制机制创新与发展建议

旅游体制机制在旅游业发展中具有重要作用。世界其他各国和我国旅游业的发展充分表明，旅游业体制机制创新直接影响着旅游业的发展方向、发展速度、产业结构、资源利用、产出效益和经济的贡献程度（张慧光，2010）。边境旅游发展面临着机遇与挑战，需要构建集合作机制、管理体制、协调机制、监督机制、激励机制、运营机制和服务机制为一体的创新型体制机制保障体系，如图12-1所示。

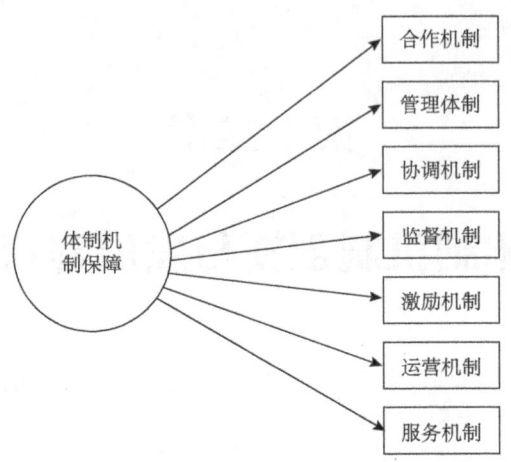

图12-1　边境旅游发展的体制机制保障示意图

第一节　合作机制创新

一、强化与南亚东南亚国家的跨国性旅游合作

1. 创新双方会晤机制

会议是合作的重要形式。文化和旅游部应在云南与南亚东南亚国家原有重大会议的基础上，与云南省文化和旅游厅协商，借鉴"中缅智库高端论坛"等经验，以"全域旅游"为理念引导，创新合作内容、形式等。首先，针对双边旅游发展中涉及的内容举行专题性论坛，内容以旅游政策、旅游公共服务、旅游市场、金融投资、旅游人才、旅游安全等为主，并细化落实到旅游节庆活动、旅游比赛活动、旅游村寨、旅游厕所等具体内容上；其次，举办地点由正式场地拓展到非正式场地，如在一些边境旅游景区、户外开展会议；再次，与会人

员不仅仅局限于重要政府官员，还可根据情况邀请边境旅游发展中的其他利益共同体，如各国边境少数民族村寨村主任、导游工作人员、边检工作人员、游客等参会；最后，以"旅游年"为纽带，举办"中越旅游年""中老旅游年""中缅旅游年"等大型旅游交流会议，推动我国与周边国家建立友好关系，营造边境旅游发展的和谐环境，促进边境旅游健康发展。通过会晤机制的创新，切实解决边境旅游发展中的一些问题，增强会议形式内容的丰富多彩性，提升影响力。

2. 强化政策合作机制

在政策方面，首先，云南省文化和旅游厅组织考察小组，定期到边境区域访查，对边境旅游中存在的问题进行书面记录；其次，考察小组再上报至文化和旅游部，从国家层面与南亚东南亚国家的政府旅游部门就双边边境旅游发展中的书面记录问题举行工作会晤，加强出入境旅游政策方面的交流与突破，在以往政策框架下，提出更具可操作性的政策措施。例如，要区分哪些是需要国家层面推动的政策，哪些是需要省级层面推动的政策，特别是要弄清哪些是需要和对方国家协商推动的政策，通过政策创新、制度创新，提出与周边国家在人员往来、车辆往来、产品开发、管制开放、管理协调等方面的政策支持措施，完善各项政策机制，形成政策合力，为云南边境旅游发展营造良好的政策环境，推动沿边地区边境旅游发展迈上新的台阶。

3. 建立跨国性旅游集团

借鉴美国、德国一些发达国家模式，建立跨国性旅游集团，有利于促进云南与南亚东南亚国家旅游经济一体化发展。从企业角度来看，依托云南在中国-东盟旅游合作中的区位优势，与南亚东南亚国家一些旅游企业合作，国内旅游企业可以通过股权投资、提供贷款、非投资性管理等方式与南亚东南亚国家旅游企业进行协商合作，成立跨国性旅游集团；从政策角度来看，财政部、国家市场监督管理总局、自然资源部等政府部门在资金、手续、用地等方面给予支持。通过旅游企业强强联合、优化资源配置，形成具有核心竞争力的知名品牌，做强做优做大旅游企业，构建以旅行社、酒店、航空、景区、地产、金融、物流、资产板块及下属专业公司为主要经营载体的架构体系。另外，在云南各边境州（市）成立跨国性旅游集团的子公司，与云南边境旅游企业形成母子、兄弟关系，信息互通、客源共享，积极把第三方客源吸引至云南，互帮互助，形成以南亚东南亚为基地、以云南为依托，面向世界，拥有完整的旅游服务链条、全面的配套能力，以及国际竞争力的大型跨地域综合性旅游集团，如图 12-2 所示。

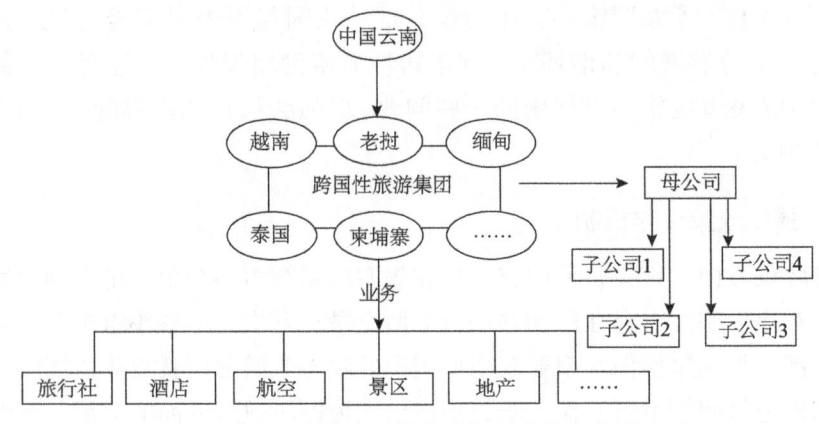

图 12-2　边境跨国性旅游集团建设示意图

4. 完善旅游合作区域机制

在国家层面，借鉴大湄公河次区域等合作机制，依托城市、口岸、河流、山川、村寨、景区、交通等成立合作区域，如泛亚公路纵跨中国、老挝、泰国等国家，成立泛亚公路沿线旅游合作区；依托中国、老挝、缅甸、越南四国边境民族村寨，成立边境民族村寨旅游合作区，将民族村寨做大做强，凸显边境特色。以多角度、全方位的合作区建设完善边境旅游合作机制，通过争取在合作区范围内给予特殊政策支持，推动双方在旅游设施建设、旅游线路产品开发、旅游要素主体培育、旅游市场联合营销、旅游市场服务监管、旅游人才交流培养等方面开展更为广泛深入的交流与合作，实现"资源互享、产品共推；客源互送、企业共赢；信息互通、市场共管；人才互动、设施共建"（幸岭，2015）。

二、强化境内区域性旅游发展合作

加强云南边境地区与境内区域的跨区域性旅游合作，通过工作会议、旅游推介会等形式将合作内容落到实处。具体分为四个层级：①25 个边境县（市）之间就边境旅游发展加强合作，各县（市）旅游相关部门领导定期举行旅游商讨会议，就旅游规划、旅游产品打造、旅游宣传营销等进行商讨合作；②文山州、红河州、普洱市、西双版纳州、临沧市、保山市、德宏州、怒江州 8 个边境州（市）之间加强合作，各州（市）旅游部门之间信息共享、决策共商，共同打造云南边境旅游整体形象，进行跨区域旅游线路规划，开发具有整体性又各具特色的旅游产品，合力发展边境旅游；③加强与昆明市、迪庆州、丽江市、大理州、楚雄州、玉溪市、曲靖市等省内州（市）的合作，依托省内一些大型集聚中心（昆明市、丽江市、大理市）的辐射带动，提升边境区域旅游竞争力；④加强与广西、贵州、四川等周边省份的跨区域联动，以及在旅游产品开发、旅游线路组织和旅游宣传促销等方面的互补合作，以达到资源共享、客源互流、促销互助、产品互补的目的。

第二节　管理体制创新

云南边境旅游发展区内涉及 8 个州（市），区外与越南、缅甸、老挝等国家密切相连，如此复杂的区域环境亟须统筹管理。此外，在结合国家边境旅游发展具备后发优势的大背景下，急需构建新型的边境旅游管理体制以适应云南边境旅游发展的实际情况和独特的地域特征。

一、建立旅游发展管理机构

云南边境旅游发展过程中会遇到各类疑难问题，为提高决策效率，快速、高效解决问题，需要建立边境旅游管理机构，如图 12-3 所示。在起步阶段，建议此机构下设于云南省文化和旅游厅，由上级部门牵头，建立由旅游、交通、外办、文化、环保等相关部门工作人员组成的边境旅游办公室，从省级层面处理边境旅游发展中涉及的重大问题，通过旅游联合执法机制构建，协调云南各边境地区以及各部门之间的关系（张广瑞，1997b）。另外，在 8 个边境州（市）文化和旅游局下设边境旅游办公室，25 个边境县（市）旅游部门设边境旅游办公室，形成边境县（市）、边境州（市）、省边境旅游办公室三级对接，具体落实各项决策。

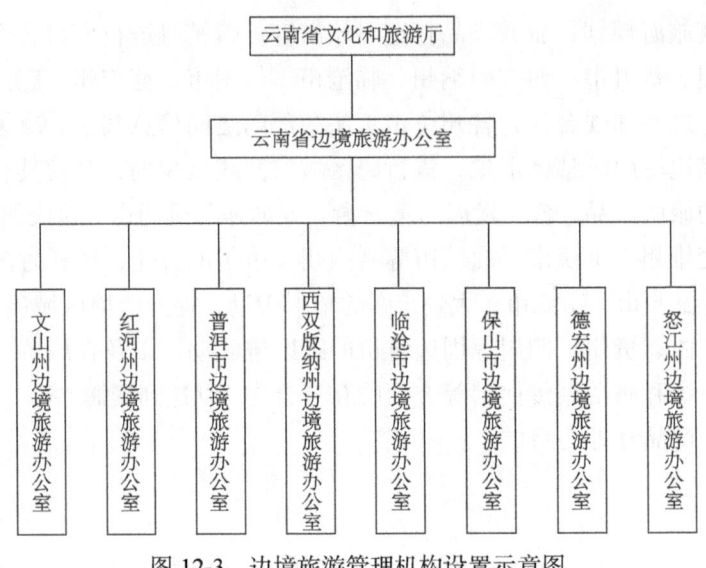

图 12-3　边境旅游管理机构设置示意图

二、创新旅游市场管理体制

创新旅游市场管理体制要遵循社会主义市场经济规律和旅游产业发展规律，适应旅游产业迅速发展的需要，整合、优化、重组各类旅游资源和旅游要素，加强旅游产业宏观调控，推进旅游管理体制从行业管理向产业管理、从监督型管理向服务型管理、从分散管理向统筹管理转型，构建有利于云南边境旅游发展的体制环境（郑维荣，2012）。第一，云南省文化和旅游厅对边境区域旅游景区所有权、保护权、经营权和开发权等重新划拨，开发权与保护权相统一、经营权与所有权相分离，引入市场化的现代经营管理体制，广泛吸纳社会资金，采用专业的开发管理方式，以促进景区质的转变与提升；第二，云南省财政厅加快边境地区现有旅游开发集团与公司进行股份制改革，拓宽融资渠道，吸引企业、当地居民入股，保持国有股份最大股；第三，引入专业化旅游景区投资开发公司，提高经营管理水平。

三、搭建旅游智慧化管理平台

为提高管理效率，以"一部手机游云南"为建设目标，以"游客旅游体验自由自在，政府管理服务无处不在"为出发点和落脚点，借助感知化、互联化和智慧化手段，8个边境州（市）联合搭建一套系统化管理平台，如图12-4所示，联合工业和信息化部，在云技术、物联网、防火墙、数据库、网络地理信息系统（Web geographic information system，Web GIS）、统一消息服务（united message service，UMS）等信息技术的辅助下，建立边境旅游基础数据库，分管云南8个边境旅游州（市）旅游部门平台：旅游资源平台、旅游服务设施平台、旅游人才平台、旅游投资平台、旅游项目开发平台、旅游市场平台、旅游营销平台、旅游安全平台。同时进行汇总，通过指标体系构建，计算机自动评估，显示云南边境旅游发展的整体情况。信息管理平台的构建有利于信息及时互通、发现问题、对症下药、高效解决问题。

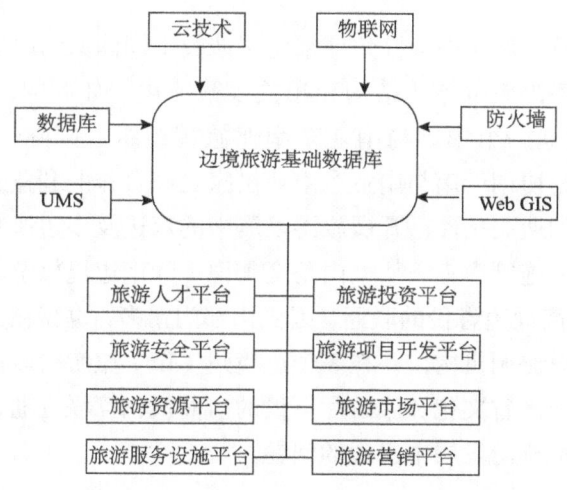

图12-4 边境旅游智慧旅游管理平台构建示意图

四、建立旅游联合执法机制

依托旅游综合性特点，建立以"1+3+N"为代表的旅游综合执法管理体制，"1"是推动建立综合协调性强的旅游管理机构，"3"是推动设置旅游警察、旅游工商所和旅游巡回法庭等专门机构，"N"是推动建立与各部门职能相互包容衔接的各种旅游发展制度。由边境旅游办公室牵头，公安、工商、交通、质监、税务等与旅游市场相关各政府部门参与的旅游联合执法队，密切配合，齐抓共管。对于边境旅游行政管理部门，可通过建立有关行政职能部门的责任追究机制；对于一些政府行政执法部门的违法行为给予追究和惩处，以约束行政人员行为。在边境区域组建旅游警察大队,加大旅游质监执法和联合检查力度,启动"不合理低价游"和"高定价、高回扣"等专项整治行动,对于宰客欺客、低价竞争、偷税漏税等现象,依法查办,有效维护旅游市场秩序,提升旅游服务质量。以此对云南边境旅游发展中涉及的政府、企业及个人等形成约束力。

第三节 协调机制创新

一、建立旅游发展协调机构

云南边境旅游发展从国际性角度来说,涉及不同国家的政府、旅游组织、旅游企业,以及各国旅游产业结构和相关政策法规,如此的差异性必然引发矛盾,需争取建立一个中国与南亚东南亚旅游组织或国际性旅游协调委员会,其主要职能是协调云南与南亚东南亚国家之间合作的利益关系;协调边境旅游发展中涉及的通关条件;开展旅游发展中的双边及多边谈判;协调跨国旅游突发事件应急措施等事宜。从域内角度来说,云南边境旅游的发展还涉及与周边州(市)、云南周边省份的联通,因机构部门繁多,也需在云南省文化和旅游厅下设边境旅游协调机构,并在8个边境州(市)旅游行政部门成立边境旅游协商小组,与云南省文化和旅游厅下设的协商机构互联互通,形成庞大的协商体系,应对边境旅游发展中出现的问题。

二、构建利益补偿机制协调多方关系

边境旅游发展涉及多方利益,受多种因素影响,利益不均现象时有发生,为了营造边境旅游和谐安定的大环境,需构建利益补偿机制以协调多方权益(王永刚和李萌,2011),主要包括政策倾斜、社会福利等方式。在政策倾斜方面,合作本就是协调的一种方式,各国政府首脑和旅游主管部门的官员会议及互访是区域旅游协调的重要形式。因此,在制定相关旅游业政策时,要遵循各国政府有关旅游业的规定,根据各自的利益和实际情况,有倾向性地向区域旅游合作倾斜。另外,国家税务总局可根据情况适当调节税收政策,对为边境旅游发展做出突出贡献的组织或公司降低税率或免税。在社会福利方面,各州(市)人力资源和社会保障局应依托当地经济发展水平给予当地社会居民

一定的就业机会，在住房、农业生产等惠及民生方面给予补贴。

第四节　监督机制创新

边境旅游发展过程中涉及问题点多、线长、面广，容易出现制度落实的真空、死角以及薄弱地带和环节。监督机制在边境旅游发展中扮演着"眼睛"的角色，保障边境旅游正常发展。

一、建立旅游评估考核机制

云南省文化和旅游厅应建立创新型旅游评估考核机制，创新丰富考评主体、考评对象、考评方法等。在考评主体上，不仅应建立旅游管理机构的评价机制，还应建立以游客评价为主的旅游目的地评价机制，建立起政府主管指导、社会公众监督与行业协会执行的景区质量等级评定体制等，将各方的诉求纳入考评标准中。在考评对象上，考评各级旅游行政管理部门、旅游企业、旅游社区、旅游景区关于边境旅游项目开发、旅游市场秩序、旅游人才招聘、旅游服务质量等方面是否到位。在考评方法上，建立管理员培训考核制度，按照区域管辖范围，每年组织一次管理员队伍培训考核，重点讲授边境旅游形势与案例分析、旅游咨询与投诉、旅游质量管理、旅游安全生产等针对性课程，提高监督管理水平和化解矛盾纠纷、投诉处理及处置突发事件的能力，对考核不合格的予以淘汰；建立定期走访和座谈制度，各旅游质监部门深入企业检查、暗访、督导工作时，要主动关心监督管理员的工作，做好工作走访和问题回访，帮助其解决困扰工作的难点、棘手问题。

二、建立旅游督办问责机制

贯彻落实《云南省旅游局行政问责实施办法（试行）》，建立旅游督办问责机制。推进公安、工商、交通、文化、税务、质监、价格、商务、通信、网信、民航等部门完善旅游监管责任清单，对影响、阻碍旅游发展的重大事件实行督办问责制度。云南各边境区域、各相关部门要将旅游秩序整治和服务质量提升工作纳入政府质量工作考核，完善考核、约谈、问责机制，通过诚勉谈话、取消评优评先资格、责令书面检查、调整工作岗位、停职检查、免职等问责方式督促各相关部门强化责任意识，提高综合执法工作的积极性和主动性。

三、建立完善的信息披露机制

我国旅游消费者涉及的权益主要有人身和财产安全权、知悉真情权、自主选择权、公平交易权和依法求偿权等相关权利，鉴于各国法律差异性，针对各国旅游者法律性质的差异性，需与周边各国进行协商，构建完善的边境旅游信息披露机制，以保护消费者权益。信息披露机制也称公示制度，与工业和信息化部联合加快信息平台的建设和信息通报系统的构建，认真贯彻落实《中华人民共和国旅游法》，成立边境旅游监察工作小组、搭建旅游申诉平台等形式来保障旅游消费者权益。通过完善旅游投诉受理和处理机制，建立投诉公示制度，丰富旅游者了解信息的渠道，更好地规制旅游经营者和监督执法机构的执法情况。另外，针对旅游纠纷的特殊性质，边境地区的司法部门可以借鉴国外做法增设小额旅游纠纷法庭，简便、快捷、低成本地解决旅游投诉，避免被侵权旅游消费者由于诉讼成本太大而放弃维权的情况出现，有效监管旅游市场秩序。

第五节　激励机制创新

激励机制的构建是根据人们的心理需求制定一套奖惩制度体系来鼓励参与到边境旅游中的机构、企业、人员等能高质、高效地完成工作。云南边境旅游的发展需要建立旅游企业考评激励机制和健全优惠激励机制等，以构建完善的边境旅游激励机制。

一、建立旅游考评激励机制

为更好地加强对边境旅游市场的监管，把创优机制引入行业管理中，规范旅游企业和个人的经营行为，树立榜样，激励先进，倡导良好的行业风气，需建立健全旅游企业考评激励机制。主要考评边境区域各级旅行社、住宿行业、餐饮行业、景区等。首先，当地文化和旅游局完善考评办法与考评标准，制订更为科学合理、效率优先的奖励办法。其次，通过旅游企业及个人的自评，文化和旅游局、旅游协会考评，最后算出综合考评成绩。最后，由云南省文化和旅游厅联合财政厅设立一笔专款，根据考评的成绩，设置综合奖、单项奖、优秀奖、进入主景区奖、接待人数奖、纳税奖、特殊贡献奖等多个奖项，以奖励旅游企业及优秀个人。

二、健全优惠激励机制

通过构建旅游评价指标体系，定期进行考核统计，对云南边境旅游发展具有突出贡献的机构、单位、组织及个人给予优惠奖励，对企业采取税收优惠政策、用地优惠政策；对社区居民给予福利补偿，共享"旅游蛋糕"，鼓励社区参与；对游客采取景区门票价格优惠、简化跨境通关手续等一系列优惠激励手段，鼓励各方利益团体及个人积极参与云南边境旅游的发展，促进云南边境旅游发展欣欣向荣。

三、建立旅游容错纠错机制

云南边境旅游起步晚，发展不成熟。尽管其他边境省份为云南边境旅游发展提供经验借鉴，但云南的地域、文化、环境等特殊性决定了云南边境旅游发展探索的过程，免不了"摸着石头过河"，既然是探索的过程就不可避免地出现错误和问题，需要建立健全旅游容错机制，以增强旅游部门的工作积极性。为敢想的人"开绿灯"，为敢干的人"兜住底"。但仅仅容错是不够的，还要有相应的"纠错机制"。只有将错误纠正在摇篮，才能避免更大的损失，才能让旅游部门相关工作在试错中进步。

第六节 运营机制创新

一、优化投资环境，拓宽融资渠道

旅游投资环境包括软、硬环境，以各类政策法规、社会文化环境、劳动力素质、居民的价值观念、道德标准以及治安状况等构成投资的软环境条件，以道路交通、通信以及水、电、能源等基础设施构成投资的硬环境条件（何其多，2011）。云南边境旅游开发，应尽可能地集中多方力量对硬环境建设进行投资，协同交通部门、市公共设施配套建设办公室等，以保障道路交通、通信等基础设施的建设和完善并实施相应的管理措施，创建良好的社会环境和法治环境，由此吸引更多外来资金的投资建设。另外，在财政部的积极支持下拓宽投融资渠道，包括国家政策性投资、云南地方政府投资、民间社会资本投资、招商引资等方式。具体通过扶贫基金支持、生态保护项目、国防建设资金、流域治理资金、文物保护项目、世界旅游组织规划支持等进行信贷融资；云南边境 8 个州（市）沿线各级政府加大对旅游的资金投入；引导社会资金持有者对旅游经营项目以及具有潜在收益的政府部门投资领域（公路、公用设施等）建设投资；以项目为载体，吸引国内外知名大企业、大财团参与边境旅游投资。多种融资渠道为云南边境旅游发展提供充足的资金保障。

二、积极推进旅游项目建设

云南边境特殊的地理位置造就了丰富独特的旅游资源，以规划为龙头，始终坚持先规划、后开发和合理开发、严格保护、永续利用并重的原则，保持资源的原真性，做到旅游发展坚持社会效益、经济效益和环境效益相统一的初衷。从边境州（市）级层面、县（市）层面、旅游项目层面，成立旅游咨询、旅游监督、旅游产业实施评估专家委员会，制定旅游项目开发与保护相关细节形成制度标准，为旅游项目开发与保护提供参考依据。由专家委员会提供旅游咨询服务，不定期对各旅游项目发展情况、建设情况实施监督与评估。建立规划执行跟踪评价、项目建设后评价、政策绩效评价制度，适时引进第三方评估机构，进行全面客观评价。在旅游项目招标过程中严格把好第一关，不仅要考虑资金，更多地要以招标方案为重；在开发与运营过程中成立督查小组定期探访考察，与云南省文化和旅游厅、景区管理委员会、旅游质量监督管理所等部门沟通协作，对破坏旅游资源的管理部门、企业及个人进行严格惩处，对违反规定的景区视情节轻重予以警告、罚款或者"摘 A"的处罚。以此推动旅游项目有序开展，保障云南边境旅游可持续发展。

三、打造旅游名片,丰富旅游产品体系

整合旅游资源,做活存量,做精增量,推进"景点旅游"向"全域旅游"转变,实现"旅游+"业态融合发展,拉动旅游投资和消费。依据云南边境各地区旅游特色细化 8 个州(市)以及各边境县(市)旅游名片,并依托各细分名片全力打造云南边境旅游整体品牌,巩固质量,提高水平,晋档升级,使之成为独具特色、在国内外市场有较大影响力的知名旅游精品。加大边境旅游产品开发力度,针对不同层次和不同消费需求的游客,做到旅游产品"定制化、个性化",突出地缘优势,重点开发民俗风情游、康养游、探密游、购物游、边关风情游等地域色彩浓重的旅游产品,在此基础上拓展新业态,如针对自驾游市场、家庭亲子市场、女性购物市场、银发养老市场、候鸟度假市场等开发设计新型旅游产品,形成"购物游、观光游、度假游、体验游、跨境游"交互的层次丰富的旅游产品体系。

四、创新旅游宣传与营销体系,拓展旅游市场

借助线上线下营销渠道的有效整合,全面建立优化线上销售和线下体验相结合的旅游线上到线下(online to offline,O2O)模式,实现与旅游者的良性互动,提高用户黏性和购买转化率。更通过"内联外拓"战略,多层次、宽领域、全方位地扩大宣传营销域面,拓展旅游市场,如图 12-5 所示。

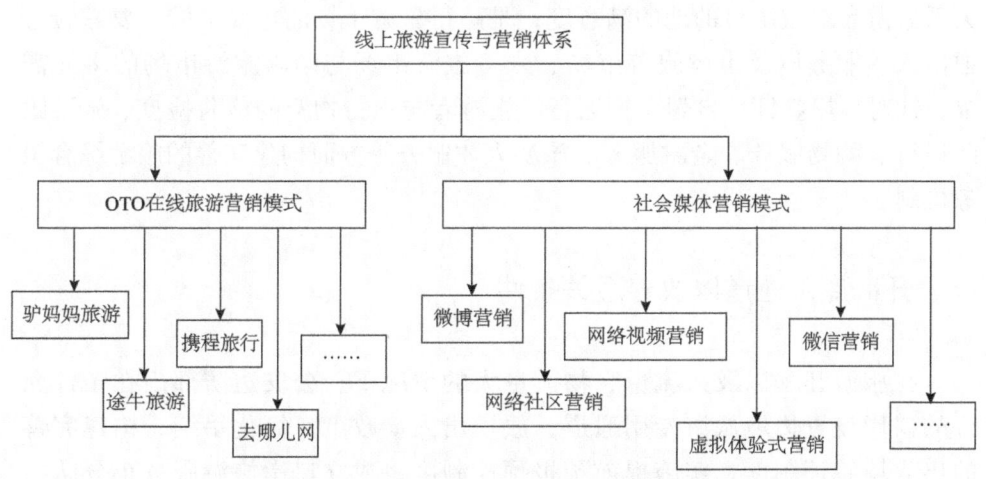

图 12-5　边境线上旅游宣传与营销体系构建示意图

云南边境旅游发展还应积极发展线下宣传与营销体系，形成线上线下互动营销。通过大型国际知名会议、论坛、旅游推介会、国际商贸旅游交易会等大型合作交流平台，吸引国内外媒体、业界企业和人士，提升宣传营销力；以活动促宣传，与旅行社合作，举办边境旅游主题活动（旅游节事活动、旅游促销活动、旅游比赛活动等）吸引游客参与，提高旅游知名度，如摩托车跨境旅游比赛，可以对边境旅游线路起到绝佳的宣传作用；政府宣传部门出面支持，与多个机构合作，在各交通站点、旅游大巴、人群集中广场等公共场所以广告牌等形式宣传云南边境旅游形象；公共场所通过制作旅游宣传小册子、旅游导航图、旅游纪念品等以礼品的方式发放给游客，扩大营销力。

注重"内联外拓"战略的运用，加强云南边境区域与内陆邻近区域的合作，如省内大理市、丽江市、昆明市等大型旅游集散中心与省外四川、贵州、广西等旅游省份，以及国外的越南、老挝、缅甸、柬埔寨、泰国等东南亚国家进行联合对外营销，以形成组合性与拓展性优势，扩展宣传营销域面，提升整体营销竞争力（谢莉，2005）。

第七节　服务机制创新

旅游业属于第三产业（服务业），因此边境旅游的发展也具有服务性质，服务机制的构建为旅游者提供便利，保障旅游者旅游活动的正常进行，直接关系旅游者对旅游目的地的满意度，是赢得旅游市场的重要举措。要综合考虑出入境服务以及出境旅游市场、入境旅游市场与国内旅游市场的多元需求，针对口岸签证、自驾车辆通行、旅游者与通行物资的检验检疫、旅游团队通行、购物服务、金融服务、旅游人才服务等方面构建完善的旅游综合服务机制。

一、开辟专用通道以改善通关条件

在旅游旺季以及人流量、物流量大的情况下，公安边防部门在条件允许的口岸设置边境旅游专用通道，放松出入境政策，简化手续，构建完善的出入境签证制度，实施提前预报预检制度，成立口岸旅游服务小分队，开设旅游专线咨询电话，设立旅游宣传功能区等服务措施，为跨境旅游团体营造优质、高效、便捷的通关环境。完善云南边境电子口岸大通关服务平台，全面实施关检合作，实现一次申报、一次查验，一次放行，加快推进国际贸易"单一窗口"建设。口岸通道管理部门工作人员秉承"以人为本"的理念，从游客角度出发，提高办证效率，改善与周边国家的关系，放宽跨境旅游签证政策，完善并普及异地办证政策，允许我国公民在边境沿线口岸办理落地签证，缓解游客办证聚集现象，从根本上改善跨境旅游通关条件（杨丽，2001）。

二、完善基础设施，构建立体通道体系

创建无障碍国际旅游环境。政府公共设施配套建设应加快"吃、住、行、游、购、娱"基本六要素依托设施的改造、升级，提高信息、医疗、救援等公共服务质量。文化和旅游部应与财政、公安、外事、交通等部门合作，促进云南边境旅游交通的便利化，与各级财政部门一同争取资金、政策配套扶持和外交支持，与各级交通管理部门一同加快构建集"航空、公路、铁路"于一体、对外面向南亚东南亚、对内连接中国和云南省内各大旅游区的国际跨国大通道，在可能的情况下，让旅游巴士、火车、自驾车等直达周边国家，提高旅游目的地的可进入性，让游客进得来、走得了、散得开，提高云南边境旅游竞争力。

三、创造便捷的金融服务条件

在金融管理方面，联合财政部门拓宽旅游融资渠道，争取国家政策性融资、地方政府投资、招商引资、民间社会投资等多种方法为边境旅游的发展融资，根据需要适当增加信贷投入，简化贷款手续，支持边贸的发展。在中国银行业监督管理委员会的允许下，与当地银行制定合作协议，对信誉、业绩较好的旅游企业降低办证保证金比例，提高预付货款额度，鼓励旅游企业走出去。建立人民币对非主要国际储备货币交易市场，畅通人民币与非主要国际储备货币汇率机制形成通道，支持银行开设境外机构人民币银行结算账户，简化跨境人民币结算手续和审核流程，加强与周边国家的沟通，争取直接使用美元、人民币等直接通汇，解决结算障碍。加强与商业银行合作，开展跨国结算业务和

其他跨境旅游金融服务,降低游客携带大量现金的风险。

四、健全人才培养机制,提升人才服务水平

1. 健全旅游人才培养体系

根据市场发展的需要,建立边境旅游办公室、旅游企业、旅游行业协会、旅游院校、域外教育培训机构等多主体参与的人才培养与开发的组织和工作机制,形成联合培养、互助合作、海外深造等多渠道人才开发模式。与云南省人力资源和社会保障厅交流合作,对于进入旅游行业的工作人员,要在全行业开展比较全面、系统的岗位职务培训,特别是注重毗邻国语言方面的培训,以全面提升旅游管理人员的综合素质和管理水平,以及旅游服务人员的旅游接待能力;与云南省教育厅沟通合作,在云南一些高等学校旅游管理专业下设边境旅游方向,为云南边境旅游发展提供人才储备力量。

2. 积极引进旅游专业人才

旅游人才的培养是一个长期的过程,应优化用人环境,抓住各种机会,积极吸引部分旅游中高层旅游开发、旅游管理和旅游服务人才。引进人才的数量既要保证旅游发展的需要,又要保持结构上的合理;既能使旅游发展充满活力,又不会因外来人员的增加而导致旅游管理和旅游服务特色的缺失。建议根据云南边境旅游发展的需要,引进急需的旅游景区规划和经营管理、宾馆饭店管理等人才,确保重点旅游景区和星级宾馆具备高层次的专业管理人才;以公开招聘、优惠政策吸引旅游高级人才和高校毕业生到边境州(市)工作;聘请国内外知名旅游专家担任边境旅游发展顾问,为边境旅游发展出谋划策;引进毗邻国旅游人才,提升云南边境旅游接待服务水平。

3. 搭建旅游人才交流平台

边境旅游业不仅要引进人才,也要把当地人才推向市场,接受市场的考验。建立边境旅游人才专家数据库,加强边境旅游人力资源管理。联合当地人力资源和社会保障局,把云南边境沿线的导游人员、星级宾馆厨师、管理人员和服务人员的基本情况全部纳入人才数据库,并及时更新。通过互联网信息的共享,适时选派当地旅游行业相关人员参与到外地旅游部门的实践中,加大不同地区旅游人才工作经验的交流程度,以更好地满足旅游业的需要。构筑旅游人力资

本优势，使人才供应在数量、结构和素质等方面满足旅游业发展的需要，搭建旅游人才交流平台。加强区内外旅游管理与服务技术交流，采用挂职及岗位交流等形式，与旅游业发达地区进行人才交流，引进智力资源，学习旅游业发达地区的经验。

五、构建多元化的旅游安全治理机制

边境旅游所形成的人流和信息流是影响国家安全的因素之一，保障边境旅游安全需要边检、海关、质检、公安、外事、交通运输等部门的支持和配合，并构建一个以政府为主、市场为辅，以及社区参与的多方行动主体的边境旅游安全保障机制（李庆雷和高大帅，2016），如图 12-6 所示。首先，政府主导大体方向，制定宏观政策法规，具体细节由边境各区域主管部门予以有效落实，同时当地政府部门对当地旅游企业、社会团体及个人进行干预，强化边境旅游的规范化管理。政府应完善相关政策、法规，抵制非法活动，通过建立严格的边境旅游执法制度体系，宣传部门积极宣传本地文化，扩大本地文化的影响力和知名度，增加旅游者对当地文化的了解；同时，加强对社区居民的素质教育，增强对外来游客的认同感和宽容度，减少旅游者和当地居民的文化冲突，减少

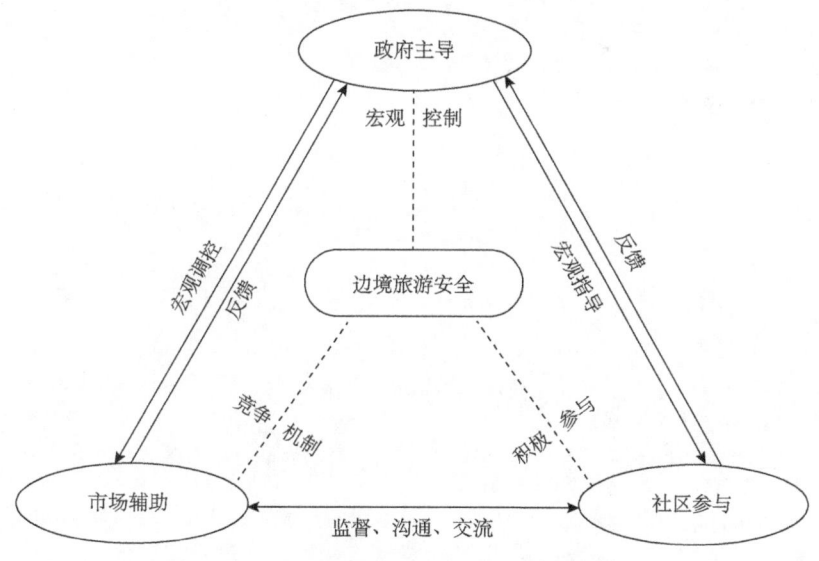

图 12-6　边境旅游安全治理机制构建示意图

边境旅游安全隐患。政府部门还应坚持贯彻睦邻友好政策，营造稳定的社会环境。其次，在政府主导下，以市场为辅助，旅游企业应努力提升旅游服务质量，提高旅游从业人员的专业素养，在边境旅游市场形成良性竞争，为边境旅游营造良好的治安环境，保障旅游者的人身财产安全。最后，鼓励社区参与，建立能够监管并有效处理边境旅游安全问题的社区组织，以利益相关者的身份，积极参与到边境旅游安全管理中。构建完善的边境旅游社区安全管理体系，通过建立健全协调机制，充分动员和整合云南边境的社区居民，参与边境旅游安全治理工作，发挥社会团体、行业组织、社区组织在边境旅游安全管理中的作用，形成社区居民联动管理。

参考文献

曹爽. 2010. 图们江区域跨国旅游合作研究 [D]. 延吉：延边大学硕士学位论文.

陈俊安. 2014. 边境国际旅游合作区建设与旅游产业发展创新策略 [J]. 学术交流，（6）：131-134.

陈泰锋，张润，王斯琪. 2014. 沿边金融改革试验区：普洱发展十大机遇 [J]. 时代金融，（6）：60-61.

陈永涛，肖洪磊. 2013. 基于旅游本底趋势线理论的云南边境旅游发展分析 [J]. 云南农业大学学报，7（4）：45-49，55.

邓鹏，门冬. 2002. 黑龙江省对俄边境旅游的现状、问题及对策 [J]. 西伯利亚研究，29（1）：23-26.

董琦. 2013. 图们江流域边境旅游合作区开发研究 [D]. 延吉：延边大学硕士学位论文.

段跃庆. 2015. 云南建设旅游强省的融合发展路径研究 [J]. 旅游研究，7（2）：1-6.

葛全胜，钟林生. 2014. 中国边境旅游发展报告 [M]. 北京：科学出版社.

葛全胜，席建超，王首琨. 2014. 中国边境旅游：阶段、格局与若干关键战略问题及对策 [J]. 资源科学，36（6）：1099-1106.

格桑顿珠. 2002. 云南边境民族地区发展与稳定初探 [J]. 中国民族，（2）：65-67.

郭建科，王绍博，李博，等. 2016. 哈大高铁对城市旅游经济联系的空间影响 [J]. 地理科学，36（4）：521-529.

郭向阳，明庆忠，穆学青，等. 2017. 云南省边境地区州市旅游竞争力差异与整合研究 [J]. 世界地理研究，26（5）：147-156.

韩卢敏，陆林，杨兴柱. 2016. 安徽省旅游政策变迁及其空间响应研究 [J]. 地理科学，36（3）：431-438.

何其多. 2011. 论建设项目投资环境 [J]. 价值工程，30（15）：63-64.

胡汉辉，邢华. 2003. 产业融合理论以及对我国发展信息产业的启示 [J]. 中国工业经济，（2）：23-29.

胡永佳. 2008. 产业融合的经济学分析 [J]. 北京：中国经济出版社.

黄华敏. 2010. 中越边境崇左市体育旅游资源开发优势与对策研究 [J]. 攀枝花学院学报，27（3）：97，98-101.

黄柯，祝建军，蒲素. 2007. 我国旅游交通发展现状及研究评述 [J]. 人文地理，22（1）：23-27.

黄丽霞. 2013. 基于博弈论的云南省边境旅游的利益协调机制探析 [D]. 昆明：云南财经大学硕士学位论文.

纪光萌，由亚男. 2017. 中哈边境文化旅游产品需求测度研究——以霍尔果斯口岸为例 [J]. 新疆财经大学学报，（2）：56-64.

简王华. 2000. 广西边境地区旅游区位与资源优势及其利用[J]. 世界地理研究, 9(4): 58-63.
姜太芹. 2011. 边境古镇的文化空间透视与旅游共生空间塑造——以云南和顺古镇为例[J]. 乐山师范学院学报, 26(12): 38-41.
姜晓娜. 2010. 黑龙江边境旅游发展探析[D]. 开封: 河南大学硕士学位论文.
蒋满元. 2008. 广西边境旅游发展中存在的问题分析及对策探讨[J]. 旅游论坛, 1(1): 86-89.
克莱尔·冈恩, 特格特·瓦尔. 2005. 旅游规划: 理论与案例[M]. 大连: 东北财经大学出版社.
孔璎红, 廖蓓. 2010. 广西中越边境及跨国自驾车旅游发展研究[J]. 东南亚纵横, (3): 99-104.
李春燕. 2012. 云南河口县旅游营销可持续发展研究——从与广西凭祥市的对比说起[J]. 生产力研究, (1): 110-111.
李飞. 2013. 跨境旅游合作区: 探索中的边境旅游发展新模式[J]. 旅游科学, 27(5): 10-21, 41.
李景科, 宋佳真, 周立安, 等. 2014. 浅析丹东城市社区经济发展[J]. 辽宁经济, (8): 72-73.
李靖. 2000. 对新疆边境贸易中旅游购物、边民互市发展的认识[J]. 新疆财经, (6): 28-29, 35.
李明. 2006. 中俄边境旅游发展研究——以黑龙江省为例[D]. 上海: 上海师范大学硕士学位论文.
李明, 何雨. 2008. 中俄边境旅游客源市场需求特征分析[J]. 西伯利亚研究, 35(3): 19-22.
李明, 何雨, 王海滨. 2006. 中俄边境旅游产品开发模式探讨[A]//中国地理学会. 中国地理学会2006年学术年会论文摘要集. 北京: 中国地理学会.
李庆雷, 高大帅. 2016-12-06. 边境旅游试验区建设的认识问题与推进对策[N]. 中国旅游报, 第3版.
李世玲, 刘庆友, 任黎秀. 2007. 广西北海市边境旅游开发研究[J]. 山东师范大学学报, 22(4): 106-109.
李爽, 黄福才, 李建忠. 2010. 旅游公共服务: 内涵、特征与分类框架[J]. 旅游学刊, 25(4): 20-26.
李伟山, 孙大英. 2012. 论中越边境跨境民族文化旅游带[J]. 广西民族大学学报（哲学社会科学版）, 34(5): 117-121.
李卫民. 2007. 连通东盟和欧亚大陆的泛亚铁路[J]. 中国铁路, (7): 51-54.
李晓, 李俊久. 2015. "一带一路"与中国地缘政治经济战略的重构[J]. 世界经济与政治, (10): 30-59, 156-157.
李燕琴. 2011. 旅游扶贫中社区居民态度的分异与主要矛盾——以中俄边境村落室韦为例[J]. 地理研究, 30(11): 2030-2042.
廉同辉, 余菜花. 2016. 智慧旅游研究评述[J]. 中南林业科技大学学报（社会科学版）, 10(5): 59-66.
刘滨谊, 刘琴. 2006. 西部边境旅游规划的特性、原则和程序——以新疆"四地州"边境旅游规划为例[J]. 北京林业大学学报（社会科学版）, 5(1): 40-44.
刘宏芳, 明庆忠, 娄思元. 2017. 边境旅游试验区建设的战略思维[J]. 云南社会科学, (6): 135-140.
刘嘉毅. 2013. 国内文化旅游品牌研究: 回望与启示[J]. 北京第二外国语学院学报, 35(5): 71-77.

刘建民. 2012. 文化权力视角下的中越边境旅游商品变迁——以广西东兴红木制品为例 [J]. 云南民族大学学报（哲学社会科学版）, 29（6）: 41-45.

刘清文. 1993. 北美自由贸易协定对美加墨及亚太经济的影响 [J]. 国际经贸探索,（2）: 28-31.

刘小蓓. 2004a. 广西边境旅游发展研究——以广西东兴市为例 [D]. 成都: 四川大学硕士学位论文.

刘小蓓. 2004b. 广西边境旅游发展及客源市场开拓 [J]. 四川大学学报（哲学社会科学版）（增刊）: 244-247.

刘亚萍, 李丽, 石宪莉. 2014. CAFTA 地缘优势下的广西与云南旅游竞争力比较研究 [J]. 商业研究, 56（12）: 157-165.

卢卫. 2012. 广西边境地区旅游特征分析及其发展对策研究 [D]. 南宁: 广西师范学院硕士学位论文.

罗奎, 李广东, 张蔷. 2016. 丝绸之路经济带中国-哈萨克斯坦国际合作示范区边境旅游发展与自由旅游区建设 [J]. 干旱区地理, 39（5）: 959-966.

罗明义. 2002. 国际旅游发展导论 [M]. 天津: 南开大学出版社.

罗明义. 2008. 关于建立健全我国旅游政策的思考 [J]. 旅游学刊, 23（10）: 6-7.

罗明义. 2016. 旅游融合发展: 旅游产业与相关产业 [M]. 北京: 中国环境出版社.

罗盛锋, 黄燕玲. 2015. 滇桂黔石漠化生态旅游景区扶贫绩效评价 [J]. 社会科学家,（9）: 97-101.

罗云艳. 2015. 边境地区旅游环境与旅游体验质量研究——以丹东为例 [J]. 辽东学院学报（社会科学版）, 17（4）: 37-42.

罗正富. 2016-09-19. 先行先试 努力打造滇桂黔民族文化旅游示范区 [N]. 人民政协报, 第 8 版.

吕红艳, 韦福安, 戴宏军. 2014. 协同学视阈下的桂西南边境民俗旅游发展研究 [J]. 湖南社会科学,（A02）: 167-169, 173.

马聪玲, 倪鹏飞. 2008. 城市旅游品牌: 概念界定及评价体系 [J]. 财贸经济,（9）: 124-127.

马健. 2006. 产业融合论 [M]. 南京: 南京大学出版社.

闵永春. 2001. 边贸与旅游的互动发展——德宏边境口岸的旅游发展分析 [J]. 德宏教育学院学报,（2）: 69-73.

明庆忠. 2016. 旅游融合发展系列之旅游产业与城镇建设 [M]. 北京: 中国环境出版社.

明庆忠, 白廷斌. 1997. 澜沧江-湄公河次区域旅游合作的基本设想 [J]. 旅游学刊,（6）: 24-26.

聂子龙, 李浩. 2003. 产业融合中的企业战略思考 [J]. 南方经济, 12（5）: 46-49.

潘航. 2014. 基于新城市主义的边境城市口岸区旅游空间重构研究 [D]. 昆明: 云南师范大学硕士学位论文.

彭万臣. 2007. 黑龙江省边境旅游开发对策研究 [J]. 国土与自然资源研究,（3）: 75-76.

普拉提·莫合塔尔, 海米提·依米提. 2009. 我国西部边境的跨国旅游合作研究——以中国新疆与中亚五国旅游合作为例 [J]. 干旱区资源与环境, 23（1）: 136-141.

覃萍. 2007. 广西边境地区民俗旅游开发策略的思考 [J]. 广西师范学院学报（哲学社会科学版）, 28（4）: 28-33.

邱海莲，由亚男. 2015. 中哈边境旅游廊道构建制约因素及发展路径［J］. 淮南师范学院学报，17（1）：40-44.
全华. 2009. 旅游规划实务［M］. 北京：中国科学技术出版社.
全华，王丽华. 2003. 旅游规划学［M］. 大连：东北财经大学出版社.
单元媛，赵玉林. 2012. 国外产业融合若干理论问题研究进展［J］. 经济评论，（5）：152-160.
邵学言，吴琼. 2006. 我国实施"走出去"战略的必要性和政策措施——基于投资发展路径理论对我国的实证研究［J］. 价值工程，（5）：13-15.
粟维斌，朱晓媚. 2007. 生态旅游景区建设［M］. 北京：中国林业出版社.
孙杨. 2014. 基于中俄战略协作伙伴关系的两国边境地区旅游发展研究——以黑龙江边境旅游为例［D］. 哈尔滨：黑龙江大学硕士学位论文.
孙永刚. 2001. 发展黑河中俄边境旅游新思路［J］. 东欧中亚市场研究，（8）：34-38.
唐承财，赵宗茜，刘晗，等. 2016. 基于试验人文地理学的北京居民边境旅游城市选择行为及其营销路径分析［J］. 资源科学，38（7）：1297-1307.
唐晓云. 2014. 中国旅游发展政策的历史演进（1949~2013）——一个量化研究的视角［J］. 旅游学刊，29（8）：15-27.
田欣. 2003. 中国边境旅游必备［M］. 北京：中国旅游出版社.
图登克珠，刘雅静. 2010. 中尼边境负责任旅游合作开发与展望——以西藏日喀则地区樟木镇为例［J］. 西藏大学学报（社会科学版），25（1）：12-17.
王碧英. 2008. 新疆边境旅游购物区域品牌形象塑造研究［D］. 乌鲁木齐：新疆财经大学硕士学位论文.
王丹彤，明庆忠，王峰. 2012. 云南边境旅游安全治理模式与对策研究［J］. 旅游论坛，5（1）：64-69.
王慧娴，张辉. 2015a. 旅游政策与省级旅游目的地空间演进互动机制研究［J］. 经济问题，（6）：109-113.
王慧娴，张辉. 2015b. 中国旅游政策评估模型构建与政策变量分析［J］. 旅游科学，29（5）：1-13.
王静. 2004. 论滇黔桂喀斯特地貌旅游产品的整合及开发［J］. 学术探索，（11）：17-20.
王丽琴. 2006. 也谈云南边境旅游开发［J］. 临沧教育学院学报，15（2）：36-38.
王灵恩，王芳，葛全胜，等. 2013. 从欧盟经验看跨境合作背景下中国边境旅游发展［J］. 开发研究，167（4）：51-55.
王晓军，罗显克. 2006. 广西边境地区少数民族文化与旅游资源开发初探［J］. 广西右江民族师专学报，19（4）：106-109.
王燕华. 2010. 边境地区生态农业旅游开发实证研究——以黑龙江省萝北县为例［J］. 农业考古，（3）：257-259.
王永刚，李萌. 2011. 旅游一体化进程中跨行政区利益博弈研究——以长江三角洲地区为例［J］. 旅游学刊，26（1）：24-30.
维卡多莉亚. 2014. 中国与俄罗斯开展国际旅游合作的策略研究［D］. 大连：东北财经大学硕士学位论文.
吴必虎. 2001. 区域旅游规划原理［M］. 北京：中国旅游出版社.
吴必虎，金华，张丽. 1999. 旅游解说系统的规划和管理［J］. 旅游学刊，14（1）：44-46.

吴艳文，王越子. 2004. 滇黔桂联合开发国际旅游线路问题探讨［J］. 热带地理，24（1）：65-68.

夏友照. 2011. 关于建立中俄朝跨境旅游合作区的战略思考［J］. 社会科学战线，（11）：237-239.

谢莉. 2005. 西部边境旅游开发的策略研究［J］. 热带地理，25（2）：181-184.

谢婷，钟林生. 2009. 边境旅游目的地的国内游客特征及感知研究——以广西壮族自治区崇左市为例［J］. 资源与产业，11（6）：139-142.

谢婷，钟林生，张宪玉. 2006. 基于空间竞争关系的中越边境旅游产品开发研究［J］. 社会科学家，（5）：123-127.

幸岭. 2015. 区域旅游发展创新模式：跨境旅游合作区［J］. 学术探索，（9）：70-75.

幸岭，徐燕. 2014. 云南省边境旅游发展问题研究［J］. 中共云南省委党校学报，16（3）：113-116.

熊礼明. 2005. 中越边境旅游系统管理研究［D］. 南宁：广西大学硕士学位论文.

熊远光. 2015. 广西边境旅游发展现状及对策研究［J］. 农业经济，（11）：53-55.

徐驰. 2008. 跨境合作理论与中国参与图们江跨境经济合作研究［D］. 北京：外交学院硕士学位论文.

徐佳. 2015. 旅游人类学视角下少数民族地区边境购物旅游资源开发——以霍尔果斯口岸为例［J］. 贵州商业高等专科学校学报，28（1）：22-25.

羊绍全. 2014. 高速旅游时代背景下中越跨境旅游目的地空间结构分析——以广西中越边境为例［J］. 祖国，（2）：100-101.

杨芳. 2015. 丝绸之路经济带背景下中哈边境旅游合作动力机制分析及保障体系构建[J]. 对外经贸，（6）：31-32，71.

杨芳，方旭红. 2010. 我国边境旅游安全问题探析［J］. 乐山师范学院学报，25（9）：87-91.

杨洪，陈长春，袁开国. 2001. 我国西部边境旅游开发研究［J］. 世界地理研究，10（3）：64-69，85.

杨丽. 2001. 边境旅游市场分析与开发战略［J］. 思想战线，27（5）：63-66.

杨效忠，彭敏. 2012. 边境旅游研究综述及展望［J］. 人文地理，（4）：19-24.

杨兆萍，张小雷. 2001. 边境地区旅游业发展模式研究［J］. 经济地理，21（3）：363-366.

杨振之，陈谨. 2003. "形象遮蔽"与"形象叠加"的理论与实证研究［J］. 旅游学刊，18（3）：62-67.

姚靖. 2005. 论中国-东盟自由贸易区中的两广经济合作——广西的应对策略和新思路［J］. 金融经济，（6）：112-113.

尹明. 2000. 边境县（市）旅游管理机制的浅思［J］. 黑河学刊，（2）：26-27.

余繁，唐滢，杨春和，等. 2016. 跨境旅游合作区建设研究［M］. 北京：中国旅游出版社.

苑全玺. 2013. 参与云南桥头堡建设的条件、意义及建议——以麻栗坡县为例［J］. 中外企业家，（31）：222-223.

杨焰婵，陈发翠，鱼海波. 2015. 云南跨境民族与中国国家安全［J］. 广西民族师范学院学报，32（1）：52-56.

张长生. 2018. 紧紧围绕建设交通强国　加快构建综合交通枢纽体系——关于云南打造综合交通枢纽体系的思考［A］//中国科学技术协会，交通运输部，中国工程院. 2018世界交通运输大会论文集. 北京: 6.
张广瑞. 1997a. 中国边境旅游发展的战略选择 [M]. 北京: 经济管理出版社.
张广瑞. 1997b. 中国边境旅游发展的战略与政策选择 [J]. 财贸经济, (3): 55-58.
张官义. 2010. 第三亚欧大陆桥的构建及其对云南省经济建设的影响 [J]. 思想战线, 36(S2): 101-104.
张辉, 成英文. 2015. 中国旅游政策供需矛盾及未来重点领域 [J]. 旅游学刊, 30 (7): 6-7.
张慧光. 2010. 完善旅游管理体制机制, 推进北京旅游业科学发展 [J]. 前线, (2): 49-51.
张建刚, 王新华, 段治平. 2010. 产业融合理论研究述评 [J]. 山东科技大学学报 (社会科学版), 12 (1): 73-78.
张梦瑶. 2014. 中缅边境经济合作区区域旅游合作模式构建与路径选择 [D]. 昆明: 云南财经大学硕士学位论文.
张娜. 2014. 边境旅游企业发展对策研究——中俄边境旅游业为例 [J]. 企业导报, (24): 19, 21.
张文娟. 2010. 基于区域整体利益的旅游目的地品牌营销研究 [D]. 武汉: 武汉大学博士学位论文.
张燕茹. 2016. 内蒙古关于边境旅游试验区和跨境旅游合作区建设的思考 [J]. 北方经济, (8): 24-26.
赵爱华. 2004. 丹东中朝边境旅游的发展、问题及对策 [J]. 牡丹江教育学院学报, (2): 120-121.
赵多平, 孙根年, 苏建军. 2012. 中国边境入境旅游的客流演化态势及其动因分析——新疆内蒙云南三省区的比较研究 [J]. 人文地理, (5): 134-139.
赵健. 2010. 腾冲旅游产业竞争力提升研究 [D]. 昆明: 云南财经大学硕士学位论文.
赵磊. 2012. 旅游产业与文化产业融合发展研究 [D]. 合肥: 安徽大学硕士学位论文.
赵明. 2004. 黑龙江中俄边境段旅游合作开发探讨 [J]. 哈尔滨师范大学自然科学学报, 20 (4): 99-104.
赵明, 郑喜珅. 2004. 跨境旅游资源国际合作开发探讨——以黑龙江中俄边境段为例 [J]. 世界地理研究, 13 (4): 86-93.
赵阅. 2014. 新疆维吾尔自治区边境旅游中的政府行为研究 [D]. 成都: 西南财经大学硕士学位论文.
郑辽吉. 2002. 丹东市赴朝边境旅游发展研究 [J]. 世界地理研究, 11 (3): 71-78.
郑辽吉. 2009. 丹东边境旅游产品创新与联合开发——基于行动者-网络理论观点 [J]. 世界地理研究, 18 (2): 128-134.
郑维荣. 2012-01-17. 创新旅游管理体制 推进旅游产业科学发展 [N]. 福建日报, 第 13 版.
周彬, 钟林生, 陈田, 等. 2013. 黑龙江省中俄界江旅游发展策略研究 [J]. 经济地理, 33 (6): 182-187.
周彬, 钟林生, 陈田, 等. 2015. 黑龙江省中俄界江旅游资源评价与开发对策 [J]. 干旱区资源与环境, 29 (10): 203-208.
周桂银. 2017. 中国周边外交的当前态势和未来重点 [J]. 东南亚研究, (1): 75-91, 148.
周鑫. 2010. 云南商帮及其在云南与东南亚交往中的地位和作用 [D]. 昆明: 云南大学硕士学位论文.

周振华. 2002. 信息化进程中的产业融合研究［J］. 经济学动态，（6）: 59-62.

周作明，卢玉平. 2008. 旅游规划学［M］. 北京：旅游教育出版社.

朱红红. 2009. 旅游景区品牌延伸机制与应用研究［D］. 济南：山东大学博士学位论文.

植草益. 2001. 信息通讯业的产业融合［J］. 中国工业经济，12（2）: 24-27.

Anaman K A, Ismail R A. 2002. Cross-border tourism from Brunei Darussalam to Eastern Malaysia: an empirical analysis［J］. The Singapore Economic Review, 47(1): 65-87.

Banfi S, Filippini M, Hunt L C. 2005. Fuel tourism in border regions: the case of Switzerland［J］. Energy Economics, 27: 689-707.

Bradbury S L. 2012. The impact of security on travelers across the Canada-US border［J］. Journal of Transport Geography, 26: 139-146.

Brand S. 1988. The Media Lab: Inventing the Future at MIT［M］. New York: Penguin.

Buzinde C N, Manuel-Navarrete D. 2013. The social production of space in tourism enclaves: mayan children's perceptions of tourism boundaries［J］. Annals of Tourism Research, 43: 482-505.

Di Matteo L, Di Matteo R. 1996. An analysis of Canadian cross-border travel［J］. Annals of Tourism Research, 23(1): 103-122.

Enoch Y. 1996. Contents of tour packages: a cross-cultural comparison［J］. Annals of Tourism Research, 23(3): 599-616.

Garrett T A, Marsh T L. 2002. The revenue impacts of cross-border lottery shopping in the presence of spatial autocorrelation［J］. Regional Science and Urban Economics, 32: 501-519.

Gelbman A. 2008. Border tourism in Israel: conflict, peace, fear and hope［J］. Tourism Geographies, 10(2): 193-213.

Greenidge K. 2001. Forecasting tourism demand: an STM approach［J］. Annals of Tourism Research, 28(1): 98-112.

Greenstein S, Khanna T. 1997. What does industry convergence mean［A］?//Yoffie D. Competing in the age of digital convergence. Boston: Harvard Business School Press.

Greer J. 2002. Developing trans-jurisdictional tourism partnerships—insights from the Island of Ireland［J］. Tourism Management, 23: 355-366.

Gupta D R, Dada Z A. 2011. Rehabilitating borderland destinations: a strategic framework towards cross-border tourism collaboration［J］. The Journal of Tourism and Peace Research, 2(1): 38-54.

Hacklin F, Raurich V, Marxt C. 2005. Implications of technological convergence on innovation trajectories: the case of ICT industry［J］. International Journal of Innovation and Technology Management, 2(3): 313-330.

Hampton M P. 2010. Enclaves and ethnic ties: the local impacts of Singaporean cross-border tourism in Malaysia and Indonesia［J］. Singapore Journal of Tropical Geography, 31(2): 239-253.

Hanefeld J, Smith R, Horsfall D, et al. 2014. What do we know about medical tourism? A review of the literature with discussion of its implications for the UK National Health Service as an example of a public health care system［J］. Journal of Travel Medicine, 21(6): 410-417.

Jadhav S, Yeravdekar R, Kulkarni M. 2014. Cross-border healthcare access in South Asian countries: learnings for sustainable healthcare tourism in India [J]. Procedia-Social and Behavioral Sciences, 157: 109-117.

Jakosuo K. 2011. Russia and the Russian tourist in Finnish tourism strategies: the case of the Karelian region [J]. Procedia-Social and Behavioral Sciences, 24: 1003-1013.

Kim S S, Prideaux B, Prideaux J. 2007. Using tourism to promote peace on the Korean Peninsula [J]. Annals of Tourism Research, 34(2): 291-309.

Livio D M. Rosanna D M. 1996. An analysis of canadian cross-border travel [J]. Annals of Tourism Research, 23(1): 103-122.

Lord K R, Putrevu S, Shi Y Z. 2008. Cultural influences on cross-border vacationing [J]. Journal of Business Research, 61(3): 183-190.

Malhotra A. 2001. Firm Strategy in Converging Industries: An Investigation of US Commercial Bank Responses to US Commercial-Investment Banking Convergence [D]. Maryland: Ph D Thesis, University of Maryland.

Masson S, Petiot R. 2009. Can the high speed rail reinforce tourism attractiveness? The case of the high speed rail between Perpignan (France) and Barcelona (Spain) [J]. Technovation, 29: 611-617.

Mitchell R E, Reid D G. 2001. Community integration island tourism in Peru [J]. Annals of Tourism Research, 28(1): 113-139.

Prideaux B. 2005. Factors affecting bilateral tourism flows [J]. Annals of Tourism Research, 32(3): 780-801.

Rosenberg N. 1963. Technological change in the machine tool industry, 1840-1910 [J]. The Journal of Economic History, 23(2): 414-443.

Schernewski G, Jülich W D. 2001. Risk assessment of virus infections in the Oder estuary(southern Baltic) on the basis of spatial transport and virus decay simulations [J]. International Journal of Hygiene and Environmental Health, 203(4): 317-325.

Sener I N, Lorenzini K M, Aldrete R M. 2015. A synthesis on cross-border travel: focus on El Paso, Texas, retail sales, and pedestrian travel [J]. Research in Transportation Business & Management, 16: 102-111.

Sevil F. 1998. Tourism, terrorism, and political instability [J]. Annals of Tourism Research, 25(2): 416-456.

Sofield T H B. 2006. Border tourism and border communities: an overview [J]. Tourism Geographies, 8(2): 102-121.

Studzieniecki T, Mazurek T. 2007. How to promote a cross-border region as a tourism destination— the case study of the bug Euro region [J]. Tourism Review, 62(1): 34-38.

Timothy D J. 1995. Political boundaries and tourism: borders as tourist attraction [J]. Tourism Management, 16(7): 525-532.

Timothy D J. 1999. Cross-border partnership in tourism resource management: international parks along the US-Canada border [J]. Journal of Sustainable Tourism, 7(3-4): 182-205.

Timothy D J. 2001. Tourism and political boundaries [J]. London and New York: Routledge.

Timothy D J, Bulter R W. 1995. Cross border shopping: a North American perspective [J]. Annals of Tourism Research, 22(1): 16-34.

Timothy D J, Tosun C. 2003. Tourists' perceptions of the Canada-USA border as a barrier to tourism at the International Peace Garden [J]. Tourism Management, 24(4): 411-421.

Timothy D J, Kim S. 2015. Understanding the tourism relationships between South Korea and China: a review of influential factors [J]. Current Issues in Tourism, 18(5): 413-432.

Tomasz S, Tomasz M. 2007. How to promote a cross-border region as a tourism destination—the case study of the Bug Euro region [J]. Tourism Review, 62(1): 34-38.

Tosun C, Timothy D J, Parpairis A, et al. 2005. Cross-border cooperation in tourism marketing growth strategies [J]. Journal of Travel & Tourism Marketing, 18(1): 5-23.

Tugcu C T. 2014. Tourism and economic growth nexus revisited: a panel causality analysis for the case of the Mediterranean Region [J]. Tourism Management, 42: 207-212.

Var T, Mohammad G, Icoz O. 1990. Factors affecting international tourism demand for Turkey [J]. Annals of Tourism Research, 17(4): 606-610.

Wang D G. 2004. Hong Kongers' cross-border consumption and shopping in Shenzhen: patterns and motivations [J]. Journal of Retailing And Consumer Services, 11(3): 149-159.

Woosnam K M, Shafer C S, Scott D, et al. 2015. Tourists' perceived safety through emotional solidarity with residents in two Mexico-United States border regions [J]. Tourism Management, 46: 263-273.

Yeung R M W, Yee W M S. 2012. A profile of the mainland Chinese cross-border shoppers: cluster and discriminant analysis [J]. Tourism Management Perspectives, 4: 106-112.

彩 图

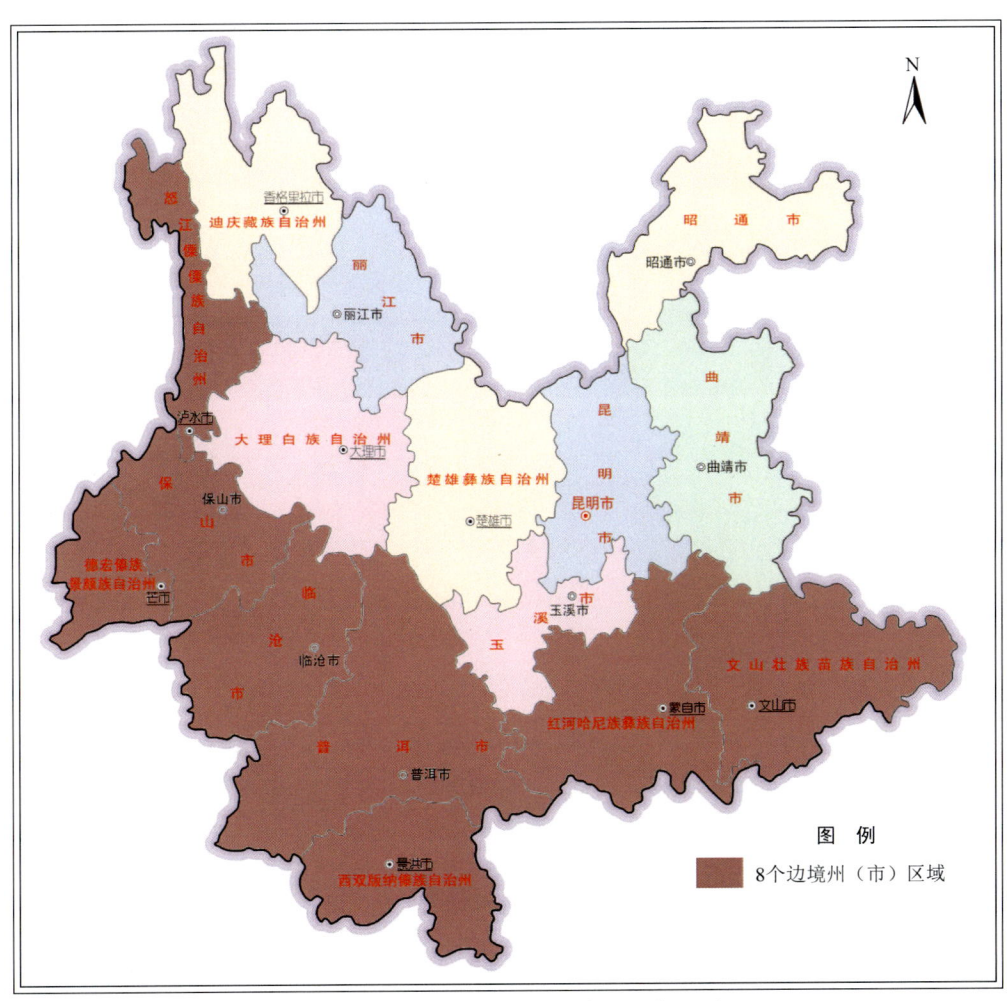

图 5-1 云南边境州（市）位置及范围图

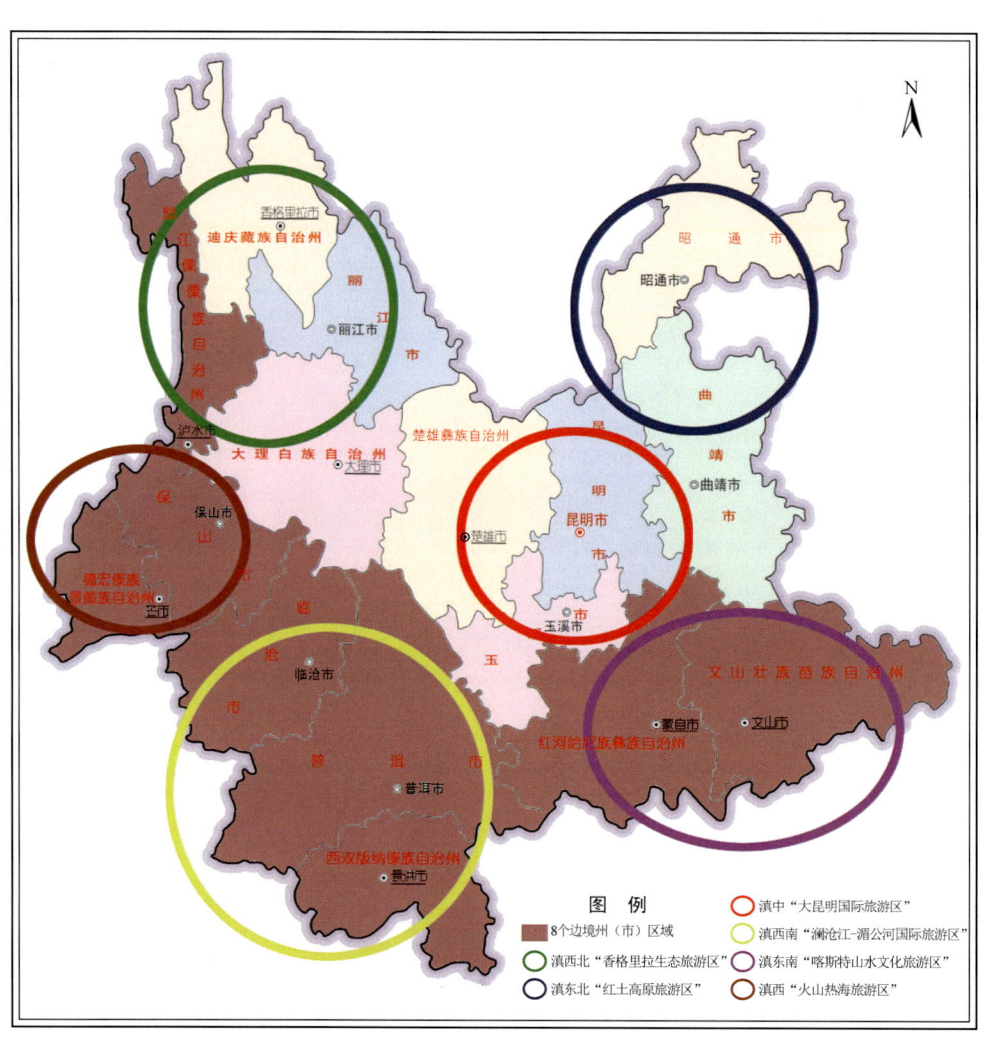

图 5-2 云南边境地区在云南省的旅游区位图

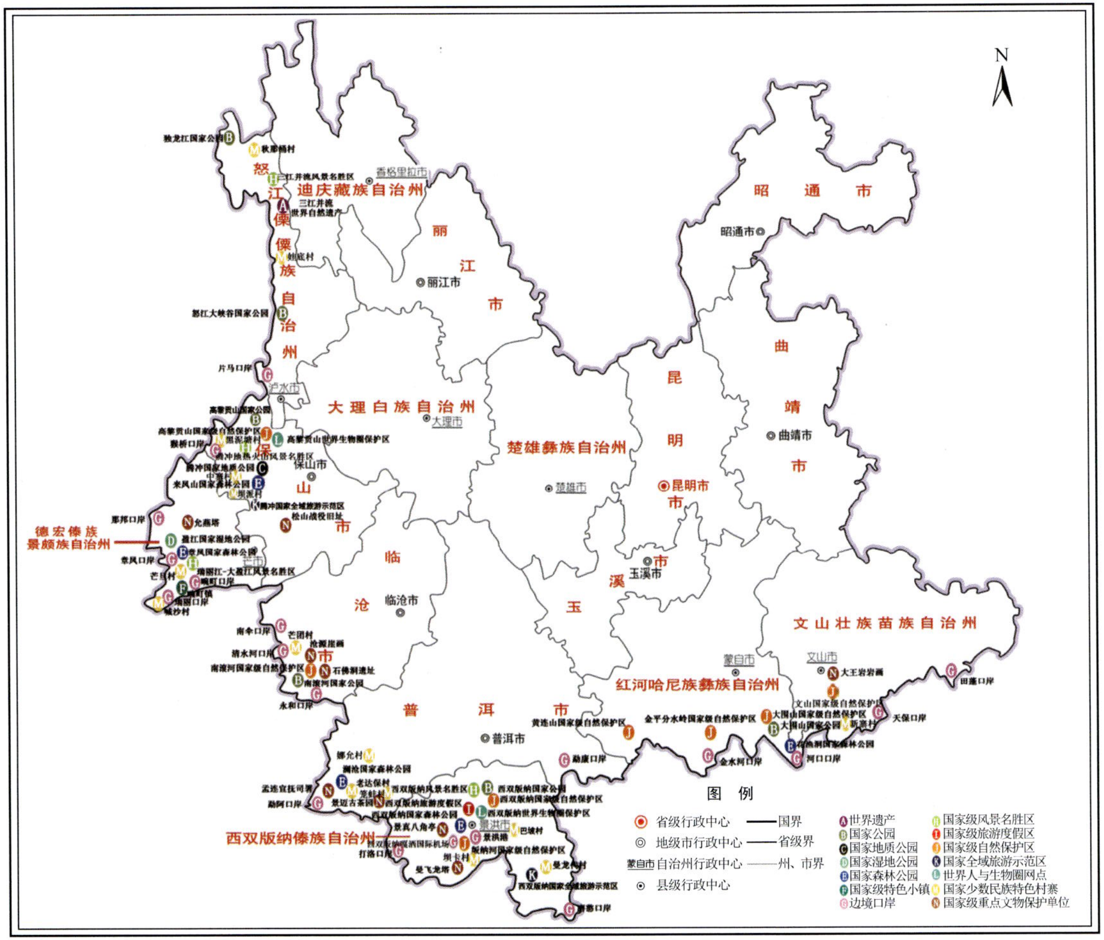

图 5-3 云南边境地区列级旅游资源分布

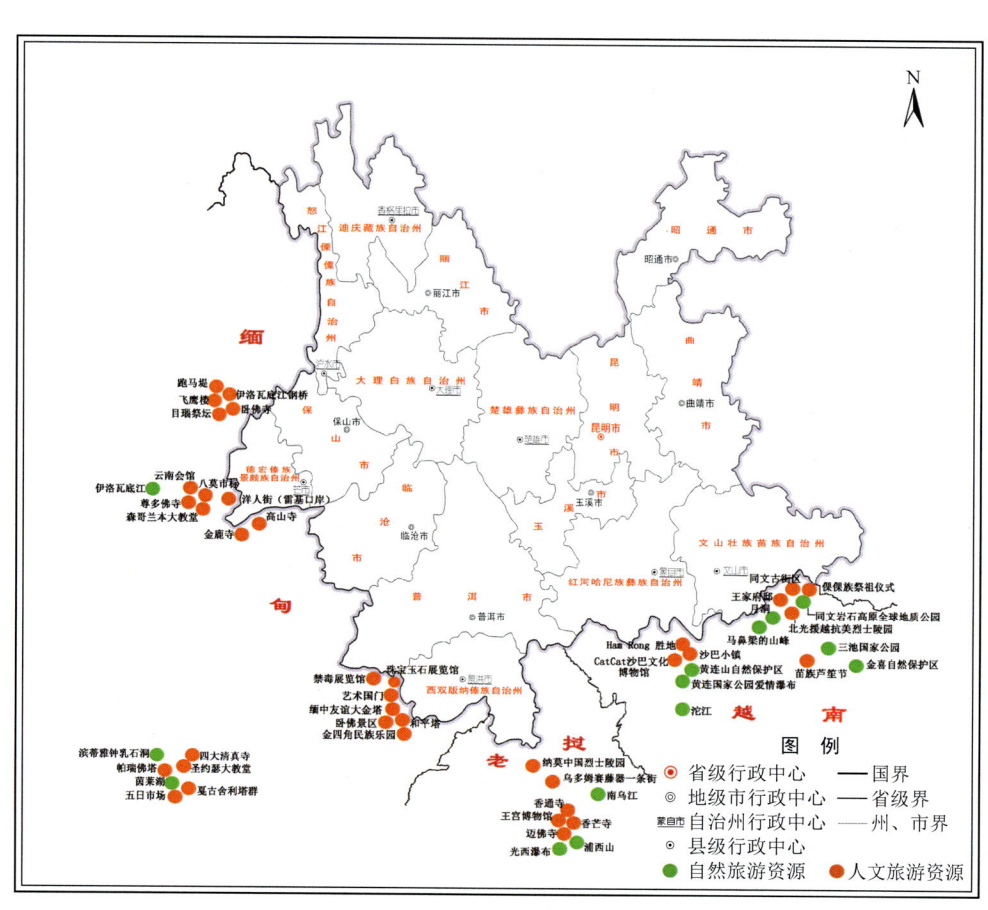

图 5-4 缅甸、老挝、越南边境旅游资源分布

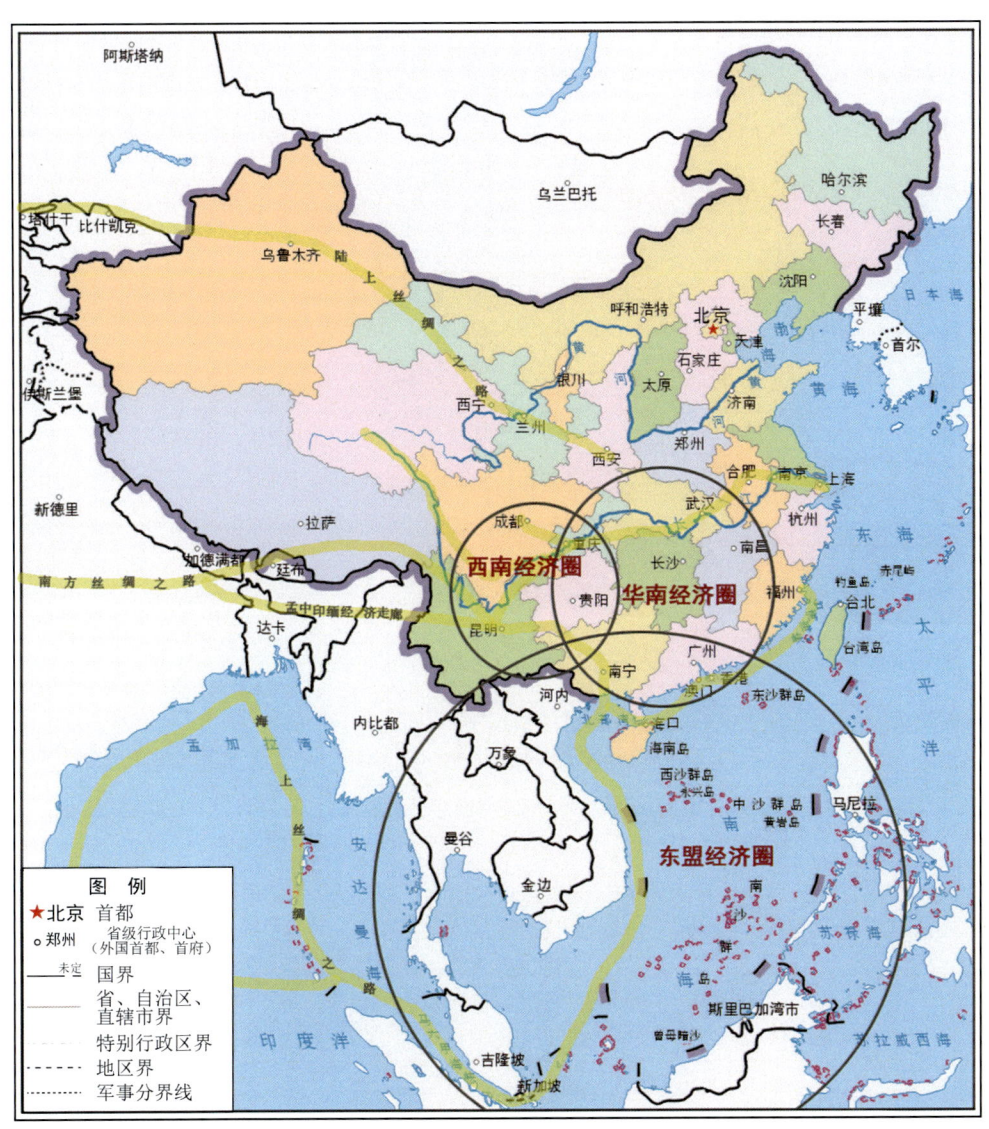

图 5-10 云南、广西旅游发展区位图

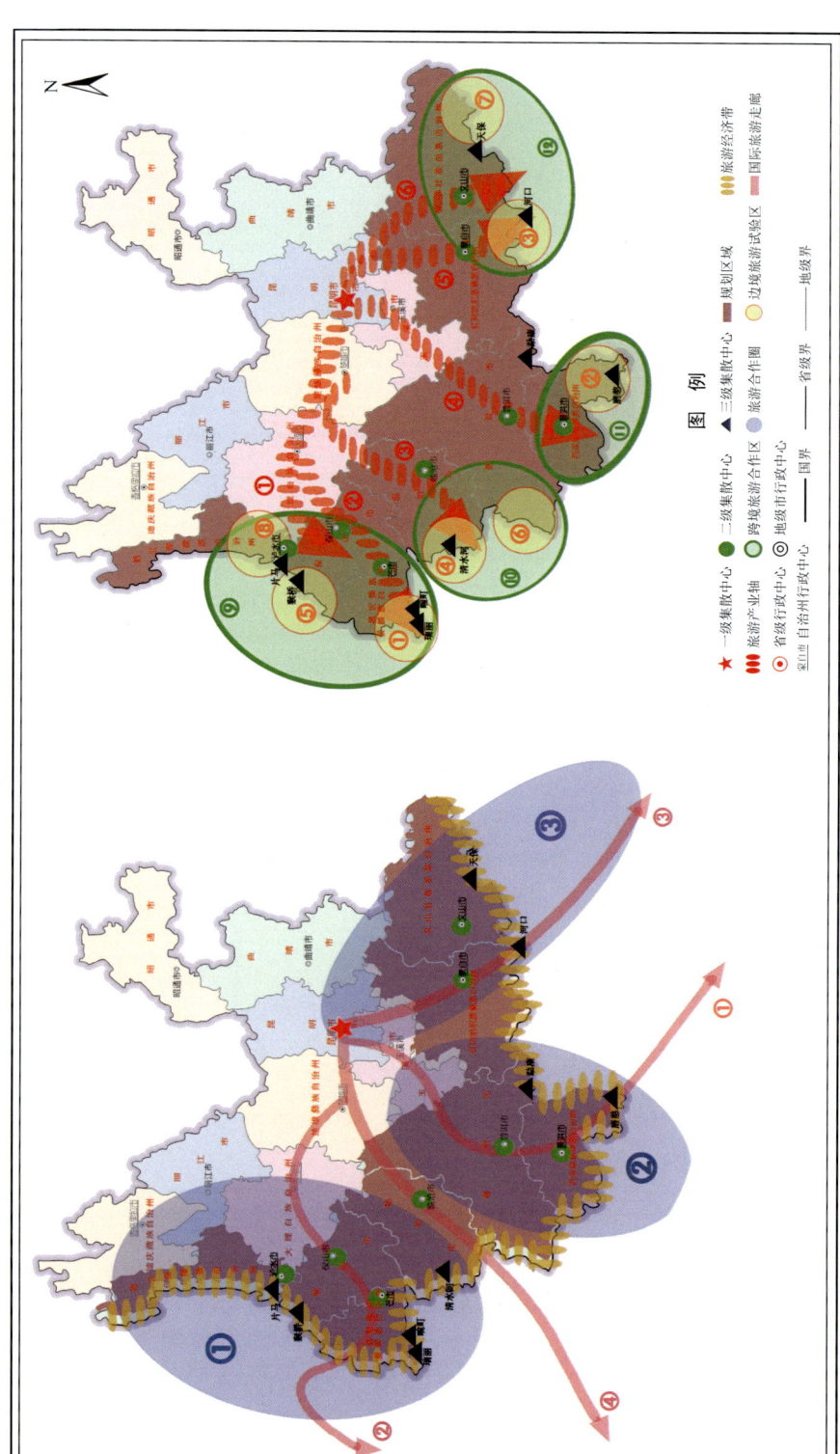

图 6-1 云南边境旅游发展总体布局

图 6-1 云南边境旅游发展总体布局（续）

三圈：①滇缅跨境旅游合作圈；②滇老跨境旅游合作圈；③滇越跨境旅游合作圈。

四廊：①昆明－景洪－万象－曼谷昆曼国际旅游走廊；②昆明－腾冲－密支那－曼德勒－仰光滇缅国际旅游走廊；③昆明－玉溪－河口－胡志明－曼谷昆河国际旅游走廊；④昆明－临沧－曼德勒－皎漂昆楚临国际旅游走廊。

六轴：①昆明－楚雄－大理－隆阳－泸水－腾冲旅游产业轴；②昆明－大理－隆阳－芒市－瑞丽旅游产业轴；③昆明－楚雄－祥云－临翔－耿马（沧源）旅游产业轴；④昆明－玉溪－普洱－景洪旅游产业轴；⑤昆明－弥勒－蒙自－河口旅游产业轴；⑥昆明－石林－丘北－文山－麻栗坡旅游产业轴。

十二区：八大边境旅游试验区包括①瑞丽中缅国家级边境旅游试验区；②磨憨中老国家级边境旅游试验区；③河口中越国家级边境旅游试验区；④临沧耿马（孟定）边境旅游试验区；⑤腾冲边境旅游试验区；⑥普洱绿三角边境旅游试验区；⑦麻栗坡（天保）边境旅游试验区；⑧片马边境旅游试验区。四大跨境旅游合作区包括⑨滇西－缅北跨境旅游合作区；⑩滇西南－缅东跨境旅游合作区；⑪西双版纳－老挝跨境旅游合作区；⑫滇东南－越北跨境旅游合作区

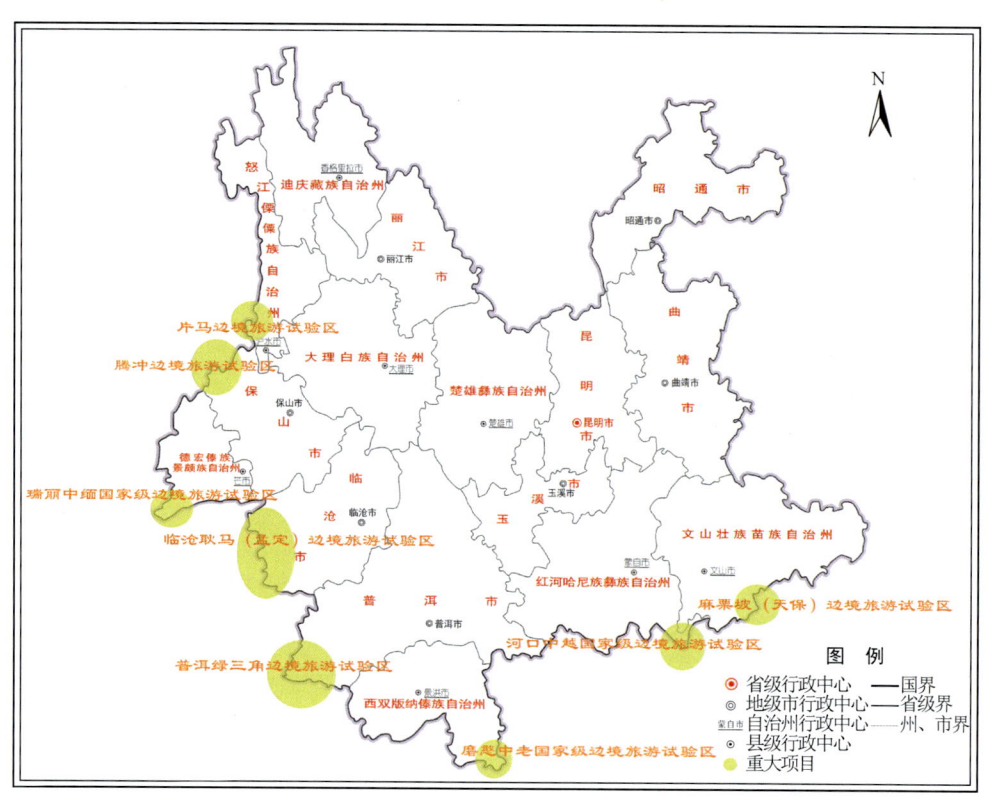

图 6-3 云南边境地区重大项目布局

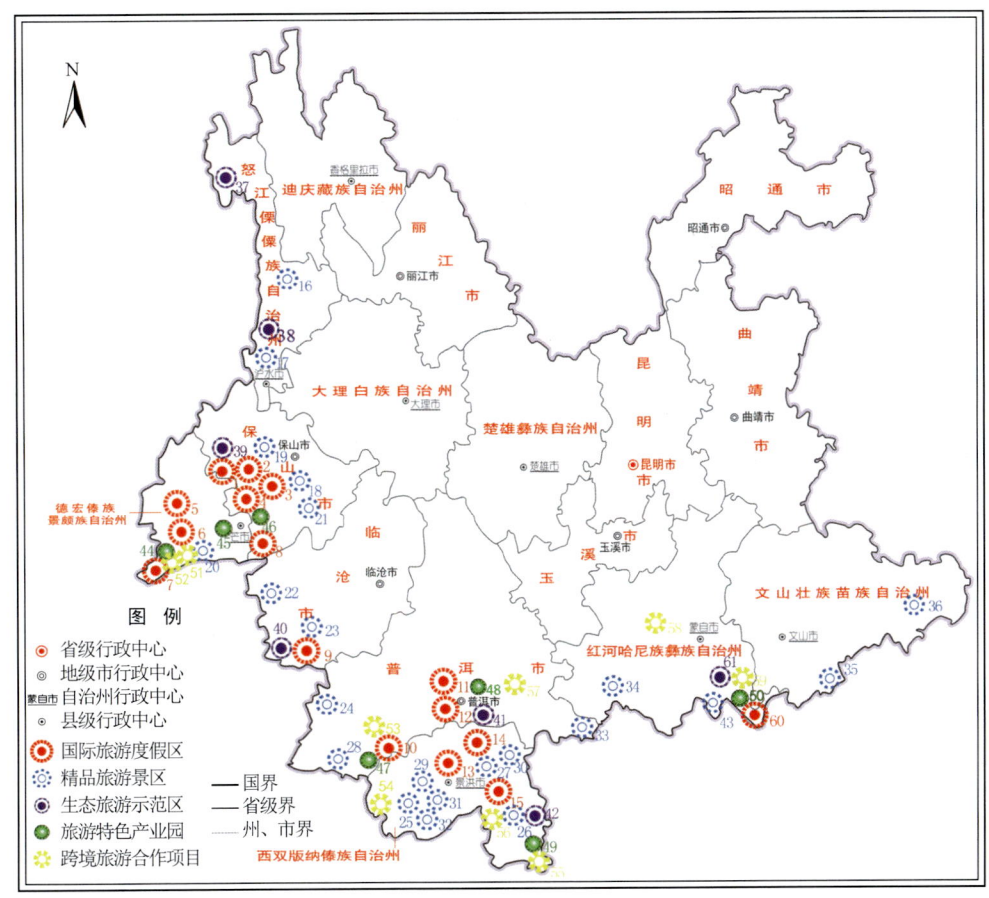

图 6-4 云南边境地区重点项目布局

1. 腾冲温泉旅游度假区；2. 高黎贡国际医养旅游城；3. 腾冲"天下和顺"养生养老旅游项目；4. 龙川江国际生态旅游度假区；5. 盈江沿江旅游休闲带；6. 麻栗坝户宛温泉康体养生区；7. 瑞丽江黄金旅游岸线度假区；8. 龙陵邦腊掌旅游度假区养老社区；9. 沧源国际旅游度假区；10. 澜沧"知了"温泉养生谷；11. 普洱茶城生态康体旅游度假区；12. 普洱野鸭湖国际高端医疗养生基地；13. 西双版纳国际温泉养生休闲度假区；14. 西双版纳曼飞龙国际养生度假区；15. 西双版纳高端休闲养生度假区；16. 怒江大峡谷生态文化旅游区；17. 怒江大峡谷登埂温泉养生旅游区；18. 南门外历史文化旅游区；19. 龙川江国际生态旅游度假区；20. 瑞丽湾植物园；21. 龙陵松山大战遗址纪念园；22. 南伞中缅跨国溶洞旅游景区；23. 沧源勐来大峡谷旅游区；24. 西盟佤族部落旅游区；25. 贺开古茶山拉祜文化旅游区；26. 南贡山景区勐远绿道；27. 西双版纳南传佛教历史文化旅游区；28. 普洱茶祖历史文化旅游区；29. 澜沧江国际生态文化旅游度假区；30. 西双版纳告庄西双景综合体；31. 西双版纳路南山国际雨林度假区；32. 西双版纳水上世界；33. 中老越三国庄园旅游度假村；34. 黄连山森林公园；35. 英雄老山圣地旅游景区；36. 富宁生态休闲旅游区；37. 独龙江生态旅游示范区；38. 怒江大峡谷生态旅游示范区；39. 保山高黎贡山生态旅游示范区；40. 临沧南滚河生态旅游示范区；41. 普洱太阳河生态旅游示范区；42. 西双版纳生态旅游示范区；43. 中国•红河蝴蝶谷生态旅游区；44. 瑞丽国际珠宝翡翠产业园；45. 芒市后谷咖啡产业园；46. 龙陵黄龙玉文化产业园；47. 景迈山普洱茶产业休闲；48. 中华普洱茶博览苑；49. 西双版纳佛文化旅游产业园；50. 中国-东盟国际旅游文化产业园；51. 中缅瑞丽-木姐跨境旅游合作区；52. "一国两寨"(瑞丽市银井村)；53. 澜沧江-湄公河流域旅游城市合作项目；54. 中缅边境公园(勐海县打洛镇)；55. 中老磨憨-磨丁跨境旅游合作区；56. 湄公河绿三角国际公园；57. 跨境旅游大数据中心；58. 跨境立体交通网络；59. 中越河口-老街跨境旅游合作区；60. 河口异域风情小镇；61. 大围山生态旅游示范区

图 6-5　云南边境地区特色旅游小镇建设布局

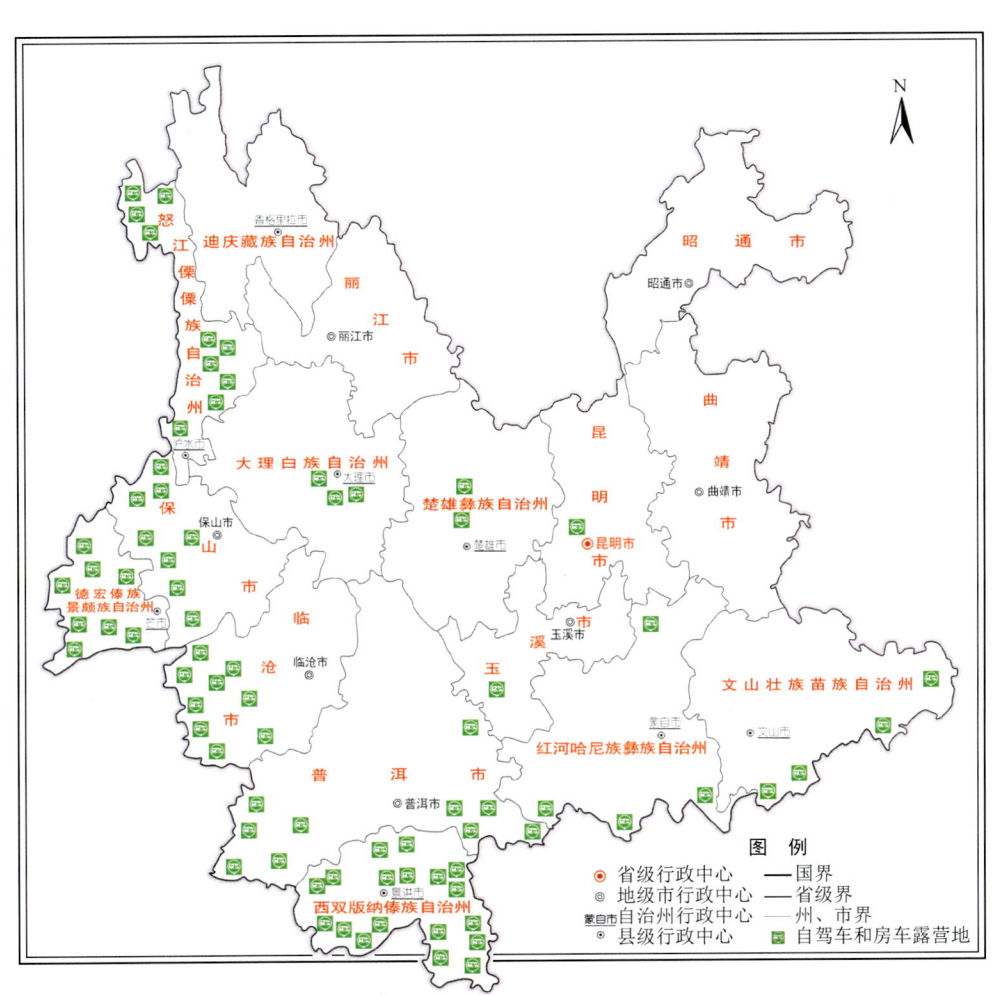

图 6-6 云南边境地区自驾车和房车露营地布局

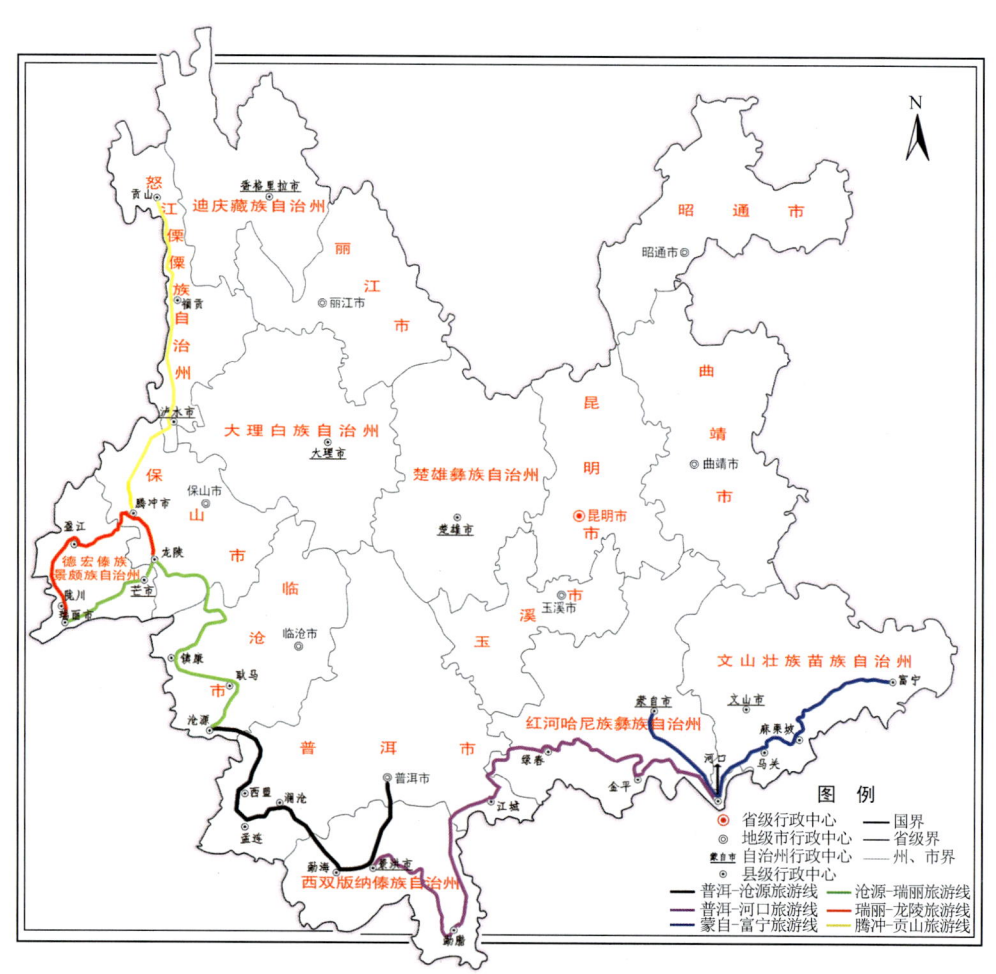

图 7-2 云南边境地区省内边境沿线旅游线路布局

线路 2)中的普洱市-景洪市与线路 1)重合,未单独着色画线,本书余同

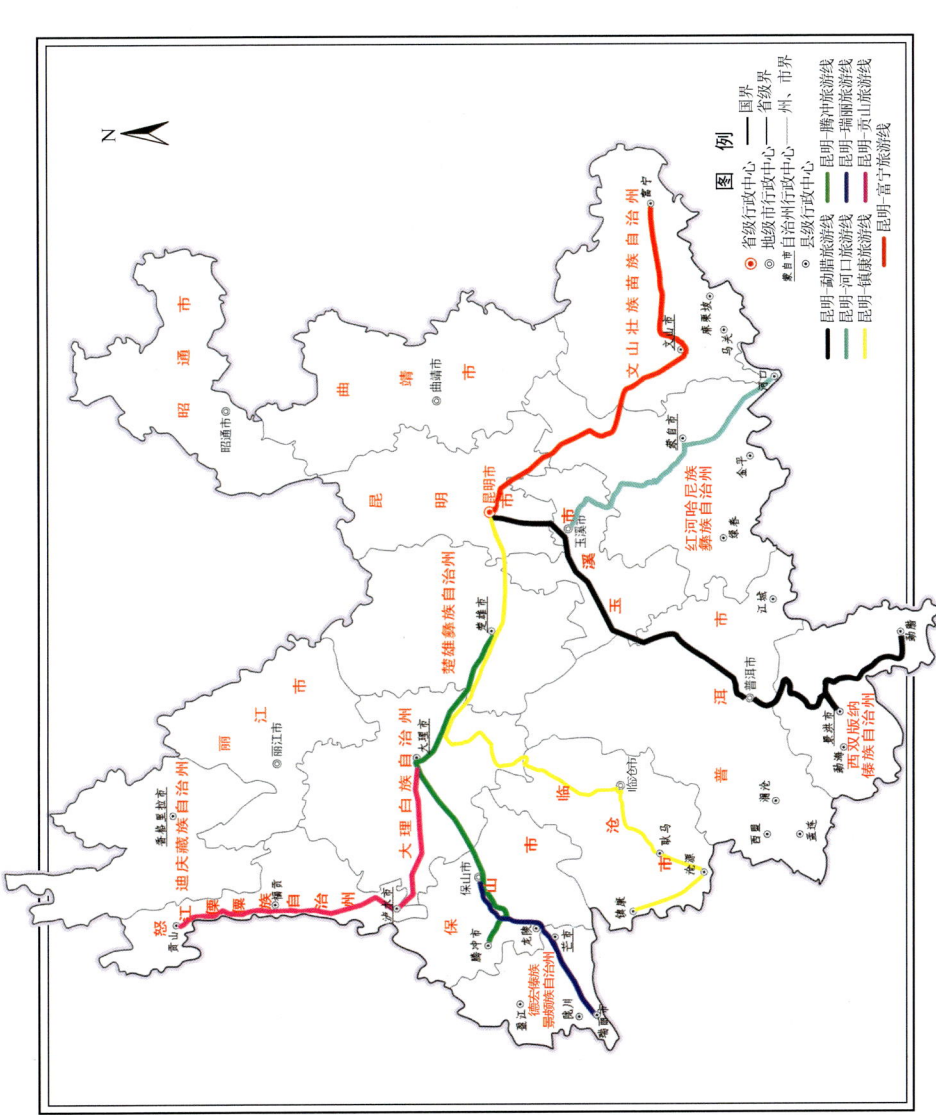

图 7-3 云南边境地区省内陆路旅游线路布局

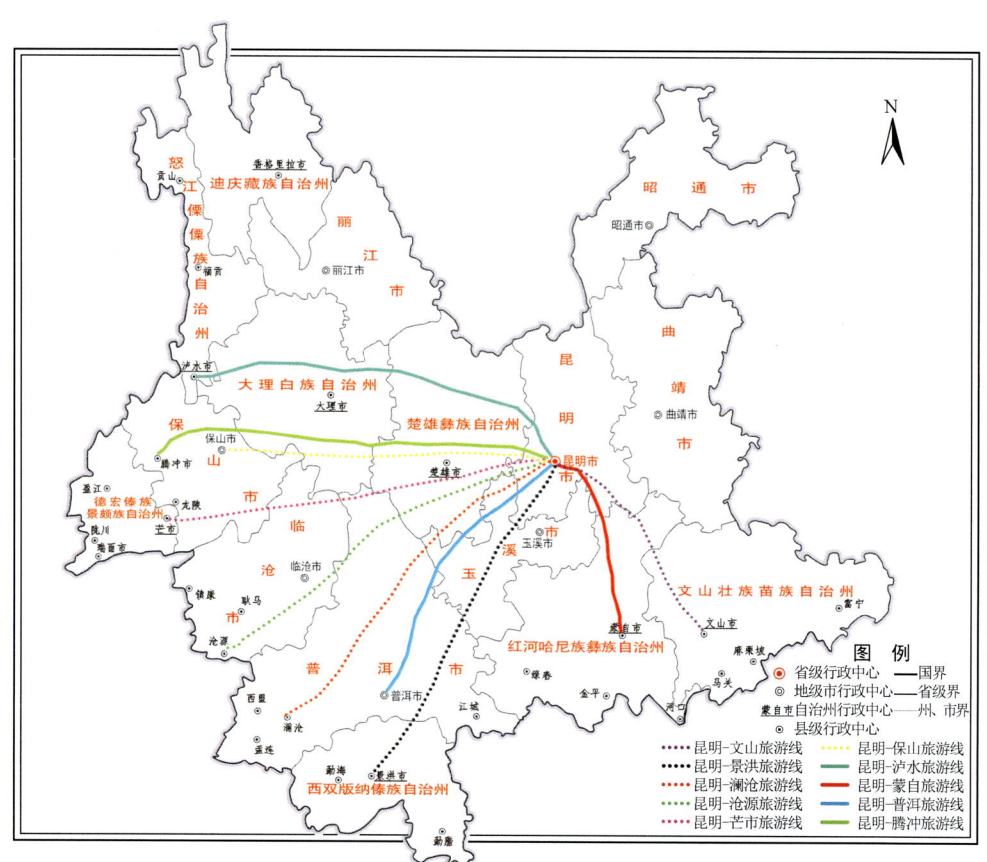

图 7-4 云南边境地区省内航空旅游线路布局

图 7-5 云南边境地区省内水上旅游线路布局

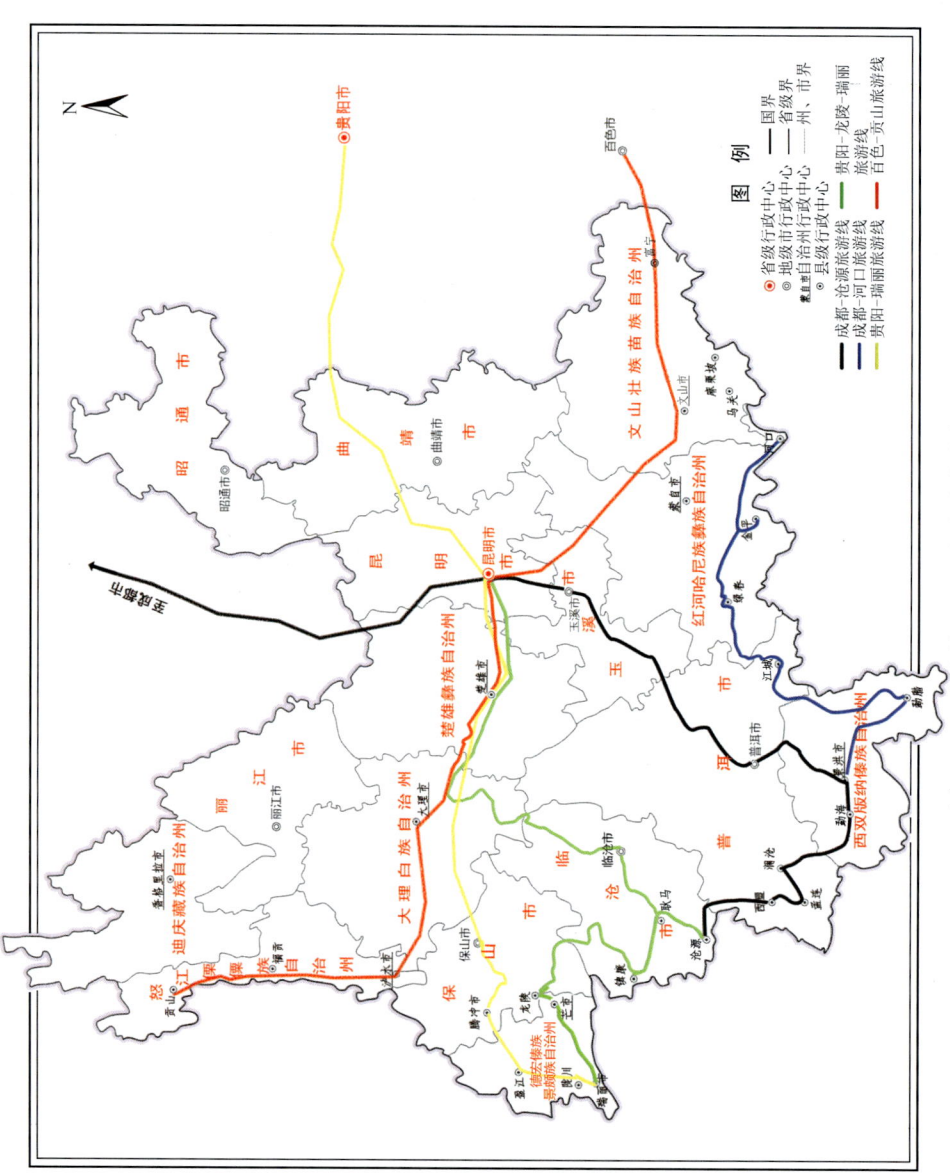

图 7-6 云南边境地区国内旅游线路布局

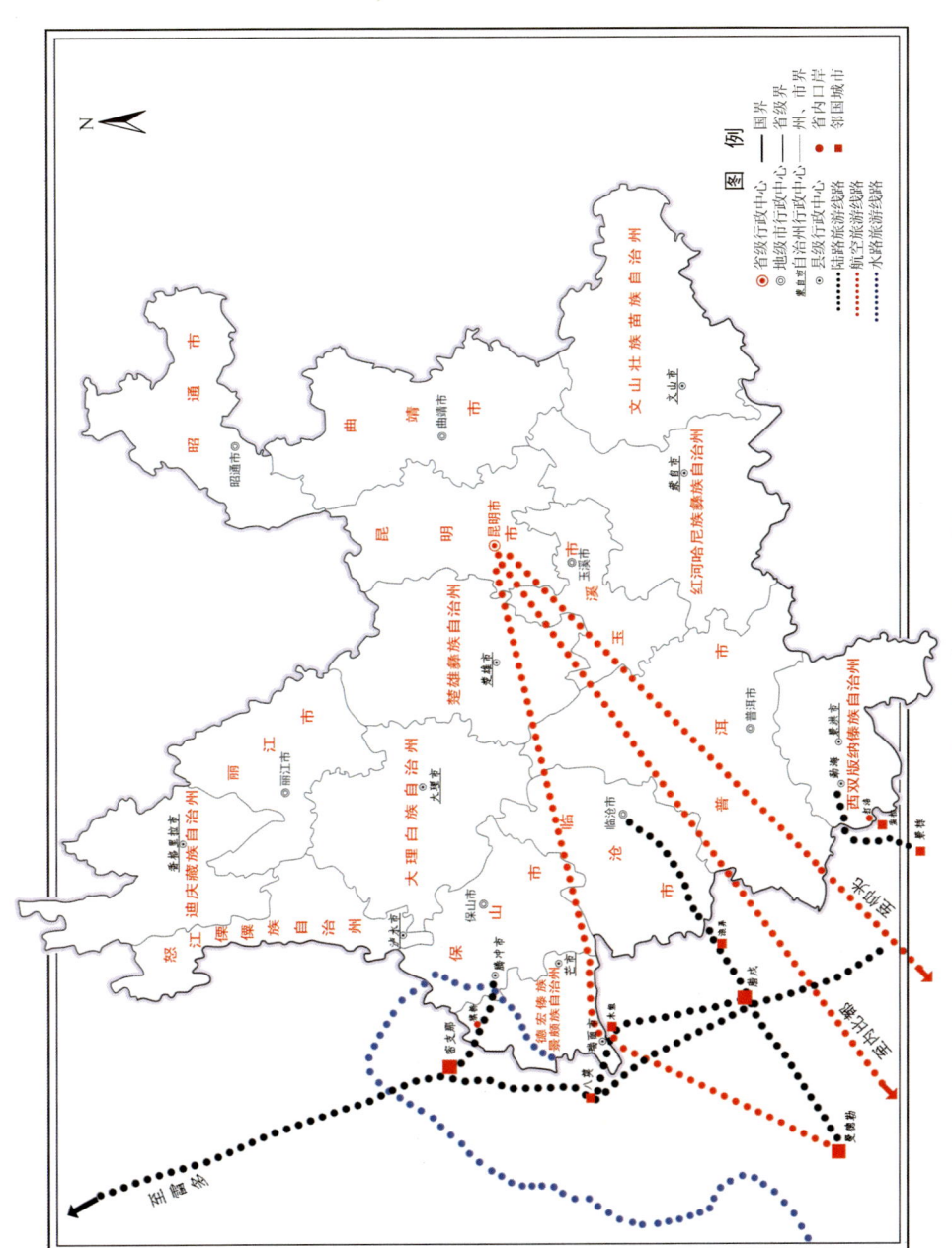

图 7-7 中缅跨境旅游线路布局

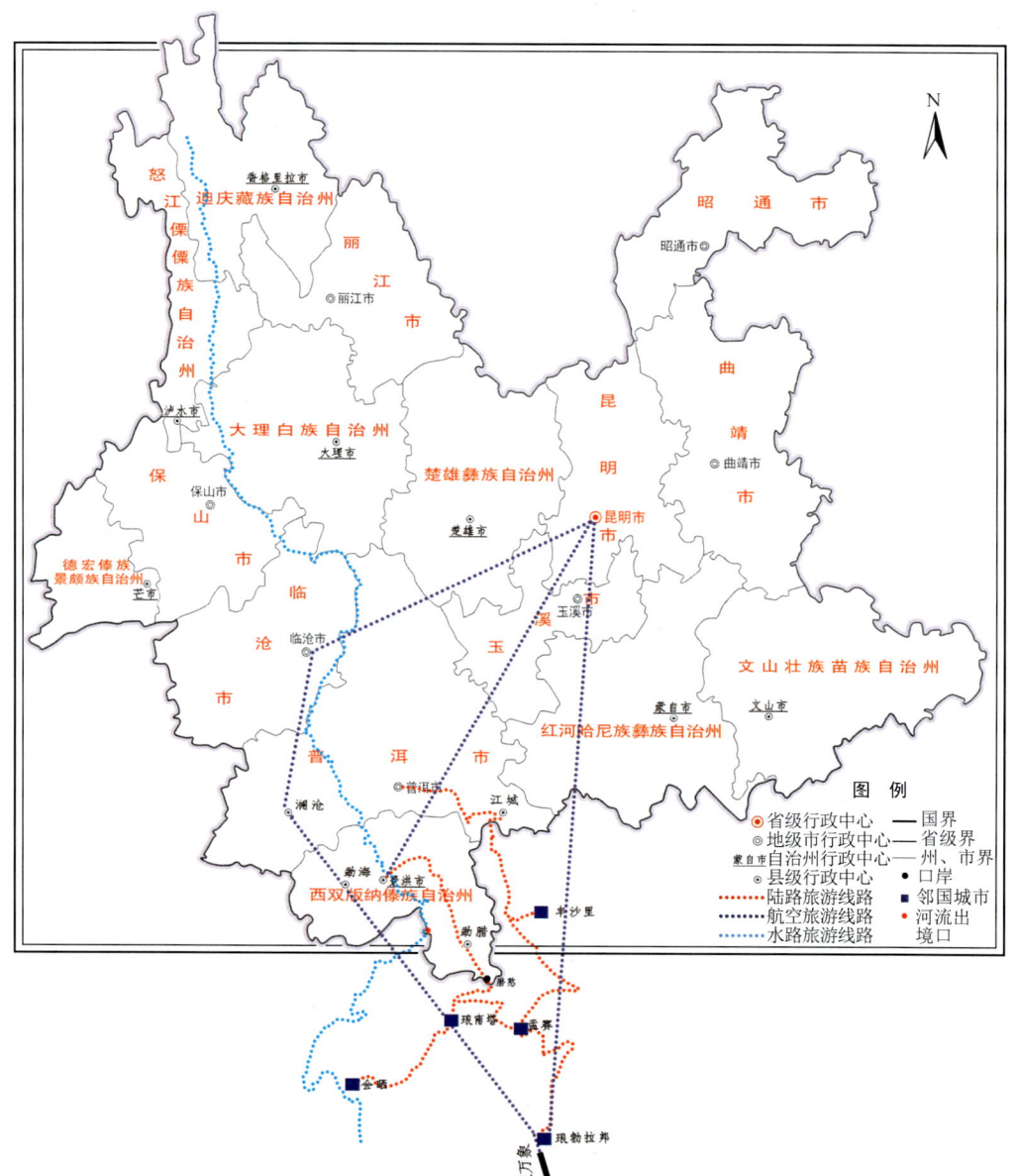

图 7-8 中老跨境旅游线路布局

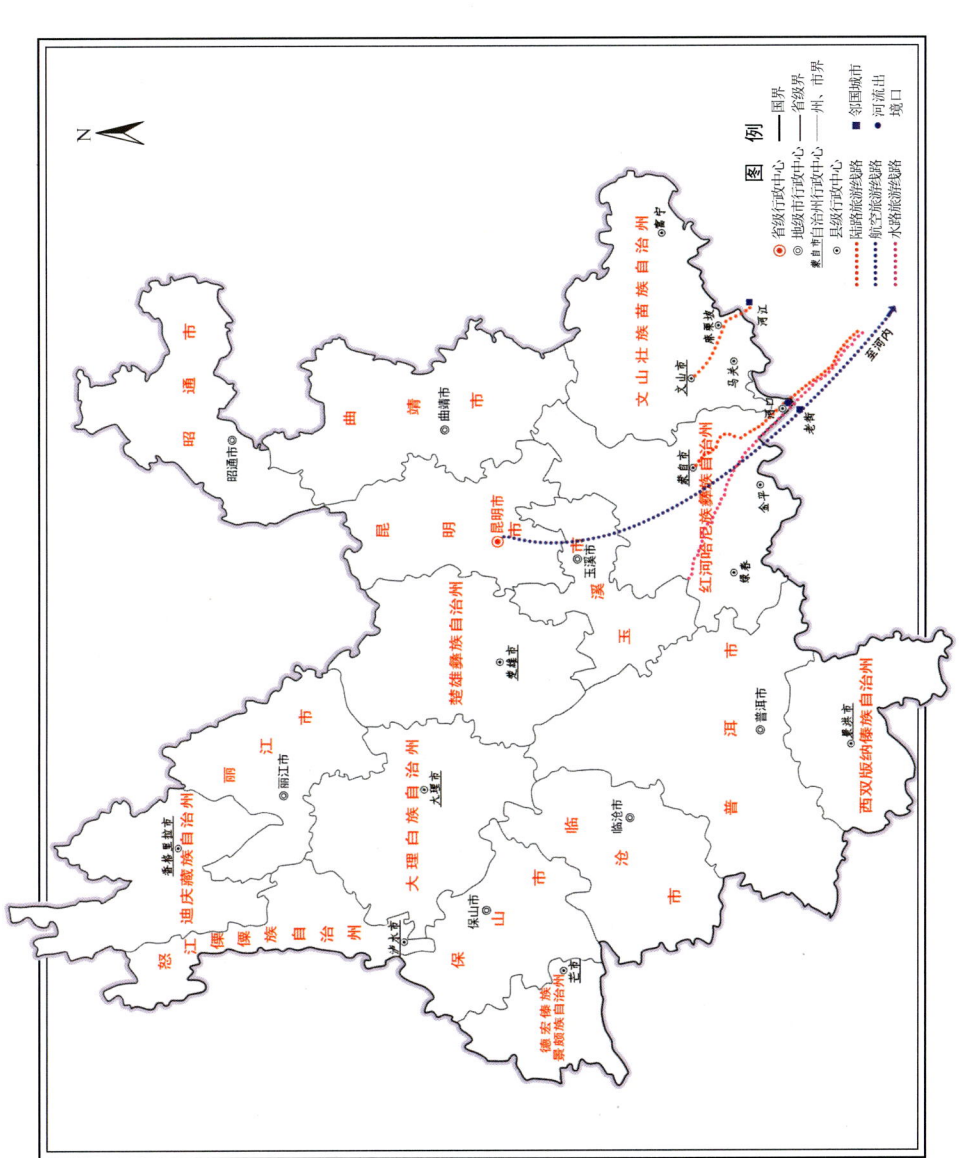

图 7-9 中越跨境旅游线路布局

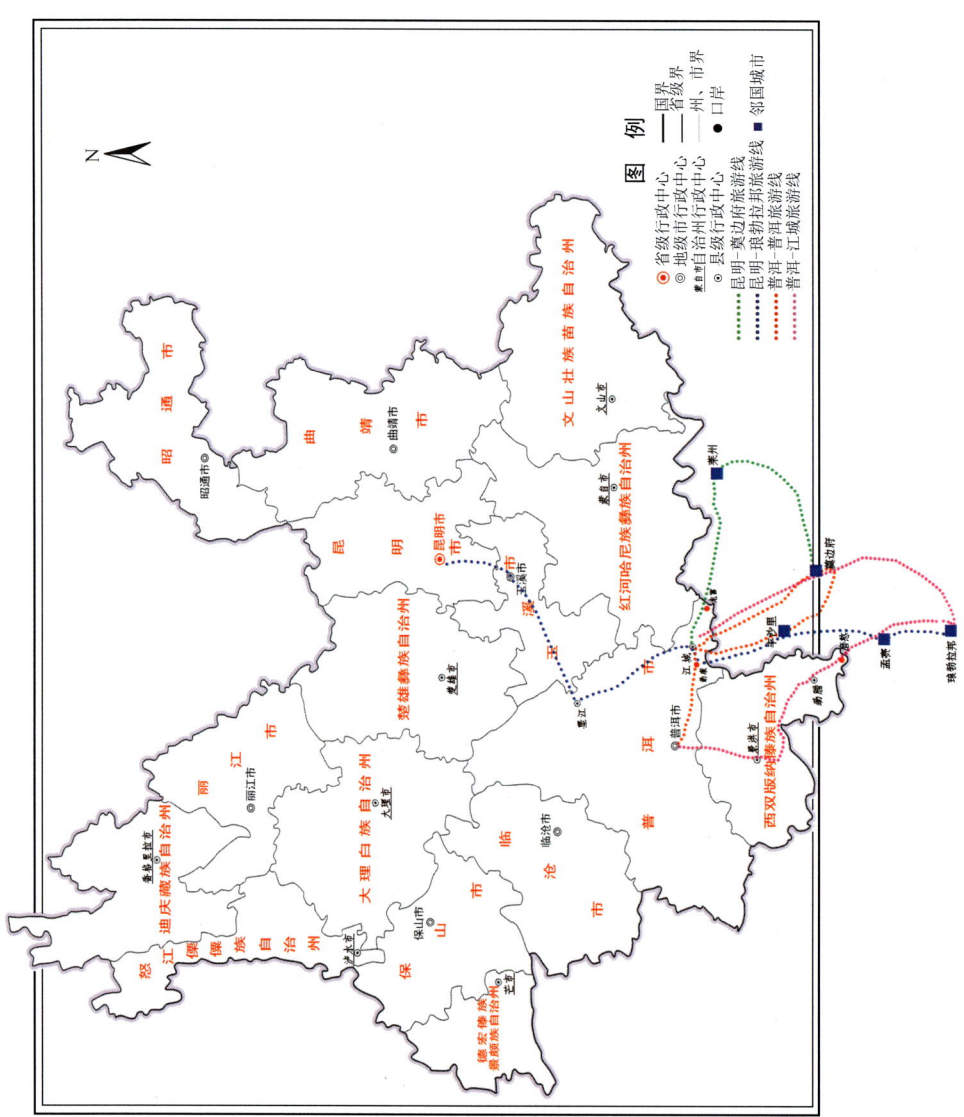

图 7-10 中老越跨境旅游线路布局

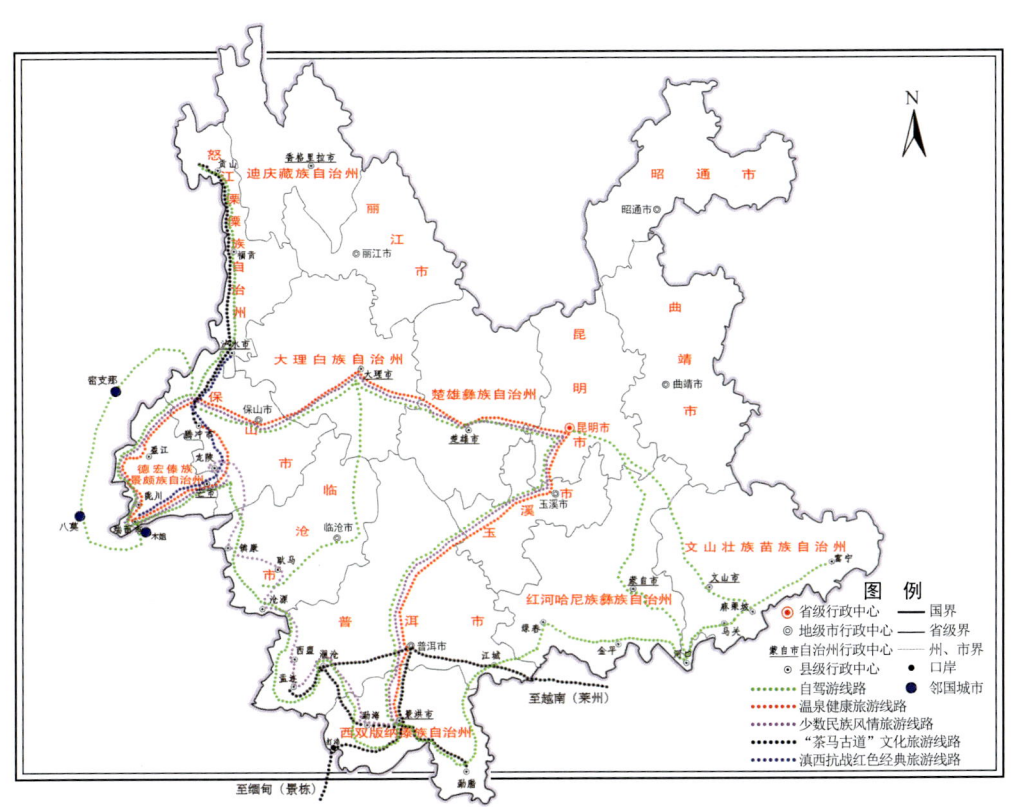

图 7-11 云南边境地区专项旅游线路

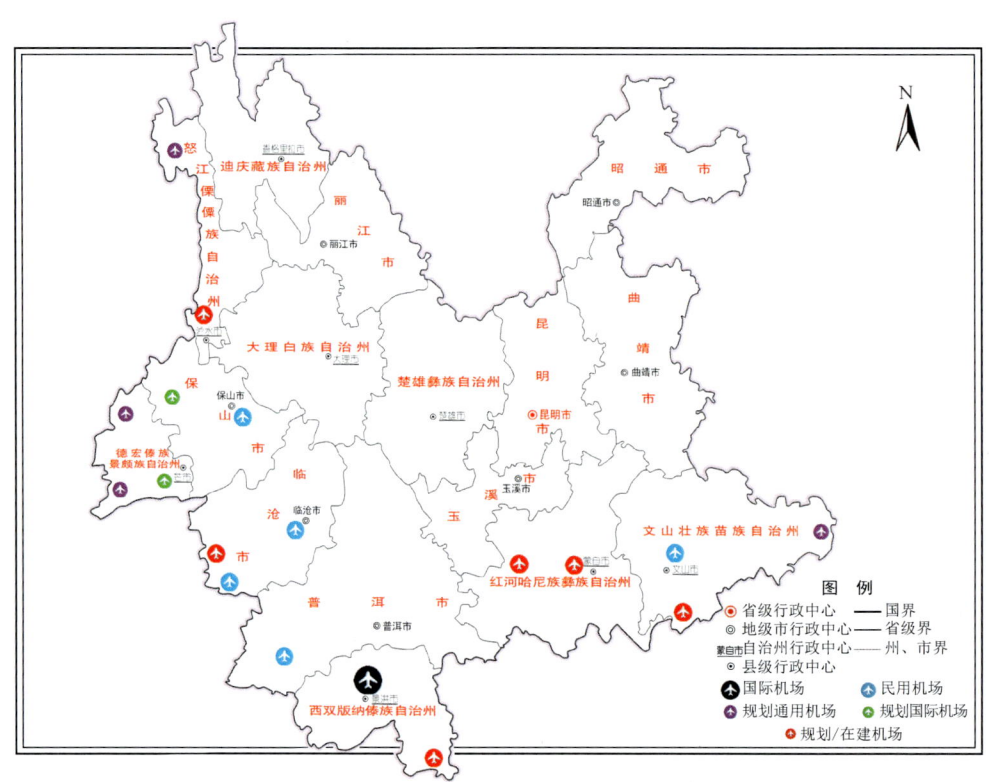

图 9-1　云南边境旅游航空交通布局

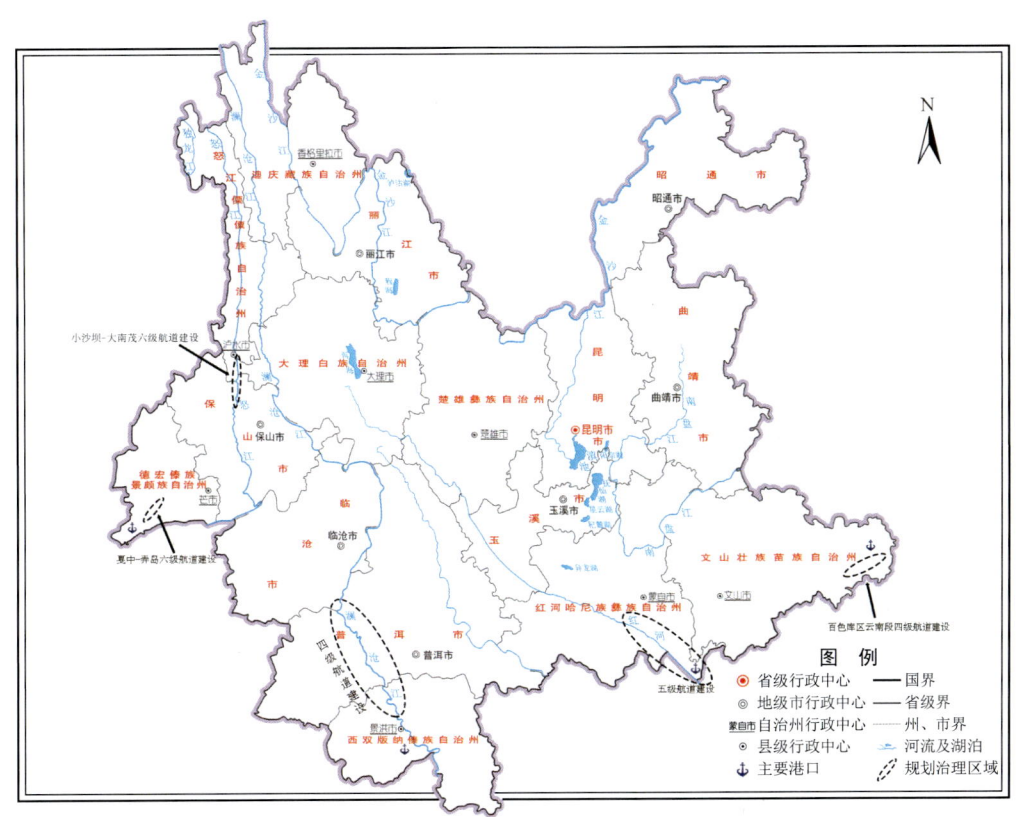

图 9-2 云南边境旅游水路交通布局

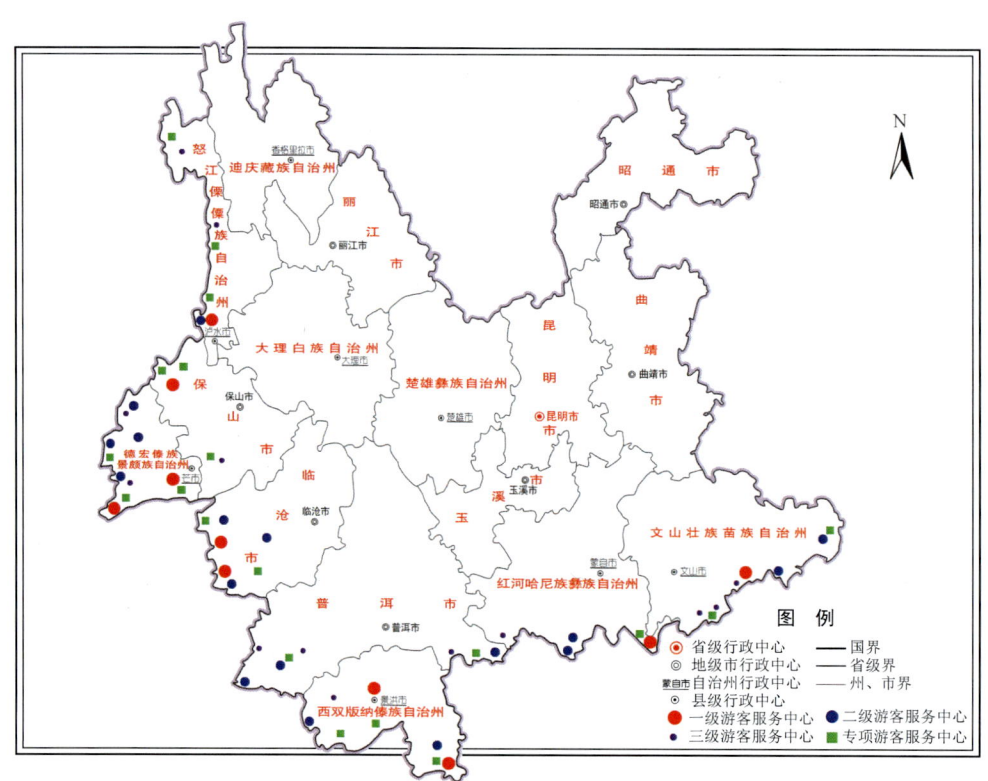

图 9-3 云南边境旅游主要游客服务中心布局